高等院校经管类『十三五』规划教材

金融学

主　编　颜军梅
副主编　刘　涛

Finance

武汉大学出版社
WUHAN UNIVERSITY PRESS

图书在版编目(CIP)数据

金融学/颜军梅主编. —武汉:武汉大学出版社,2018.8
高等院校经管类"十三五"规划教材
ISBN 978-7-307-20187-3

Ⅰ.金… Ⅱ.颜… Ⅲ.金融学—高等学校—教材 Ⅳ.F830

中国版本图书馆 CIP 数据核字(2018)第 097110 号

责任编辑:陈 红　　责任校对:李孟潇　　版式设计:韩闻锦

出版发行:**武汉大学出版社**　(430072　武昌　珞珈山)
　　　　　(电子邮件:cbs22@whu.edu.cn 网址:www.wdp.com.cn)
印刷:湖北睿智印务有限公司
开本:787×1092　1/16　印张:20.25　字数:474 千字　插页:1
版次:2018 年 8 月第 1 版　　2018 年 8 月第 1 次印刷
ISBN 978-7-307-20187-3　　定价:42.00 元

版权所有,不得翻印;凡购买我社的图书,如有质量问题,请与当地图书销售部门联系调换。

前　言

金融学是教育部确定的21世纪高等学校经济学各专业的核心课程，是金融学专业最重要的统帅性专业基础理论课程。金融学经过几十年的发展，已经形成了较为完备的教学体系。但是，随着金融实务的不断创新与发展，教材内容呈现一定的滞后性与不匹配性。特别是在当前国家引导部分地方普通本科高校向应用型转型发展的大背景下，突出教材的应用性，是我们编写本书的初衷。

本书以经济运行中的金融活动为主线，力求"夯实理论基础，突出应用能力"。全书分为十四章，主要内容包括：第一章至第四章介绍了货币、信用、利率和汇率等金融学的基本要素；第五章至第八章介绍了金融市场与金融机构；第九章至第十一章介绍了宏观金融总量和调控；第十二章至第十四章介绍了金融开放、金融监管与金融发展。

本书由长期从事金融学教学、科研与金融实践的老师精心编著、几经修改而成。在编写过程中力争做到以下几点：

（1）讲求基础理论的先进性。本书在参考众多权威教材及重要论文的基础上，力求吸纳国内外金融学研究的最新成果，保持教学内容的先进性与新颖性。

（2）注重应用能力的培养。本书以金融学知识的应用为本，力争把行业内具有一般性、普遍性的能力要求提炼出来，实现课程内容与职业标准有效对接，教学过程与实操过程有效对接。

（3）注重创新能力培养。本书在编写过程中注重学生思维能力的训练，引导学生思考分析金融热点问题，探索金融问题解决方案。

本书在编写过程中参考了国内外诸多教材、论文等文献，在此一并表示感谢！本书由颜军梅副教授担任主编，负责全书的框架设计并统稿，刘涛担任副主编。本书的编写分工如下：颜军梅（第一章、第三章、第四章、第九章、第十章、第十一章）、刘涛（第二章、第六章、第七章、第八章）、李敏芳（第五章、第十四章）、王淋鑫（第十二章）、李盼盼（第十三章）。湖北经济学院杨学东副教授认真审阅书稿，并提出了许多宝贵意见。王晓宇、陈荣、王薇同学在资料的收集、整理和核对上做了大量的工作，在此表示衷心感谢！

本书不仅可作为应用型本科院校货币金融学课程的教材，还可用于普通读者学习金融学知识。

由于作者水平有限，加之编写时间仓促，书中难免有不足之处，恳请专家、教师及读者多提宝贵意见。

颜军梅

2018年3月

目　　录

第一章　货币与货币制度 ……………………………………………………… 1
第一节　货币的产生与货币形式的演进 ………………………………… 1
第二节　货币的本质与职能 ……………………………………………… 6
第三节　现代信用货币的层次划分与计量 ……………………………… 10
第四节　货币制度 ………………………………………………………… 12

第二章　信用 …………………………………………………………………… 23
第一节　信用概述 ………………………………………………………… 23
第二节　信用形式 ………………………………………………………… 28
第三节　信用工具 ………………………………………………………… 32

第三章　利息与利率 …………………………………………………………… 42
第一节　利息 ……………………………………………………………… 42
第二节　利率的种类及其决定 …………………………………………… 47
第三节　利率理论 ………………………………………………………… 52
第四节　利率的作用及其发挥 …………………………………………… 61

第四章　外汇与汇率制度 ……………………………………………………… 69
第一节　外汇与汇率 ……………………………………………………… 69
第二节　汇率的决定及其影响因素 ……………………………………… 75
第三节　汇率制度 ………………………………………………………… 80

第五章　金融市场 ……………………………………………………………… 86
第一节　金融市场概述 …………………………………………………… 86
第二节　货币市场 ………………………………………………………… 90
第三节　资本市场 ………………………………………………………… 97
第四节　金融衍生工具市场 ……………………………………………… 104

第六章　商业银行 ……………………………………………………………… 113
第一节　商业银行的起源与发展 ………………………………………… 113
第二节　商业银行的性质和职能 ………………………………………… 116

第三节　商业银行的业务……………………………………………… 118
　　第四节　商业银行经营管理……………………………………………… 129

第七章　中央银行…………………………………………………………… 138
　　第一节　中央银行的产生与发展………………………………………… 138
　　第二节　中央银行的性质与职能………………………………………… 142
　　第三节　中央银行制度的类型与结构…………………………………… 146
　　第四节　中央银行的主要业务…………………………………………… 149

第八章　其他金融机构……………………………………………………… 157
　　第一节　投资银行………………………………………………………… 157
　　第二节　保险公司………………………………………………………… 162
　　第三节　政策性银行……………………………………………………… 166
　　第四节　其他非银行金融机构…………………………………………… 169

第九章　货币供求与均衡…………………………………………………… 177
　　第一节　货币需求………………………………………………………… 177
　　第二节　货币供给………………………………………………………… 187
　　第三节　货币供给与需求的均衡………………………………………… 198

第十章　通货膨胀与通货紧缩……………………………………………… 206
　　第一节　通货膨胀概述…………………………………………………… 206
　　第二节　通货膨胀的成因………………………………………………… 210
　　第三节　通货膨胀的效应及治理………………………………………… 213
　　第四节　通货紧缩………………………………………………………… 219

第十一章　货币政策………………………………………………………… 231
　　第一节　货币政策的作用机理与目标…………………………………… 231
　　第二节　货币政策操作指标与中介指标………………………………… 237
　　第三节　货币政策工具…………………………………………………… 240
　　第四节　货币政策传导机制……………………………………………… 247
　　第五节　货币政策与财政政策的协调配合……………………………… 250

第十二章　国际金融………………………………………………………… 256
　　第一节　国际收支………………………………………………………… 256
　　第二节　国际储备………………………………………………………… 266
　　第三节　国际金融机构…………………………………………………… 269

第十三章　金融风险与金融监管 ·· 276
　第一节　金融风险 ··· 276
　第二节　金融监管 ··· 278
　第三节　金融监管的实施 ··· 282

第十四章　金融发展与金融创新 ·· 295
　第一节　金融发展与经济发展 ··· 295
　第二节　金融抑制论与金融深化论 ··· 299
　第三节　金融创新 ··· 306

参考文献 ·· 314

第一章　货币与货币制度

在一万人中只有一人懂得通货问题，而我们每天都碰到它。

——金·哈伯特

货币是商品经济的必然产物，并伴随着商品经济的发展而发展。货币是现代经济生活中的一个最重要的元素，从我们个人的日常生活、企业的生产投资到政府机构的收支运作和国家之间的经济往来，货币都是不可或缺的。但什么是货币、货币在经济生活中发挥什么样的作用、具有怎样的功能、货币制度将如何保持货币币值的稳定等都是需要深入研究的问题。

通过本章的学习，你将能够了解和掌握以下知识：
- 货币产生与发展的内在规律性；
- 货币的性质与职能；
- 货币层次与划分依据；
- 货币制度的构成要素和演变过程。

第一节　货币的产生与货币形式的演进

一、货币的产生

货币自问世以来已有几千年的历史。从史料记载可以看出，货币的出现是和商品交换联系在一起的。最早出现的是实物货币，在古波斯、印度、意大利等地都有用牛、羊作为货币的记载，古埃塞俄比亚曾用盐作为货币，美洲曾用烟草、可可豆作为货币。据青铜器的铭文、考古挖掘和古籍记载，中国最早的货币是贝，因此，自古以来与货币或财富有关的中国文字都带有贝字，如财、贫、贱、货、贵、资等，其偏旁都有"贝"。

（一）货币是商品交换的产物

在人类发展的初期不存在商品交换，当然也不存在货币。只有在商品交换出现以后，才逐渐从商品世界中分离出一种商品，固定地作为商品交换的媒介。早期的交换采取了直接物物交换的形式，即人们在交换的过程中以自己生产出来的劳动产品去换取他人所生产出来的劳动产品。在这个阶段，人们的交换方式非常简单，买卖双方以物易物，同时完成买卖行为。但是随着商品经济的发展，交换行为变得普遍而复杂，人们发现，物物交换效率过低、成本过高，因为物物交换的顺利完成必须建立在交换双方在时间、空间和交换条件上的多种巧合的基础上。当经济发展到一定阶段,商品生产和交换日益频繁的时候,必然会有某种物品进行交换的次数较多,其使用价值较多地为进入市场进行交换的商品生产者所需要。于是在市场上就会逐渐出现这种现象,交易者都愿意以自己的商品先与第三种商品相交换,然后再用第三种商品去换取自己实际需要的那种商品。第三种商品的出现,表明人类的交换行为进入间接物物交换阶段。这种被人们普遍接受的商品最终从商品世界中分离出来,成为特殊商品,进而定型为货币。

（二）价值是商品交换的基础

马克思在批判和继承资产阶级古典政治经济学货币理论的基础上,运用历史和逻辑的方法,以劳动价值理论为基础,从商品价值表现和实现的角度阐明了货币产生的客观必然性。他认为,在原始社会末期,由于产生力水平低下,人们的劳动产品除了满足自己的需要外,很少有剩余产品进行交换,也就不需要货币。随着社会生产力的发展,出现了社会分工和私有制,劳动产品也就转化成了专门为交换而生产的商品。各种商品的功能和品质各异,无法直接进行比较,那么所有商品中共有的东西,也就是商品的价值——凝结在商品中的一般人类劳动决定了商品交换的比例。随着交换的发展,也就产生了不同的价值形式,从原始公社时期的偶然价值形式,发展到社会分工和私有制产生后商品交换经常化时期的扩大价值形式。在扩大的价值形式阶段,仍然是直接的物物交换。随着交换商品的种类越来越多,地域越来越广,物物交换的困难日益显现。直接的物物交换要求交换双方在交换商品的种类、数量、时间、地点等方面都一致,否则交易不能完成。人们在商品交换的过程中发现有某种商品较多地参与交换,且能够为大多数人所需要。于是交易者都愿意把自己的商品先换成这种物品,再用它去换回自己想要的商品,自然而然,这种商品就成为交换的媒介,在商品交换中充当一般等价物,于是直接的物物交换就发展为通过一般等价物充当媒介的间接交换了,扩大价值形式就演进为一般价值形式。当某种商品固定下来充当一般等价物时,这种商品就演变为货币。从上述分析中我们可以看出,货币是商品生产和商品交换的产物,是在长期的商品生产和商品交换的过程中,从充当一般等价物的众多商品中逐渐分离出一种固定充当一般等价物的特殊商品,这种商品就是货币。

由此可以看出,货币是随着商品的产生和交换的发展而产生的,它是商品内在矛盾的产物,是价值表现形式发展的必然结果。

☞ 专栏 1-1

对货币起源的探讨

众多学者对货币是如何产生的,从不同的角度进行了研究,形成了不同的货币起源学说。

中国古代的货币起源学说主要从两个角度解释了货币的产生。一是先王制币说,认为货币是圣王先贤为解决民间交换困难而创造出来的;二是司马迁的交换需要说,认为货币是沟通产品交换的手段,因而货币就是为适应商品交换的需要而产生的。

西方早期关于货币起源的学说大致有三种:一是创造发明说,认为货币是由国家或先哲创造来的，主要代表人物是公元2—3世纪的古罗马法学家 J. 鲍鲁斯；二是便于交换说，认为货币是为解决直接物物交换困难而产生的，主要代表人物是英国经济学家亚当·斯密；三是保存财富说，认为货币是为保存财富而产生的，主要代表人物是法国经济学家 J. 西斯蒙第。

二、货币形式的演变

在人类漫长的历史进程中，货币作为一种人们能够普遍接受的支付工具，在不同的时期有着不同的形式，货币的形式经历着由低级向高级不断演变的过程。具体地说，货币形式的变化大致可以分为以下几个阶段。

（一）实物货币

实物货币是货币发展的早期形态，此时，货币的名义价值同它作为特殊商品的内在价值是一致的，所以，它又可称为商品货币或者足值货币。在世界范围内，最早充当实物货币的商品有牲畜、贝壳、粮食、布匹、金属等。实物货币是以其自身所包含的内在价值同其他一般商品相交换。但是，早期的实物货币绝大多数都受其本身的限制，运用的范围不大，不便于保存和携带而且难于分割，不可能有质地均匀的、统一的价值表现标准。因此，随着商品交换的发展和扩大，实物形态的商品货币就逐渐由内在价值稳定、质地均匀、便于携带的金属货币所替代。

实物货币具有以下特征：一是实物货币本身是具有十足内在价值的实用商品，实物货币是以其自身所包含的实际价值与商品世界的所有商品相交换的；二是实物货币与其他商品的交换比例是由其各自包含的内在价值大小来决定的；三是实物货币本身内含着否定自身的基因。实物货币作为一种独立的货币形态，存在了相当长的时间。随着社会生产力的发展，商品生产与商品流通不断扩大，实物货币形态越来越难以适应社会经济发展的需要，从而决定其必然要向高一级的货币形态转化。

世界各国货币发展的历史证明，随着商品交换的发展，作为货币材料的铜、铁等贱金属逐步让位于金、银等贵金属，这是一个普遍规律，因为金银所具有的天然属性最适合充当货币商品。贵金属质地均匀，其表现价值的尺度很容易统一；贵金属可以按不同的比例任意分割，分割以后还可以冶炼还原，最适合充当交换媒介；贵金属体积小、价值高、耐腐蚀、便于携带，也符合越来越发展的商品、劳务交易的需要。而在实物货币时代，贵金属还不是生产过程所必需的原材料，充当货币商品也不影响经济的发展。因此，马克思说："金银天然不是货币，但货币天然是金银。"①贵金属货币作为典型的实物货币，在相当长的一段历史时期，在世界大部分范围内固定地充当货币商品，成为一种独立发展的货币形态。

金属货币最初是以块状流通的，这给商品交换带来诸多不便。因为每笔交易都需要称重量、鉴定成色，还要按交易额的大小把金属块进行分割等。随着商品生产和交换的发

---

① 马克思. 资本论：1卷. 2版. 北京：人民出版社，2004：108.

展，一些富裕的有名望的商人在货币金属块上打上印记，标明重量和成色，以便于流通。当商品交换进一步发展并突破地方市场的范围后，对于金属块的重量和成色，要求更具有权威的证明，而最具有权威的当然就是国家。由国家的印记证明其重量和成色的金属块被称为铸币。国家的印记包括形状、图纹、文字等。最初，各国的铸币有各种各样的形状，后来都逐步过渡到圆形，因为圆形最便于携带，并且不易磨损。

金属货币作为实物货币的典型形态，在长期流通过程中不断磨损，但其作为流通手段，在流通过程中具有转瞬即逝的特点，即使磨损了的铸币仍然能够流通。由此，不足值的货币开始流通起来，金属货币的形态开始扬弃其实体商品形态，货币的名义价值与实际价值逐渐分离，货币形态也就由足值的实物货币转化为不足值的代用货币。

(二)代用货币

代用货币是在贵金属货币流通的制度下，代替金属货币流通的符号，包括银行券、辅币等执行货币基本职能的货币形态。代用货币作为足值货币的价值符号，通常是纸质的，一般由政府或银行发行，但要求代用货币有足量的金属保证，以满足其随时兑现的需要。与贵金属货币相比较，代用货币的印刷成本远低于铸币的铸造费用，避免了日常自然磨损和人为有意的毁损，容易保管、携带和运送，能节省大量的流通费用。

代用货币是由足值货币向现代信用货币发展的一种过渡性的货币形态。一方面，它完全建立在足值货币的基础上，代表足值货币行使货币的基本职能，并能等价兑换成足值货币，因而明显具有足值货币的烙印；另一方面，它作为不具有十足价值的价格符号，之所以能像足值货币一样发挥货币的职能，显然体现了一定的信用关系，具有信用货币的特征。

19世纪末、20世纪初，在银行券广泛流通的同时，贵金属货币的流通数量日益减少，显现出现代信用货币终将取代足值货币流通的趋势。在第一次世界大战前，只是在战时或经济动荡的非常时期，一些国家才会停止银行券的兑现。第一次世界大战中，世界各国的银行券普遍停止兑现。在第一次世界大战后有的国家曾一度实行有条件兑换金块或兑换外汇的制度。到20世纪20年代末和30年代初，世界主要国家的银行券完全成为不兑现的信用货币，现代信用货币终于取代代用货币而成为世界货币舞台上的主角。

(三)信用货币

信用货币是代用货币进一步发展的产物，它是以信用作为保证，通过一定信用程序发行和创造的，充当流通手段和支付手段的信用凭证，是货币发展中的现代形态。信用货币实际上是一种信用工具或债务凭证，除纸张和印制费用外，它本身没有内在价值，也不能与足值货币按某种比例相兑换。信用货币发挥货币作用必须具备两个条件：一是货币发行的法律保证；二是人们对发行者的普遍信任。20世纪30年代，由于世界性的经济大危机，各主要国家先后被迫放弃金本位和银本位制，所发行的纸币不再兑换金属货币，信用货币应运而生。目前世界上几乎所有国家都采用了信用货币的货币形式。

在现代经济中，信用货币存在的形式主要是现金和存款。现金货币是指流通中的现钞货币，一般用于日常消费品、零星商品及劳务交易，主要流转于银行体系之外。现金形式的货币能立即形成购买力，用于支付清算，流通性极强，因此，对市场的冲击力很大。存款货币是信用货币的另一种主要形式，它体现为单位、个人在银行账户上的存款。存款货币中的活期存款可以直接用于转账结算，发挥货币流通手段和支付手段的职能，因此，活期存款和现金一样，都是社会经济中的现实购买力，其流动性略次于现金。存款货币中的定期存款是一种潜在购买力，其流动性明显小于活期存款。

（四）电子货币

电子货币是信用货币与电脑、现代通信技术相结合的一种最新货币形态，它通过电子计算机运用电子信号对信用货币实施贮存、转账、购买和支付，明显比纸币、支票更快速、方便和节约。美国经济学界把电子货币称为继金属铸币、纸币以后的"第三代货币"，而实质上，电子货币是新型的信用货币形式，是高科技的信用货币。

自20世纪90年代以来，我国银行引进并大力推广信用卡。在商品、劳务的货币收付中，作为电子货币的信用卡替代现金、支票充当流通手段和支付手段的范围正日益扩大。同时，电子货币本身也处于不断发展和完善的过程中。我国的银行信用卡正在向多功能的全能"电子货币"的方向发展。

电子货币的使用对货币发行与流通必然会产生一系列影响，中央银行在进行货币调控时也将面临更多的挑战，从目前来看，各国尚未单独对电子货币进行统计，作为一种新的交易媒介，电子货币还有许多问题有待于深入研究。

☞ **专栏 1-2**

新型电子货币——比特币

2017年12月，比特币再一次上演了"过山车"，币价从12月16日近20000美元的最高点跌至12月22日的13000美元左右，一周时间近乎"腰斩"。比特币自诞生以来就备受争议，在近期更是是非不断。继2017年9月韩国金融监管部门下令封杀比特币之后，俄罗斯央行宣布将封禁提供比特币交易的网站，接着中国三大比特币交易平台全部停止交易业务。那么，比特币到底是怎么一回事，为何韩国、俄罗斯、中国等国纷纷封杀比特币呢？

2008年前后，美国次贷危机引发全球金融风暴。在此背景下，2008年11月1日，一个自称中本聪的人在一个隐秘的密码学评论组上提出了比特币的构想，新型电子货币——比特币就此诞生。在他的构想中，比特币没有一个固定的货币发行方，而是由计算机的算力生成。制造比特币的过程好比是采用大量计算机去解方程组，当计算出结果后，你就拥有了相应的比特币。中本聪在设计比特币时做了一个限制，将比特币的总量控制在2100万枚。而且比特币制造的速度与制造比特币的计算机算力成反比。

比特币具有去中心化、全世界流通、隐匿性等特点。去中心化指的是比特币的发行和清算都不依赖于中央银行。比特币是分布式的虚拟货币，采用了类似"广播"的清算模式。当发生一笔交易之后，会自动向临近网络节点的用户广播，这些用户在收到信息后又向周围网络节点的用户广播，产生多米诺骨牌效应向整个网络传播，从而使这笔交易被整个网络承认。全世界流通指的是只要能接入互联网，任何人都可以制造、出售比特币，而且这种行为不受国家的限制。隐匿性指的是比特币允许使用者匿名支付。在传统银行的转账交易中，转账双方的身份都记录在银行的数据库中。而比特币交易可以在匿名的情况下完成，第三方很难查实交易双方的身份。

比特币交易之所以被俄罗斯、中国等国家叫停，主要是因为比特币本身存在很大的风险和隐患。首先，比特币可以绕开政府监管。由于比特币的交易是高度隐匿的，这就使政府很难监控比特币交易。其次，比特币的隐匿性还使政府无法通过资金流向去追踪违法犯罪活动。比特币已经被大量用于逃税、洗钱、走私、贩毒、人口贩卖、人体器官贩卖等非法领域，一些势力甚至还使用比特币来资助恐怖组织。

第二节 货币的本质与职能

一、货币的本质

从货币的产生过程可以看出，货币是商品，但货币不是普通的商品，而是固定地充当一般等价物的特殊商品，并体现一定的社会生产关系，这就是货币的本质。

(一)货币是商品

货币是商品，它与商品世界的其他商品一样，都是人类劳动的产物，是价值和使用价值的统一体。由于货币和其他商品具有共同的特性，即都是用于交换的人类劳动产品，它才能在长期的交换过程中被逐渐分离出来，成为不同于一般商品的特殊商品——货币。如果货币没有商品的属性，那么它就失去了与其他商品相交换的基础，也就不可能在交换过程中被分离出来充当一般等价物。

(二)货币是一般等价物

作为一般等价物，它具有两个基本特征。第一，货币是表现一切商品价值的材料。普通商品直接表现出使用价值，其价值必须在交换中由另一种商品来体现；而货币是以价值的体现物出现的，在商品交换中直接体现被交换商品的价值。一种商品只要能交换到货币，商品的价值就得到了体现。因而，货币就成为商品世界唯一的核算社会劳动的工具。第二，货币具有直接同所有商品相交换的能力。普通商品只能以其特定的使用价值去满足人们的某种需要，不可能同其他一切商品直接交换。货币是人们普遍接受的一种商品，是财富的代表，拥有它就意味着能够去换取各种使用价值。因此，货币成为每个商品生产者所追求的对象，货币也就具有了直接同一切商品相交换的能力。

(三)货币体现一定的社会生产关系

货币作为一般等价物，无论是表现在金银上，还是表现在某种价值符号上，都只是一种表面现象。货币是商品交换的媒介和手段，体现的是一种商品生产者之间的社会关系。商品交换是在特定的历史条件下，人们互相交换劳动的形式。因此，货币作为一般等价物反映了商品生产者之间的交换关系，体现着产品归不同所有者占有，并通过等价交换来实现它们之间的社会联系。可见，货币以特殊的身份体现着商品生产者之间的社会关系。

二、货币的职能

货币的出现是为了改进物物交换的低效率。货币的产生及其带给经济系统最大的改变，主要体现在降低交易成本和提高全社会经济运行效率两方面。货币在经济生活中的作用是通过货币的职能表现出来的。学者们普遍认同货币具有五种职能，即货币的价值尺度、流通手段、贮藏手段、支付手段和世界货币职能。

（一）价值尺度

价值尺度是货币衡量和表现商品价值大小的职能。货币的价值尺度职能，使之成为经济生活中大量交易的"度量衡"，也就是说，所有商品和劳务的价值都可以用货币来计算，就如同人们用公斤称重，用公里测距一样。

货币之所以能够充当价值尺度职能是因为货币本身也是商品，也具有价值，它与其他所有的商品在质上是相同的，在量上是可以比较的。这样，作为一般等价物的货币就可以去表现、衡量其他所有商品的价值。货币在执行价值尺度职能时有如下特点：

1. 只需要观念上的货币

货币是商品内在价值的外在表现尺度，在执行价值尺度职能时，货币表现商品的价值只是给商品标价，并不需要现实的货币放在商品旁边才能完成货币价值尺度职能，因此只需要观念上的货币或想象中的货币就可以了。

2. 必须是足值的货币

这是价值尺度职能存在和正常发挥作用的前提条件。在金属货币流通的条件下，货币用其实际价值来衡量商品的价值，单位金属含量必须符合国家法律规定的标准，其名义价值必须与实际价值相等。在信用货币流通的条件下，货币的币值必须稳定，正如一把自身尺度不断变化的尺子无法精确度量物体的长度一样，币值不断变化的货币无法精确衡量商品的价值量。

3. 须借助于价格标准

货币将商品的内在价值转化为价格，必须通过价格标准来完成。价格标准是人们所规定的货币单位及其等分，这是一种为统一计价方式而做出的技术性的规定，首先是确定一个基本的货币单位，然后对这个货币单位进行等分，这样通过货币单位的累计可以精确衡量商品的价值量。在我国的价格标准中，"元"是基本单位，"角"、"分"是对基本单位的进一步等分，计价方式是十进制的累计，于是便可以用这些基本单位及其等分精确地为商品标价了。最初的价格标准的单位与实物单位一致，如贝用"朋"，牲畜用"头"。后来价格标准与重量标准一致。如我国古代的贵金属称量制，其贵金属货币单位与重量单位完全一致，秦汉时期的货币单位为"半两""五铢"。价格标准与重量单位的这种联系随着货币制度的演变而不断变化，最后完全分离。

（二）流通手段

流通手段是指货币在商品和劳务的交换中充当交换媒介的职能。货币发挥流通手段职能克服了物物交换所面临的"需要的双重巧合"的难题，促进了商品交换和专业分工的发展。执行流通手段职能的货币有如下特点：

1. 必须是现实的货币

执行流通手段职能的货币必须是现实的货币，而不能以观念上的货币来完成商品流通，必须有现实货币作为购买手段来进行商品交换。价值尺度表现了商品价值，而流通手段则是通过货币媒介来实现商品的价值。

2. 可以是不足值的货币

这是因为货币作为交换媒介不断地从一个商品所有者手中转移到另一个商品所有者手中，货币在商品交换中起媒介作用是转瞬即逝的，是交换的手段，而不是交换的目的。人们卖出商品、换回货币，关注的是货币的购买力，而非货币本身的价值，无论币材是什么，只要有购买力就能作为货币。从这个意义来说，是流通手段催生了纸币和现代意义的电子货币。

3. 可能引发货币危机

货币执行流通手段职能，可能因为货币的运动与商品的运动脱节而引起两者数量失衡，进而使物价波动。危机来自于两个方面：一是货币作为流通手段将商品交换分割为两个独立的环节，如果买卖脱节的时间太长，就会造成货币沉淀和商品积压；二是人们接受不足值的货币作为流通手段，价值符号取代足值货币就具备了现实条件。当金融当局垄断信用货币发行时，货币发行中包含较强的主观因素，货币流通与商品流通脱节的可能性就更大了。

（三）贮藏手段

贮藏手段是指货币暂时退出流通领域，被人们当作独立的价值形态和社会财富的一般代表的职能，即"购买力的暂栖所"。如前所述，流通手段职能使得物物交易中的统一行为分为买和卖两个互相独立的行为，由于各种原因，货币可能会暂时退出流通领域，从而执行贮藏手段的职能。

马克思所指出的典型意义的贮藏手段是金属货币条件下金、银原始条块的贮藏。金银货币具有十足的价值，它作为社会财富在退出流通后贮藏起来，具有永久性和保值性的特点。金属货币的贮藏手段职能使它能够自由地、完全地退出流通或进入流通，自发地调节流通中的货币量。

现代经济中的信用货币是纸制的价值符号，本身没有内在的价值，也不能兑换金、银，因此，它不具有典型的贮藏手段职能。当强制流通的纸币投入流通后，就滞留在流通中，不能完全退出流通。货币所有者把现钞暂时沉淀在手中，形成潜在的购买力或待实现的购买力；把现钞存入银行，则通过银行的信贷活动投入生产和流通。在纸币币值稳定的前提下，货币所有者无论是手持沉淀现钞，还是把它存入银行变成存款，都发挥了货币积累或储蓄手段的作用。

（四）支付手段

支付手段是指货币作为价值运动的独立形式进行单方面转移时的功能。货币作为支付手段职能起初只在流通领域内出现，它起源于商品的信用交易。在商品赊销和预付货款时，商品的让渡与货币支付在时间上分离，货币便充当支付的手段。随着信用经济的发展，货币支付手段的职能也扩展到商品流通领域之外，在偿还贷款、缴纳税金、支付利息、支付工资等方面，也执行支付手段的职能。货币执行支付手段职能具有以下特征：

(1) 货币作为独立的价值形式进行单方面的转移，不论在赊销活动还是在其他支付活动中，都没有商品与之同时、同地相对运动。

(2) 作为支付手段的货币必须是现实的，但可以由价值符号执行。

(3) 货币危机性最大。首先，支付手段可能形成债务链，从而导致货币流通和商品流通的不正常；其次，货币具有了相对独立的运动能力，在无发行信用保证时，可能引起货币的超量发行。比如中央银行可能为弥补财政赤字而进行财政性发行，商业银行则可能为增加利润而盲目扩大贷款规模等。

（五）世界货币

世界货币是指货币超越国境在国际市场上发挥一般等价物作用时的职能。货币作为世界货币可以发挥三个方面的作用：作为支付手段以平衡国际收支差额，作为购买手段进行国际贸易，作为一般性财富转移手段进行国际财富的转移。金属货币因具有十足的价值，所以可以自动地取得世界货币的职能，而信用货币因其名义价值高于实际价值，是国家强制赋予其流通能力的，越出国境以后，其强制力量失去效力，所以世界上只有少数几个国家的货币具有世界货币的职能，如美元等。这些货币在国际货币体系中起着重要的作用，并广泛地被其他国家作为国际储备和国际购买手段。

信用货币取得世界货币职能的一般条件是：第一，货币发行国的经济实力足够强大且国际贸易足够发达。第二，这种货币是自由兑换货币，并在国际市场上有比较大的需求量。第三，这种货币币值比较稳定，发行国愿意承担维护和调节该货币币值稳定的相应义务。

货币的五个职能是相互联系的整体，是对货币本质的全面体现。价值尺度和流通手段是货币的两个最基本的职能，货币的其他三个职能是货币作为一般等价物在不同环境中本质的表现。货币作为贮藏手段是因为货币首先是价值尺度和流通手段，而且随时有可能转化为流通手段。货币在执行支付手段时往往是在商品交易行为之后，此时，货币已经完成计价，即已经作为价值尺度职能发挥作用了。同时，货币的支付手段职能与流通手段职能是可以互相转化的。

第三节 现代信用货币的层次划分与计量

一、现代信用货币的层次划分

(一)划分信用货币层次的必要性

现代各国流行的都是由现金和存款货币构成的信用货币。其中,现金包括中央银行发行的现钞与金属硬币。在支付体系发达的现代社会,现金的使用量在整个社会的交易额中所占的比重很小,存款货币占主体。

现金和各种存款货币都代表了一定的购买力,但它们在购买能力上是有区别的。现金和活期存款是可以直接用于交易支付的现实购买力,而其他存款要成为现实购买力还需要经过提现或转换存款种类的程序,且中央银行对现金、活期存款和其他存款的控制和影响能力也不同。因此,在进行货币量统计时,既要考虑货币量统计的全面性和准确性,又要兼顾中央银行调控货币量的需要,就必须对流通中各种货币形式按不同的统计口径划分为不同的层次。

(二)信用货币层次划分的依据

目前世界各国普遍以金融资产流动性强弱作为划分货币层次的主要依据。流动性是指金融资产能及时转变为现实购买力且不蒙受损失的能力。流动性越强的金融资产,其现实购买力也越强。流动性程度不同的金融资产在流通中周转的便利程度不同,从而对商品流通和各种经济活动的影响程度也不同。因此,按流动性强弱对不同形式、不同特性的货币划分不同的层次,对科学地分析货币流通状况,正确地制定和实施货币政策,及时、有效地进行宏观调控,具有非常重要的意义。

(三)国际货币基金组织和我国的货币层次划分

1. 国际货币基金组织对货币层次的划分

按国际货币基金组织(international monetary fund, IMF)确定的货币统计口径,货币层次划分为三个:

(1)通货(currency)。指流通于银行体系以外的现钞,包括居民、企业等单位持有的现钞,但不包括商业银行持有的现金。大部分国家将这一层次的货币简称为 M_0。由于这部分货币可随时作为流通手段和支付手段,因而流动性最强。

(2)货币(money)。主要包括通货和可以签发支票的活期存款。由于活期存款随时可以签发支票或刷卡而成为直接的支付手段,它的流动性仅次于现金。大部分国家将这一层次的货币简称为 M_1,又叫狭义货币。

(3)准货币(Quasi Money)。主要包括银行的定期存款、储蓄存款、外币存款等。准货币本身虽不能直接用来购买,但在经过一定的程序之后就能转化为现实的购买力。大部分国家将这一层次的货币划入广义货币中,一般将准货币简称为 QM。

2. 我国货币层次的划分

中国人民银行从 1994 年 10 月开始正式向社会公布货币供应量统计。货币供应量分为以下三个层次：

$$M_0 = 流通中的现金$$
$$M_1 = M_0 + 单位活期存款$$
$$M_2 = M_1 + 储蓄存款和企业定期存款$$

2001 年 6 月，将证券公司客户保证金计入 M_2。2002 年初，再一次修订货币供应量统计口径，将在中国的外资、合资金融机构的人民币存款业务，分别计入不同层次的货币供应量。2011 年 10 月起，将非存款类金融机构的存款和住房公积金存款纳入广义货币供应量（M_2）统计范围。即

$M_2 = M_1 +$ 储蓄存款和企业定期存款 + 证券公司的客户保证金存款 + 非存款类金融机构在存款类金融机构的存款 + 住房公积金存款

二、货币的计量

在进行货币量统计和分析时常会碰到狭义货币量、广义货币量、货币存量、货币流量、货币总量与货币增量等概念。这几个概念分别有不同的经济含义，对它们进行统计分析时的经济意义也不同。

（一）狭义货币量与广义货币量

狭义货币量通常是指货币层次中的现金加银行活期存款，即 M_1，我国的狭义货币量就是指 M_1 层次。狭义货币量反映了整个社会对商品和劳务服务的直接购买能力，它的增减变化对商品和劳务的供应会形成直接影响，因此狭义货币量是中央银行在制定和实施货币政策时监测和调控的主要指标。

广义货币量是指狭义货币量加准货币，即 M_2。准货币是指随时可能转化成货币的信用工具或金融资产。准货币的流动性小于狭义货币，它反映的是整个社会的潜在购买能力。M_2 包括一切可能成为现实购买力的货币形式，因此，它对研究货币流通的整体状况具有重要意义，尤其是对货币供应量的计量以及对货币流通未来趋势的预测，均具有独特的作用。近年来，一些发达国家货币供应量调控的重点就出现了由 M_1 向 M_2 转移的趋势。

（二）货币存量与货币流量

货币存量是指一国在某一时点上各经济主体所持有的货币余额。我国中央银行公布的年度货币供应量就是货币存量。

货币流量是指一国在某一时期内各经济主体所持有的现金和存款货币的总量，它表现在一定时期（如一年）内的货币流通速度与现金、存款货币的乘积。

（三）货币总量与货币增量

货币总量是指货币数量的总额。货币总量可以是某一时点上的存量，也可以是某一时期内的流量。

货币增量是指不同时点上的货币存量的差额。通过对货币增量的统计分析，可以为中央银行掌握货币流动状况提供另一个视角。

狭义货币量、广义货币量、货币存量、货币流量、货币总量与货币增量是从不同的角度对货币状况进行统计与观察的指标。其中狭义货币量与广义货币量侧重于从货币结构的角度分析货币流通状况，货币存量与货币流量则关注不同时期的货币流通状况，货币总量与货币增量则是从数量变化的角度对货币状况进行分析。把这几个指标综合起来分析，能够相对全面地考察和把握一国的货币流通状况。

第四节 货 币 制 度

一、货币制度及其构成要素

货币制度是指一个国家以法律形式确定的货币流通的结构及其组织形式，简称币制，其目的是保证货币和货币流通的稳定，使之能够正常地发挥各种职能。

货币制度的发展并不完全与货币本身的发展同步。古代的实物货币流通阶段几乎没有规范的货币制度。金属货币流通阶段开始对货币的铸造和流通做出了一些具体规定，但在资本主义制度建立之前，由于自然经济占统治地位，商品经济不发达，存在着币材众多、铸币权分散、货币规格各不相同、成色降低、货币流通混乱等状况，货币制度也是分散而且混乱的。

随着资本主义生产方式的建立，不规范的货币制度很难适应资本主义国家建立统一的市场体系和稳定的市场环境的要求，于是各国都通过法律程序建立起严格的、统一的和规范的货币制度，货币制度也从金属货币制度发展到不兑现的现代信用货币制度，两种货币制度的主要差别表现在币材和发行方面。从总体上来看，两种货币制度的内容与构成大同小异，大体包括以下基本要素：

（一）规定货币材料

规定何种材料为币材，在金属货币时代是非常重要的，它决定了哪种金属作为基本货币金属，即作为本位币的铸造材料，因而也就确定了整个货币制度和货币流通的基础。币材的确定是受客观经济规律制约的，绝不是国家机关或主管部门的主观意志可以决定的。一旦原有的币材不能适应生产力水平的发展，客观上就需要选择新的材料来取而代之。

历史上曾有许多商品充当过货币材料。实物货币中有贝壳、布帛、珠玉等。金属货币流通阶段，币材的选择在不同的国家和不同的地区有所不同，如商品经济不发达的国家一般会选择白银或其他贱金属作为货币材料，而经济发达的国家就可能选择黄金作为货币材料。另外，在同一国家同一时期，币材也可能不是单一的，有可能出现多种货币材料同时存在的现象。目前世界各国都实行不兑现的信用货币制度，不再对币材作出规定。

（二）规定货币单位

货币单位是指货币计量单位。货币单位的规定主要有两个方面：

（1）规定货币单位的名称。货币单位的名称，最早与商品货币的自然单位或重量单位相一致，如两、镑。后来由于铸造和兑现等原因，货币单位与自然单位、重量单位逐渐相脱离，有的沿用旧名，有的重立新名。各国法律规定的本国货币名称，通常都是以习惯形成的名称为基础。按照国际惯例，一国货币单位的名称往往就是该国货币的名称；几个国家货币名称一致时，则在前面冠以国名。

（2）确定单位货币的值。在金属货币流通的条件下，货币单位的值就是每一货币单位所包含的金属重量和成色；在不兑现的信用货币尚未完全脱离金属货币制度时，确定货币单位的值主要是确定每单位货币的含金量；当黄金非货币化后，纯粹信用货币制度一般不再硬性规定单位货币的值，货币单位的值主要体现为为维持本国货币币值稳定而采取的一些措施上，如规定中央银行对币值稳定的责任与权力等。

（三）本位币、辅币的铸造与偿付能力的规定

本位币又称主币，是一个国家法定的作为价格标准的主要货币，是用于计价、结算的基本的货币单位，具有无限法偿的能力。在金属本位制条件下，本位币有如下两个特点：第一，本位币多以贵金属作为币材，是足值的货币，可以自由铸造。足值是指货币的名义价值与实际价值相等，也就是法定含金量与实际含金量相等。考虑到铸造技术和金属货币在流通中的磨损的问题，国家同时规定了两种价值的最大差距，称为铸币公差，凡是实际含金量低于法定标准超过铸币公差者，禁止进入流通领域。自由铸造是指任何部门和个人均可以将国家规定的铸币材料交给国家广泛设立的铸币机构铸造成本位币，并且可以将流通中的本位币熔化为条块状的贵金属。第二，本位币是无限法偿的货币，即具有无限的法定偿付能力。任何人在任何地方使用本位币进行购买和支付，不论数额多少，收款人均不得拒绝接受。

辅币是本位币基本单位以下的小面额货币，主要用于零星支付与找零。由于辅币流通速度快，流通中磨损速度快，贮藏能力差，为节约流通成本，辅币多用贱金属铸造，多为不足值货币。同时，国家为了防止私人通过铸造不足值货币牟利而垄断辅币铸造，一般对辅币实行限制铸造，公差部分形成铸币收入，是财政收入的主要来源。根据辅币的特点，国家规定辅币为有限法偿货币，但在使用辅币纳税或者用辅币兑换本位币时不受数量限制。

在信用货币流通的条件下，主辅币的铸造与偿付的规定有了很大的变化。现在绝大多数国家的主币多为纸币，也有少量基本单位的硬币，均为无限法偿货币，由中央银行统一发行。辅币多为不足值硬币，有的国家规定为有限法偿，如美国；有的则没有作明确规定，如中国。

（四）货币发行保证制度

货币发行保证制度也称发行准备制度，是指发行者必须以某种金属或某几种形式的资产作为其发行货币的保证准备，从而使货币的发行与某种金属或某些资产建立起联系和制约关系，以保证其币值稳定。在金属货币制度下，法律规定以金或银作为货币发行保证，早期各国一般都采用百分之百的金属准备，后期各国采用部分金属准备以适应货币发行日

益增加的需要，货币发行准备金的比例主要通过货币的含金量加以确定，在货币制度深化过程中，这个比例逐步递减，直到金属货币制度崩溃。纯粹的信用货币制度下，货币发行的准备制度已与贵金属脱钩，多数国家以外汇资产做准备，也有的国家以物资做准备，还有的国家的货币发行采取与某个国家的货币直接挂钩的方式，如钉住美元或英镑等。

二、货币制度的演变

货币制度以币材为代表。从币材变化的过程可以看出，货币制度主要经历了金属货币制度和信用货币制度两个阶段。在金属货币制度中又可以划分为三类典型的货币制度，即：银本位制、金银复本位制和金本位制。

（一）银本位制

银本位制是指以白银作为本位币币材的货币制度，有银两本位和银币本位之分。银两本位是不铸银币，以银两为单位，以银块形式流通的货币制度；银币本位是以白银为币材，铸造银币流通的货币制度。银本位制在16世纪以后开始盛行，至19世纪末期被大部分国家放弃。在银本位制下，银本位币可以自由铸造、自由熔毁、自由输出入国境，本位币无限法偿，银行券可以自由兑换银币或白银。白银作为币材，在世界各国都具有悠久的历史，但银本位制作为一种独立的货币制度存在的时期并不长，实行的范围也不广，主要是在一些商品经济不发达的国家。银本位制的最大缺点在于：一是白银价值不稳定。白银矿藏的分布较广泛，开采成本比较低，冶炼的技术难度也较小，其产量变动很大，使得白银在市场上供求状况变化很大，从而使市场上商品价格的变化频繁，影响了商品交易活动的正常进行。二是白银单位价值量小，不利于大宗交易的进行，因而也无法适应日益发达的商品经济发展的要求。

（二）金银复本位制

金银复本位制是指以金和银两种金属同时作为本位币币材的货币制度，同时铸造金和银两种本位币，并在同一市场同时流通的货币制度，流行于16—18世纪资本主义发展初期的西欧各国。其基本特征是：金、银两种本位币都可以自由铸造、自由熔毁、无限法偿；金、银两种铸币和金、银两种金属都可以自由输出入国境；金、银两种铸币可以自由地相互兑换。

金银复本位制是一种不稳定的货币制度，当金、银铸币各按其自身所包含的价值并行流通时，市场上的商品就出现了金价和银价两种价格，容易引起价格混乱，给商品流通带来很多困难。而法律规定金和银的比价，又会出现"劣币驱逐良币"的现象，即两种实际价值不同而法定价格相同的货币同时流通时，市场价格偏高的货币（良币）就会被市场价格偏低的货币（劣币）所排斥，在价值规律的作用下，良币退出流通进行贮藏，而劣币充斥市场，这种劣币驱逐良币的规律又称为格雷欣法则。

而这两种价格之间的比价关系又会因为金、银两种金属的市场比价的变化而发生变化，这无疑给商品的定价及交换带来了许多麻烦。为了解决这一问题，很多国家采取了新的办法来确定金银两种货币间的比价关系。按照金、银两种货币间的比价方法的不同，金银复本位制又分为平行本位制、双本位制和跛行本位制三种类型。

平行本位制是指金银两种货币间的比价完全按照各自的价值量由市场供求决定的制度；双本位制是在金银比价波动比较大，尤其是金贵银贱引起流通混乱时出现的，这种货币制度是通过法律来规定金币与银币的比价；跛行本位制则是当国家无力再维持金、银两种货币间的固定比价时宣布对银币实行限制铸造，并且规定银币有限法偿。跛行本位制实际上已经不是金银复本位制，而是一种过渡性的货币制度。

金银复本位制是一种不稳定的货币制度，因为它与货币作为一般等价物而具有的排他性、独占性的本质特性相冲突，所以，随着资本主义经济的进一步发展，金银复本位制让位于金本位制成为历史的必然。

(三)金本位制

从18世纪末到19世纪初，主要资本主义国家先后从金银复本位制过渡到金本位制。金本位制是以黄金作为币材的货币制度，包括金币本位制、金块本位制和金汇兑本位制三种形态。

1. 金币本位制

金币本位制是以黄金为币材，铸造金本位币流通的货币制度。金币本位制具有以下主要特征：①铸造金币，有金币流通，金铸币无限法偿；②金铸币可自由铸造，自由熔化成金块(条)；③价值符号(辅币和银行券)能自由兑换金铸币或黄金；④黄金可以自由输出入国境。

金币本位制是一种相对稳定的货币制度，对资本主义经济的发展曾起过积极的作用。首先，由于币制相对稳定，不会发生通货膨胀，从而为促进商品生产的发展和商品流通的扩大提供了良好的条件；其次，在稳定的货币制度下，信用关系不受币值波动的影响，因而促进了信用事业的发展；最后，在金币本位制下，由于各国都以黄金作为币材，各国货币含金量的比率相对稳定，有利于国际贸易的进行，同时，对外贷款和投资的安全性也有保障。自1816年英国最早宣布实行金本位制开始到1914年各国金币本位制崩溃，此货币制度盛行了近100年的时间。第一次世界大战开始以后，各参战国纷纷把黄金集中于国库，用于向国外购买军火，签发大量不兑换黄金的纸币以弥补军费支出，使银行券失去了兑现黄金的可能性，各参战国陆续停止了银行券兑现制度，宣告了金币本位制的崩溃。

1924—1928年，资本主义国家的经济进入相对稳定时期，各国开始酝酿恢复金本位制度。但由于各国经济发展不平衡，黄金分布也极不平衡，加上黄金产量的增长远远落后于商品生产和流通的增长及扩大，典型的金币本位制已无法恢复，而只是建立了两种被称为"残缺不全"的金本位制——金块本位制和金汇兑本位制。

2. 金块本位制

金块本位制也叫生金本位制，其主要特点是：不铸造金币，没有金币流通，实际流通的是纸币——银行券；银行券规定含金量，但不能自由兑换黄金，只能在规定的数额以上兑换金块；黄金集中由政府保管，作为银行券流通的保证金；黄金也不再允许自由地输出入国境。金块本位制的实行使得流通中的黄金大大减少，节约了黄金的使用，对于缓解一国流通中黄金不足的矛盾起到了一定的作用。

3. 金汇兑本位制

金汇兑本位制也叫虚金本位制，其主要特点是：国内不铸造也不使用金币，实际流通的是银行券；中央银行将黄金和外汇存入另一个实行金本位制国家的中央银行，并规定本国货币与该国货币的兑换比例；银行券规定含金量，但不能直接兑换黄金，只能兑换外汇；政府或中央银行通过按固定比例买卖外汇的办法来稳定本国币值和汇率。但它们不能在国内兑换黄金，只能兑换本国在他国存有黄金并与其货币保持固定比价国家的外汇，然后用外汇到该国兑换黄金。实行金汇兑本位制的多为殖民地、半殖民地国家。

金块本位制和金汇兑本位制是两种不稳定的货币制度。第一，这两种货币制度都没有铸币流通，黄金失去了流通手段的职能，从而也失去了自发调节货币流通的可能性；第二，由于银行券不能自由兑换黄金，一旦过多就会贬值；第三，在金汇兑本位制下，本国货币制度依附于外国货币制度，一旦外国货币制度发生动摇，本国货币制度也必然发生动摇。

（四）信用货币制度

1. 信用货币制度的形成

1929年至1933年资本主义世界性的经济危机使金块本位制和金汇兑本位制这两种不稳定的货币制度趋于崩溃。1933年德国、英国、美国先后放弃了金本位制；1933年至1936年，意大利、比利时、荷兰、瑞士也相继放弃了金本位制，各国国内普遍实行了不兑换黄金的纸币本位制。1944年7月，在美国布雷顿森林召开了联合国与联盟国家的国际货币金融会议，通过了《国际货币基金协定》，建立了以美元为中心的资本主义国际货币体系。根据协定，美元与黄金挂钩，各国货币与美元挂钩，各国中央银行可以按规定官价用美元向美国中央银行兑换黄金，实际上形成了以美元为中心的国际金汇兑本位货币制度。20世纪70年代后，世界经济动荡不安，金价大涨，各国纷纷以美元向美国中央银行兑换黄金，使得美国黄金大量外流，黄金储备下降。为了制止黄金继续外流，美国宣布禁止各国用美元兑换黄金，从而宣告了国际金汇兑货币制度的崩溃，意味着金属货币制度已经完全退出历史舞台，取而代之的是不兑现的信用货币制度。

2. 信用货币制度的特点

信用货币制度是指以不兑现的纸币为本位币，由中央银行代表国家发行以纸币为代表的国家信用货币，由政府赋予其无限法偿能力并强制流通的货币制度。信用货币制度的主要特点为：

（1）信用货币是由中央银行或政府发行的本位货币，货币材质为纸，是国家对货币持有者的一种债务；

（2）信用货币不规定含金量，不能兑换黄金，不建立金准备制度；

（3）现实经济中的信用货币由现金和银行存款构成；

（4）信用货币都是通过银行的业务活动投放到流通领域的；

（5）信用货币的发行数量根据本国商品和劳务流通的需要而定，从而使国家对货币的管理调控成为经济正常发展的必要条件。

3. 信用货币制度的危机性

信用货币制度取代金属货币本位制是货币制度发展史上质的飞跃，它突破了货币的黄金限制，使具有个别使用价值的商品形态的货币形式发展成为无个别使用价值的信用货币，不仅大大地节约了社会流通费用，而且使金属货币本位制度下经常出现的币材匮乏的问题得到了一劳永逸的解决。但是，信用货币制度本身也具有很大的危机性，主要表现在：第一，现代信用货币是一种不兑现货币，没有规定的发行保证，其发行的过程缺乏内在的制约机制，很容易出现财政发行，导致通货膨胀。第二，信用货币不具有自发调节货币流通量的能力，只要流通中的货币量超过需要量的容纳弹性，就会直接表现为币值下降、物价上涨，影响市场的稳定。第三，信用货币中的存款货币可以通过商业银行的资产业务尤其是贷款业务进行大规模存款派生，而商业银行作为特殊的金融企业，受经济利益的驱使，往往会突破存贷款控制比例，从而导致信用膨胀。

三、我国的货币制度

（一）旧中国的货币制度

我国使用货币已有几千年的历史。原始货币主要是海贝、布帛、农具等。商周开始使用金属货币，秦始皇开始统一铸造内方外圆的贱金属铸币，这种形式的金属铸币，一直沿用到清末，历时二千余年，成为我国流通中的基本通货。在贱金属货币流通的同时，黄金、白银也是流通货币之一，但主要不是以铸币形式流通，而是以称量货币形式参与流通。

我国是使用信用货币最早的国家。早在周朝时就有了商业票据。元朝和明朝时期，纸币占重要地位。但因多次发生纸币贬值和通货膨胀，清朝从17世纪起便取缔了纸币，到19世纪中叶开始重新流通。

中国古代货币制度是不健全的。金银条块与贱金属铸币同时流通，纸币和金属货币同时流通，铸造货币和纸币发行比较分散。从鸦片战争到中华人民共和国成立前的相当长时间内，我国货币制度一直是一种混乱的、分散的、不独立的货币制度。这是由我国当时的政治经济背景决定的。

☞ **专栏1-3**

废两改元与法币改革

废两改元和法币改革是20世纪30年代国民政府的两项货币制度改革。废两改元是国民政府废除银两、银元并行制度，采取单一银元流通制度的改革。1933年3月1日，国民政府财政部发布《废两改元令》，规定银本位币1元等于上海规元7钱1分5厘，全国所有公私款项之收付，订立契约票据及一切交易，一律改用银元，不得再用银两。法币改革的核心是废除银元流通，以法币代替银元，实行纸币流通。国民政府规定自1935年11月4日起，以中央银行、中国银行和交通银行所发行的钞票为法币。所有完粮纳税及一切公私款项收付，概以法币为限，不得使用银币。通过确定法币与英镑、美元的固定汇价，维持法币价值的稳定。

资料来源：戴相龙，黄达. 中华金融辞库. 北京：中国金融出版社，1998.

(二)我国现行的货币制度

我国现行的货币制度较为特殊。由于我国目前实行"一国两制"的方针,1997年、1999年香港和澳门分别回归祖国以后,继续维持原有的货币金融体制,从而形成了"一国多币"的特殊货币制度。目前不同地区各有自己的法定货币:人民币是内地的法定货币,港元是香港地区的法定货币,澳门元是澳门地区的法定货币,新台币是台湾地区的法定货币。人民币与港元、澳门元之间按以市场供求为基础决定的汇价进行兑换,港元与美元挂钩,澳门元与港元直接挂钩,新台币主要与美元挂钩。

1. 人民币制度

人民币是内地的法定货币,由中国人民银行于1948年12月1日开始发行。人民币发行以后,中国人民银行迅速收兑了旧经济制度下的法币、金圆券、银圆券,同时通过收兑原解放区自行发行的货币,统一了货币市场,形成了新中国的货币制度。内地货币制度的基本内容包括以下几个方面:

(1)人民币是内地的法定货币,具有无限法偿能力,没有法定含金量,不能自由兑换黄金。人民币主币的单位为"元","元"是内地经济生活中法定计价、结算的货币单位,辅币的货币单位为"角"和"分"两种。1元为10角,1角为10分。

(2)人民币是内地唯一的合法通货。国家规定了人民币限额出入境的制度,金银和外汇不得在国内商品市场计价结算和流通。人民币的汇率,实行以市场供求为基础、参考一篮子货币进行调节、有管理的浮动汇率制度。人民币在经常项目下可兑换外汇,在国家统一规定下的国内外汇市场可买卖外汇。

(3)人民币的发行权由国务院授权中国人民银行独家统一掌管。中国人民银行根据经济发展的需要,在由国务院批准的额度内,组织年度的货币发行和货币回笼。

(4)人民币的发行保证。中国人民银行是根据商品生产的发展和流通的扩大对货币的需要而发行货币,以商品物资做基础,同时包括政府债券、商业票据、银行票据、黄金和外汇储备等信用保证。

2. 香港的货币制度

1997年7月1日,我国政府恢复对香港行使主权,香港特别行政区成立。在内地仍然实行人民币制度,在香港实行独立的港币制度,在货币发行、流通与管理等方面分别自成体系,人民币和港元分别作为内地和香港的法定货币在两地流通。按照我国目前的外汇管理规定,港元仍然属于外汇,港元在内地以外币对待,同样,人民币在香港也以外币对待。

港币制度的基本内容包括以下几个方面:

(1)根据《中华人民共和国香港特别行政区基本法》,港元为香港的法定货币。港元的发行权属于香港特别行政区政府,中国银行、汇丰银行、渣打银行为港元发行的指定银行,港元的发行须有百分之百的准备金。

(2)香港货币单位为"元",简称港元,用符号"HK＄"表示。其纸币有:10元、50元、100元、500元和1000元等面额;硬币有:10分、20分、50分及1元、2元和5元等面额。1元为100分。

第四节 货币制度

(3) 港元实行与美元联系的汇率制度，7.8 港元兑换 1 美元。香港特别行政区的外汇基金由香港特别行政区政府管理和支配，主要用于调节港元汇价。目前香港实行的港元兑美元的联系汇率制始于 1983 年。

(4) 香港特别行政区不实行外汇管制，港币可以自由兑换，外汇、黄金、证券、期货市场完全放开。

☞ **专栏 1-4**

香港联系汇率制度

香港联系汇率制度，是指将我国香港地区的货币与某种特定的外币挂钩，按照固定汇率进行纸币发行与回收的一种货币制度。在香港，纸币是由汇丰银行、渣打银行和中国银行三家指定的商业银行发行的。根据香港的法律，在联系汇率制度下，发钞银行需要向香港金融管理局交付美元，换取负债证明书，用以作为发行纸币的依据，再按照香港财政司规定的固定汇率，以 1 美元兑 7.8 港元的汇率发行等值的港元。其他银行(在香港称作持牌银行)则可以同样的汇率向发钞银行存入美元，并获得等值的港元。反过来，在回收港元时，外汇基金、发钞银行和持牌银行之间也按 1∶7.8 的固定汇率进行方向相反的操作。由此不难看出，以美元作为港元发行的基础和依据，并使二者保持固定的汇率，是香港联系汇率制度的两个基本要点。

3. 澳门的货币制度

1999 年 12 月 20 日，我国政府恢复对澳门行使主权，澳门特别行政区成立。按照我国目前的外汇管理规定，澳门货币仍然属于外汇，澳门货币在内地以外币对待，同样，人民币在澳门也以外币对待。

澳门的货币称澳门元。澳门货币制度的基本内容包括以下几个方面：

(1) 根据《中华人民共和国澳门特别行政区基本法》，澳门元为澳门的法定货币。澳门元的发行权属于澳门特别行政区政府，中国银行、大西洋银行为澳门元发行的指定银行。

(2) 澳门货币单位为"澳门元"，用符号"Pat"表示。纸币面额有 10 元、20 元、50 元、100 元、500 元和 1000 元 6 种，硬币有 10 分、20 分、50 分、1 元、2 元、5 元和 10 元 7 种。各种货币可自由出入境，不受任何限制。

(3) 澳门元实施的是与港元挂钩的联系汇率制，103 澳门元兑换 100 港元。

4. 台湾的货币制度

1899 年 6 月 29 日，"台湾银行券"正式开始发行，到 1945 年 8 月止共流通了 46 年时间，在此期间，由于日本人控制着台湾银行，台湾金融受日本金融的影响很大。比如，"台湾银行券"的发行，受日本货币制度的影响而变化，由白银券开始，转变为黄金券，再发展为管理货币。

1945 年 8 月 15 日，日本宣布无条件投降，但直到 1946 年 8 月底止这段时期，台湾所流通的货币实际上仍是日本占据台湾时的货币，"台湾银行券"、"日本银行券"仍然流通。

1946年5月20日，旧台湾银行宣告结束，新的台湾银行宣告成立。1946年5月22日，台湾银行公告发行小面额的台币，称新台币，1949年6月15日币制改革后，改称这些新台币为"旧台币"。

1949年6月15日，台湾省行政管理机构公布"台湾省币制改革方案"及"新台币发行办法"，实施币制改革。新台币的发行主要有以下几方面内容：第一，台湾省行政管理机构指定新台币的发行机关为台湾银行；第二，实行与美元联系的汇率制度；第三，新台币以黄金、白银、外汇及可以换取外汇的物资做十足准备。

1961年7月1日，台湾地区"中央银行"复业，收回了台湾银行的货币发行权，但仍然委托台湾银行发行新台币。20世纪70年代后，台湾地区货币发行制度又有了新的变化，主要是大额钞券发行的比重上升。目前，台湾地区流通的硬币有5角、1元、5元、10元、20元、50元，纸币有100元、200元、500元和1000元、2000元。

【本章小结】

1. 货币是商品生产和商品交换的产物，是在长期的商品生产和商品交换的过程中，逐渐从商品世界中分离出来的、固定充当一般等价物的特殊商品，并体现一定的社会生产关系。

2. 货币是价值形式发展的结果。价值形式的发展经历了简单的价值形式、扩大的价值形式、一般价值形式和货币价值形式四个阶段。

3. 在人类漫长的历史进程中，货币作为一种人们能够共同接受的支付工具，在不同时期有着不同的形式，货币的形式经历着由低级向高级不断演变的过程。具体地说，包括实物货币、代用货币、信用货币和电子货币几种形式。

4. 货币的职能是货币本质所决定的内在的功能。在现代经济生活中，一般认为货币具有价值尺度、流通手段、贮藏手段、支付手段和世界货币五种职能，它们的相互关系表现为：价值尺度和流通手段是货币的两个最基本的职能，其他三个职能是在价值尺度和流通手段基础上派生出来的。

5. 货币的计量是为实现对货币的宏观控制，从统计的角度给出货币供应量的层次范围并计算数量。货币层次划分的依据是流动性，流动性是指金融资产不受损失地及时转化成现实购买力的能力。

6. 货币制度简称"币制"，是指一个国家以法律形式确定的货币流通的结构与组织形式。货币制度的宗旨是加强对货币发行和流通的管理，维护货币的稳定，管理金融秩序，促进经济发展。

7. 货币制度以币材为代表。从币材变化的过程可以看出，货币制度主要经历了金属货币制度和信用货币制度两个阶段。信用货币制度取代金属货币制度是货币制度发展史上质的飞跃，现代货币形式是信用货币。

8. 我国现行的货币制度是"一国多币"的特殊货币制度，不同地区各有自己的法定货币。人民币是内地的法定货币，港元是香港特区的法定货币，澳门元是澳门特区的法定货币，新台币是台湾地区的法定货币。

【重要名词术语】

货币　实物货币　代用货币　信用货币　电子货币　价值尺度　流通手段　支付手段　贮藏手段　货币制度　本位币　辅币　有限法偿　无限法偿　平行本位制　双本位制　劣币驱逐良币

【复习思考题】

1. 货币是如何产生的？它有哪些形态？
2. 货币的本质是什么？它有哪些职能？
3. 货币层次划分的依据和意义各是什么？我国货币层次的内容是什么？
4. 货币制度包括哪些内容？
5. 金本位制有哪几种形式？各有什么特点？
6. 信用货币制度为何最终取代了金属货币制度？信用货币制度有哪些特点？
7. 试描述我国现行的货币制度状况。

【案例分析】

电子货币的应用

电子货币的定义至今尚无定论。国际清算银行（BIS）1996年10月的报告和欧洲央行（ECB）1998年的报告较具代表性，它们指出了电子货币的若干基本特点：由电子储存的货币价值；代表向发行者的索偿权；具有一定的储值上限；可在发行者业务系统之外广泛用于支付；在支付过程中无卷入银行账户或发行方系统的必要。

随着互联网的迅猛发展，国内出现了各种各样的电子支付手段，不再局限于信用卡、网上银行、电子支票，基于网络实物交易诞生的"支付宝"、"微信钱包"等新生事物在本质上都是银行账户之间货币转账的手段，但从货币的支付手段而言，它们在现实中越来越接近现金，以至有人将它们全部笼统地称作"电子货币"。严格意义上，电子货币是消费者向电子货币的发行者支付传统货币，而发行者把与传统货币相等的价值，以电子形式储存在消费者持有的电子设备中。电子商务的发展促使传统支付手段电子化，走向互联网、移动通信网和数字电视网。例如普通的信用卡可以在网上购物；电子支票、网上银行转账可以实现交易；支付宝、微信钱包等第三方支付既可以在网络上进行线上交易，又可以在超市、餐厅、酒店等各类经营场所进行线下移动支付。有数据显示，2015年，中国人使用移动设备进行支付和转账总额达16.4万亿元人民币，约为2014年的2倍、2013年的12倍多。但与在商场购物一样，使用者必须提交信用卡号码并需通过信用卡系统的授权，方可支付。另外，电子支票的支付需要收款人将其银行账号和支票路径序码通知付款人，付款方只能在本银行网页或本电子银行软件上付款。支付宝需要付款方提供二维码授权收款人扫描支付。电子货币即便将货币电子化，却仍旧存在传统付款方式的局限。

经过多年的发展，电子货币在整个支付系统中仅占较小份额这一事实，令急于宣告电子货币时代到来的人们大失所望。但对了解电子货币的微型付款属性的人们来说，这些尚属意料之中。事实是，物理现金与钱夹均未消失，但是人们逐渐认识到生活质量可以通过减少等待取款付款时间、不用凑零钱付停车费等得以提高。看来，更重要的是电子货币所带来的付款文化上的变化。

资料来源：https://wenku.baidu/view/2c33eec4a58da0116c17493f.html.

思考：

1. 电子货币的应用情况如何？
2. 电子货币存在的问题与发展前景如何？

【延伸阅读】

1. 彭信威. 中国货币史. 上海：上海人民出版社，1965.
2. 米尔顿·弗里德曼. 货币的祸害：货币史片段. 安佳，译. 北京：商务印书馆，2006.
3. 戴建兵. 白银与近代中国经济. 上海：复旦大学出版社，2005.
4. 黑田明伸. 货币制度的世界史：解读"非对称性". 何平，译. 北京：中国人民大学出版社，2007.
5. 多米尼克·萨尔瓦多，等. 欧元、美元和国际货币体系. 贺瑛，等，译. 上海：复旦大学出版社，2007.

第二章 信 用

交易者因为害怕失去声誉,因而会很小心地遵守每一项承诺。当一个人一天交易20次的话,他就不大可能欺骗别人,因为那样会使他失去更多。当人们之间的交易很少的时候,我们发现人们就有可能进行欺骗,因为通过欺骗得到的东西比他们由此受到的损害要多。

——亚当·斯密

现代经济是信用经济。信用通过其分配闲置资金,创造信用流通工具等职能,实现社会资源的合理配置,保证社会经济正常运行。因此,现代经济离不开信用,离开了信用,整个经济运行就会出现障碍。

通过本章的学习,你将能够了解和掌握以下知识:

- 信用的产生、发展、构成要素与特征;
- 信用形式的分类及几种现代信用形式的含义、作用;
- 信用工具的分类、特征与几种典型信用工具的作用。

第一节 信用概述

一、信用的含义及特征

(一)信用的含义

信用可从多个角度进行诠释,从道德规范的角度来讲,"信用"指诚信,即"一诺千金","言出必行",从而取得别人的信任。从经济角度来讲,"信用"实际上是一种借贷行为,它是建立在信任基础之上,由一方向另一方做出的在特定时间内还款的承诺,是以偿还和付息为条件的价值运动的特殊形式,体现一定的债权债务关系。

信用是货币金融学中一个十分重要的范畴。从根本上说,信用是和商品生产、货币经济相联系的范畴。信用是在商品货币经济的基础上产生的,并随着商品货币经济的发展而发展。信用在社会再生产过程中处于分配环节,现代信用的直接标的物虽是货币,但货币借贷的背后却是资源的借贷。分配闲置的资源是信用在社会再生产过程中的重要职能之一。

(二)信用的特征

1. 偿还性

信用不是一般的借贷行为,而是有条件的借贷行为,其中最基本的条件则是到期必须偿还本息。偿还性是信用最基本的特征,如果一种经济行为具备偿还性,那么这种行为就一定属于信用行为,如存贷款活动、商品赊销等;如果一种经济行为不具备偿还性,那么这种行为就一定不属于信用行为,如财政拨款、捐赠等。

2. 价值单方面转移或让渡

信用是价值运动的特殊形式,在信用活动中,商品货币的所有者让渡的是商品或货币的使用权,并没有让渡其所有权,这不同于等价运动的商品交换。所以,信用是价值单方面的转移或让渡。但应注意,仅仅具备价值单方面转移或让渡这个特征,还不一定是信用行为。

二、信用的产生和发展

信用和货币一样,不是从来就有的,而是商品货币经济发展到一定阶段的产物。信用产生有其必然的社会经济基础,并随着社会经济的发展不断发展变化。

(一)信用存在的客观依据

1. 商品货币经济的产生和发展是信用产生的总根源

无论信用对象是实物形态还是货币形态,借贷都是价值的借贷。商品货币经济是价值经济,如果没有商品货币经济的产生和发展,就不可能出现剩余产品和闲置的货币,就没有可供借贷的商品和货币。因此,信用随商品货币经济的产生而产生,随商品货币经济的发展而发展。

2. 私有制的出现是信用产生的前提条件

没有私有制的出现,没有私有权的概念,就无所谓借贷。付出的不必讨回,取得的也无须考虑将来能否归还,相应的利息问题更不可能提出。正是私有制的出现使每个人的财产都是私人财产,为了体现这种私有权,贷出的必须收回,而且还要收回一定的利息。

3. 商品或货币的分布与人们的需求不相匹配是信用产生的必要条件

随着商品生产和交换的发展,商品流通出现了矛盾——"一手交钱、一手交货"的方式由于受到客观条件的限制经常发生困难。例如,一些商品生产者出售商品时,有时需要购买商品的人没有货币。于是,赊销即延期支付的方式应运而生。赊销意味着卖方对买方未来付款承诺的信任,意味着商品的让渡和价值实现发生时间上的分离。这样,买卖双方在商品交换的同时形成了债权债务关系,即信用关系。

(二)信用发展的过程

商品货币关系是信用发展的客观经济基础,有商品货币关系就必然存在信用,商品货币经济越发展,信用活动也必然越兴旺发达。商品经济的发展带动了信用形式的不断发展。商品经济的发展经历了简单的物物交换、以货币为媒介的间接交换和更高级的信用交易。在这一发展过程中，信用随之发展。因此，信用经济学的创始人布鲁诺依据经济发展过程中的不同信用行为、信用方式和信用形式把社会经济发展分为三个阶段：以物物交换为主的自然经济时期、以货币为交换媒介的货币经济时期、以信用交易为主导的信用经济时期。

1. 自然经济时期的信用

在原始社会末期，出现了相互交换物品的需要，交换过程表现为物物交换。这一时期的信用主要建立在对物的信任上，可以称为实物经济时期。此时，信用关系尚不普遍，也不发达，信用是在物物的直接交换中体现出来的。人们之间交换剩余产品凭借的是对对方产品的信任。这时期的信任是比较简单的、直接的，也是容易判断的。

2. 货币经济时期的信用

在物物交换的后期，产生了作为一般等价物的货币，货币出现以后，交换过程延长为物—货币—物，对物物交换的信任被对货币的信任替代，货币成为交换的媒介，交换背后隐藏的信用关系有了新发展。此时，货币成为主要的信用形式。

3. 信用经济时期的信用

随着商品交换的进一步发展，在封建社会后期产生了银票、纸币，并出现了国家债券。到了资本主义阶段，市场经济得到了空前发展，商业银行、投资银行在经济生活中占有支配地位，股票、债券、期货、期权、权证、商业票据、信用卡等各种虚拟资本和信用工具不断出现。货币替代品层出不穷，交易媒介日益增多，信用关系已远不能只用货币来概括和表达，社会经济进入信用经济时期。这一阶段信用已经超出流通货币的范畴，社会上逐步建立了规范信用活动的管理制度和法律法规，信用真正渗透到经济生活的各个角落。

从以上三个阶段可以看出，信用作为人类社会交往的基本行为规范之一，与交往行为有着内在的联系，随着市场交易的不断发展其形态也发生着相应变化。随着市场交易的发展与成熟，信用在人类社会交往中的地位与作用越来越重要。信用产生于人类社会的生产、生活实践，经历了原始社会、传统社会到现代社会不同的发展阶段并且由道德信用层面扩展到经济、政治、精神文化以及个人等信用层面而最终形成了总体的社会信用。

☞ 专栏 2-1

高利贷信用

高利贷作为最古老的信用形式，是以贷款利息率极高为基本特征的借贷活动。高利贷信用出现于原始社会末期，最初是以实物形式出现的，随着商品货币关系的发展，货币借贷才逐渐成为高利贷的主要形式，并出现了专门从事货币借贷的高利贷者。

高利贷在奴隶社会和封建社会得到广泛的发展，是前资本主义社会主要的信用形式。这是因为，高利贷资本作为生息资本的特殊形式，是与小生产者即自耕农和小手工业主占优势的生产方式相适应的。小生产者拥有少量财产作为借款的保证，他们的经济基础十分薄弱、极不稳定，遇到天灾人祸就无法维持生计，为了获得购买手段以换取必需的生产资料和生活资料,他们不得不求助于高利贷。所以,小生产者的广泛存在是高利贷信用存在和发展的经济基础。1949年以前,中国的高利贷十分活跃、名目繁多,华北盛行"驴打滚",江浙一带有"印子钱",广东则有"九扣十三归"。

高利贷的年利息率一般在30%以上,100%~200%的年利息率也是常见的。当高利贷者直接贷款给小生产者时,他们就通过获取高额利息无偿占有小生产者的全部剩余劳动,甚至包括一部分必要劳动。高利贷者贷款给奴隶主和封建主后,奴隶主和封建主支付的高额利息主要来自他们无偿占有的奴隶和农奴的一部分劳动。所以,在前资本主义社会,高利贷信用反映了高利贷者无偿占有小生产者劳动的剥削关系,也反映了高利贷者和奴隶主、封建主共同瓜分奴隶或农奴所生产的剩余产品的剥削关系。在现代市场经济中存在的高利贷信用同样反映了高利贷者剥削小生产者的剩余劳动,或反映了高利贷者和其他资本所有者共同瓜分雇佣劳动提供的剩余价值的剥削关系。

三、信用的构成要素

信用关系的建立必须具备一定的要素,概括起来通常有以下几个方面:

(一)信用主体

信用主体即信用活动的参与者,包括债权人与债务人两方面。信用关系是一种债权债务关系。在信用关系确立时,从债权人方面看,这种债权是要求债务人归还借款的权利;从债务人方面看,这种债务则是到期必须向对方清偿的义务。债权人与债务人构成信用的第一要素,没有债权人与债务人的存在,就无所谓信用。值得一提的是,在现代信用活动中,还存在非常重要的一个当事人——信用中介,中介人是连接借贷双方的桥梁。在信用活动中,信用的各方当事人必须保持足够的理性,不能盲目进行投机活动,否则就可能陷入各类骗局,成为"最大的笨蛋"。

☞ **专栏 2-2**

"荷兰郁金香事件"与凯恩斯的"最大笨蛋原理"

1593年,一位维也纳的植物学家将一种荷兰人此前从没见过的植物——郁金香带到荷兰。多年以后,普通郁金香逐渐发生变异,其花瓣生出一些艳丽的彩色条。物以稀为贵,荷兰人很快开始了对变异郁金香的炒作。人们不断地高价买进这些变异郁金香,并以更高的价格卖出。到最高峰的时候,一个珍稀品种的郁金香球茎比同等体积的黄金还要值钱。到1638年,终于再没有人愿意出远超过球茎自身价值的钱购买球茎时,持续了数年的游戏崩溃了,荷兰人的郁金香狂热也就悲惨落幕,球茎价格跌到了一只洋葱头的售价,许多人为此倾家荡产。

伟大的经济学家凯恩斯从1919年开始做远期外汇投机生意,后来又涉足棉花期货交易和股票交易。经过多年的沉浮跌宕,到1937年他因病金盆洗手的时候,已经积攒起一生享用不完的巨额财富。凯恩斯根据荷兰"郁金香事件"和自己进行投机交易的心得，总结出了信用活动和金融市场交易的一个至上规律——"最大笨蛋原理"。

任何投机活动都会有一个共同特征，即购买者并不管购买对象的实际价值是多少。比如投机者可能以 500 盾的价格购买实际价值仅为 50 盾的郁金香球茎，或者以 20 元的价格购买账面价值仅为 2 元的股票。投机者之所以这样，是基于一个预期，预期会有人以更高的价格从自己手上把这些东西买走。因此，投机品的实际价值是不重要的，重要的是有没有比自己更笨的笨蛋。如果不幸地没有比自己更笨的笨蛋了，那么自己就成了"最大的笨蛋"。投机行为的关键是判断有无比自己更大的笨蛋，只要自己不是"最大的笨蛋"，剩下的问题就是赢多赢少的问题，因此投机活动也就成了"博傻"活动。这种心理预期所形成的市场规律，就是凯恩斯的"最大笨蛋原理"。

历史上有许多名人不幸当了"最大的笨蛋"。1720 年的英国股票投机狂潮中有这样一个插曲：一个无名氏创建了一家莫须有的公司。自始至终无人知道这是什么公司，但认购该公司的股票时近千名投资者争先恐后把大门挤倒。没有多少人相信它真正获利丰厚，而是预期更大的笨蛋会出现，价格会上涨，自己会赚钱。伟大的牛顿也参与了这场投机，而不幸成了"最大的笨蛋"。他因此感叹："我能计算出天体运行的轨迹，但人们的疯狂实在难以估计。"

(二) 信用标的

信用标的即信用的对象。借贷对象一般包括实物与货币两个方面。前者主要表现为商业信用，后者主要表现为银行信用。随着商品货币经济的发展，经济的货币化程度越来越高，实物借贷逐渐减少，货币借贷越来越普遍。

(三) 信用载体

信用载体是指各类信用工具。信用工具是证明债权或所有权的合法凭证，是贷者与借者之间进行资金融通的工具。信用关系的确立，必须有凭据作证。有关信用工具的主要知识点将在本章第三节具体介绍。

(四) 信用条件

信用条件通常包括两个方面：一是借贷期限，二是利率水平。无论何种信用活动，从信用关系的发生到信用关系的终止，必然有着一定的时间间隔，否则，就无所谓信用。信用实际上是价值在不同时间的相向运动。以不影响自己将来的需求为前提，债权人在贷出资金时必然会考虑借贷期限。除此以外，由于债权人贷出资金后，到期才能收回，这样，债权人将面临到期不能收回资金的风险，所以，对于债权人而言，应该获得一定的补偿，即利息，而计算利息的标准便是利率。

四、信用与金融

信用产生以后，信用和货币这两个原来独立的范畴相互渗透，形成了新的范畴——金融。在现代经济中，信用一词与金融一词常常交替使用，但从严格意义上说，信用与金融是有区别的。广义的金融泛指一切与信用货币的发行、保管、兑换、结算、融通有关的多种经济活动，甚至包括金银的买卖。狭义的金融专指信用货币的融通。信用与金融的区别可以简单概括为两个方面：一是两者的范围不同。金融专指货币资金融通而不包括实物借贷，信用既有货币借贷，又有实物借贷；金融既包括货币资金的借贷，又包括股票融资（不退股，不偿还），而信用无论借贷的是货币还是实物，到期都要偿还。二是两者标的物的性质不同。信用指一切货币的借贷，金融则专指信用货币的融通。

信用与金融虽有以上区别，但是一方面由于现代经济中实物借贷已微不足道，另一方面在投资者看来，由于股票可以随时买卖转让，同债券一样是一种提供信用的工具，因此，也可以粗略地把金融理解为现代的、信用货币流通条件下的信用。

第二节 信用形式

一、信用形式的分类

信用形式是信用的具体表现形式。由于借贷的当事人不同，借贷的期限、目的以及用途不同，信用的具体形式也不同。

（一）按照信用主体不同，分为商业信用、银行信用、国家信用、消费信用、国际信用等

这几种信用形式是本节介绍的主要内容，在下面具体介绍。

（二）按期限长短不同，分为短期信用和长期信用

短期信用是指偿还期在1年以内(包括1年)的借贷活动；长期信用指偿还期在1年以上的借贷活动。

（三）按借贷的对象不同，分为实物信用和货币信用

实物信用是以实物为标的进行的借贷活动，贷者贷出的是实物，借者可以实物偿还本金和利息；货币信用是以货币为标的进行的借贷活动，贷者贷出的是货币，借者以货币还本付息。

（四）按融资性质不同，分为直接信用与间接信用

直接信用是借者与贷者之间直接进行的借贷活动；间接信用是指借者与贷者之间通过金融中介机构进行的借贷活动。

二、现代信用形式

现代信用是指经济活动主体对自己行为的庄严承诺和社会各界对其履诺的肯定性评价。信用关系已成为现代经济中最普遍、最基本的经济关系，其形式多种多样，主要包括商业信用、银行信用、国家信用、消费信用和国际信用五个方面的内容。

（一）商业信用

1. 商业信用的概念

商业信用是指在工商企业之间买卖商品时，卖方以商品形式向买方提供的信用。这种信用的主体是厂商，以商品作为其客体，赊销商品和预付货款是商业信用的两种基本形式。

商业信用从形式上看是直接以商品形态提供的，但实质上仍然是货币的借贷，即商业信用并非实物形态信用，仍然是货币形态的信用。因为借者并不是欠贷者的某种商品，而是欠贷者一定数额的商品价款，即可理解为当商业信用发生时，商品所有者把一部分价值（商品价款）单方面卖给商品购买者，到期时商品购买者把商品价款单方面转移给原商品出售者。

2. 商业信用的特点

商业信用的特点主要表现为以下几个方面：

第一，商业信用直接以商品形态提供信用。但这种商品不同于普通的商品，而是处于产业资本循环过程最后一个阶段上的商品资本，它还有待于转化为货币资本。

第二，商业信用活动的主体之间，既是一种货币资金借贷关系，又是一种商品买卖关系。商业信用活动的完成，实际上是进行了两种不同性质经济行为的转换，即商品买卖活动转换为货币借贷活动。

第三，商业信用属于直接信用。商业信用的债权人和债务人都是工商企业，是卖方企业对买方企业提供的信用，这种信用形式能及时解决买方企业的资金困难，是工商企业优先采用的信用形式。

第四，在产业周期各阶段上，商业信用的动态与产业资本的动态是相一致的。在经济繁荣阶段，生产的商品增加了，商品流通范围扩大了，对商业信用的需要也增加了。反之，在经济危机或经济严重不景气时期，生产规模缩小了，对商业信用的需要也减小了。所以，商业信用的规模随生产规模的变化同方向变化。

3. 商业信用的局限性

商业信用的局限性是由其特点决定的，主要表现为：

第一，商业信用的范围有限。商业信用仅限于相互了解、相互信任的企业之间，若得不到对方的信任，则商业信用不成立。

第二，商业信用的期限有限。工商企业之间以商品形态提供的信用一般情况下期限都较短，属于短期信用。

第三，商业信用的授信方向有限。商业信用是商业企业之间发生的、与商品交易直接相联系的信用形式，一般由卖方提供给买方，受商品流转方向的限制。

第四，商业信用的规模有限。商业信用以商品形态提供信用，且该商品是处于社会再生产过程中的商品资本，因而，商业信用的规模受工商企业所拥有的商品资本量的限制。

正是由于商业信用存在以上种种局限性，在一个高度发达的金融体系中，商业信用不可能成为现代信用的主体。于是，在经济发展过程中又出现了另一种信用形式——银行信用。

(二)银行信用

1. 银行信用的概念

银行信用是银行等金融机构通过吸收存款，发放贷款方式，以货币形态对企业提供的信用。银行信用是在商业信用基础上产生发展起来的。银行作为典型的信用中介人进行资金来源与资金运用之间的重新分配，克服了其他信用形式的局限性。

2. 银行信用的特点

银行信用与商业信用相比较，具有以下特点：

第一，银行信用是以货币形态提供的信用。货币是一般等价物，具有一般的使用价值，可以满足企业各方面的需要，因而银行信用突破了商业信用方向的局限性。

第二，银行信用的债权人与债务人分别是银行等金融机构和从事商品生产、商品流通的企业。由于银行等金融机构在国内外分支机构众多，企业都必须在银行金融机构开设账户，其资金运行处于银行等金融机构的监督之下，银行等金融机构可以在较广范围内对企业提供信用，突破了商业信用范围的局限性。

第三，银行信用是以银行等金融机构为中介的信用，它属于间接信用。由于银行等金融机构信誉较高，可通过吸收存款将社会再生产过程中大量闲置的货币资本聚积起来，再通过发放贷款运用出去，更重要的是商业银行具有信用创造的功能，这就大大突破了商业信用规模的局限性。

第四，在产业周期各阶段上，银行信用的动态与产业资本的动态不相一致。这主要是货币资本的变动与产业资本的变动不一致所造成的，这在经济危机时期表现得尤为明显。

(三)国家信用

国家信用又称政府信用或财政信用，泛指以国家(或政府)为主体的借贷行为。它既包括政府对企业、银行、团体或个人的负债，也包括政府对国内企业、居民或外国银行的贷款。

国家信用包括国内信用和国外信用两种。国内信用是国家以债务人身份向国内居民、企业和社会团体取得的信用，形成一国的内债。国外信用是国家以债务人身份向国外居民、企业、社会团体和政府取得的信用，形成一国的外债。

1. 国家信用的特点

国家信用在现代经济发展过程中非常普遍，其特点主要表现在以下几个方面：

(1)国家信用可以具有强制性。在特殊情况下，国家可以强制性地发行国债筹集资金，从而动员使用其他信用形式动员不了的资源，满足政府需要。

(2)国家信用安全性高，风险小，使用频繁。正是因为这个特点，国家财政发行的国库券和公债券深受投资者的喜爱，世界各国政府也通过频繁发行国债解决临时性、季节性财政赤字和基础设施建设资金困难。

(3)国家信用的利息由纳税人承担。国债利息属于财政支出，而财政收入大部分来源于税收，因此，国债利息实际上是由纳税人承担的。而银行信用、企业信用等，其利息都是由借款人承担，这些利息可能部分地成为财政收入。

2. 国家信用的作用

(1) 国家信用是动员国民收入，弥补财政赤字的重要工具

财政收不抵支出现赤字可以通过三条途径解决，即增税、发行纸币和举债。增税不仅立法程序繁杂，且易引起大众的不满，滥发纸币又会导致通货膨胀。相比之下，发行国债则是弥补财政赤字的有效工具。因为，发行国债与增税相比更能为社会大众所接受，与发行纸币相比对货币流通的破坏性影响要小得多。

(2) 国家信用是筹措中长期建设资金的重要手段

国家要履行管理和发展经济的职能，就需要进行重点经济建设，为经济发展创造良好的社会条件，如修筑道路和水利工程，发展科教事业，为社会提供邮电和气象服务等等。而这些基础设施投资通常不可能由各企业筹资进行，这就需要由国家来进行。在资金短缺的情况下，国家便可利用发行公债券来筹措中长期建设资金。

(3) 国家信用是调节货币流通、调节经济的重要杠杆

国家信用对货币流通以及经济的调节可以从多方面理解，如在一定条件下，当投资需求严重不足，生产规模不断缩小，失业人口大量增加，经济呈现萧条态势时，国家便可有意识地采取赤字财政政策，增加财政支出，扩大投资规模，提高社会购买力，刺激经济增长。而国家增加财政支出的资金来源主要通过发行国债方式解决。

(四) 消费信用

消费信用是指对消费者个人提供的，用以满足其消费方面所需货币的信用。提供消费信用的方式主要有：第一，赊销。凭信用先购物或享受劳务，当时记账，以后付款。其价格一般高于现款交易，借以抵偿赊销货款的利息收入。一般多见于零售商业提供的短期消费信用。第二，消费贷款。由银行向消费者提供的信用，包括信用贷款和抵押贷款，如住房抵押贷款、汽车贷款等。

消费信用是一种刺激消费需求的方式，也是一种促进生产发展的手段。赊销商品的价格大多比较昂贵，消费贷款的利息率也比较高，如果消费者到期不能偿付款项，商品往往要被收回，已付的货款往往也被没收。但在一国经济发展到一定水平后，发展消费信用一方面可扩大商品销售、减少商品积压、促进社会再生产，另一方面可为大量银行资金找到出路，提高资金的使用效率，改善经济结构。

(五) 国际信用

国际信用是各国间的借贷行为，包括以赊销商品形式提供的国际商业信用、以银行贷款形式提供的国际银行信用以及政府间相互提供的信用。从形式上看，国际信用是适应商品经济发展和国际贸易扩大而产生并发展起来的一种借贷关系；从本质上看，国际信用是资本输出的一种形式。

1. 国际商业信用

国际商业信用是跨越国界的商业信用活动，是不同国家的企业之间发生的信用。它表现为凭信用进口或出口商品。主要有国际租赁、补偿贸易、延期付款等形式。

国际租赁是指一国的出租人与另一国的承租人订立租赁契约，以收取一定的租金为报

酬，把机器设备租给承租人在一定期限内使用的一种信用形式。

补偿贸易是指出口方企业以向进口方企业提供技术设备、各种服务、人员培训等作为贷款，进口方企业待工程项目投产后以项目产品或双方商定的其他办法偿还贷款本息。

延期付款是指出口厂商和进口商议定在货物出口后一定时期内支付款项。延期付款一般发生在关系密切的进出口商之间或出口商得到出口国银行出口信贷支持的时候。

2. 国际银行信用

国际银行信用是进出口双方银行所提供的信用，可分为出口信贷和进口信贷。

出口信贷是出口国为了加强出口竞争能力，支持和扩大本国的出口贸易，以政府补贴和提供信贷担保的方式，通过本国银行向本国出口商或直接向外国进口商或其银行提供的一种与出口贸易相结合的贷款。其中，向本国出口商提供的贷款称为卖方信贷，向外国进口商或其银行提供的贷款称为买方信贷。

进口信贷是进口方银行提供贷款以满足买方资金周转的需要，支持本国进口商购买所需的商品或技术等；也指本国进口商向国外银行申请贷款，如果进口商是中小企业，往往还要通过进口方银行出面取得这种贷款。

不管是出口信贷还是进口信贷，其提供的金融一般只占该项目进出口贸易总额的85%，剩下的15%为进口商预付定金。

第三节 信用工具

信用工具的产生是信用发展的必然结果，它是维系信用活动的纽带。最早的信用工具是借条，在此基础上其形式不断完善、法律效力不断增强。到现代，信用工具已经不仅仅是信用的凭证，更成为虚拟经济的基础。

一、信用工具的分类标准

信用工具种类繁多，按不同的标准划分有不同类型的信用工具，以下简要介绍几种常见的划分信用工具种类的标准。

(一)以信用关系存续时间为标准划分

如果以信用关系存续时间为标准分类，信用工具可分为短期信用工具和长期信用工具。短期信用工具是指偿还期在1年以下(包括1年)的信用工具；长期信用工具是指其偿还期在1年以上的信用工具。

(二)以融资的性质为标准划分

如果以融资的性质来分类，信用工具可分为直接信用工具和间接信用工具。直接信用工具是指在直接融资活动中所使用的信用工具，通常是由非金融机构发行的信用凭证，如企业债券、国库券等；间接信用工具是指在间接融资活动中所使用的信用工具，通常是由银行等金融机构发行的信用凭证，如银行存款凭证、保险单等。

（三）以流动性为标准划分

如果以流动性为标准分类，信用工具可分为完全流动性信用工具和有限流动性信用工具。具有完全流动性的信用工具是指已经在公众中取得普遍接受的资格，在流通转让过程中不必附有任何条件的信用工具，如现代信用货币（纸币和银行活期存款）；具有有限流动性的信用工具是指在流通转让过程中须附有一定条件才能被人们接受的信用工具，如存款凭证、股票、债券等，它们被接受的程度取决于这些信用工具的性质，包括信用工具的偿还性、流动性、安全性和收益性等。

（四）以是否有真实的融资背景划分

如果以是否有真实的融资背景划分，信用工具可分为原生信用工具（或传统信用工具）和衍生信用工具。原生信用工具是指在实际信用活动中产生的能够证明债权债务关系或所有权关系的合法凭证，如商业票据、债券、股票等。衍生信用工具是指在原生信用工具基础上派生出来的新型信用工具，如远期合约、期货合约、期权合约、互换合约等。

（五）以融资范围为标准划分

以融资范围为标准划分，信用工具可分为国内信用工具和国际信用工具。国内信用工具是指以本国货币标明面值，向境内投资者发行的融资工具；国际信用工具是指以外国货币标明面值，向境外投资者发行的融资工具。

二、信用工具的特性

信用工具虽然种类繁多，但通常都具有以下四个方面的特性。

（一）偿还性

偿还性体现了信用工具的发行人或债务人按期归还全部本金和利息的基本要求。由于信用活动是将信用标的物的所有权与使用权相分离的活动，而使用权有向所有权回归的要求，这就决定了信用活动必须是有特定期限的，即具有偿还性。

（二）流动性

信用工具的流动性是指信用工具在无损状态下迅速转变为现金的能力。一般说来，信用工具如果具备以下两个特点，就可能具备较高的流动性。一是发行信用工具的债务人的信誉高，二是偿还期短。

（三）安全性

信用工具的安全性是指投资者投资于信用工具的本金遭受损失的可能性大小。信用工具的安全度高低通常是借助于信用工具可能遭受的风险的种类多少以及风险发生的可能性大小来衡量的。风险一般可分为两类：一类是信用风险；另一类是市场风险。

(四) 收益性

信用工具的收益性是指信用工具定期或不定期给持有人带来收益的特性。信用工具收益性的大小，是通过收益率来衡量的，其具体指标有名义收益率、当期收益率、实际收益率等。

名义收益率是信用工具票面收益与票面面额之比。如某债券面值100元，10年偿还期，年息8元，分期付息，则该债券的名义收益率为8%。

当期收益率是信用工具的票面收益与信用工具当时的市场价格之比。若上例中的债券的市场价格为95元，则当期收益为8.42%。

实际收益率是信用工具持有者获得的实际收益与购入证券的价格之比。实际收益包括信用工具的票面收益与资本损益。实际收益率可以更准确地反映投资者的收益情况，因而是证券投资者考虑的基本参数。

信用工具的偿还性、流动性、安全性和收益性之间既存在统一的关系，也存在矛盾的关系，信用工具投资者必须根据各自的偏好，实现这"四性"之间的最佳组合。

三、传统信用工具

不同的信用形式产生不同的信用工具，这里主要从期限长短的角度来进行考察和讨论。

(一) 短期传统信用工具

短期传统信用工具一般是指期限在1年以内的商业票据、银行票据、支票、信用证、大额可转让定期存单、国库券等。

1. 商业票据

商业票据主要包括商业本票和商业汇票。

商业本票又称商业期票，是债务人签发给债权人的付款保证书，其自偿性和无因性最强，可背书转让。

商业汇票是在商品赊销过程中产生的信用凭证，既可由买方企业签发，也可由卖方企业签发，但须经付款人办理承兑后方能生效。"承兑"的意义在于付款人愿意接受出票人的命令或委托的意思表示，商业汇票未经付款人承兑，便被认为是无效汇票。商业汇票根据承兑人不同，可分为商业承兑汇票和银行承兑汇票。

2. 银行票据

银行票据有银行本票和银行汇票两种。

银行本票是由银行签发、付款的票据，可以代替现金流通。银行本票按是否记载收款人姓名分为记名本票和不记名本票，按票面有无到期日分为定期本票和即期本票。

银行汇票是银行开出的汇款凭证，由银行发出，交汇款人自带或由银行寄给异地收款人，凭以向指定银行兑取款项。

3. 支票

支票是银行的活期存款人签发的，委托银行在见票时无条件支付一定金额给收款人或持票人的凭据。支票按其支付方式分为现金支票和转账支票两种，前者可用来支付现金，后者只能用来转账。支票是活期存款转移的工具。

4. 信用证

信用证是由银行（开证行）根据付款方（申请人）的要求向收款方（受益人）开立的一定金额、一定期限并根据一定条件进行付款的一种凭证（保证书）。信用证可以分为商业信用证与旅行信用证两种。商业信用证是商品交易过程中进行货款结算的一种凭证，它广泛用于国内贸易与国际贸易中。旅行信用证是银行为方便旅行者在国外旅行时取款发给旅行者的一种信用凭证。

5. 大额可转让定期存单

大额可转让定期存单是银行发行的具有固定面额、按一定期限和约定利率计息、到期前可以转让流通的证券化的存款凭证。其特点是金额起点高，利息收入多且可转让流通，当持有者不愿持有时，可以转让取得现金，但不得提前支取，这就保证了银行对这部分资金的稳定利用。

6. 国库券

国库券是财政部为平衡财政收支，筹集预算急需资金而发行的借款凭证。主要用于调节国库预算收支差额。一般公开发行，期限短，最长不超过一年，其还本付息的来源是当年的预算收入。西方国家一般采取折价发行的方式发行，即低于票面金额出售，到期按票面金额偿付，差额视同持有人的利息收入。

☞ 专栏 2-3

信用评价 5C 分析法

5C 分析法最初是金融机构对客户做信用风险分析时所采用的专家分析法之一，它主要对借款人的道德品质（character）、还款能力（capacity）、资本实力（capital）、抵押（collateral）和经营环境条件（condition）五个方面进行全面的定性分析以判别借款人的还款意愿和还款能力。

(1) 道德品质：指客户努力履行其偿债义务的可能性，是评估客户信用品质的首要指标，是应收账款的回收速度和回收数额的决定因素。

(2) 还款能力：指客户的偿债能力，即其流动资产的数量和质量及其与流动负债的比例。

(3) 资本实力：指客户的财务实力和财务状况，表明客户可能偿还债务的背景，如负债比率、流动比率、速动比率、有形资产净值等财务指标。

(4) 抵押：指客户拒付款项或无力支付款项时能被用做抵押的资产，一旦收不到这些客户的款项，便以抵押品抵补，这对于首次交易或信用状况有争议的客户尤为重要。

(5) 环境条件：指可能影响客户付款能力的经济环境，如客户在困难时期的付款历史、客户在经济不景气情况下的付款可能。

近些年 5C 分析法被更广泛地应用在企业对客户的信用评价上，如果客户达不到信用标准，便不能享受企业的信用或只能享受较低的信用优惠。

(二)长期传统信用工具

长期传统信用工具通常包括股票与各种债券两类。

1. 股票

股票是股份公司为筹集资金而发行给各个股东作为持股凭证并借以取得股息和红利的一种有价证券。股票持有者乃股份公司股东，股东是股份公司的主人，在法律上有权参与公司的决策与经营管理。但股东一经投资入股后，在股份公司存续阶段不允许退股。投资者急需资金时，可以转让股份。

股票按不同的标准划分有不同的类型：

(1)按股东承担的风险程度和享受的分红权利不同，分为普通股和优先股

普通股是指在公司利润分配方面享有普通权利的股票，它是股份公司发行的最常见的、最重要的一种股票。普通股的股息是不固定的，其股息与红利的有无与多少取决于公司的经营状况，其持有者有权出席股东大会，选举公司的董事会和监事会；有权控告董事和检查公司账册；在公司发行新股时有优先认购权。

优先股是指在公司的收益分配和剩余财产的分配上较普通股享有优先权的股票，其股息收益通常是固定的。一般情况下，无论公司经营好坏、利润大小，优先股都按固定比率领取股息。所以，优先股的风险小、收入稳定。但是，与低风险相对应，优先股比普通股享有的权利范围小，一般没有选举权和被选举权，对公司经营重大事件也没有投票权。

(2)按是否记名划分为记名股票和不记名股票

记名股票是指在股票上和公司股东名册上都记载股东姓名的股票。其转让要办理过户手续，以便将股权转让给新的持有者。

不记名股票是指在股票上不记载股东姓名的股票，持有股票即可行使股东权利，不记名股票可以自由转让，不需办理过户手续，但其发行往往有限制性规定。

(3)按是否有面额划分为有面额股和无面额股

有面额股是指在股票票面上标明了一定金额的股票。票面面额乘以股票发行额即为股份公司的资本总额。

无面额股是指股票票面只标明股额，不注明金额，其价值随公司财产价值的增减而变化。

2. 债券

债券是债务人发行的、证明持券人有权到期收回本金和获得利息的合法凭证。债券按不同的标准划分有不同的类型。

(1)按债券发行者不同划分为长期政府债券、公司债券和金融债券

长期政府债券是政府为筹措生产建设资金而发行的借款凭证。按政府的等级划分，有中央政府债券和地方政府债券。

公司债券是公司(或企业)向社会发行的，用以筹集中长期资金的借款凭证。公司债

券一般期限较长，并以公司财产作为清偿保证。

金融债券是商业银行或其他金融机构为筹集中长期信贷资金来源而向社会发行的借款凭证。多数国家对发行金融债券作了严格的规定。

(2) 按债券计息方式划分为单利债券、复利债券、贴现债券和累进利率债券

单利债券是指在计算利息时，不论期限长短，仅按本金计息，所生利息不再加入本金计算下期利息的债券。

复利债券是指计算利息时，按一定的期限将所生利息加入本金再计算利息，逐期滚算的债券，复利债券的利息包含货币的时间价值。

贴现债券又称为贴水债券，其券面上不附息票，发行时按规定的折扣率，以低于票面金额的价格发行，到期时则按面额偿还本金。面额与发行价格的差额即为债券的利息，如美国的短期国库券就属于这种形式的债券。

累进利率债券是指以逐年累进方法计息的债券。前面介绍的单利债券和复利债券，其利率在偿付期内是固定不变的，而累进利率债券的利率随着时间的推移，后期利率将比前期利率更高，呈累进状态。

(3) 按债券付息方式分为一次性还本付息债券和分次付息到期还本债券

一次性还本付息债券是指债券到期前不支付利息，到期时连本带息一次性偿还的债券。

分次付息到期还本债券是指通常每半年或1年按固定金额支付利息，到期偿还本金的债券。

(4) 按债券载体分为实物债券、凭证式债券和记账式债券

实物债券是一种具有标准格式的实物券面的债券。在标准格式的实物债券券面上，一般印有债券面额、债券利率、债券期限、债券发行人全称、还本付息方式等各种债券票面要素。

记账式债券是一种债权人认购债券的收款凭证，而不是债券发行人制定的标准格式的债券。我国近几年通过银行系统发行的记账式债券，券面上不印制票面金额，而是根据认购者的认购额填写实际的交款金额，是一种国家储蓄债券。

记账式债券是指没有实物形态的票券，而是在电脑账户中作记录。由于记账式债券的发行和交易均无纸化，所以效率高，成本低，交易安全。

(5) 按债券发行地点分为国内债券和国际债券

国内债券是本国公司、金融机构、政府等以本国货币为单位在国内金融市场上发行的债券。

国际债券是一国的发行主体在其境外发行的，以某种外币计值的债券。发行国际债券的目的主要是弥补国际收支逆差、弥补财政赤字、为大型项目建设或跨国公司扩张经营筹集资金等。国际债券又分为外国债券和欧洲债券两类。外国债券是指筹资者在外国发行的以该国货币为面值的债券；欧洲债券又称境外债券，是指专门在债券面值货币所在国家之外的境外市场上发行的债券。

☞ 专栏 2-4

欧洲债券的起源

欧洲债券的计价币种为某种"欧洲货币"。第一种欧洲货币是欧洲美元,欧洲美元是在布雷顿森林体系之下形成的,布雷顿森林体系的实质是实行"双挂钩",即美元与黄金挂钩、其他国家货币与美元挂钩。双挂钩使美元成为当时西方国家唯一的国际储备货币和国际结算货币,美元大量从美国流向各缔约国,出现了所谓"境外美元"或"离岸美元"。由于当时的布雷顿森林体系的缔约国集中在欧洲,所以这些离开美国而发挥国际货币职能的美元也被称为"欧洲美元"。

布雷顿森林体系在1972年崩溃,但1977年的《牙买加协议》进一步巩固了美元的国际地位,使之成为最重要的国际储备货币,从此美元在全世界发挥国际关键货币的作用,但"欧洲美元"这一称谓却延续下来。

与此同时,布雷顿森林体系的崩溃使国际货币体系进入浮动汇率阶段,为满足国际储备和国际结算的需要,相关国际货币协议和国际金融机构都支持其他货币国际化,因此英镑、德国马克、法国法郎和日元等货币也成为国际关键货币。按惯例,这些货币就被统称为欧洲货币。

因此,欧洲货币并不是特指欧洲地域的货币,而是指所有越出本国国境,在国际上发挥国际储备和结算职能的国际关键货币,由这些货币的相关交易所组成的国际金融市场就是欧洲货币市场,在欧洲货币市场上以某种欧洲货币为计价币种而发行的债券就是欧洲债券。

四、衍生信用工具

衍生信用工具是指从传统信用工具中派生出来的新型信用工具。它是在原生信用工具诸如即期交易的商品合约、债券、股票、外汇等基础上派生出来的。它具有跨期交易、杠杆效应、不确定性和高风险性以及套期保值和投机套利共存等特征。衍生信用工具主要有以下几种类型。

(一)远期合约

这是相对简单的一种衍生信用工具,是由合约双方约定在未来某一日期按约定的价格买卖约定数量的相关资产的合约。远期合约通常是在两个金融机构之间或金融机构与其客户之间签署的。远期合约的交易一般不在规范的交易所内进行。目前,远期合约主要有远期货币合约和远期利率合约两类。

(二)期货合约

期货合约与远期合约十分相似,也是由交易双方按约定价格在未来某一期间完成特定资产交易行为的一种协议。两者的区别在于:远期合约交易一般规模较小,较为灵活,交易双方易于按各自的愿望对合约条件进行磋商;而期货合约交易是在有组织的交易所内完成的，合约的内容(如相关资产种类、数量、价格、交割时间、交割地点等)都是标准化的，这使得期货交易更规模化，也更便于管理。

(三)期权合约

期权合约是由期权出售者创设的，期权购买者在约定期限内以一定价格买进或卖出一定数量某种金融资产，并可根据需要放弃行使这一权利的协议。期权买方为获得这一权利而支付给期权卖方的费用，称为期权费。期权分看涨期权和看跌期权两种基本类型。

(四)互换合约

互换合约又称为掉期或调期，是指交易双方约定在合约有效期内以事先约定的名义本金额为依据，按约定的支付率(利率、股票指数收益等)相互交换支付的约定。互换合约主要有两种：一种是货币互换合约；另一种是利率互换合约。互换合约实质上可以分解为一系列远期合约的组合，其收益曲线也大致同于远期合约。

【本章小结】

1. 经济学中的信用实际上是一种借贷行为，其特征一是以偿还和付息为条件，二是价值单方面转移或让渡。信用产生的原因一是商品货币经济的产生和发展，二是商品或货币分配不均，三是私有制的出现。

2. 信用的构成要素包括信用主体、信用标的、信用载体以及信用条件。信用和货币这两个原来独立的范畴相互渗透，形成了新的范畴——金融。

3. 信用按不同的标准可分为不同的形式。按照信用主体不同，分为商业信用、银行信用、国家信用、消费信用、国际信用等；按期限长短不同分为短期信用和长期信用；按借贷的对象不同分为实物借贷与货币借贷；按融资性质不同分为直接信用与间接信用。

4. 商业信用是指在工商企业之间买卖商品时，卖方以商品形式向买方提供的信用；银行信用是银行等金融机构通过吸收存款，发放贷款方式，以货币形态对企业提供的信用；国家信用又称政府信用或财政信用，泛指以国家(或政府)为主体的借贷行为；消费信用是指对消费者个人提供的，用以满足其消费方面所需货币的信用；国际信用指跨越国界的信用活动，它在本质上是货币资本与商品资本的输出入。

5. 信用工具是证明债权或所有权的合法凭证，是贷者与借者之间进行资金融通的工具。信用工具种类繁多，按不同的标准划分有不同类型的信用工具。

6. 信用工具虽然种类繁多，但通常都具有偿还性、流动性、安全性和收益性四个方面的特性。

【重要名词术语】

信用　直接信用　间接信用　商业信用　银行信用　国家信用　消费信用　国际信用　信用工具　衍生信用工具　银行本票　商业汇票　信用证　股票　债券　远期合约　期货合约　期权合约　互换合约

【复习思考题】
1. 信用的构成要素包括哪几个方面？
2. 商业信用和银行信用之间有何关系？
3. 国家信用在经济发展过程中有何作用？
4. 信用工具有何特性？它们之间有何关系？
5. 股票与债券有何区别？

【案例分析】

庞氏骗局

庞氏骗局是一种最古老和最常见的投资诈骗，是金字塔骗局的变体，这种骗术是一个名叫查尔斯·庞兹的投机商人"发明"的。查尔斯·庞兹是一位生活在19—20世纪的意大利裔投机商，1903年移民到美国，1919年他开始策划一个阴谋，骗人向一个事实上子虚乌有的企业投资，许诺投资者将在三个月内得到40%的利润回报，然后，狡猾的庞兹把新投资者的钱作为快速盈利付给最初投资的人，前期投资者获得了巨大的投资回报，就宣称他是投资天才，于是，更多的人被诱骗上当。由于前期投资的人回报丰厚，庞兹成功地在7个月内吸引了约4万名投资者，这场阴谋持续了一年之久，被骗金额达1500万美元，才让被利益冲昏头脑的人们清醒过来，庞兹最后锒铛入狱。后人称之为"庞氏骗局"。

2009年6月30日，震惊美国的伯纳德·莫道夫涉嫌制造"庞氏骗局"欺诈案终于尘埃落定：由于可能诈骗的金额高达1000多亿美元，这位现年71岁、制造了美国历史上最大金融诈骗案的犯罪嫌疑人被纽约地方法官判刑150年监禁，并处以1710亿美元的罚款。

法院同时宣布没收莫道夫约8亿美元的个人全部财产及其夫人自称拥有的8000万美元资产，这其中包括莫道夫所拥有的位于曼哈顿的价值700万美元的公寓、在佛罗里达的1100万美元的房产和一艘220万美元的游艇等固定资产，这些固定资产将会被尽快拍卖。法官认定，莫道夫给投资者造成了至少数百亿美元的直接损失和更大的间接损失，因此被判入狱150年具有重大象征意义，将对那些有意从事此道的犯罪分子起到威慑作用。

案例思考：
1. 莫道夫所制造的"庞氏骗局"中是否存在信息不对称问题？
2. 该案件中的投资者应不应该承担一定的责任？
3. 如何判断一个融资活动是否为"庞氏骗局"？

【延伸阅读】
1. 黄达. 金融学. 3版. 北京：中国人民大学出版社，2012.
2. 劳埃德·B. 托马斯. 货币、银行与金融市场. 马晓萍，等，译. 北京：机械工业出版社，1999.

3. 盛松成，等. 现代货币经济学. 北京：中国金融出版社，2003.

4. 弗雷德克里·S. 米什金. 货币金融学. 郑艳文，荆国勇，译. 9版. 北京：中国人民大学出版社，2011.

5. 企业信用信息网，http//gdfs. credit. gov. cn.

第三章 利息与利率

把经济体系中任何一个因素单独提出来，都和利率有一定关系。

——凯恩斯

利息是与信用相伴随的一个经济范畴。信用作为借贷行为，借款者除了按照规定时间偿还所借货币的本金以外，还要支付利息。对于贷出者来说，利息是其贷出货币所获得的报酬；对于借入者来说，利息是借款者使用借入货币的代价。利息是随着信用行为的产生而产生的，只要信用关系存在，利息就必然存在。在一定意义上，利息还是信用存在和发展的必要条件。但在现实生活中，利息已经被人们看作收益的一般形态。利率是衡量利息高低的指标。在实际生活中，影响利率的因素很多，利率的变动也会对人们的行为产生很大影响。

通过本章的学习，你将能够了解和掌握以下知识：
- 利息的来源与本质；
- 利率的计算方法及其应用；
- 利率的分类及决定利率水平的因素；
- 利率决定的有关理论、利率的风险结构理论和利率的期限结构理论；
- 利率的作用及发挥作用的条件。

第一节 利　　息

一、利息的本质

利息是由借款者支付给贷款者的超过借贷本金的价值，也就是说，利息就是出借资金(出让资本使用权)所获得的报酬或者使用资金(获得资本使用权)所付出的代价。

利息的本质是理论界争论已久的问题。对利息本质的解释，各个学派均有着自己的理论观点。根据这些理论分析出发点的不同，利息本质理论大致可分为两类：一类是西方经济学家的利息本质论以及后来者在其基础上的发展；另一类就是马克思主义利息理论。

（一）西方经济学家的利息本质观

西方经济学家的利息本质理论主要是在西方各经济学派讨论利息来源的过程中形成的，以下是其中比较有代表性的几个理论。

威廉·配第认为，利息是因为贷款人暂时放弃货币的使用权而获得的报酬；约翰·洛克认为，利息是因为贷款人承担了风险而获得的报酬；达德利·诺思认为，利息是资本的租金；纳骚·西尼尔认为，利息是牺牲眼前消费，等待将来消费而得的报酬，或对节欲的报酬；詹姆斯·穆勒认为，资本财货的价值是由劳动决定的，利息是对创造资本财货价值的劳动的报酬或工资；约瑟夫·马西认为，利息来源于利润，是利润的一部分；萨伊认为，利息是资本生产力的产物，资本具有生产力就像土地、人力具有生产力一样，利息就是对资本生产力的报酬；阿弗里德·马歇尔认为，利息从贷者来看是等待的报酬，从借者来看是使用资本的代价；约翰·克拉克认为，利息来源于资本的边际生产力；庞巴维克认为，利息来自人们对现有财富的评价大于对未来财富的评价，利息是未来财富对现在财富的时间贴水；凯恩斯认为，利息是在一定时期内放弃资金周转灵活性（流动性偏好）所获得的报酬。

西方经济学家的利息本质观主要认为利息是为了补偿人们因放贷而放弃当前的消费或流动性所引起的效用下降而产生的。这些理论虽在一定程度上有助于我们理解为什么会存在利息，但由于其是从主观效用的角度出发来分析问题的，因此存在较大的不科学性。

(二)马克思主义的利息本质观

马克思主义认为利息实质是利润的一部分，是剩余价值的转化形式。货币本身并不能创造货币，不会自行增值，只有当职能资本家用货币购买到生产资料和劳动力，才能在生产过程中通过雇佣工人的劳动，创造出剩余价值。而货币资本家凭借对资本的所有权，与职能资本家共同瓜分剩余价值。因此，资本所有权与资本使用权的分离是利息产生的内在前提。而由于再生产过程的特点，资金盈余者和资金短缺者的共同存在，是利息产生的外在条件。当货币被资本家占有，用来充当剥削雇佣工人的剩余价值的手段时，它就成为资本。货币执行资本的职能，获得一种追加的使用价值，即生产平均利润的能力。由于所有资本家追求剩余价值的利益驱使，利润又转化为平均利润。平均利润分割成利息和企业主收入，分别归不同的资本家所占有。

因此，从本质上说，利息是借贷资本家从职能资本家那里分割来的平均利润的一部分，它是社会总资本在生产过程中生产的剩余价值的一部分的特殊转化形式，反映了借贷资本家和职能资本家共同剥削工人的关系。

二、利息率及其计算

利息率(简称"利率")是利息对本金的比率，在一般情况下，利率的最高界限为平均利润率，最低界限为零。

计算利息额有两种方法：一为单利法，二为复利法。

按单利法计算利息时，不论借贷期限的长短，仅对本金部分计算利息，上期本金的新生利息不作为计算下期利息的依据。单利法的计算公式为：

$$I = P \cdot r \cdot n$$
$$S = P + I = P(1 + r \cdot n)$$

其中：I 为利息额；P 为本金；r 为利息率；n 为借贷期限；S 为本利和(本金与利息之和)。

按复利法计算利息时，可将上一期本金所生利息计入本金一并计算下一期利息，即如果本金与利息都不提现的话，则每期都是按上年本利和来计息。复利法的计算公式为：

$$S = P(1+r)^n$$
$$I = S - P = P[(1+r)^n - 1]$$

例如，一笔期限为3年，年利率为6%的100万元贷款。

按单利法计算，利息总额和本利和分别为：

$$I = 1000000 \times 6\% \times 3 = 180000(元)$$
$$S = 1000000 \times (1 + 3 \times 6\%) = 1180000(元)$$

按复利法计算：

$$S = 1000000 \times (1 + 6\%)^3 = 1191016(元)$$
$$I = 1191016 - 1000000 = 191016(元)$$

从上述结果可见，在利率水平相同的情况下，按复利法计算利息，利息要多11016元。

单利法不包含利息本身的利息，没有精确反映资金的时间价值，但其便于计算，一般适用于短期信用活动；复利法虽然计算不太方便，但其反映了资金的时间价值，所以在长期信用活动中一般用复利法计算利息，尤其是在进行金融资产定价或投资项目评估时，所运用的现值理论就是复利原理的体现。

三、收益资本化

利息转化为收益的一般形态导致了收益资本化，任何有收益的事物，都可以通过收益与利率的对比而倒算出它相当于多大的资本金额。收益资本化是从本金、收益、利息率之间的关系中套算出来的。一般来说，收益是本金与利率的乘积，可用公式表示为：

$$B = P \cdot r$$

其中，B代表年收益；P代表本金；r代表年利率。同样，在已知B与r时，可求出P：

$$P = \frac{B}{r}$$

例如：在已知一笔贷款每年的利息收益是50元，市场年平均利率为5%的情况下，可求得本金为：

$$P = \frac{B}{r} = \frac{50}{0.05} = 1000(元)$$

收益资本化是商品经济中普遍存在的一种规律，只要利息成为收益的一般形态，这个规律就会起作用。在我国市场经济发展过程中，这一规律正日益显示出其重要作用。比如，在土地的买卖和长期租用、相对工资体系的调整、住房价格的确定、有价证券的买卖活动以及技术转让、专利买卖等活动中，收益资本化规律都在相关价格形成中起着重要作用。随着我国市场经济的进一步发展，收益资本化规律的作用会不断扩大和加深。

需要说明的是，收益资本化规律在市场价格形成过程中具有重要作用，但这并不意味着现实的市场价格不会偏离按照收益资本化规律所确定的内在价格。由于市场结构、过度投机以及其他非市场化因素的影响,市场价格完全可能在短期内偏离,甚至严重偏离其内在价格。但从长期角度看,市场价格与内在价格的偏离程度越严重,其向内在价格回归的动力也就越强。

☞ **专栏 3-1**

收益资本化规律的应用

收益资本化规律使得有些本来不是资本的东西(如技术、专利等)也可因此被视为资本,并可取得相应的价格;有些本身并不存在某种内在规律来决定其相当于多大资本的事物,也可以取得一定的资本价格。例如土地本身不是劳动产品,不具备决定其价值的内在根据,难以根据土地与货币价值的对比来确定其价格。但在土地可以获得收益的情况下,完全可以根据其收益与市场利率的对比来确定其市场价格。比如一块土地的年平均收益为 5000 元/亩,在年利率为 5% 的情况下,其市场价格大致为 10 万元/亩。当利率不变时,土地的预期收益越大,其市场价格将会越高;而当预期收益不变时,市场均衡利率越高,土地的价格将会越低。这也表明收益资本化规律在市场化的土地价格形成过程中扮演着重要的角色。同样的道理,股票、人力资本、技术专利的定价,都是基于收益资本化规律作用的考虑。

四、现值与终值

现值与终值的概念来源于货币的时间价值。货币的时间价值是指一定量货币在不同时间点上的价值量的差额。由于货币存在时间价值,对于不同时点上的货币额直接进行比较是不妥当的。然而,在企业或银行的财务管理实践中,确实存在许多情况需要对不同时点上的货币额进行比较。于是,人们把发生在过去和未来不同时点上的货币额折算成当前的价值额或换算成将来某一特定时点上的价值,在此基础上再对它们进行比较。换言之,通过创造和运用现值(present value)和终值(future value)的概念来对不同时点上的货币额进行调整,解决了跨时间的货币可比性问题。现值与终值是相对而言的,而且二者可以相互换算,换算是通过复利方法来完成的。通常我们用 P 或 PV 表示现值,用 F 或 FV 表示终值。

(一)终值

终值,又称将来值或本利和,是指现在一定量的资金在未来某一时点上的价值。
单利的终值计算公式为:

单利终值=现值×(1+利率×期限),即:

$$F = P(1 + r \cdot n)$$

复利的终值计算公式为:

复利终值=现值×(1+利率)^{期限},即:

$$F = P(1 + r)^n$$

(二)现值

现值俗称"本金",是指未来某一时点上的一定量资金折合到现在的价值。现值是在时间方面标准化了的价值。从终值(将来值)来推算现值的过程称作贴现或折现(discount),贴现过程使用的利率称作贴现率。

单利的现值计算公式为:

单利现值=终值/(1+利率×期限),即:

$$P = \frac{F}{1 + r \cdot n}$$

复利的现值计算公式为:

复利现值=终值/(1+利率)^期限,即:

$$P = \frac{F}{(1 + r)^n}$$

在用复利方法求现值的公式中,$\frac{1}{(1+r)^n}$ 称为 1 元现值率,以一笔未来到期日一次支付的货币金额乘上该系数,就可以得出现值。

☞ **专栏 3-2**

投资决策中的现金流贴现分析

现金流贴现分析是投资决策中一个必不可少的重要分析方法,净现值(net present valve,NPV)方法是运用最广泛、适用性最强的一种投资决策方法。NPV 方法的核心思想是只能接受未来现金流的现值大于初始投资额的项目。该方法的关键问题是需要解决各个不同时点现金流的可比性问题,而现值法可以有效解决这一问题,在已知未来某一时点的现金流、现金流发生的时间、贴现率的情况下,就可以得到该现金流的现值。因此 NPV 方法可以详细表述为:

NPV 等于所有未来流入现金的现值减去现在和未来流出现金现值的差额:如果一个项目的 NPV 是正数,就采纳它;如果一个项目的 NPV 是负数,就不采纳。

为什么要使用 NPV 作为投资项目评估的标准呢?这是因为接受 NPV 为正值的项目符合投资人的利益和投资目标,这样的项目会为投资人带来正的投资收益,而且 NPV 越大,投资项目的绝对收益也就越高。

(三)现值与终值的运用

由于利息成为收益的一般形态,任何一笔货币金额,不论将做怎样的运用,都可根据利率计算出其在未来某一时点上的金额。这个金额就是本利和,即终值。如果我们知道在未来某一时点上有一定的货币金额,只要把它看做那时的本利和,就可按现行利率计算出要能取得这样金额的本利和现在所必须具备的本金。

现值理论的运用非常广泛。如固定收益证券的未来利息是确定的，在市场利率变化时，其当前市场价格需要用年金公式计算，而年金公式就是现值公式的扩展；再如进行投资项目评估时，对于不同方案的对比分析就是要计算各自的现值总和，现值总和低的方案更好。

假如有一项工程需要 10 年建成，有甲、乙两种投资方案，甲方案第一年需投入 5000 万元，以后 9 年每年追加投资 500 万元，共需投资 9500 万元；乙方案是每一年等量投资 1000 万元，共需投资 1 亿元。从投资总额看，甲方案少于乙方案，但从资金占压的时间看，乙方案似乎比甲方案要好一些。如果不进行现值的计算、比较，就很难分清两个方案的优劣。现假设市场利率为 10%，这样两个方案的现值分别如表 3-1 所示。

表 3-1　　　　　　　　现值理论在投资项目评估中的运用

甲方案			乙方案		
年份	每年年初投资额	现值	年份	每年年初投资额	现值
1	5000	5000.00	1	1000	1000.00
2	500	454.55	2	1000	909.09
3	500	413.22	3	1000	826.45
4	500	375.66	4	1000	751.31
5	500	341.51	5	1000	683.01
6	500	310.46	6	1000	620.92
7	500	282.24	7	1000	564.47
8	500	256.58	8	1000	513.16
9	500	233.25	9	1000	466.51
10	500	212.04	10	1000	424.10
合计	9500	7879.51	合计	10000	6759.02

从表 3-1 可以看出，采用乙方案，投资成本可以节约 1120.49 万元（7879.51 - 6759.02）。显然，乙方案比甲方案更佳。

第二节　利率的种类及其决定

一、利率的种类

现实中的利息率都是以某种具体形式存在的，如银行 6 个月的贷款利率为 4.35%，我国 1 年期国债收益率为 3.659%，SHIBOR 人民币隔夜利率为 2.6%，等等。随着金融市场的不断发展，新的金融产品不断出现，利率的种类也不断增加。我们按照不同的考察标准可以将利率划分出多种类别，在此，我们着重介绍几种常见的划分方式。

(一) 按计息时间分为年利率、月利率和日利率

年利率是以年为单位计算利息的，一般以本金的百分比表示，通常称为年息几厘，例如，年息3厘，就是指本金100元，每年利息3元。月利率，是以月为单位来计算利息的，月利率一般以本金的千分比表示，通常称为月息几厘，如月息3厘，即指本金1000元，每月利息3元。日利率是以日为单位来计算利息的，一般以本金的万分比表示，通常称为日息几厘，如日息3厘，就是指本金10000元，每日利息3元。年利率与月利率及日利率之间的换算公式如下：

$$年利率=月利率\times12=日利率\times360$$

(二) 按照决定方式分为市场利率、官定利率与公定利率

市场利率是按市场规律自发变动的利率，即由借贷资本的供求关系决定并由借贷双方自由议定的利率，是资金价格的真实表现。当市场资金供不应求时，市场利率上升，反之，当市场资金供过于求时，市场利率下降。伦敦银行同业拆放利率(London interbank offered rate, LIBOR)是国际金融市场上影响力比较大的市场利率，目前许多国家和地区的金融市场及海外金融中心以此利率为基础确定自己的利率。

官定利率是一国货币或者中央银行所规定的利率，该利率规定对所有金融机构都具有法律上的强制约束力。官定利率属于管理利率。利率管制是否严格，这是衡量一国金融自由度的一个重要标志。在发展中国家，大都存在着较为严格的利率控制。而在发达的市场经济国家，虽然中央银行时常运用利率手段调节宏观经济，但由市场资金供求及其他状况决定的市场利率占主导地位，由货币当局制定的利率常常起着指导性调节作用。

公定利率是由非政府部门的民间组织，如银行公会、行业协会等，为了维护公平竞争所确定的属于行业自律性质的利率。公定利率尽管对行业成员不具备法律上的约束力，但作为行业成员的金融机构一般都会遵照执行。

市场利率与官定利率是从资金价格决定权的角度来分析利率形式的。实际上，在统一的官定利率背景下，由于融资形式多样化，一国经济发展不平衡，市场分割等因素的存在，市场利率也会有多种表现。例如，在中国经济发达的沿海地区与经济发展较为落后的中西部地区，其市场利率水平存在着相当的差距。

一般来说，无论是官定利率还是公定利率，通常都只是规定利率的上限或下限，在上下限之间，则是由市场供求来对利率进行调节。

(三) 按是否考虑通货膨胀因素可分为名义利率与实际利率

名义利率是指在一定时间上对物价变动因素未作剔除的利率。对于债权人来说，是应向债务人收取利息的利率；对于债务人来说，是应向债权人支付利息的利率。在货币借贷过程中，由于物价水平总是处于不断变化过程中，物价变了，意味着货币购买力在不同的物价水平下会出现差异。为了较为真实地反映债权人和债务人在物价变化中实得的利益，

了解实际利率就十分必要了。

实际利率是指在一定时点上对物价变动因素进行剔除后的利率，是在物价不变从而实际购买力不变条件下的利率。名义利率与实际利率的关系可表示为：

$$实际利率 = \frac{1+名义利率}{1+物价变动率} - 1$$

在通货膨胀率不高的情况下，现实中一般使用简化的计算公式，这时误差不大但较为简便，这时名义利率与实际利率的关系如下：

$$实际利率 = 名义利率 - 物价变动率（或通货膨胀率）$$

在市场上，只要存在物价水平的变动，所见到的各种利率就都是名义利率，实际利率不易直接观察到，需要进行计算后才能得到。但对经济产生实质性影响的，是不易观察到的实际利率。对比名义利率和实际利率，实际利率呈现三种情况：当名义利率高于通货膨胀率时，实际利率为正利率；当名义利率等于通货膨胀率时，实际利率为零；当名义利率低于通货膨胀率时，实际利率为负利率。在物价水平变动成为一种常态的背景下，划分名义利率和实际利率的意义，在于它为分析利率变动及其影响提供了可靠的依据和行之有效的工具。在不同的实际利率状况下，借贷双方作为微观主体会有完全不同的行为模式，从而对资金的流动以及消费和投资决策产生重要影响。一般来说，适度的正的利率有利于引导资金的合理有序流动，从而有利于资金和资源的优化配置；而为零乃至为负的实际利率都会导致资金和资源的错配，从而对经济增长造成伤害。

（四）按照利率的地位可分为基准利率与一般利率

基准利率（benchmark interest rate）是在多种利率并存的条件下起决定作用的利率，其他利率会随其变动而发生相应变化。把握这一关键性利率的变动，有助于判断整个利率体系的变化趋势。基准利率应该是一个市场化的利率，有广泛的市场参与性和代表性，能充分地反映市场供求并在整个利率体系中处于主导地位。在西方国家，基准利率通常是中央银行的再贴现利率以及商业银行和金融机构之间的同业拆借利率，如著名的伦敦银行同业拆放利率和美国联邦基准利率等。目前我国的基准利率是中国人民银行对商业银行及其他金融机构的存、贷款利率，又称法定利率。近年来，随着金融市场的发展，我国在2007年推出了货币市场的基准利率——上海银行间同业拆放利率（Shanghai interbank offered rate，SHIBOR）。

一般利率（general interest rate）是相对于基准利率而言的，它是指金融机构在金融市场上形成的各种利率。一般利率通常参照基准利率而定。我国一般利率主要指商业银行对企业和个人的存、贷款利率和金融市场交易的利率。

（五）按照借贷期限内是否浮动分为固定利率与浮动利率

固定利率（fixed interest rate）是指在整个借贷期限内，利息按照借贷双方事先约定的利率计算，而不是随市场资金供求状况所导致的利率变化进行调整。实行固定利率对于借贷双方准确计算成本与收益十分方便，适用于借贷期限较短或市场利率变化不大的情形。但在借贷期限较长、市场利率波动较大的情况下，则不宜采取固定利率。

固定利率在稳定的物价情况下便于借贷双方进行经济核算，能为微观经济主体提供较为确定的融资成本预期。但在严重的通货膨胀条件下，固定利率有利于借款人而不利于贷款人，造成债权人的损失。实行浮动利率，虽可避免固定利率的某些弊端，但同时也带来了计算依据选定困难、手续繁杂等问题。通常，实行浮动利率要订立协议，由一方根据市场利率的变化进行调整，调整期一般为半年，多用于中长期贷款。一经双方协定，就不能单方面变更。在此期间，通货膨胀和市场资金供求关系的变化使得借贷双方需要承担利率波动的风险。因此，在借贷期限较长、市场利率波动幅度较大且较频繁的情况下，借款协议通常会采取浮动利率的形式.

浮动利率(floating interest rate)是指在借贷期限内根据市场利率的变化定期进行调整的利率，多用于期限较长的借贷和国际金融市场上的借贷。在采取浮动利率计息的情况下，借贷利率通常会依据某一基准利率(如伦敦银行同业拆放利率)定期(通常为3至6个月)进行调整。这也使得浮动利率能够灵活反映市场资金的供求状况，更好地发挥利率的调节作用。与此同时，浮动利率可以定期进行调整，有利于降低利率波动风险，从而克服了固定利率的缺陷。但浮动利率变化不定，可能使得借贷成本的计算和核定相对复杂，并可能加重贷款人的负担。

(六)按照信用活动的期限长短分为短期利率与长期利率

短期利率一般是指借贷期限在一年以内(包括一年)的利率，而长期利率一般是指借贷期限在一年以上的利率。利率的高低与期限长短、风险大小有着直接的联系。一般而言，期限越长的投资，其未知因素越多，风险发生的概率越大，因而利率越高；反之，期限越短的投资，其未知因素越少，风险发生的概率越小，因而利率越低。

如何维持长期利率与短期利率的合理水平，这是一个技术性很强的问题。如果长期利率相对于短期利率过高，则会压抑长期投资，不利于经济的增长；如果长期利率相对于短期利率过低，又不利于经济的稳定增长和长期资金的筹集。

以上我们从不同的角度介绍了日常经济生活中最常见、较为重要的利率形式。除此之外，还有一般利率和优惠利率、贷款利率和存款利率、无风险利率和风险利率、一级市场利率和二级市场利率等，在此不一一介绍。总之，在各种利率组成的利率体系中，不同的利率在不同的方面对经济产生着不同的影响，要想发挥利率对经济的积极作用，就必须建立一个完善的、灵活高效的利率体系。

二、决定利率水平的因素

利率是计算使用借贷资金报酬的依据。利率水平的高低直接影响借款者的成本和贷出者的收益。决定利率水平的因素主要有以下五种：

(一)平均利润率

利息来源于利润，是利润的一部分，利息率高低首先应由利润率高低决定。但是，用于借贷的资金是在全社会流动的，甚至还在国际上流动，因此，利息率不能由个别企业的利润率决定，否则，如果个别企业无利润或利润为负，那么贷款人就无任何利息而言，这是违背借贷资金运动规律的。所以，这个利润率应该是平均利润率。平均利润率是利率的最高界限，否则，融入资金者就会因成本太高而停止融入资金；同时，利率又不能等于零或为负数，否则，融出资金者又会因无利可图而停止供给资金。所以，利率一般在平均利润率和零之间波动。

（二）借贷资金的供求关系

利率在平均利润率与零之间究竟处于哪一具体水平，这主要是由借贷双方在金融市场上通过相互竞争来决定的。这种竞争取决于预期的利润率与现时的货币资金供求状况。在预期利润率提高和当前货币资金供给紧张时，利率便会上升；反之，在预期利润率下降和当前货币资金供给偏多时，利率便会下降。总之，借贷资金的供求状况决定现时的利率水平高低。

（三）预期通货膨胀率

在信用货币流通的条件下，特别是在纸币制度下，通货膨胀是一种经常的现象。通货膨胀使借贷资金本金贬值，会给借贷资金所有者带来损失。为了弥补这种损失，债权人往往会在一定的预期通货膨胀率基础上确定利率，以保证本金和实际利息额不受损失。当预期通货膨胀率提高时，债权人会要求提高贷款利率；当预期通货膨胀率下降时，利率一般也会相应下调。

（四）中央银行的货币政策

自从20世纪30年代凯恩斯主义问世以来，各国政府都加强了对宏观经济的干预。政府干预经济最常用的手段是中央银行的货币政策。中央银行采用紧缩政策时，往往会提高再贴现率或其他由中央银行所控制的基准利率；而当中央银行实行扩张政策时，又会降低再贴现率或其他基准利率，从而引起借贷资金市场利率跟着做相应调整，进而影响整个市场的利率水平。

（五）国际收支状况

一国的国际收支状况对该国的利率水平也有重要的决定作用。当一国国际收支平衡时，一般不会变动利率。当一国国际收支出现持续大量逆差时，为了弥补国际收支逆差，需要利用资本项目大量引进外资，此时，金融管理当局就会提高利率；而当一国国际收支出现持续大量顺差时，为了控制顺差、减少通货膨胀压力，金融管理当局可能会降低利率，减少资本项目的外汇流入，这当然也会使本国借贷资金的利率水平发生变化。

由于世界经济的一体化趋势，国际市场上的利率总会通过国际资本的流动对一国利率的形成产生直接影响。由于套利、套汇、投机、避险、海外投资等原因，不可避免会引起资本在国际上流动。当资本流入时，会增加一国的资金供给量，如果要制约资本大量流入，就必须降低国内利率水平。但利率的降低会刺激投资的增长，使利润增加。在利润率上升的条件下，利率水平也会相应提高。当资本流出时，会减少一国的资金供给量，如果要制约资本的大量流出，就必须提高国内利率水平。但利率的提高会导致投资的减少，使利润降低。在利润降低，利息在利润中所占比例缩小的条件下，利率水平也相应降低。总之，同一国际因素对一国利率水平的影响是多方面的，最终结果是使利率水平提高还是下降，不能一概而论，而取决于经济各方面受影响的综合程度。

第三节 利率理论

一、利率决定理论

利率决定理论是研究利率是怎样决定的、有哪些因素会影响利率变动的理论。下面我们介绍影响较大的几种利率决定理论。

(一)马克思的利率决定理论

马克思的利率决定理论是以剩余价值在不同资本家之间的分割作用为起点的。

马克思认为，利息是贷出资本的资本家从借入资本的资本家那里分割出来的一部分剩余价值，而利润是剩余价值的转化形式。"因为利息只是利润的一部分，按照我们以上的前提，这个部分要由产业资本家支付给货币资本家，所以，利润本身表现为利息的最高界限，达到这个最高界限，归执行职能的资本家的部分就会＝0"①。可见，利率的变化范围在零与平均利润率之间，平均利润率构成了利率的最高极限。

马克思认为，在零与平均利润率之间，利率的高低取决于两个因素：一是利润率；二是总利润在贷款人和借款人之间进行分配的比例。

马克思认为，利润率决定利息率，从而使利率在决定过程中具有以下特点：

(1)随着技术发展和资本有机构成提高，平均利润率有下降趋势，但由于存在如社会财富及收入相对于社会资金需求的增长速度、信用制度的发达程度等等，可能会加速或抵消这种变化趋势；

(2)平均利润率虽有下降趋势，但这是一个非常缓慢的过程，具有相对的稳定性；

(3)利率的高低取决于两类资本家对利润分割的结果，因而使利率的决定具有很大的偶然性，无法由任何规律决定。相反，传统习惯、法律规定、竞争等因素，在利率的确定上都可以直接或间接起作用。

(二)古典学派的储蓄投资理论

古典学派的储蓄投资理论主要从储蓄和投资等实物因素来研究利率的决定，因此也称为实物利率理论或真实利率理论。它建立在萨伊法则和货币数量论的基础之上，认为工资和价格的自由伸缩可以自动地达到充分就业。在充分就业的所得水准下，储蓄与投资的真实数量都是利率的函数。这种理论认为，社会存在着一个单一的利率水平，使经济体系处于充分就业的均衡状态，这种单一利率不受任何货币数量变动的影响，而是由实际资本的供给和需求所决定，即由储蓄和投资的均衡点所决定。

---

① 马克思. 资本论：3卷. 2版. 北京：人民出版社，2004：401.

第三节 利率理论

资本的供给来源于储蓄，而储蓄意味着人们要推迟现在的消费，但是由于"人性不耐"等原因，人们更注意现在的消费，为此必须给这种"等待"或"延迟消费"的行为给予一定的补偿，这种补偿就是"利息"。一般来说，补偿越大，意味着利率越高，人们越愿意储蓄，因此储蓄是利率的递增函数。资本的需求主要来自于投资，投资量的大小取决于投资预期回报率和利率的关系。当利率降低时，预期回报率大于利率的可能性增大，投资需求也会增大，因此，投资是利率的递减函数。

储蓄代表资本的供给，投资代表资本的需求，利率就是资本的使用价格。资本的供求决定了均衡利率。为了清楚地说明这种均衡机制，不妨设储蓄 $S=S(i)$，投资 $I=I(i)$，其中 S 表示意愿的储蓄，I 表示意愿的投资。当 $S=I$ 时，利率达到均衡水平；当 $S>I$ 时，资金供给多于资金需求，这就促使利率下降；反之，当 S 小于 I 时，利率水平上升。因此，在市场经济体制下，利率具有自动调节的功能，使储蓄和投资趋于一致。

图3-1中 I 曲线为投资曲线，向下倾斜，表示投资与利率之间的负相关关系；S 曲线为储蓄曲线，向上倾斜，表示储蓄与利率之间的正相关关系。二线的交点所确定的利率为均衡利率 E_0。

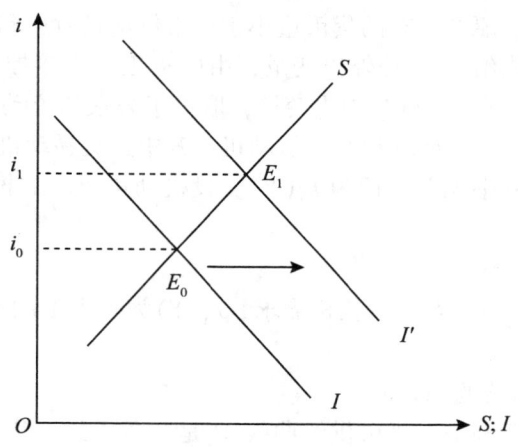

图3-1 储蓄投资理论下的利率

需要说明的是，因为古典学派基本上是货币中性论者，即他们认为货币供给的变动只有一种影响：价格水平的同比例变动，因此货币供给的变动并不影响利率，利率只是由生产率(用边际投资倾向表示)和节约(用边际储蓄倾向表示)的实际力量所决定的，即由投资和储蓄等实质因素决定的，与货币因素无关。

如果某些因素引起边际投资倾向提高，则 I 曲线向右平移形成 I' 曲线，与 S 曲线相交形成新的均衡利率 E_1，它表明若储蓄不变，投资增加，则使均衡利率提高。

同理，如果有些因素引起边际储蓄倾向提高，则 S 曲线向右平移形成 S' 曲线，与 I 曲线相交形成新的均衡利率，它表明在投资不变的情况下，储蓄的增加会使利率水平下降。

(三)凯恩斯的流动性偏好理论

凯恩斯认为利率是纯粹的货币现象,古典利率理论将储蓄与投资看作是两个对立的因素,并由这两个因素相互作用而决定利率的观点是错误的。他认为,储蓄主要取决于收入,而收入又取决于投资,所以,储蓄与投资是两个相互依赖的变量。储蓄与投资两者之间只要有一个变量发生变动,收入必定会发生变动。因此,利率不是在商品市场上由储蓄和投资决定的,而是在货币市场上由货币的供给和货币的需求决定的,利率在本质上是一种货币现象,与实质性因素无关。

流动性偏好利率理论认为,利率水平主要取决于货币数量(货币供给)和公众的流动性偏好(货币需求)两个因素。人们在选择其财富的持有形式时,大多数倾向于选择货币,因为货币具有完全的流动性和最小的风险性。而通常情况下,货币供应量是有限的。人们为了取得货币就必须支付代价。所以,利息是在一定时期内放弃货币、牺牲流动性所得的报酬,而利率就是人们对流动性偏好,即不愿将货币贷放出去的程度的衡量。利率是使公众愿意以货币的形式持有的财富量(货币需求)恰好等于现有货币存量(货币供给)的价格。当公众的流动性偏好强,愿意持有货币的数量大于货币的供给量时,利率就上升;反之,公众的流动性偏好较弱,愿意持有的货币量小于货币供给量时,利率就下降。

凯恩斯认为,货币供给(M_s)是外生变量,由中央银行直接控制。因此,货币供给独立于利率的变动。货币需求(L)则是内生变量,取决于公众的流动性偏好。公众的流动性偏好的动机包括交易动机、预防动机和投机动机。其中,交易动机和预防动机形成的交易需求与收入成正比,与利率无关,记为$L_1(Y)$。投机动机形成的投机需求与利率成反比,记为$L_2(i)$。

货币总需求公式:$L=L_1(Y)+L_2(i)$

式中,L_1表示交易需求,L_2表示投机需求,$L_1(Y)$为收入Y的递增函数,$L_2(i)$为利率i的递减函数。

当$L=M_s$时,可以求均衡利率i。

由于货币供给独立于利率,货币供给曲线M_s是一条垂线。货币需求曲线L是一条由上而下、由左到右的曲线,愈向右,愈平行于横轴(见图3-2)。

当货币供给曲线与货币需求曲线的平行部分相交时,利率将不再变动,这时无论怎样增加货币供给,货币均会被储存起来,不会对利率产生任何影响。这就是凯恩斯的利率决定理论中著名的"流动性陷阱"。

当利率下降到某一水平时,市场就会产生未来利率上升的预期,这样,货币的投机需求就会达到无穷大,这时,无论中央银行供应多少货币,都会被相应的投机需求所吸收,从而使利率不能继续下降,而被"锁定"在这一水平(图3-2中i_0)。

图3-2中,"流动性陷阱"相当于货币需求线中的水平线部分,它使货币需求线变成一条折线。在"流动性陷阱"区间,货币政策是完全无效的,此时只能依靠财政政策。

(四)新剑桥学派的可贷资金利率理论

可贷资金理论是20世纪30年代提出来的,其主要代表人物是剑桥学派的罗伯逊和瑞

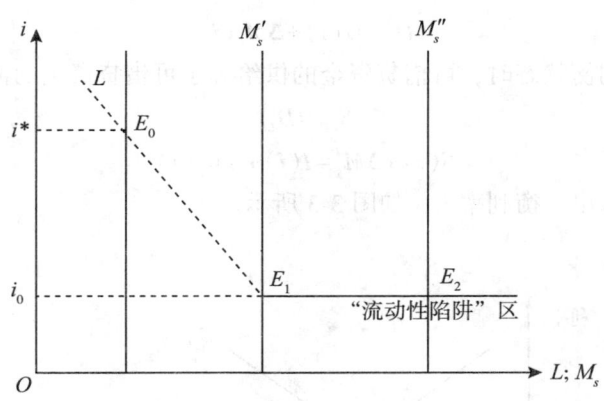

图 3-2 凯恩斯的利率决定理论

典学派的俄林。该理论试图在利率决定问题上把货币因素和实质因素结合起来考虑,完善古典学派的储蓄投资理论和凯恩斯流动性偏好利率理论。

可贷资金理论认为在利率决定问题上,肯定储蓄和投资的交互作用是对的,但完全忽视货币因素是不当的,尤其在金融资产量相当庞大的今天;凯恩斯指出了货币因素对利率决定的影响是可取的,但完全否定实质性因素是错误的。可贷资金理论试图在古典利率理论的框架内,将货币供求变动等货币因素考虑进去,在利率决定问题上同时考虑货币因素和实质因素,以完善利率决定理论。利率是借贷资金的价格,借贷资金的价格取决于金融市场上的资金供求关系。

假定我们考察的是一个封闭经济体,并且在这个封闭经济体中不存在政府。在这样的假定下,可借贷资金的供给包括:①家庭、企业的实际储蓄,它随利率的上升而上升;②实际货币供给量的增加量。

可借贷资金的需求包括:①购买实物资产的投资者的实际资金需求,它随着利率的上升而下降;②家庭和企业对货币需求量的增加,即为了增加其实际货币持有量而借款或少存款。

这里所谓家庭、企业的实际储蓄类似于古典学派储蓄投资理论中的储蓄的含义,指的是他们手中计划不用于消费部分的货币量,即计划储蓄。实际货币供给量的增加额类似于凯恩斯利率决定理论中的货币供给量的含义,指的是银行体系决定的通过信用创造的当期新增的货币供给量,这是一个外生变量。

为了进一步说明可贷资金理论,我们用以下一个简化的模型:

①当期可借贷资金供给为 S_{LF},家庭和企业的实际储蓄为 $S(i)$,实际货币供给量的增加部分为 ΔM_s,显然 $S(i)$ 是利率的函数,ΔM_s 与利率无关是外生变量,那么有:

$$S_{LF} = S(r) + \Delta M_s$$

②当期可借贷资金需求为 D_{LF},购买实物资产的投资需求为 $I(i)$,家庭和企业的货币

需求量为 $\Delta M_d(i)$,显然 I 和 ΔM_d 都是利率的函数,那么有:
$$D_{LF}=I(i)+\Delta M_d(i)$$
③在当期处于均衡状态时,可借贷资金的供给等于可借贷资金的需求,因此有:
$$S_{LF}=D_{LF}$$
即
$$S(i)+\Delta M_s=I(i)+\Delta M_d(i)$$
此时,即可以求出均衡利率 i_e,如图 3-3 所示。

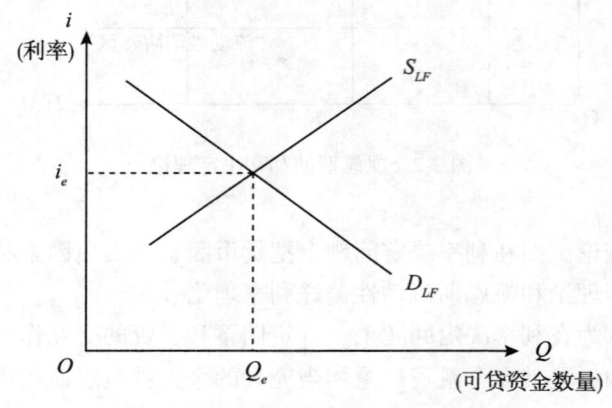

图 3-3 可贷资金利率理论

方程式 $S_{LF}=D_{LF}$ 或 $S(i)+\Delta M_s=I(i)+\Delta M_d(i)$ 说明了可贷资金理论的利率决定过程。当 $S_{LF}>D_{LF}$ 时,利率就会下降,同时 D_{LF} 也会增加,并在一个较低的利率水平达到均衡;反之,当 $S_{LF}<D_{LF}$ 时,利率就会上升,同时 D_{LF} 也会减少,并在一个较高的水平达到均衡。

(五)IS-LM 模型与利率决定

IS-LM 模型是在可贷资金理论的基础上由希克斯和汉森改造而成的。因为在上述三种西方利率决定理论中,都未考虑收入因素。而储蓄与投资都是收入的函数。对于古典利率理论而言,因为储蓄取决于收入,不知道收入就不知道储蓄,从而利率无法确定;利率不能确定,投资也就无法确定,从而收入也就无法确定。对于凯恩斯的流动性偏好利率理论,因为货币需求取决于收入,收入不知道,也无法确定货币需求,利率也就无法确定。希克斯认为应该把货币因素和实物因素综合起来进行分析,并把收入作为与利率相关的变量加以考虑。后经汉森的进一步推导,形成了 IS-LM 模型。其核心内容是认为利率受制于投资函数、储蓄函数、流动偏好函数(货币需求函数)和货币供给函数四个因素,同时利率与收入之间存在着相互决定的关系。

IS 曲线的形成:IS 曲线是使投资和储蓄恰好相等的不同利率和收入组成的轨迹。不断重复选点即可形成 IS 曲线。在实物市场上,投资与利率负相关,而储蓄与收入正相关。根据投资与储蓄的恒等关系,可以得出一条向下倾斜的 IS 曲线(见图 3-4)。

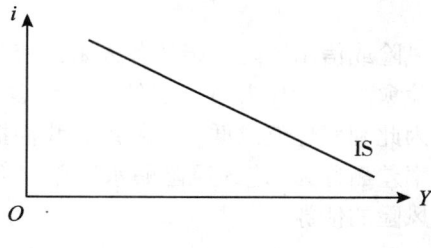

图 3-4　IS 曲线

LM 曲线的形成：LM 曲线是使货币供给和货币需求相等的不同利率与收入组合的轨迹。在货币市场上，货币需求与利率负相关，而与收入水平正相关，在货币供给量由中央银行决定时，可以得出一条向上倾斜的 LM 曲线(见图 3-5)。

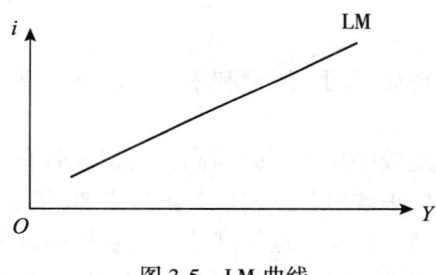

图 3-5　LM 曲线

将 IS 和 LM 两条曲线共置于 (Y, i) 平面，其交点就决定了均衡利率 i^* 和均衡收入 Y^*(见图 3-6)。

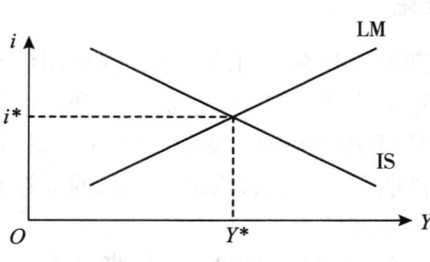

图 3-6　IS 和 LM 曲线

二、利率风险结构理论

相同期限的金融资产，可能因违约风险、流动性风险和税收风险等方面的差异，从而形成不同的利率，称为利率的风险结构。

(一)违约风险

违约风险，又称为倒账风险或信用风险，指债务人未能依约偿还本金或利息，使债权人遭受损失的风险。违约风险愈高，债权人所要求的利率就愈高。债券的信用评级愈高，表示债券的违约风险愈低，因此利率也就愈低。一般地，我们把某种有违约风险的债券与无违约风险的债券之间的利率差额称为"违约风险贴水"或"违约风险溢价"。国债几乎没有风险，可以看成是无违约风险的债券。

(二)流动性风险

流动性风险是指因资产变现能力弱或者变现速度慢而可能遭受的损失。一般来说，金融工具的利率会与流动性风险同方向变化，即流动性风险越大，利率也会越高。一般将同一信用级别的低流动性金融工具与高流动性金融工具之间的利率差异称为流动性风险溢价，它也是债务风险溢价的一个重要组成部分。

(三)税收风险

政府对不同的债券税收待遇不同，因而利率也受影响。税率越高的债券，其税前利率也越高。

地方政府公债的违约风险较中央政府公债高，且流动性低于中央政府公债，照理说，地方政府公债的利率应高于中央政府公债，但美国过去80年来，至少有40年，地方政府公债的利率低于中央政府公债。要解释这种现象，必须从两者之间的租税负担着手。

例如：所得税税率40%，但地方公债利息所得免税。中央政府公债的利率为10%，税后报酬率为10%×(1-40%)=6%。地方政府公债的利率为8%，但它属于免税证券，回报率为8%。很显然，投资于地方政府公债的回报更多，所以，人们对地方政府公债的需求大于中央公债，从而使得有些地方政府公债利率低于中央政府公债。

三、利率期限结构理论

利率期限结构是指不同期限的利率之间的关系，这可用债券的回报率曲线来表示。这种债券的回报率曲线是指把期限不同，但风险、流动性和其他条件相同的债券回报率连成的一条曲线。这种曲线有四种可能的状态，如图3-7所示。水平的收益率曲线表示各种期限的证券的利率相等，向上的收益率曲线代表期限越长的证券利率越高，向下的收益率曲线则表明证券的期限越长，利率越低。

在图3-7中，(a)是平坦形，表明长期利率与短期利率水平相同，这种情形很罕见；(b)是递增形，表明利率水平与期限同增，期限越长，利率水平越高，这种情形最常见；(c)是递减形，表明期限越长，利率水平越低，这种情形较少见；(d)是隆起形，表明一种利率起初随期限延长而逐步上升，但在一定期限后又随期限延长而缓缓下降，这种情形较多见。

为什么会出现长短期利率的这种不同结构的情形呢？经济学家在解释这种差异的时候，形成了不同的理论，其中最主要的理论是预期假说理论、市场分割理论和流动性报酬

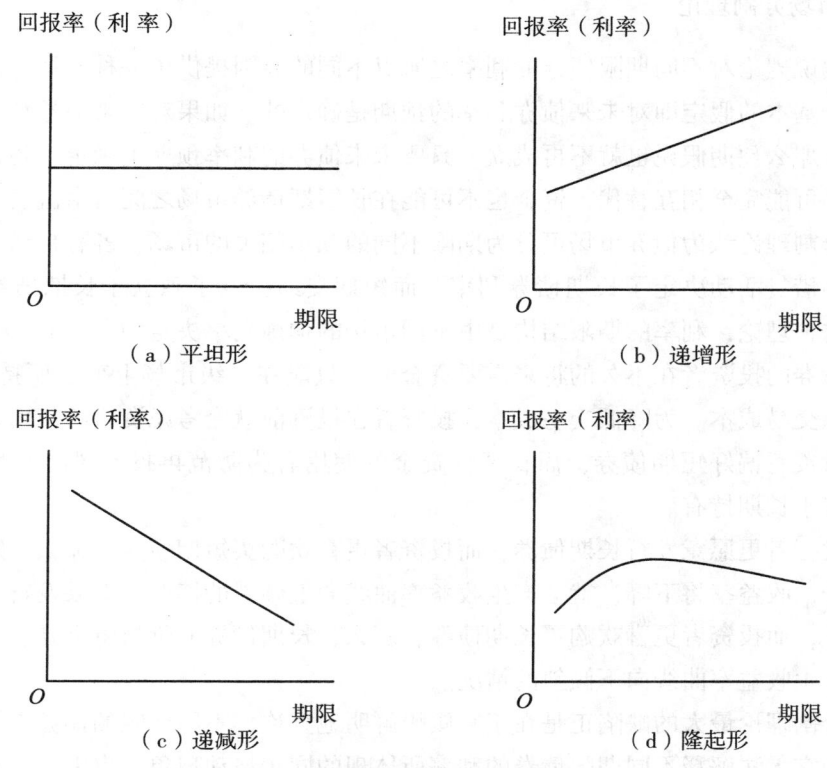

图 3-7 债券的回报率曲线的四种可能状态

理论。

(一)预期假说理论

利率期限结构的预期假说首先由欧文·费歇尔于 1896 年提出,是最古老的期限结构理论。

预期假说理论认为,长期债券的现期利率是短期债券的预期利率的函数,长期利率与短期利率之间的关系取决于现期短期利率与未来预期短期利率之间的关系。

因此,如果预期的未来短期债券利率与现期短期债券利率相等,那么长期债券的利率就与短期债券的利率相等,收益率曲线是一条水平线;如果预期的未来短期债券利率上升,那么长期债券的利率必然高于现期短期债券的利率,收益率曲线是向上倾斜的曲线;如果预期的短期债券利率下降,则债券的期限越长,利率越低,收益率曲线就向下倾斜。

这一理论最主要的缺陷是严格地假定人们对未来短期债券的利率具有确定的预期;其次,该理论还假定,资金在长期资金市场和短期资金市场之间的流动是完全自由的。这两个假定都过于理想化,与金融市场的实际差距太远。

(二)市场分割理论

预期假说理论对不同期限债券的利率之所以不同的原因提供了一种解释。但预期假说理论有一个基本的假定即对未来债券利率的预期是确定的。如果对未来债券利率的预期是不确定的,那么预期假说也就不再成立。只要未来债券的利率预期不确定,各种不同期限的债券就不可能完全相互替代,资金也不可能在长短期债券市场之间自由流动。

市场分割理论认为债券市场可分为期限不同的互不相关的市场,各有自己独立的市场均衡,长期借贷活动决定了长期债券利率,而短期交易决定了独立于长期债券的短期利率。根据这种理论,利率的期限结构是由不同市场的均衡利率决定的。

长期债券的投资者在不久的将来需要资金时,只能在二级市场上变卖所持有的债券,因而要承担交易成本。为降低交易成本,投资者在投资前就会考虑资金的使用。对流动性要求高的投资者偏好短期债券,而长期性资金的使用者为防范再投资风险和降低交易成本,更偏好于长期持有。

如果发行者更愿意发行长期债券,而投资者更喜欢购买短期债券,那么,短期债券的价格将上升,收益率将下降,就会产生收益率曲线向上倾斜的情况;如果发行者更愿意发行短期债券,而投资者更喜欢购买长期债券,那么,长期债券的价格将上升,收益率将下降,就会产生收益率曲线向下倾斜的情况。

市场分割理论最大的缺陷正是在于它旗帜鲜明地宣称,不同期限的债券市场是互不相关的。因为它无法解释不同期限债券的利率所体现的同步波动现象,也无法解释长期债券市场的利率随着短期债券市场利率波动呈现的明显有规律性的变化。

(三)流动性报酬理论

希克斯首先提出了不同期限债券的风险程度与利率结构的关系,较为完整地建立了流动性溢价理论。

根据流动性报酬理论,不同期限的债券之间存在一定的替代性,这意味着一种债券的预期收益确实可以影响不同期限债券的收益。但是不同期限的债券并不是完全可替代的,因为投资者对不同期限的债券具有不同的偏好。范·霍恩认为,远期利率除了包括预期信息之外,还包括风险因素,它可能是对流动性的补偿。影响短期债券被扣除补偿的因素包括:不同期限债券的可获得程度及投资者对流动性的偏好程度。在债券定价中,流动性偏好导致了价格的差别。

这一理论假定,大多数投资者偏好持有短期证券。为了吸引投资者持有期限较长的债券,必须向他们支付流动性补偿,而且流动性补偿随着时间的延长而增加,因此,实际观察到的收益率曲线总是要比预期假说所预计的高。这一理论还假定投资者是风险厌恶者,他只有在获得补偿后才会进行风险投资,即使投资者预期短期利率保持不变,收益曲线也是向上倾斜的。

第四节 利率的作用及其发挥

一、利率对经济活动的影响和调节作用

在国民经济的稳定与发展中，利率作为一种经济杠杆发挥着重要的调节作用，具有强大的经济功能。

(一)利率变动对资金供求的影响

在市场经济中，利率是一个重要的经济杠杆，其杠杆作用首先表现在对资金供求的影响上。在商品经济运行过程中，资金短缺是一种常见现象，它是制约一国经济发展的重要因素。然而，在经济活动中，由于生产的季节性变化和收入、支出的非同步性等原因，又总是有一部分资金处于暂时闲置状态，即出现资金盈余。这部分处于闲置状态的资金是不能增值的，这对资金所有者来讲是一种损失，对整个社会而言则是资源浪费。利息的产生能较好地吸引资金盈余者将处于暂时闲置状态的资金让渡出去，以解决资金短缺者的需求。

利率水平的变动对资金盈余者的让渡行为有重要影响，它对资金盈余者持有资金的机会成本大小起决定性作用。当利率提高时，意味着人们持有资金的机会成本增大，资金盈余者贷出资金的动力也增大。利率水平变动对资金短缺者的信贷行为也有重要影响。当利率提高时，意味着人们借款的成本增加，资金短缺者借款的负担也变重，他们的借款需求就会受到制约。而当利率下降时，借款人的借款需求会扩大，但资金盈余者的资金供给却会受到抑制。

(二)利率对储蓄和投资的影响

对个人而言，储蓄是其可支配收入减去消费以后的剩余部分。利率的高低会对居民部门的储蓄产生重要影响。合理的利率能够增强居民部门的储蓄意愿，不合理的利率则会削弱其储蓄热情。因此，利率变动会在一定程度上调节居民消费和储蓄的相对比重。居民可用多样化的方式保有其储蓄：既可以持有实物资产，也可以持有金融资产，而在金融资产中，既可以选择货币类的资产，也可以选择股票、债券等各种非货币类资产。而通货膨胀率和各种金融资产收益率的差异，会在很大程度上影响人们的资产持有结构。

利率对投资的规模和结构都具有非常直接的影响。企业在进行投资时，往往需要大量借用外部资本，利率作为企业借款的成本，自然也就成了影响企业借款规模的重要因素。当投资项目收益既定时，社会投资规模会与利率的升降反向变化。利率走低会降低企业借款成本，企业会倾向于增加投资，整个社会的投资规模会随之增长；反之，利率走高则会缩减整个社会的投资规模。此外，由于利率是借贷资本的"价格"，其变动会影响资本流动的方向与规模，从而会对投资结构产生重要影响。因此，政府可以通过差别化的利率政策去调节国民经济的产业结构。如对那些符合产业规划方向的企业，可以通过优惠利率促进其发展，而对那些需要限制的产业，则可对相关企业实施惩罚性的利率。

(三)调节社会总供求

要达到经济持续增长的目标,一国须保证社会总供求保持一种动态的平衡。而利率则会对社会总供求起着重要的调节作用。利率对社会总供求的调节,主要体现在短期内易于调节的总需求上。利率降低,一方面会增强居民部门的消费动机,另一方面会导致企业投资需求的增加,从而导致总需求的增长。在短期内总供给不易调节且相对稳定的情况下,总需求的增长会导致供求压力的增加。反之,提高利率会抑制居民消费需求和企业投资需求从而起到缓解供求压力的作用。

需要说明的是,利率水平降低尽管会在短期内增加供求压力,但从长期来看,低利率导致的企业投资规模扩张会倾向于增加总供给,这会在一定程度上缓解由此导致的供求压力;反之,利率上升会导致短期需求的下降,但同样也会在长期导致总供给的下降。因此利率升降对社会总供求及其平衡状况的影响更需要从动态的视角来加以把握。

(四)利率变动对国际收支有重要影响

如前所述,当一国国际收支出现严重不平衡时,即出现大量持续逆差或大量持续顺差时,一国金融管理当局就有可能通过变动利率来调节国际收支,特别是当国际收支不平衡的原因主要在于资本项目时,中央银行通过调整利率水平能取得明显的效果。当发生严重逆差时,可将本国短期利率提高,以吸引外国短期资本流入,减少或消除逆差;而当发生过大的顺差时,可将本国利率水平调低,以限制外国资本流入,减少或消除顺差。

由于国际收支出现严重不平衡会给一国经济带来不利影响,例如,长期的巨额逆差会使本国货币贬值,从而削弱本国对外国商品、劳务和技术等的购买力,进而影响国内经济的发展,而长期的巨额顺差则会使本国面临较大的通货膨胀压力,此外,还可能给顺差国带来较大的外交压力,因此,不管是发达国家还是发展中国家,当其面对国际收支巨额不平衡时,都会采取措施予以舒缓,在一定的条件下,变动利率是一个有效手段。

二、利率发挥作用的条件

(一)自主决策的微观经济主体

利率对经济的调节,很大程度上是通过利率高低来增减商品生产者利息负担,抑制或刺激商品生产者的投资需求。但是,如果商品生产者不是一个自主经营、自负盈亏的经济实体,没有生产经营自主权,则利率再低,利息负担再轻,商品生产者既不会也不可能扩大投资规模;同样,如果利息负担对商品生产者的利益没有实质性的影响,只要还得经营下去,不管多高的利率,多重的利息负担,其贷款需求都难以降下来,更谈不上想方设法减少资金占用,加速资金周转来减少利息支出,提高利润率。因此,要发挥利率的引导功能,必须把商品生产者推向市场,使其成为权责利相结合的、自主经营、自负盈亏的经济实体,否则,他们对利率的变动将无动于衷或无所作为。

(二)市场化的利率决定机制

市场化的利率决定机制指利率不是由少数银行寡头协定或政府人为决定，而是主要通过市场和价值规律机制由市场供求因素决定。市场上资金供不应求，利率就会上升；资金环境相对宽松，利率就会下降。因此，由市场因素决定的利率能够真实灵敏地反映社会资金供求状况，通过利率机制促使资金合理流动，缓和资金供求矛盾，发挥其筹集资金、调剂余缺的作用。

(三)灵活的利率联动机制

利率是货币资金的价格，在传递信息配置资源方面具有灵敏、综合等特点，但要真正体现这些特点，必须有完善的利率体系和合理的利率水平。如果一国的利率种类单一，以官定利率为主，则不能及时反映市场资金的供求状况，给商品生产者传递错误的信息，误导商品生产者；若利率结构单一，没有浮动利率、差别利率的存在，则不能很好地引导货币资金的流向，体现国家产业政策的精神；若利率水平不合理，则不利于资源的合理配置，利率水平过高，投资者会因融资成本过大而减少投资，缩小生产规模，从而造成资源的闲置浪费；利率水平过低，投资者会因融资成本低廉而一味扩大投资，出现抢资源、争项目的现象，这不可避免会使一部分资源被经济效益较差的部门使用，从而降低资源的使用效率，这同样是一种浪费。

(四)完善的、发达的金融市场

金融市场是货币资金这种商品买卖的市场，是利率这一货币资金价格表现的场所。没有完善的金融市场，就不可能产生多样化的利率，形成完善的利率体系；没有完善、发达的金融市场，资金供求关系的变化就不能准确、及时地给商品生产者传递经济信息，引导投资与消费；没有完善、发达的金融市场，就不能彻底打破资金供给制，形成多元化的融资渠道，商品生产者完全依赖于银行供给资金，没有更多的资金供给来源，因而也不可能根据利率高低来进行经营决策；没有完善、发达的金融市场，中央银行的利率政策工具将失去发挥作用的舞台，宏观调控则无法更好地实施。总之，没有完善的、高度发达的金融市场，利率将失去存在的基础，利率杠杆将失去作用的基点。

(五)间接的经济调控体制

利率作为经济杠杆发挥作用必须建立一种间接的宏观调控体制，即通过利率的变动来影响其他经济变量，影响经济主体的切身利益，从而引导经济主体行为的变化，达到国家既定的经济目标。只有这种间接调控体制，才有利于利率功能的发挥，如果采取直接管理，更多地依靠行政手段、计划手段进行宏观调控，利率作用的发挥就会受到很大的限制。

三、我国的利率市场化改革

利率市场化，简单来说就是银行能够根据经济和市场变化调整银行不同期限、不同结构的贷款和存款利率。利率市场化有两个层面的含义：一是利率是可以自由浮动的，这是制度安排的问题；二是金融机构，特别是银行具备利用利率作为资金成本自主定价的能力，这是操作层面的问题，也是利率能否真正市场化的关键。

2015年10月24日，中国人民银行决定对商业银行和农村合作金融机构等不再设置存款利率浮动上限，这意味着我国利率管制基本放开，即从制度上说，中国利率体系的市场化改革已基本完成。但是长期以来"新兴加转轨"时期的经济体系中的非市场化成分较多，金融体系，特别是银行利率只是计算利息的指标，并没有被作为资金价格用来控制成本和风险，利率并没有发挥市场价格的功能，银行也没有根据经济形势和市场风险调整利率的能力，利率在操作层面上实现市场化的程度比较低。

我国利率市场化改革的进程可分为三个阶段：

(一) 1978—1993年，前期的调整利率水平和结构阶段

经过近15年的改革，基本改变了负利率和零利差的现象，偏低的利率水平逐步得到纠正，利率期限档次和种类得到合理设定，利率水平和利率结构得到了不同程度的改善，银行部门的利益逐步得到重视。

(二) 1993—1996年，改革利率生成机制阶段

利率改革的主要任务是不断通过扩大利率浮动范围，放松对利率的管制，促使利率水平在调整市场行为中发挥作用，以逐步建立一个有效宏观调控的利率管理体制。中央银行的基准利率水平和结构是金融市场交易主体确定利率水平和结构的参照系，中央银行主要是根据社会平均利润率、资金供求状况、通货膨胀率和宏观经济形势的变化及国际金融市场利率水平，合理确定基准利率，利率逐渐被作为调节金融资源配置的重要手段，成为国家对经济进行宏观调控的杠杆。但在此期间，我国的利率管理权限仍然是高度集中的。

(三) 1996年开始的利率市场化快速推进阶段

从1996年开始，中央银行在利率市场化方面进行了一些根本性的尝试和探索，推出了一些新的举措，放开了同业拆借利率、国债市场利率，逐步建立起一个良好的货币市场与国债市场的利率形成机制，为利率市场化打下了基础。2004年10月29日放开金融机构贷款利率上限(城乡信用社除外)和存款利率下限是中国利率市场化改革进程中具有里程碑意义的重要举措，标志着中国利率市场化顺利实现了"贷款利率管下限、存款利率管上限"的阶段性目标。随后通过有步骤、渐进地层层推进的制度调整最终实现利率的市场化。

☞ 专栏3-3

1996年后我国利率市场化进程

1996年6月：放开银行间同业拆借市场利率，实现由拆借双方根据市场资金供求自主确定拆借利率。

1997年6月：银行间债券市场正式启动，同时放开了债券市场债券回购和现券交易利率。

1998年3月：改革再贴现利率及贴现利率的形成机制，放开了贴现和转贴现利率。

1998年9月：放开了政策性银行金融债券市场化发行利率。

1999年9月：成功实现国债在银行间债券市场利率招标发行。

1999年10月：对保险公司大额定期存款实行协议利率，对保险公司3000万元以上、5年以上大额定期存款，实行保险公司与商业银行双方协商利率的办法。

2000年9月：实行外汇利率管理体制改革，放开了外币贷款利率；300万美元以上的大额外币存款利率由金融机构与客户协商确定。

2003年4月：放开人民币各项贷款的计息、结息方式，由借贷双方自行商定。

2003年6月：放开境内英镑、瑞士法郎、加拿大元的小额存款利率，同时对美元、日元、欧元、港元的小额存款利率实行上限管理。

2004年1月：扩大金融机构贷款利率浮动区间，商业银行、城市信用社上限可为基准利率的1.7倍，农村信用社可达2倍；下限为0.9倍。

2004年10月：放开金融机构人民币贷款利率上限，但城乡信用社除外，允许其上限可扩大为基准利率的2.3倍。金融机构贷款利率浮动区间的下限仍然为0.9倍。

2006年9月：央行决定建立报价制的中国货币市场基准利率SHIBOR。

2012年6月：将金融机构存款利率浮动区间上限调整为基准利率的1.1倍；金融机构贷款利率浮动区间的下限调整为基准利率的0.8倍。

2013年7月：全面放开金融机构贷款利率管制，取消票据贴现利率管制。

2014年11月：央行将存款利率浮动区间的上限调整至基准利率的1.2倍，一年期贷款基准利率下调0.4个百分点至5.6%，一年期存款基准利率下调0.25个百分点至2.75%，并对基准利率期限档次作适当简并。

2015年5月：央行下调金融机构一年期存贷款基准利率各0.25个百分点，将存款利率浮动区间上限扩大至1.5倍。

2015年10月：央行对商业银行和农村合作金融机构等不再设置存款利率浮动上限。

资料来源：相关年份《中国人民银行年报》。

【本章小结】

1. 在现代市场经济中，利息是一个普遍存在的现象。但对利率存在的原因则有不同解释，因而形成了不同的利息理论：节欲说、时差说、流动性偏好理论以及马克思的平均利润率理论等。

2. 利息的出现，使任何有收益的资产，不论是金融资产，还是实物资产，都可以通过收益与利率的对比而倒推出它相当于多少资本金额。这就是收益资本化。

3. 利息的计算方法有单利和复利两种。利息反映了现在购买力和将来购买力的交换，通过利率可以计算出现在的一笔资金在未来若干年的终值，也可以计算出未来若干年的一笔资金的现值。

4. 利率按不同的标准有多种不同的分类方法。考虑到通货膨胀因素,利率可分为名义利率和实际利率;考虑到利率的调整因素,利率可分为固定利率和浮动利率;此外,由市场资金供求决定的利率为市场利率,由中央银行控制的利率为官定利率,由银行业协会确定的利率则为公定利率。

5. 利率决定理论所要研究的是利率水平的决定与变动,利率决定理论主要有马克思的利率决定理论、古典利率理论、流动性偏好理论、可贷资金理论和 IS-LM 模型。

6. 除了利率总水平之外,金融工具的期限长短、风险大小决定了不同利率的水平高低,这就是利率结构问题。利率结构理论,包括利率的风险结构理论和利率的期限结构理论。

7. 利率是国家调节经济的重要经济杠杆,是各国中央银行调节货币供应量、实现宏观经济目标的重要工具。但利率发挥作用必须具备一定的宏观、微观经济基础,良好的经济体系与制度环境。

【重要名词术语】

利息　利率　单利　复利　名义利率　实际利率　市场利率　官定利率　基准利率
现值　终值　投资储蓄理论　流动性偏好理论　可贷资金利率理论　IS-LM 模型
利率的风险结构　利率的期限结构　利率市场化

【复习思考题】

1. 怎样认识利息的来源与本质?
2. 利率有哪些主要分类?
3. 决定和影响利率的因素有哪些?
4. 简述古典学派与凯恩斯学派的利率决定理论。
5. 简述利率风险结构理论和期限结构理论的主要内容。
6. 利率作为经济杠杆具有哪些功能?
7. 利率发挥作用需具备哪些条件?
8. 如何理解我国进行的利率市场化改革?

【案例分析】

外资银行长短期存款利率倒挂

当我国民众还理所当然地认为存款时间越长,相应的利率就会越高,利息就会越多的时候,外资银行"利率倒挂"的事实已悄然上演。存款时间越长,利息反而越少,这听起来似乎不可思议。

早在 2005 年底至 2006 年第一季度,美国债券的利息率就出现了"长短息倒挂"现象,对美联储调整联邦基金利率最为敏感的两年期债券息率略高于十年期息率。对此，美联储前任主席格林斯潘在位时曾经称之为一个谜，并列出了一串可能导致长息偏低的理由，包括：市场对未来的投资前景看淡；各国央行对美国长期债券的需求旺盛；全球储蓄过剩；未来经济前景的可预测性增强；长息的风险溢价下降；等等。但是，美联储一直没给出具体的理由。然而在格林斯潘列出的各种理由中，没有提到战争对经济景气的刺激是有其特殊性的。对于军工及相关企业而言，在战争期间：工人加班，失业率下降，设备利用率上升，存货上升；对流动资金的需求增加，长期资金需求变化不大。由战争带动的军工需求，使短期资金需求增加而长期资金需求不变，从这个角度来看，美国债券长短期利率倒挂也就不足为奇了。

2012年7月"利率倒挂"再次上演，在渣打银行10万元及以上存款的一年期利率为3.3%，两年期、三年期和五年期利率则分别为1.5%、1.6%和1.7%，也就是说，一年期以上存款利率已经倒挂。以存款10万元为例，存一年利息为3300元，存两年利息总计为3000元，后者存款期长了一倍，比前者反倒少了300元利息。倒挂的并非只有渣打银行一家，星展银行网站显示，该行一年期存款利率为3.3%，三年期和五年期存款利率则仅为2.0%和2.5%，比一年期存款利率分别低1.3%和0.8%。花旗银行官网显示，人民币定存利率也是1%~3.3%。而中资银行的两年、三年、五年期存款利率，非常一致，分别为3.75%、4.25%、4.75%，与外资银行对比可谓相差悬殊。

内资银行的相关信贷负责人表示，外资银行中长期存款吸收得少与银行流动性管理有关，五年期以上的贷款一般是大型基建项目、政府的大项目等，外资银行这类贷款放得少，没有太多长期资产，就不需要长期负债。同时，国内外资银行网点数量稀少，主要服务中高端客户，这类客户群体三年以上存款比较少，再加上外资银行五年以上长期贷款比例不大，不需要有相应的存款匹配。相关专家认为，中资银行盈利以吃利差为主，外资银行以服务和产品见长，强调增加中间业务收入，它们服务的高净值客户也很少把存款作为理财手段，而更看重银行提供的多元化产品。

资料来源：安烨.货币银行学.3版.上海：上海财经大学出版社，2017.

案例思考：

1. 试着从生活中的事例来说明中长期利率有时可能低于短期利率的理由。
2. 外资银行的利率安排对中资银行的经营有什么启示？

【延伸阅读】

1. 凯恩斯.就业、利息和货币通论.房树人，黄海明，编译.北京：北京出版社，2008.
2. 曾康霖，邓映翎.利息论.北京：中国金融出版社，1990.
3. 帅勇.存量和流量分析史：货币与利息率决定理论.北京：人民出版社，2005.
4. 刘明亮，邓庆彪.利息理论及其应用.北京：中国金融出版社，2007.
5. 宋逢明.金融经济学导论.北京：高等教育出版社，2006.
6. 宋秀芳.中国转型经济中的资源配置机制和利率市场化改革.北京：中国金

融出版社, 2007.

7. 宋福铁. 国债利率期限结构预测与风险管理. 上海: 上海财经大学出版社, 2008.

第四章　外汇与汇率制度

中国应该持续在国际货币体系改革领域扮演一个领导者的角色，最重要的事情就是要减少主要汇率的不稳定性，第二个问题就是减少对于美元的依赖。

——罗伯特·蒙代尔

中国有一个成语故事：以邻为壑。相传古代大禹奉舜的命令，用疏导的办法兴修水利，造福于民。到了战国时期，魏惠王的大臣白丹也兴修水利。他自以为了不起，对人说："我在治理水患方面比大禹还要强。"孟轲说："禹之治水，水之道也，是故禹以四海为壑。今吾子以邻为壑。"意思是说：大禹治水患，用疏浚河道的办法使水流注四海，而你却采取筑堤的办法把水流到邻国去。就是拿邻国当做大水坑，把本国的洪水排泄到那里去。

通过本章的学习，你将能够了解和掌握以下知识：
- 外汇及外汇的分类；
- 汇率的决定及其对经济的影响；
- 不同汇率制度的优缺点；
- 人民币汇率的决定及人民币汇率改革的历程。

第一节　外汇与汇率

一、外汇

(一)外汇的概念

外汇具有动态和静态两方面的含义。外汇的动态含义是指把一个国家的货币兑换成另一个国家货币的国际汇兑行为和过程，即借以清偿国际债权债务关系的金融活动。可见，外汇的动态含义强调的是外汇的交易主体，即外汇交易的参与者及其行为。外汇的静态含义则是指以外币表示的可用于对外支付的金融资产。静态含义所强调的是外汇交易的客体，即用于交易的对象。在人们日常的经济生活中最广泛使用的是外汇的静态含义。

国际货币基金组织对外汇所下的定义是："外汇是货币行政当局(中央银行、货币管理机构、外汇平准基金及财政部)以银行存款、国库券、长短期政府债券等形式所持有的在国际收支中可以使用的债权。"此定义强调的是外汇的储备资产职能。

我国于2008年8月修订发布的《中华人民共和国外汇管理条例》第三条对外汇的范围

作了这样的规定：本条例所称外汇，是指下列以外币表示的可以用作国际清偿的支付手段和资产：

1. 外国现钞，包括纸币、铸币；
2. 外币支付凭证或者支付工具，包括票据、银行存款凭证、银行卡等；
3. 外币有价证券，包括债券、股票等；
4. 特别提款权；
5. 其他外汇资产。

(二)外汇的特征

根据外汇的定义，我们可以得出外汇的三个基本特征：

1. 外币性

外币性指外汇必须是外币表示的国外资产。这有两层含义：一是货币只有从发行国转移到他国居民手中才能作为外汇；二是可以作为外汇资产的不仅是指外国货币，而且还包括其他形式的外汇资产，如外币有价证券(如政府债券、公司债券、股票等)、外汇支付凭证(如外国汇票、本票、支票)，以及外币存款凭证等。

2. 普遍接受性

普遍接受性指外汇必须是得到国际承认和普遍接受，能够在国外获得补偿的债权，而空头支票和拒付的汇票不能视为外汇。

3. 可兑换性

可兑换性指外汇必须是能兑换其他支付手段的外币资产，是具有国际兑换性的金融资产。这说明，不是所有的外钞都能成为外汇，只有那些在国际支付中为世界各国普遍接受，用它可以自由兑换成另一种资产或其他国际支付手段的金融资产才可称得上外汇。因此，不能把外汇简单地理解为外国货币，同时，更不能反过来把外国货币统统理解为外汇。

外汇之所以能作为国际支付手段，实现国际债权债务的偿付与资本的国际转移，是由外汇的上述特征所决定的。

(三)外汇的主要分类

1. 按照能否自由兑换可分为自由外汇和记账外汇

自由外汇又称自由兑换外汇，是指无须经过发行货币国家批准，即可以在国际市场上自由买卖、随时使用，又可以自由转换为其他国家货币的外汇。它在国际交往中能作为支付手段被广泛地使用和流通，如美元、英镑、瑞士法郎、日元、欧元等主要西方国家货币。记账外汇，又称协定外汇、清算外汇或双边外汇，它是根据两国政府贸易清算协定，进行国际结算时用作计价单位的货币，常用于贸易交易频繁的国家之间。

记账外汇可使用交易双方任何一方的货币，也可使用第三国货币或某篮子货币。例如，中国和俄罗斯两国政府在支付协定中规定中俄之间的每笔贸易合同都以美元来计价，也就是在交易中双方银行的账户上以美元为记账外汇，但并不在每次交易中都实际支付美元，只是以其作为计价单位的货币记载双方贸易额。其收支差额在一定时期进行冲抵，其余额或转入次年或用双方可接受的货币清偿或以实物来轧平。此时，美元只是充当了记账外汇的作用，而没有在每次交易中得到实际的结算与兑换。

2. 按资金实际收付的时间可分为即期外汇和远期外汇

即期外汇是指外汇交易达成后，在两个营业日之内就可完成资金实际收付的外汇。资金的收付以双方相应账户中的资金的实际变动为标志。各外汇市场对即期外汇交割时间的具体规定大同小异，有当天交割的即期外汇，有次日交割的即期外汇，也有在第二个营业日交割的即期外汇。

远期外汇是指外汇交易达成后，交易者只能在合同规定的超过两个营业日之外的日期办理资金实际收付的外汇。远期外汇交割期限可以为1周，最短的为3天，在多数情况下是1~6个月，也可长达1年以上。

3. 按外币的形态可分为外汇现钞和外币现汇

外汇现钞是指外国钞票、铸币，主要由境外携入。外币现汇是指在货币发行国本土银行的存款账户中的自由外汇。外币现汇主要是指由国外汇入，或由境外携入、寄入的以外币表示的经银行托收的票据。各种外汇的标的物只有转化为货币发行国本土的银行的存款账户中的存款货币即现汇后，才能进行实际上的对外国际结算。

4. 按外汇来源和用途可分为贸易外汇与非贸易外汇

贸易外汇是指通过进出口贸易所收付的外汇，包括货款及其从属费用。贸易外汇收入是一国最主要的外汇来源，贸易外汇支出则是一国外汇的主要用途，因此，贸易外汇收支是一国外汇的主体收支。

非贸易外汇是指非来源于出口贸易或非用于进口贸易的外汇。非贸易外汇主要由劳务外汇、旅游外汇、侨汇以及属于资本流动性质的外汇等组成。

二、汇率及其标价法

(一)汇率的概念

外汇汇率是一个国家的货币折算成另一个国家货币的比率、比价或价格。也可以说，是以本国货币表示的外国货币的"价格"。

在国际政治、经济、文化往来中，由于各国货币的名称不同、币值不一，为了使本国货币与外国货币相交换的国际汇兑活动能够顺利进行，就必须规定或形成本币与外币相互兑换的比率，这便产生了汇率问题。

(二)汇率的标价方法

外汇买卖不同于一般的商品买卖。一般商品的价格是用货币表示的，但不能反过来用商品表现货币的价格。但外汇买卖是货币购买货币，在国际汇兑中，不同货币之间都可以相互表示对方的价格。因此，汇率就具有双向表示的特点。在本国货币与外国货币之间，既可以用本币表示外币的价格，也可以用外币表示本币的价格，形成了两种汇率的基本标价方法：直接标价法与间接标价法。

1. 直接标价法

直接标价法又称为应付标价法，它是指以一定单位的外国货币为标准来折合多少单位的本国货币的标价方法。这种标价方法的特点是：一定单位的外国货币数额固定不变，汇率的升降是以相对应的本国货币数额来表示。除美国、英国外，世界上大多数国家采用这种标价方法来公布汇率。我国人民币汇率也是如此。在此标价法下，如果一定数量的外币折合本币数额增加，我们称之为外币升值、本币贬值；反之，如果一定数额的外币折合本币数额减少，称之为外币贬值，本币升值。例如，在我国市场上，某年某月某日：100 美元 = 827.5 人民币，如果 100 美元 = 827.6 人民币，说明美元汇率上升，本国货币汇率下降。反之，表明本币汇率上升，美元汇率下降。

2. 间接标价法

间接标价法又称为应收标价法，它是指以一定单位的本国货币为标准来折合多少外国货币的标价方法。这种标价方法的特点是：本国货币的数额固定不变，汇率的变化通过外币数额的变化表现。如果一定数额的本币折合外币的数额减少，则称为本币贬值，外币升值；反之，如果一定数额的本币折合外币数额增加，则称为本币升值，外币贬值。例如，在伦敦市场上，1 英镑 = 1.6965 美元，如果 1 英镑 = 1.7000 美元，说明英镑汇率上升，美元汇率下降，或称为应收汇率上升；反之，说明英镑汇率下降，美元汇率上升，或称为应收汇率下降。

直接标价法和间接标价法之间存在着一种倒数关系，即直接标价法下汇率数值的倒数就是间接标价法下的汇率数值，反之亦然。

3. 美元标价法

直接标价法和间接标价法都是针对本国货币和外国货币之间的关系而言的。对于某个国家或某个外汇市场来说，除本币以外的其他各种货币之间的比价无法用直接或间接标价法来表示。实际上，非本币货币之间的汇价往往是以一种国际上的主要货币或关键货币为标准的。第二次世界大战以后，由于美元成为世界货币体系的中心货币，出现了另外一种标价方法，即"美元标价法"。

美元标价法是以一定单位的美元为标准，折合成一定数量其他国家货币来表示汇率的方法。这种标价方法的特点是：只有美元是标准货币，作为计价标准；其他国家的货币是标价货币，作为计算单位。所以，在美元标价法下，美元的数额固定不变，其他国家货币的数额随汇率的高低而变化。

三、汇率的种类

按不同的标准，可以对汇率进行分类。

(一) 按照制定方法的不同，可分为基础汇率和套算汇率

基础汇率是一国所制定的本国货币与基准货币（往往是关键货币）之间的汇率。所谓关键货币是指在国际结算中使用最多的、外汇储备中所占比重最大的、被国际社会普遍接受的自由兑换货币，它是一种国际通货。目前，大多数国家以美元作为关键货币制定基础汇率。

套算汇率是指通过基础汇率换算出来的本国货币对其他非关键货币的汇率。如果本币

与美元之间的汇率是基础汇率,那么本币与非美元之间的汇率即为套算汇率。假定我国人民币对美元的汇率为基础汇率,其汇率为:1 美元=8.275 人民币;瑞士法郎对美元的汇率为:1 美元=1.40 瑞士法郎。在计算我国人民币对瑞士法郎的汇率时,就可以用美元与人民币、美元与瑞士法郎的汇率进行套算,其计算方法是:1 瑞士法郎=8.275/1.40=5.91 人民币。

目前,各国外汇市场上每天公布的汇率都是各种货币与美元之间的汇率,非美元货币之间的汇率均需通过美元汇率套算出来。

(二)从银行买卖外汇的角度,可分为买入汇率、卖出汇率和中间汇率

买入汇率是银行从同业或客户那里买入外汇时使用的汇率。卖出汇率是银行向同业或客户卖出外汇时使用的汇率。中间汇率是买入汇率与卖出汇率的中间价,也即(买入汇率+卖出汇率)/2=中间汇率。银行一般是先确定外汇的中间汇率,再按照前述方法计算出外汇的买入汇率和卖出汇率。为简捷方便,各新闻媒介在报道外汇行情时都采用中间价,人们在了解和研究汇率变化时也往往参照中间价。

银行从事外汇的买卖活动分别以不同汇率进行,当其买入外汇时往往以较低的价格买入,卖出时往往以较高的价格卖出,低价买进和高价卖出之间的差价即为银行的经营费用和利润。在直接标价法下,买入汇率是银行买入一单位外汇所付出的本币数,卖出汇率是银行卖出一单位外汇所收取的本币数。一般是较低的价格为外汇买入价,较高的价格为外汇卖出价。如专栏 4-1 中国银行外汇牌价:澳大利亚元的现汇买入价为 503.92 元,为银行买入 100 澳大利亚元所付出的人民币数额;现汇卖出价为 507.46,为银行卖出 100 澳大利亚元所收取的人民币数额。

现钞主要指的是由境外携入或个人持有的可自由兑换的外国货币,简单地说就是指个人所持有的外国钞票,如美元、日元、英镑等;现汇是指由国外汇入或由境外携入、寄入的外币票据和凭证,在我们日常生活中能够经常接触到的主要有境外汇款和旅行支票等。

由于人民币是我国的法定货币,外币现钞在我国境内不能作为支付手段,只有在境外才能成为流通货币,银行在使用中需要支付包装、运输、保险等费用,而现汇作为账面上的外汇,它的转移出境只需进行账面上的划拨就可以了。现汇买入比之现钞买入,银行可以节省一定的现金保管和海外调运费用,故其价格可以更高些。

☞ 专栏 4-1

中国银行外汇牌价

(2017 年 12 月 5 日)　　　　　　　　　　　　　　　　　单位:元

外汇币种	现汇买入价	现钞买入价	现汇卖出价	现钞卖出价	中行折算价
澳大利亚元	503.92	488.23	507.46	507.46	502.84
加元	521.34	504.84	525	525.26	521.44
瑞士法郎	669.34	648.68	674.04	675.72	671.4

续表

外汇币种	现汇买入价	现钞买入价	现汇卖出价	现钞卖出价	中行折算价
丹麦克朗	105.03	101.79	105.87	106.08	105.43
欧元	782.18	757.81	787.67	787.67	784.6
英镑	883.9	856.37	890.11	891.44	890.82
港元	84.49	83.81	84.81	84.81	84.57

资料来源：中国银行。

(三)按外汇交易中的支付方式，可分为电汇汇率、信汇汇率和票汇汇率

电汇汇率也称为电汇价，指买卖外汇是以电汇方式支付外汇所使用的汇率。银行卖出外汇后，立即用电报或电传等方式通知国外分行或代理行支付款项给收款人，外汇付出迅速，银行无法占用客户汇款资金，且国际电报、电传收费较高，因而向客户收取的价格也较高。现代外汇市场上多用电汇方式付出外汇，各国公布的外汇牌价一般都是电汇汇率。

信汇汇率也称信汇价，是银行卖出外汇时开具付款委托书，以信函方式通知国外分行或代理行付款时所使用的汇率。由于信汇的邮寄时间较长，银行可利用客户在途资金的时间较长，汇率较电汇汇率低。

票汇汇率也称票汇价，是银行卖出外汇时，开具以其在国外分行或代理行为付款人的汇票时所使用的汇率。汇票开立后，交付给汇款人，由汇款人自带或邮寄给收款人，收款人拿到汇票后，即可向付款银行提示或取款。银行可占用客户资金的时间较长，因此汇率较电汇汇率低。

(四)按外汇买卖的交割期限不同，可分为即期汇率和远期汇率

即期汇率也称现汇汇率，是指交易双方达成外汇买卖协议后，原则上在两个工作日内办理交割的汇率，是即期外汇交易中使用的价格。

远期汇率也称为期汇出率，是指交易双方达成外汇买卖协议后，约定在将来某一时间内进行外汇实际交割时所使用的汇率。这一汇率是双方以现汇汇率为基础约定的，但往往与现汇汇率有一定差价，这一差价称为升水或贴水。当远期汇率高于即期汇率时称为外汇升水；当远期汇率低于即期汇率时称为外汇贴水。

远期汇率虽然是未来交割时所使用的汇率，但与未来交割时的市场现汇汇率是不同的，前者是事先约定的远期汇率，后者是将来的即期汇率。

(五)按国际汇率制度不同，可分为固定汇率与浮动汇率

固定汇率，是指在金本位制度下和布雷顿森林体系下通行的汇率制度，这种制度规定本国货币与其他货币之间保持固定的比率关系，汇率波动只能限制在一定范围内，由货币当局干预来保证汇率的稳定。

浮动汇率，是指官方并不制定本国货币与其他国家货币之间的汇率，也不规定其上下

波动的界限，听任外汇市场根据外汇的供求情况自行决定本国货币与外国货币的比率。这是 1973 年 3 月布雷顿森林体系崩溃后西方国家普遍实行的汇率制度。它又可以分为自由浮动汇率和管理浮动汇率。

(六)按外汇管制程度的不同，可分为官方汇率和市场汇率

官方汇率也称为法定汇率，是外汇管制较严格的国家授权其外汇管理当局制定并公布的本国货币与其他各种货币之间的外汇牌价。这些国家的外汇交易必须按官方汇率进行。官方汇率一经制定往往不能频繁地变动，虽然保证了汇率的稳定性，但是缺乏弹性。

市场汇率是外汇管制较松的国家在自由外汇市场上进行外汇交易时的汇率。它一般存在于市场机制较发达的国家。在这些国家的外汇市场上，市场汇率受外汇供求关系的影响自发地、经常地波动，官方不能规定市场汇率，而只能通过参与外汇市场活动来干预汇率变化，以避免汇率出现过度频繁或大幅度的波动。

第二节　汇率的决定及其影响因素

两种货币之间为什么会按某一汇率水平折算、买卖？决定和影响这一水平的因素究竟是什么？这些问题一直是经济学家十分关注的重大课题。汇率作为一种货币现象显然与一定的货币制度有密切关系。在不同的货币制度中，汇率的决定基础有很大的差异。

一、金本位制度下汇率的决定与变动

19 世纪初，英国确立了金本位制度，接着，其他西方国家也纷纷效仿。由于各国金本位制度之间存在完全的一致性，在这种共同的基础上就形成了国际金本位制度。在国际金本位制度，尤其是金币本位制度下，各国均规定了每一单位货币所包含的黄金重量与成色，即含金量。这样，两国货币间的价值就可以用共同的尺度，即各自含金量的多少来进行比较。金本位制度下两种货币的含金量对比称为铸币平价(mint par)。铸币平价是决定两种货币汇率的基础。例如，在 1929 年"大萧条"之前，英国规定每 1 英镑含纯金 7.3224 克，美国规定每 1 美元含纯金 1.504 656 克，这样，按含金量对比，英镑与美元的铸币平价为 7.3224/1.504 656 = 4.866 5 美元，即 1 英镑 = 4.866 5 美元。这一铸币平价就构成了英镑与美元汇率的决定基础。

铸币平价虽然是汇率决定的基础，但它只是一个理论概念，不是外汇市场上实际买卖外汇时的汇率。在外汇市场上，由于受外汇供求因素的影响，汇率有时会高于而有时又会低于铸币平价。然而，汇率波动并非漫无边际，它是有一定界限的，这个界限就是黄金输送点，简称输金点(gold points)。黄金输送点之所以能成为汇率上下波动的界限，是因为在金币本位制度下，各国间办理国际结算可以采用两种方法。第一种方法是利用汇票等支付手段进行非现金结算。但如果汇率变动导致使用汇票结算对付款方不利时，则可改用第二种方法，即直接运送黄金，因此，汇率的波动幅度便受到黄金输送点的限制。

例如，在第一次世界大战前，英国和美国之间运送黄金的各项费用约为黄金价值的 0.5%~0.7%，即运送价值 1 英镑黄金的各项费用约为 0.03 美元。在这种情况下，假定美

国对英国有国际收支逆差，对英镑的需求增加，英镑汇率必然上涨。当 1 英镑汇率上涨到 4.896 5 美元(铸币平价 4.866 5 美元加运送黄金的费用 0.03 美元)以上时，则美国负有英镑债务的企业就不会购买英镑外汇，而宁愿在美国购买黄金，并将它运送到英国以偿还其债务。因为，采用直接运送黄金的方法偿还英镑的债务只需 4.896 5 美元。因此，这一引起美国黄金流出的汇率就是黄金输出点，英镑汇率的上升不可能超出黄金输出点。反之，假定美国对英国的国际收支为顺差，英镑的供应增加，英镑的汇率必然下跌。当 1 英镑跌到 4.836 5 美元(铸币平价 4.866 5 美元减去运送黄金的费用 0.03 美元)以下时，则美国持有英镑债权的企业就不会出售英镑外汇，而宁愿在英国用英镑购买黄金运送回美国。这一引起黄金输入的汇率就是黄金输入点。显然，英镑汇率的下跌不可能低于黄金输入点。

由此可见，在金币本位制度下，汇率波动的界限是黄金输送点，最高不超过黄金输出点，即铸币平价加运费；最低不低于黄金输入点，即铸币平价减运费。所以，汇率的波动幅度是相当有限的，汇率也较稳定，见图 4-1。

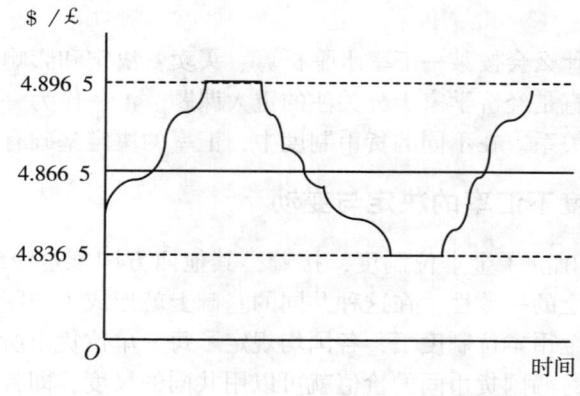

图 4-1　金本位制度下的汇率决定

第一次世界大战爆发后，参战各国的金币本位制度陷于崩溃。由于战争期间黄金储备的大量流失，战后，这些国家只能实行金块本位制或金汇兑本位制。结果，黄金已经很少直接充当流通手段和支付手段，其自由输出入也受到限制。在金块和金汇兑本位制度下，货币的含金量之比称为法定平价。法定平价也是金平价的一种表现形式。市场汇率因供求关系而围绕法定平价上下波动。但此时，汇率波动的幅度已不再受制于黄金输送点，因为黄金输送点存在的必要前提是黄金的自由输出入。在金块和金汇兑本位制度下，由于黄金的输出入受到限制，黄金输送点实际上已不复存在。在这两种残缺的金本位制度下，虽说法定汇率的基础依然是金平价，但汇率波动的幅度则由政府规定和维护。政府通过设立外汇平准基金来维护汇率的稳定，即在外汇汇率上升时抛售外汇，在外汇汇率下降时买入外汇，以使汇率的波动限定在允许的幅度之内。很显然，与金币本位制度下的汇率相比，金块本位和金汇兑本位制度下汇率的稳定程度已大大降低。

二、纸币本位制度下汇率的决定与变动

纸币本位制度是继金本位制度崩溃之后的一种货币制度。纸币作为价值符号，在金属货币退出流通领域之后，执行流通手段和支付手段职能。这种职能是各国政府以法令形式赋予它并保证其实施的。

在布雷顿森林体系下，各国政府都参照过去流通的金属货币的含金量规定了本国货币所代表的含金量，因此，在国际汇兑中，两国货币之间的汇率也就成为它们所代表的含金量之比。但纸币所代表的含金量所决定的汇率与金本位制度下铸币所代表的含金量所决定的汇率具有本质的区别。因为在纸币本位制度下，货币的实际价值并不一定等于其法定的含金量，这就使汇率的决定基础不再稳定。

在浮动汇率制度下，黄金的非货币化使各国之间的汇率不再以其法定含金量为决定基础，而是取决于它们各自在国内所代表的实际价值，也即货币的对内价值决定货币对外价值，而货币的对内价值又是用其购买力来衡量的。因此，货币的购买力对比就成为浮动汇率制度下汇率决定的基础。货币购买力是用能表现通货膨胀程度的物价指数来计算的。如一国物价指数上涨，通货膨胀水平提高，该国货币购买力就相应下降，它在国际市场上的汇率也会下跌；反之，如一国物价指数上涨程度较其他国家慢，通货膨胀水平较低，则该国货币购买力就相应提高，它在国际市场上的汇率也会相应上升。

在现实经济生活中，由于各国劳动生产率的差异，国际经济往来的日益密切和金融市场的一体化，以及信息传递技术的现代化等因素，纸币本位制度下的货币汇率决定还要受多种因素的影响，比如国际收支差额、利率水平、政府的市场干预等。

三、影响汇率变动的主要因素

(一)国际收支

一国国际收支的差额既受汇率变化的影响，又会影响到外汇供求关系和汇率变化，其中，贸易收支差额又是影响汇率变化最重要的因素。当一国有较大的国际收支逆差或贸易逆差时，说明本国外汇收入比外汇支出少，对外汇的需求大于外汇的供给，外汇汇率上涨，本币对外贬值；反之，当一国处于国际收支顺差或贸易顺差时，外汇供给大于支出，同时外国对本国货币需求增加，会造成本币对外升值，外汇汇率下跌。

(二)相对利率水平

当一国提高利率水平或本国利率高于外国利率时，会引起资本流入该国，由此对本国货币需求增大，使本币升值，外汇贬值；反之，当一国降低利率水平或本国利率低于外国利率时，会引起资本从本国流出，由此对外汇需求增大，使外汇升值、本币贬值。利率对汇率的另一个重要作用是导致远期汇率的变化，外汇市场远期汇率升水、贴水的主要原因在于货币之间的利率差异。高利率货币会引起市场上对该货币的需求，以期获得一定期限的高利息收入，但为了防止将来到期时该种货币下跌带来的风险和损失，人们在购进这种货币现汇时往往采用掉期交易，卖出这种货币的远期，从而使远期汇率贴水；同样的道

理,低利率的货币则有远期汇率升水。

(三)相对通货膨胀率

一国通货膨胀率提高,货币购买力下降,纸币对内贬值,其对外汇率下跌。更确切地说,变化受制于两国通货膨胀的比较。如果两国都发生通货膨胀,则高通货膨胀国家的货币会对低通货膨胀国家的货币贬值,而后者则对前者相对升值。

(四)财政、货币政策

一般来说,扩张性财政、货币政策造成的巨额财政收支逆差和通货膨胀,使本国货币对外贬值;紧缩性的财政、货币政策会减少财政支出,稳定通货,而使本国货币对外升值。但这种影响是相对短期的,财政、货币政策对汇率的长期影响则要视这些政策对经济实力和长期国际收支状况的影响如何,如果扩张政策能最终增强本国经济实力,促使国际收支顺差,则本币对外价值的长期走势必然会提高,即本币升值。

(五)中央银行的直接干预

由于汇率变动对一国的进出口贸易和资本流动等有着直接的影响,进而影响国内的生产、投资和价格等,各国中央银行为了避免汇率波动,尤其是短期内的剧烈波动对国内经济造成的不利影响,往往对汇率进行干预。即由中央银行在外汇市场上买卖外汇,当外汇汇率过高时卖出外汇,回笼本币;而在外汇汇率过低时买进外汇,抛售本币,使汇率变动有利于本国经济。这种干预有三种情况:一是在汇率变动剧烈时使它趋于缓和;二是使汇率稳定在某个水平上;三是使汇率上浮或下浮到某个比较合适的水平。

尽管第二次世界大战后西方各国纷纷放松了外汇管制,但政府的市场干预仍是影响市场供求关系和汇率水平的重要因素。当外汇市场汇率波动对一国经济、贸易产生不良影响或政府需要通过汇率调节来达到一定政策目标时,货币当局往往参与外汇买卖,在市场上大量买进或卖出本币或外汇,以改变外汇供求,促使汇率发生变化。为达此目的,一国需要有充足的外汇储备,或建立专门的基金,如外汇平准基金、外汇稳定基金等,并保持一定的数量,随时用于外汇市场的干预。

☞ 专栏 4-2

次贷危机与美元

2007年8月次贷危机爆发以后,美元开始了加速贬值之旅,到2008年7月中旬,美元相对于欧元贬值了9%,相对于一揽子货币则贬值了6%。7月11日,美元与欧元的汇率达到了历史最低点,之后美元突然反弹,到10月底,美元对欧元的汇率上升了20%多,对一揽子货币的汇率则上升了15%。次贷危机与美元剧烈的升值和贬值之间存在着什么联系?

2007年,次贷危机对经济活动的负面影响主要集中在美国本土。美联储积极地下调利率来抵消危机的影响,从2007年9月到2008年4月,联邦基金利率目标降低了325个基点。相反,欧洲央行等其他中央银行还没有下调利率的必要,其中一部分原因是能源价格高企加剧了通货膨胀的趋势。

现在我们来分析美元价值上升的原因。从2008年夏天开始,次贷危机对经济活动的影响在全世界范围内蔓延。外国中央银行开始下调利率,并且市场预期未来利率会进一步下降,这种预期后来变成了事实。对外国利率下降的预期增加了美元资产的相对预期回报率,导致美元价值上升。推动美元价值上升的另外一个原因是,9月和10月次贷危机骤然加剧时资产的"安全转移"。美国人和外国人都希望将其资产投入最安全的地方:美国国债。由此引发对美元资产需求的增加,从而导致了美元的急速升值。

四、汇率变动对经济的影响

(一)汇率变动影响一国的对外贸易

从宏观上讲,汇率变化会对商品进出口产生影响,从而影响其贸易收支以至国际收支差额。本币价值下降,具有扩大本国出口,抑制本国进口的作用,从而有可能扭转贸易收支逆差。而一国货币对外升值后则有利于进口而不利于本国商品出口,从而会减少该国贸易顺差或扩大贸易逆差。原因在于:汇率的改变会使该国商品与其他国家商品的比价发生变化,而起到刺激进口或出口的效应。

汇率变动对一国的旅游业及其有关部门也会产生影响。其他条件不变,以本币表现的外币价格上涨,而国内物价水平未变,外国货币购买力相对加强,对国外旅游者来说,本国商品和服务项目显得便宜,可促进本国旅游及有关贸易收入的增加。

不过,一国能否通过本币贬值来抑制进口,改善贸易还要取决于是否存在一个有效条件,这个条件即著名的马歇尔-勒纳条件,即进出口需求弹性的绝对值之和必须大于1。而且,货币贬值导致贸易差额的最终改善需要一个"收效期",收效快慢取决于供求反应程度高低,而且在汇率变化的收效期内甚至还会出现短期的国际收支恶化现象。

(二)汇率变动影响一国的资本流动

从长期看,当本币汇率下降时,本国资本为防止货币贬值的损失,常常逃往国外,特别是存在本国银行的国际短期资本或其他投资也会逃往他国,以防损失。如本币汇率上涨,则对资本移动的影响与上述情况相反。也存在特殊情况,近几年,在短期内也曾发生美元汇率下降时,外国资本反而急剧涌入美国进行直接投资和证券投资,利用美元贬值的机会,取得较大的投资收益,这对缓解美元汇率的急剧下降有一定的好处,但这种情况的出现是由于美元的特殊地位决定的。

此外,汇率预期变化对资本流动也会造成影响。本币出现贬值的预期会造成大量抛售本币、抢购外汇的现象,使资本加速外流。这与出现升值预期后资本流入增加的结果正相反。汇率变化对于资本流动的影响程度还要受其他因素的制约,其中最主要的因素是一国政府的资本管制。资本管制严的国家,汇率变动对资本流动的影响较小,资本管制松的国家,汇率变动对资本流动的影响较大。

综上所述，一国货币贬值，可能资本项目收支恶化，经常项目收支好转，通过对这两个项目的影响而最终影响该国的国际收支。

(三)汇率变化对外汇储备的影响

在以美元为主要储备货币时期，外汇储备的稳定性和价值高低完全在于美元汇率的变化。20世纪70年代初期，美元在国际市场上的贬值曾给许多国家尤其是发展中国家的外汇储备造成了不同程度的损失。

在多元化外汇储备时期，由于储备货币的多元化，汇率变化对外汇储备的影响也多样化了。有时外汇市场汇率波动较大，但因储备货币中升贬值货币的力量均等，外汇储备就不会受到影响；有时虽然多种货币汇率下跌，但占比重较大的储备货币汇率上升，外汇储备总价值也能保持稳定或略有上升。

国际储备多元化加之汇率变化的复杂化，使国际储备管理的难度加大。各国货币当局因而都随时注意外汇市场行情的变化，相应地进行储备货币的调整，以避免汇率波动给外汇储备造成损失。

(四)汇率变化对价格水平的影响

在信用货币制度下，用物价指数来计算的货币购买力是决定汇率的基本因素，而汇率变化又反过来会影响物价水平。现实中，一国发生通货膨胀会导致本币对外贬值，本币贬值又会产生物价上涨的压力。如果政府当局不能有效地加以控制，则会陷入"贬值—通货膨胀-贬值……"的恶性循环中。因此，汇率与价格水平间的关系是汇率理论与政策研究中一项重要的内容。

(五)汇率变化对国际经济关系的影响

浮动汇率产生后，外汇市场上各国货币频繁的、不规则的波动，不仅给各国对外贸易、国内经济等造成了深刻影响，而且也影响着各国之间的经济关系。如果一国实行以促进出口、改善贸易逆差为主要目的的货币贬值，尤其是以外汇倾销为目的的本币贬值，往往会引起对方国家和其他利益相关国家的反抗甚至报复，这些国家会采取针锋相对的措施，直接地或隐蔽地抑制贬值国商品的侵入，"汇率战"由此而生。货币竞相贬值促进各自国家的商品出口是国际上很普遍的现象，由此造成的不同利益国家之间的分歧和矛盾也层出不穷，这更加深了国际经济关系的复杂化。

第三节 汇率制度

一、固定汇率制度与浮动汇率制度

(一)固定汇率制度

固定汇率制度是金本位时代流传下来的汇率制度。在这种制度下，汇率由政府制定和公布并只能在一定的幅度内进行波动。当这种汇率跌至其下限或涨至其上限时，一国货币当局有义务出来干涉加以维持。

(二)浮动汇率制度

浮动汇率制度是指一国货币的汇率根据市场供求而定，其涨落基本自由，不加限制，一国货币当局原则上没有义务维持，但在必要时可以进行一定程度的干预。实际上，不存在完全听任外汇市场供求的力量而不采取干预措施的自由浮动。大多数国家采用的是存在一定程度干预的管理浮动。

20世纪70年代初，世界政治经济形势发生变化，固定汇率制度转向浮动汇率制度。

二、对两种汇率制度的评价

赞成浮动汇率制度的人认为，浮动汇率制度有如下优点：一是简便易行，国家无需决定什么汇率适当，也不必就经济调节问题达成协议。二是有助于发挥汇率对国际收支的调节作用，在一国国际收支发生逆差的情形下，外汇市场就会出现外汇供不应求，在浮动汇率制度下，汇率就会迅速作出反应，本币贬值可刺激外汇供给，抑制对外汇需求，国际收支趋于平衡。三是能保证国内政策的自主性。在固定汇率制度下，一国的国内政策往往要服从于对外平衡的需要。而在汇率浮动制度下，由于可通过汇率变动来调节国际收支，一国政府在行使国内政策时，就可以较少地受到外部平衡的约束。四是可避免通货膨胀的国际传播。在固定汇率制度下，当一国出现顺差时，外币会大量地从逆差国流入顺差国，为了避免其货币升值，顺差国就不得不用大量本国货币买入这些流入的外币，会使通货膨胀从逆差国传递到顺差国。而浮动汇率制度下，由于货币当局没有义务维持汇价，故可避免这种情形。五是可以减少官方国际储备的需要。

反对浮动汇率制度、赞成固定汇率制度的经济学家则持以下观点：一是浮动汇率的国际收支调节作用是有限的。因为汇率下跌并不一定能增加出口和减少进口，其对进出口的影响还取决于进出口的需求弹性。二是汇率的频繁波动不利于贸易和投资发展。三是浮动汇率会加重通货膨胀。在汇率浮动的情况下，逆差国货币贬值，会使其国内价格普遍上升，尤其当进口占国内总产值的比例很大时更是如此。另外，在浮动汇率下，"货币纪律"不复存在，各国可以对通货膨胀不加控制而听任汇率下跌，这样会导致通货膨胀加强。四是浮动汇率制度不能保证一国政策的自主性和储备需求的减少。因为不论何种汇率制度，一国经济政策总是要受到外部平衡的制约，总要积极设法纠正对外不平衡。另外，浮动汇率使外汇市场动荡加强，政府更加需要经常干预外汇市场以缓和汇率的突发性变动。这样，官方外汇储备的需求实际上并不能减少。

三、汇率制度的选择标准

汇率制度安排的多元化既是各国汇率制度选择的结果，同时又使汇率制度选择问题更加复杂化。一般认为，一国汇率制度选择主要取决于以下几个因素：国家规模、开放程度、国际金融一体化程度、相对于世界平均水平的通货膨胀率、贸易格局等。

具体地说，经济规模较大的国家通常在经济上更独立，从而更不愿意保持固定汇率而使国内经济政策受制于别的国家，因而多采用浮动汇率制度；一国经济的开放程度越高，贸易品价格在整体物价水平中所占的比重越大，汇率变动对国家整体价格水平的影响也就越大，为了最大限度上稳定国内价格水平，开放程度越高的国家越倾向于选择钉住汇率制；通货膨胀率高于或低于世界水平的国家通常选择浮动汇率制或爬行钉住汇率制，以在较短的时间内做出调整以弥补通货膨胀差异；主要与一个国家发生贸易关系的国家通常倾向于选择钉住该国货币的价值……

近年来，汇率制度的选择倾向于极端化：要么自由浮动，要么选择一种尽可能严格的固定汇率制。理由是，任何中间的过渡形式都容易受到外汇投机的冲击，并且很不稳定，从而要求中央银行频繁地进行相机选择，然而，中央银行并不能做出比市场更好的判断。

四、人民币汇率制度

在改革开放前的计划经济时期，一方面，由于对外贸易实行国家垄断，人民币汇率无须服务于对外贸易，不具备调节进出口的功能，实质上只是充当外贸的内部核算和计划编制的一种会计工具；另一方面，整个国际货币体系采用固定汇率安排，因此，人民币汇率制度也是固定汇率制度。人民币兑美元的汇价从 1955 年至 1981 年基本未动，一直保持在 1 美元兑 2.461 8 元人民币的水平，汇率对贸易和国际收支的调节作用微弱。

改革开放之后，人民币汇率的改革也随之展开，汇率体制的演变大致可分为两个主要阶段：经济转轨阶段的汇率制度（1979—1993 年）和社会主义市场经济时期的汇率制度（1994 年至今）。在这两个阶段中，又可进一步细分为以下几个子阶段：

（一）内部结算价与官方汇率并存阶段（1981—1984 年）

改革开放之初，为鼓励外商投资和促进开放，人民币汇率采取了用于对外贸易的内部结算价和用于非贸易的官方牌价的双重汇率制度，1985 年年初两种汇率实现并轨。

（二）外汇调剂市场汇率与官方汇率并存阶段（1985—1993 年）

对外开放要求进一步改革汇率机制，在这一背景下外汇调剂市场发展起来。1993 年外汇调剂市场交易额占全部外汇交易比重已达到 80% 左右。其间，为适应物价和外贸出口换汇成本的变化，人民币兑美元汇率作了几次大幅贬值调整。调剂市场汇价成为反映宏观经济和国际收支状况的重要价格信号，并为汇率体制的进一步改革做了准备。

（三）有管理浮动汇率制时期（1994—1997 年）

1994 年开始我国对外汇管理体制进行了重大改革，主要内容为为：

从 1994 年 1 月 1 日起，实行官方汇率和外汇调剂市场汇率并轨，人民币汇率成为以市场供求为基础的、单一的、有管理的浮动汇率。

实行银行结售汇制，废止外汇留成和上缴制度。企业出口所得外汇须于当日结售给指定的经营外汇业务的银行，同时经常项目下正常的对外支付只需持有效凭证用人民币到外汇指定银行办理。

建立统一的银行间外汇市场，中国人民银行只是根据银行间外汇市场交易情况公布汇率,规定银行间市场汇率幅度及银行结售汇市场的幅度,并通过中央银行外汇公开市场操作,对人民币汇率实行有管理的浮动,形成了人民币汇率决定的市场化机制。

1996年7月,正式将外商投资企业纳入银行结售汇体系,结束了1994年以前中资企业直接通过外汇指定银行办理结售汇业务而外商投资企业则需通过外汇调剂中心办理外汇交易的差别做法。

1996年12月1日起,中国接受IMF协定第八条的全部义务,从此不再限制不以资本转移为目的的经常性国际贸易支付和转移,不再实行歧视性货币安排和多重汇率制度,这标志着中国实现了经常账户下的人民币完全可兑换。

(四)钉住汇率制时期(1998—2005年7月)

1997年,中国经济开始面临亚洲金融危机冲击和内部需求下降的双重挑战。在此形势下,中国政府明确宣布坚持人民币汇率不贬值的方针,同时实行积极财政和适度宽松的货币政策以扩大内需。由于我国资本账户尚未全面开放,加上经济基本面因素支持,国际收支仍然保持较高的盈余,人民币兑美元汇率成功坚守在8.27元左右的水平。到2002年前后,外部冲击带来的人民币贬值预期影响已基本化解,国际收支持续双顺差,国民经济进入新一轮景气期。

(五)回归有管理浮动汇率制(2005年7月至今)

2005年7月21日,人民币汇率制度又进行了一次重要改革,新的人民币汇率制度是以市场供求为基础、参考一篮子货币进行调节、有管理的浮动汇率制度,同时人民币升值约2个百分点。银行间外汇市场人民币兑外汇的交易价格在一定幅度内自由浮动。

改革开放是我国各项制度和政策革新的主要推进力量,是推动40多年来经济持续高速增长的重要制度因素。人民币汇率制度和政策调整的主要内容就是一个与改革开放进程相适应,能够反映和适应经济基本因素的汇率水平和制度。

☞ 专栏4-3

改革开放40年人民币汇率"先贬后升"

中国经济自改革开放以来,已持续高速增长30多年,是继日本等国之后长期增长的最典型案例。人民币汇率走势在两方面表现出其独特性:改革开放初期阶段的约15年期间,在经济长期高速增长的同时,人民币持续大幅贬值;而自1994年以来的约15年期间,在人均收入水平仍很低的追赶阶段,人民币名义汇率和实际汇率开始缓慢升值,近年来则升值较快。

人民币"先贬后升"的主要原因在于:改革开放的初期阶段虽然经济快速增长,但由于以出口初级产品为主,竞争力不强,我国可贸易部门生产率尚未出现"相对增长",大多数年份也为贸易逆差,且由于计划经济时期长期处于发展滞后、体制封闭及汇率高估的背景下,需要时日去破除各种阻碍,建立和完善各种制度环境,提升人力资源素质,缩小生产率差距,汇率为此也需要"先贬";而在20世纪90年代中期之后，随着经济进入更高发展阶段，可贸易部门的生产率开始"相对增长"，我国出现持续双顺差累积，成为引致人民币汇率升值的重要因素。

【本章小结】

1. 外汇具有动态和静态两方面的含义。外汇的动态含义是指把一国的货币兑换成另一国货币的国际汇兑行为和过程，即借以清偿国际债权债务关系的金融活动。外汇的静态含义则是指以外币表示的可用于对外支付的金融资产。

2. 汇率是一个国家的货币折算成另一个国家货币的比率、比价或价格，也可以说，是以本国货币表示的外国货币的"价格"。汇率的标价方法有直接标价法、间接标价法和美元标价法。直接标价法又称为应付标价法，是指以一定单位的外国货币为标准来折合多少单位的本国货币的标价方法。间接标价法又称为应收标价法，是指以一定单位的本国货币为标准来折合多少外国货币的标价方法。

3. 按不同的标准，可以对汇率进行分类。按照汇率制定方法的不同，可分为基础汇率和套算汇率；从银行买卖外汇的角度，可将汇率分为买入汇率、卖出汇率和中间汇率；按外汇交易中的支付方式可分为电汇汇率、信汇汇率和票汇汇率；按外汇买卖的交割期限不同，可分为即期汇率和远期汇率；按国际汇率制度不同可分为固定汇率与浮动汇率；按外汇管制程度的不同可分为官方汇率和市场汇率。

4. 金本位制度下汇率的决定基础是铸币平价，汇率变动的影响因素是供求关系和黄金输送点。纸币本位制度下汇率不再以其法定含金量为决定基础，而是取决于货币在国内的购买力高低。

5. 信用货币制度下影响汇率变动的主要因素有：国际收支差额、利率水平、通货膨胀因素、财政、货币政策、央行的直接干预等；汇率变动反过来会对一国的对外贸易、资本流动、外汇储备、价格水平以及国际经济关系等产生影响。

【重要名词术语】

外汇　汇率　直接标价法　间接标价法　基础汇率　套算汇率　买入汇率　卖出汇率　即期汇率　远期汇率　购买力平价　名义汇率　实际汇率　官方汇率　市场汇率　固定汇率制　浮动汇率制

【复习思考题】

1. 简述汇率的标价方法。
2. 外汇有哪些种类？
3. 试述影响汇率变动的主要因素。
4. 汇率变化对一国经济有哪些影响？
5. 浮动汇率制和固定汇率制各自的利弊是什么？
6. 为什么说人民币还不是完全可兑换货币？

【案例分析】

案例一：

若2004年6月6日我国A公司按当时汇率USD1=EUR0.8395向德国B商人报出销售花生的美元价和欧元价，任其选择，B商人决定按美元计价成交，与A公司签订了数量为1000吨的合同，价值为750万美元。但到了同年9月6日，美元与欧元的汇率却变为USD1=EUR0.8451，于是B商人提出改按6月6日所报欧元价计算并以增加0.5%的货价作为交换条件。

案例思考：

你认为A公司能否同意B商人的要求？为什么？

案例二：

如果你是中国香港某银行外汇交易员，你向客户报出美元兑港元的汇率为7.8057/67，客户要以港元向你买进100万美元。请问：

(1) 你应给客户什么汇价？

(2) 如果客户以你的上述报价向你购买3500万美元，卖给你港元，随后你打电话给一经纪人想买回美元平仓，几家经纪人的报价分别是：

A. 7.8058/65   B. 7.8062/70   C. 7.8054/60   D. 7.8053/63

你该向哪一位经纪人以什么汇价进行交易对你最有利？请计算这两笔交易你赚或赔的金额。

【延伸阅读】

1. 吴念鲁，陈全庚．人民币汇率研究．北京：中国金融出版社，2002.
2. 赵大平．人民币汇率传递对中国贸易收支的影响．上海：上海人民出版社，2007.
3. 姜波克．国际金融新编．4版．上海：复旦大学出版社，2008.
4. 沈晓辉．发展中国家汇率制度选择：基于国际货币体系不对称的视角．北京：中国金融出版社，2008.
5. 陈雨露．国际金融．北京：中国人民大学出版社，2008.

第五章 金融市场

市场就像上帝，只会帮助那些努力的人；但与上帝不同，市场不会宽恕那些不清楚自己在干什么的人。

——沃伦·巴菲特

如果说金融是现代经济的核心，那么，金融市场就是金融这个"核心"的灵魂。金融市场汇集了代表金融需求的各类市场行为主体和金融工具，形成各类金融价格，并通过金融市场上的各种交易活动及由此带来的资金运动反映和影响实体经济的运行。1978年以来，随着中国经济改革的不断深入，中国金融市场的发展经历了一个从无到有、不断规范、不断深化的过程，金融市场对国民经济和人们生活的影响越来越大，金融工具的种类也越来越多，越来越复杂。

通过本章的学习，你将能够了解和掌握以下知识：
- 金融市场的特征与功能；
- 货币市场的类型与作用；
- 资本市场的构成与运作；
- 衍生金融产品交易的原理与管理。

第一节 金融市场概述

一、金融市场的概念

金融市场是指实现金融资产交易的市场。金融市场有广义和狭义之分。广义金融市场泛指资金供求双方运用各种金融工具，通过各种途径进行的全部金融性交易活动的场所，包括存贷款市场、拆借市场、票据市场、证券市场、黄金市场、外汇市场、信托市场、租赁市场、保险市场。

狭义金融市场指以票据和有价证券为金融工具进行的融资活动、金融机构之间的同业拆借以及黄金外汇交易。狭义金融市场通常不包括银行信贷业、金融信托业、保险业。

二、金融市场的构成要素

金融市场的构成要素主要包括交易主体、交易客体、交易组织形式和交易价格。

(一)交易主体

金融市场的交易主体是资金供应方(投资者)和资金需求方(筹资者)。从性质上看,金融市场的交易主体可划分为个人、企业、政府、金融机构和中央银行五类。

个人是以非组织成员的身份参加金融市场活动的居民个人和家庭,个人是金融市场上的资金需求者,同时,个人还是金融市场上最大的资金供应者。企业(非金融公司)部门通常是资金净需求方。政府大多以资金需求者的身份参与金融市场交易。金融机构主要是商业银行及保险公司、投资银行等非银行金融机构,它们是金融市场上最重要的交易主体。金融机构参与金融市场的主要目的是调剂资金余缺。中央银行是资金供求的调节者和货币政策的执行者。

(二)交易客体

概括地说,金融市场的交易客体是交易对象和交易工具。

金融市场的交易对象是货币资金,它是一种仅转移使用权而不转移所有权的特殊商品,与商品市场的交易对象(商品)被同时转移所有权与使用权存在显著差别。金融市场的交易工具是货币资金的承载体,也被称为信用工具、金融工具;对其投资者或持有者而言,它又被称为金融资产。

(三)交易组织形式

金融市场的组织形式主要有两种:一是交易所形式,也称有形市场。这是一种交易双方在交易所内通过公开竞价进行集中交易的市场组织形式。二是店头交易形式或柜台交易形式,也称无形市场。

(四)交易价格

金融资产交易所形成的价格即为金融市场的交易价格,主要包括利率和股价,两者构成了广义的金融资产收益率。

三、金融市场的主要功能

(一)集聚资金的功能

金融市场集聚资金有两种途径:一是将分散的居民手中的消费性货币集聚起来转化为生产性资金,为经济发展提供资金;二是将分散、闲置于各企业的不能形成投资规模的小额生产性资金聚集起来,形成巨额资金,从而形成较大的投资能力,达到社会储蓄向社会投资转化的目的。

(二)优化配置资源的功能

首先,金融市场为筹资人和投资人开辟了更广阔的融资途径,投资人可以选择适合自己的投资工具,而筹资人也可以选择最适合自己的筹资方式,双方都在谋求最佳经济效益,将资金投向最有利的投资项目,使社会资金的配置得到优化。其次,金融市场为各种期限、内容不同的金融工具互相转换提供了必需的条件。金融市场通过各种金融资产价格的变化,引导了资金的流向,使资金在各部门、各个产业和各个行业之间重新组合、重新配置,从而提高了资金的总体配置效率。

(三) 综合反映的功能

金融市场利率水平的升降,成为社会资金供求状况的最灵敏的指示器。资金供过于求,利率势必会下降,反之则利率会上升。例如:同业拆借市场的利率变化可以及时地反映金融系统资金头寸和短期资金供求变化;票据业务的变化能够反映全社会商品劳务交易结算情况;国债市场收益率的变化能够反映中长期资金的供求情况;股票市场则能够反映企业经营状况和社会经济景气状况等等。

(四) 宏观调控的功能

金融市场不仅反映了经济运行状况,它还为宏观经济管理提供了工具和手段。首先,金融间接调控体系必须依靠发达的金融市场传导中央银行的政策信号,通过金融市场的价格变化引导各微观经济主体的行为,实现货币政策调整意图。中央银行通过货币市场执行公开市场操作,吞吐基础货币,影响商业银行一定时期的超额储备。其次,发达的金融市场体系内部,各个子市场之间存在高度相关性。如货币市场的变化将会迅速在资本市场中得到反映,通过资本市场的行情变化进一步扩大货币政策的影响范围。

四、金融市场的分类

金融市场是一个庞大而复杂的系统,从不同的角度有不同的分类方法,根据不同的标准可分为不同的类别。

(一) 以金融工具的偿还期为标准分类

以金融工具的偿还期为标准,可将金融市场分为货币市场和资本市场。

货币市场又叫短期资金市场,通常是指偿还期在一年以内的金融工具交易的场所,其融通的资金多用于工商业短期周转,因此这些金融工具多具有较好的流动性。货币市场交易的金融工具期限短,风险小,流动性高,其中许多金融工具被称为"准货币",这正是货币市场名称的由来。

资本市场又叫长期资金市场,通常是指偿还期在一年以上的金融工具交易的场所,由于资本市场所筹集资金大都用于建造厂房,购置设备,扩大生产能力,从而起到"资本"的作用。相对于货币市场上的工具,资本市场上的工具风险一般较大,流动性较差。

(二) 以地理位置和活动范围为标准分类

以地理位置和活动范围为标准,可将金融市场分为国内金融市场和国际金融市场。

国内金融市场是指在一个国家境内,以本币为中心所形成的各种资金交易的场所。国内金融市场又可分为地方性金融市场和全国性金融市场。

国际金融市场是指以国际货币为中心的经营和交易的场所。从交易内容上讲，国际金融市场可以划分为国际信贷市场、国际证券市场、国际外汇市场和国际黄金市场等。

(三) 以金融交易的实际交割时间不同分类

根据金融市场实际交割时间的不同，可将金融市场划分为现货市场与期货市场。

现货市场是指金融工具的成交与交割同时进行的市场。买卖成交后，交易双方按成交价格在当天或三日之内进行实际交割，即买方支付款项得到所购买的金融工具，而卖方则交付金融工具获得款项。

期货市场是指期货合约买卖的市场，买卖双方按一定价格订约成交，在某一约定时间进行清算和交割。广义的期货市场包括期货交易所、结算所或结算公司、经纪公司和期货交易员；狭义的期货市场仅指期货交易所。

(四) 以金融交易的空间分类

按金融市场的空间来划分，可将金融市场分为有形市场和无形市场。

有形市场是指具有固定场所、一定的设施，进行固定交易的市场。无形市场是指没有固定交易场所，通过电话或其他通信工具联系进行金融交易的市场的总称。

(五) 以金融市场的交易程序分类

按金融市场的交易程序不同，可分为初级市场和二级市场。

初级市场是组织证券发行业务的市场。凡新公司成立发行股票、老公司增资补充发行股票、政府及工商企业发行债券等，均构成初级市场活动的内容。如果筹资单位是工商企业，它们通过初级市场所筹集到的资金将主要用于投资，增加实物产出和扩大流通能力。因此，初级市场也称为资金创造市场。

二级市场也称为次级市场，是买卖已上市证券的市场。当股东想转让股票或债券持有人想将未到期债券提前变现时，均需在二级市场上寻求买主。二级市场体现了各类金融资本的流动能力，因而也称资金流通市场。二级市场的主要场所是证券交易所，很多交易也扩及交易所之外。

☞ **专栏 5-1**

纽约金融市场

纽约金融市场是世界最重要的国际金融中心之一，其形成和发展与两次世界大战密切相关。1810 年纽约就已取代费城，成为美国国内最大的金融和商业中心。第二次世界大战以后，纽约金融市场在国际金融领域中的地位进一步加强。美国凭借其在战争时期膨胀起来的强大经济和金融实力，建立了以美元为中心的资本主义货币体系，使美元成为世界最主要的储备货币和国际清算货币。西方资本主义国家和发展中国家的外汇储备中大部分是美元资产，存放在美国，由纽约联邦储备银行代为保管。一些外国官方机构持有的部分黄金也存放在纽约联邦储备银行。纽约联邦储备银行作为贯彻执行美国货币政策及外汇政策的主要机构,在金融市场的活动直接影响市场利率和汇率的变化,对国际市场利率和汇率的变化有着重要影响。世界各地的美元买卖,包括欧洲美元市场、亚洲美元市场的交易,都必须在美国,特别是在纽约的商业银行账户上办理收付、清算和划拨,因此纽约成为世界美元交易的清算中心。此外,美国资金调动比较自由。在纽约,商业银行、储蓄银行、投资银行、证券交易所及保险公司等金融机构云集,许多外国银行也在纽约设有分支机构。这些都为纽约金融市场的进一步发展创造了条件,加强了它在国际金融领域中的地位。纽约金融市场包括外汇市场、货币市场与资本市场。

第二节 货 币 市 场

一、货币市场概述

(一)货币市场的内涵

货币市场是指融通短期资金的金融市场,其融资期限一般在一年以下,它是金融市场的重要组成部分。货币市场上的工具出售变现,流动性强,使它们近似于货币,故将该市场称为货币市场。货币市场的重要性在于它是整个金融体系调剂流动性的重要渠道,为中央银行实施公开市场操作提供了场所;另外,货币市场利率在整个利率体系中也具有重要地位。

(二)货币市场的特点

货币市场是指以期限在1年以内的金融工具为媒介进行短期资金融通的市场。总体来看,货币市场有以下几个特点。

1. 交易期限短

这是由金融工具的特点决定的。货币市场中的金融工具一般期限较短,最短的期限只有2小时,最长的不超过1年,这就决定了货币市场是短期资金融通市场,即筹资者只能在此市场中筹集短期临时性周转资金。之所以如此,是因为货币市场上的资金主要来源于居民、企业和金融机构等暂时闲置的资金。调剂资金头寸是货币市场主要的功能之一。

2. 流动性强

此特点与货币市场的上一个特点紧密相连。金融工具的流动性与其偿还期限成反比,偿还期越短,流动性越强。货币市场金融工具的短期性决定了其较强的流动性。此外,货币市场的二级市场交易相当活跃,这意味着金融工具首次发行后可以很容易地找到下一个购买者,从而进一步增强了货币市场的流动性。

3. 安全性高

货币市场是个安全性较高的市场,除了交易期限短、流动性强的原因外,更主要的原因在于货币市场金融工具发行主体的信用等级较高,只有具有高资信等级的企业或机构才有资格进入货币市场来筹集短期资金,也只有这样的企业或机构发行的短期金融工具才会被主要追求安全性和流动性的投资者所接受。

4. 交易额大

货币市场是一个批发市场,大多数交易的金额比较大,个人投资者难以直接参与市场交易。

(三)货币市场的功能

一般认为,货币市场作为短期资金市场,其特有的功能主要体现在以下几个方面:

1. 调剂政府和企业资金余缺,满足短期融资需要

政府的国库收支经常面临先支后收的矛盾,解决这个矛盾的一个较好的方法就是政府在货币市场上发行短期政府债券——国库券,因而,国库券市场是货币市场的一个非常重要的子市场。流动资金快速周转的特征决定了短期融资是企业生产经营过程中最经常的融资需求,通过签发合格的商业票据,企业可以从货币市场及时、低成本地筹集大规模的短期资金满足这种需求。与此同时,流动资金暂时闲置的企业也可以通过购买国库券、商业票据等货币市场工具,实现合理的收益回报,达到安全性、流动性和收益性相统一的财务管理目的。

2. 是商业银行等金融机构进行流动性管理的市场

商业银行等金融机构的流动性是指其能够随时应付客户提取存款或满足必要的借款及对外支付要求的能力。由此可见,流动性管理是商业银行等金融机构资产负债管理的核心,流动性的缺乏意味着偿付能力的不足,有可能引发挤兑危机。商业银行等金融机构通过参与货币市场的交易活动可以保持业务经营所需的流动性。比如,遇到客户的大额提现需求,商业银行既可以通过在货币市场中从其他同业机构处及时借入资金来满足资金周转,也可以通过出售自己所持有的货币市场工具收回资金来应对头寸不足的困难。

3. 是一国中央银行进行宏观金融调控的场所

在市场经济国家,中央银行为调控宏观经济运行所进行的货币政策操作主要是在货币市场中进行的。例如,公开市场业务作为各国中央银行经常采用的一种货币政策操作,就是指中央银行在货币市场上向商业银行等金融机构买卖政府债券等货币市场工具,改变基础货币投放状况,用以影响商业银行等金融机构的可用资金额和货币市场利率水平,进而影响商业银行等金融机构的信贷规模和其他利率水平,最终引起全社会投资和消费的变动,实现中央银行货币政策操作的目标。

4. 是市场基准利率生成的场所

市场基准利率是一种市场化的无风险利率,被广泛用作各种利率型金融工具的定价标准,是名副其实的市场利率的风向标,货币市场交易的高安全性决定了其利率水平作为市场基准利率的地位,发挥基准利率特有的功能。利率是联系宏观经济运行与微观经济活动的关键因素,基准利率不仅是中央银行重要的货币政策中介指标,也是决定和影响其他利率的基础变量。货币市场生成基准利率,表明其在一国宏观调控体系中的重要性。

二、货币市场的构成

货币市场就其结构而言,可分为在同业拆借市场、票据市场、大额可转让定期存单市场、国库券市场、回购协议市场等若干个子市场。

(一)同业拆借市场

1. 同业拆借市场的形成与发展

同业拆借市场也称同业拆放市场,是银行及其他金融机构之间进行短期、临时性资金拆借的市场。在这个市场中相互拆借的资金主要是各级银行和其他金融机构经营中暂时闲置的资金和准备金,拆借的目的是补足存款准备金和轧平票据交换头寸。

同业拆借市场的形成,源于银行之间运用超额准备金进行余缺调剂。它最早出现于美国,形成的原因在于法定存款准备金的实施。按照美国1913年通过的《联邦储备法》的规定,加入联邦银行的会员银行,必须按存款数额的一定比例向联邦银行缴纳法定存款准备金,以应付有可能发生的银行客户挤兑提存的需要。这种存款准备金,联邦储备银行是不付利息的,但如缴存不足,则会受到严厉惩罚。由于清算业务活动和日常收付数额的变化,一些银行准备金可能会多余,而有的银行准备金则可能不足。

当今西方国家同业拆借市场无论是在交易内容、开放程度、融资规模,还是在作用功能方面都发生了深刻变化。从市场参与者来看,拆借不仅仅发生在银行之间,还扩展到银行与其他金融机构之间。从拆借目的看,已不仅仅局限于补足存款准备金和扎平票据交换头寸,还可以弥补金融机构在经营过程中出现的暂时的、临时性的资金短缺。更重要的是同业拆借已成为商业银行实施资产负债管理的有效工具。由于同业拆借期限短、风险低,还可以获取利息收入,许多商业银行将短期资金投放于该市场,以利于及时调整资产负债结构,保持资产的流动性。

☞ 专栏 5-2

LIBOR 简介

LIBOR 是伦敦银行同业拆借利率(London inter-bank offered rate)的英文缩写,是国际货币市场最为重要的短期参考利率。在每个工作日的标准世界时间11:00,由16家主要银行公布不同币种和不同期限的拆借利率,其中对每个期限和每个币种的利率,去掉4家最高的利率和4家最低的利率,取剩余8家利率的平均值,即得到某币种某期限的 LIBOR 数值。

LIBOR 的期限可分为隔夜、1周、2周、1个月、2个月、3个月、4个月、5个月、6个月、7个月、8个月、9个月、10个月、11个月、12个月。目前较为常用的是3个月至6个月的利率。1年期 LIBOR 就是指每年计息期最后一天前5个工作日英国银行家协会(BBA)公布的美元12个月的 LIBOR。

现在 LIBOR 已经作为国际金融市场中大多数浮动利率的基础利率,中国各家外汇指定银行实行的外汇贷款利率也采用在 LIBOR 的基础上加一定百分点,并随

LIBOR 的变动而浮动。

2007年1月4日，SHIBOR 开始正式运行。SHIBOR 全称是"上海银行间同业拆借利率"，被称为中国的 LIBOR。SHIBOR 是由信用等级较高的银行组成报价团自主报出的人民币同业拆出利率计算确定的算术平均利率，是单利、无担保、批发性利率。目前，对社会公布的 SHIBOR 品种包括隔夜、1周、2周、1个月、3个月、6个月、9个月及1年。

2. 同业拆借市场的特点

(1) 参与者都是金融机构

同业拆借市场对于进入市场的主体有严格的限制，必须是银行等金融机构或指定的某类金融机构，个人、企事业单位、政府部门以及非指定的金融机构均不能进入该市场。同业拆借市场最重要的参与者是商业银行，商业银行既是同业拆借市场的资金供应者，又是资金需求者。

(2) 拆入资金不得做营利性使用

同业拆借是指银行等金融机构之间为调剂头寸或解决临时资金困难所进行的短期资金融通，因此，各国中央银行对于拆入资金的用途都有严格的规定。通常，拆入的资金只能用于弥补票据结算、联行汇差头寸的不足和满足临时性周转资金的需要，禁止利用拆入资金发放固定资产贷款及投资等营利性使用。

(3) 利率属于市场利率

同业拆借利率由拆借双方直接议定，或拆借双方借助于中介人通过市场公开竞价确定，因此属于市场利率。同业拆借利率是货币市场的核心利率，也是整个金融市场上最具代表性的利率，能够及时、准确地反映货币市场乃至整个金融市场的资金供求关系，对货币市场上其他金融工具价格变动具有重要的导向作用，是市场利率走势的风向标。

(4) 市场无形化程度高

同业拆借的交易手段先进，交易主要是采取电话洽谈、网络报价等方式进行。拆借双方洽谈达成协议后，可以通过各自在中央银行的存款账户自动划账清算，或由交易中心进行资金交割划账。所以，同业拆借市场一般没有固定场所，属于无形市场。

(5) 拆借期限短

同业拆借市场是货币市场的重要组成部分，其拆借期限最长不超过1年。但由于拆借目的不同，拆借期限存在明显差别。头寸拆借通常都是以1~10天为期，以1天拆借最常见，即今借明还。

(二) 票据市场

票据市场是指各类票据发行、流通及转让的场所，它是货币市场中历史最悠久的融资工具之一。

1. 票据承兑市场

承兑是指汇票付款人承诺在票据到期日支付汇票金额的票据行为。汇票付款人并不因出票人的付款委托，而成为当然的汇票债务人，在汇票承兑之前，付款人只处于被提示承兑或被提示付款的地位,只有经过承兑,才对汇票的付款承担法律上的责任。付款人一经承兑,就成为承兑人,是汇票的主债务人。

2. 票据贴现市场

(1)票据贴现的含义

票据贴现是指持票人在票据到期前以贴付一定利息的方式向银行出售票据。对于贴现银行来说,就是收购没有到期的票据。从表面上看,票据贴现是一种票据转让行为,但从性质上看,银行买入未到期票据,体现了贴现银行对贴现申请人的授信行为,这种授信行为是商业信用与银行信用有机结合的产物,体现的是银行信用与商业信用交叉的双重信用关系。

(2)票据贴现的种类

票据贴现按贴现关系人和贴现环节的不同,可分为贴现、转贴现和再贴现。

转贴现是指贴现银行在需要资金时,将已经贴现的票据再向同业其他银行办理贴现的票据行为,它是银行之间的资金融通,涉及的双方当事人都是银行。这种资金融通方式安全性高、期限短,为银行的流动性管理提供了便利,因而得到商业银行的普遍接受。

再贴现又叫重贴现,是指商业银行将已经贴现的未到期汇票再转让给中央银行的票据转让行为。与贴现和转贴现相比,再贴现具有更为重要的宏观经济意义。它是中央银行对商业银行融通短期资金的一种方式,是中央银行最后贷款人角色的具体体现,是中央银行调节市场银根、实现金融宏观调控的重要手段。再贴现是中央银行供给基础货币的重要渠道,中央银行通过调节再贴现率影响商业银行的融资成本,实现对商业银行的信用调控。

(3)票据价格的计算

票据价格也就是票据贴现时银行付给贴现申请人的实付贴现金额。

$$贴现利息=票面金额×贴现率×贴现天数÷360$$

$$票据贴现价格=票面金额-贴现利息$$

其中,票据贴现天数是指办理贴现日起至票据到期日止的时间。例如某企业持有一张100万元、半年期的银行承兑汇票请求贴现,如果企业已经持有2个月,则贴现天数为120天。如果银行贴现利率为6%,则

$$贴现利息=1000000×120×6\%/360=20000(元)$$

$$票据贴现价格=1000000-20000=980000(元)$$

(三)大额可转让定期存单市场

1. 大额可转让定期存单的产生与发展

大额可转让定期存单是银行发行的有固定面额、按一定期限和约定利率计息、到期前可以转让流通的证券化的存款凭证。

大额可转让定期存单是美国银行界为逃避"Q条例"管制而推出的金融创新措施。20世纪60年代以后,特别是70年代,美国通货膨胀严重。与此同时,各类金融机构之间的竞争加剧,美国货币市场利率上升,而银行利率受美国联邦储备体系"Q条例"的限制,低于市场利率。存款人纷纷把存款资金转移到货币市场上,投资于货币市场共同基金,形成所谓存款非中介化现象,即"金融脱媒",对商业银行的资金来源形成巨大威胁。为此,

一些商业银行开始进行存款工具的创新，设计了一些类似于货币市场工具的存单，开辟新的资金来源渠道。花旗银行于1961年2月首先推出大额可转让定期存单，并获得波士顿第一证券公司的支持，开辟了存单二级市场，使得存单持有人在急需资金时可随时在市场上出售。结果数月之内，这种存单就发展成美国货币市场上的重要工具。

大额存单的推出，有利于商业银行增加主动负债工具，拓宽资金来源；有利于增加市场投资品种，丰富投资者的投资选择；有利于鼓励金融创新，推动货币市场向纵深发展。

2. 大额可转让定期存单的特点

与普通定期存款相比，大额可转让定期存单有自己的特点。

（1）不记名

普通存款的存单是记名的，不能转让，更不能在金融市场上流通，利息固定，如果提前支取，须承受利息损失。大额可转让定期存单多数采取不记名式，虽然在到期前不能提前支取，但可以在到期日之前拿到货币市场上出售。

（2）面额大且固定

大额可转让定期存单属于批发性质的工具，存单的金额由发行银行根据市场的需求来确定，每笔存单的金额都比较大且固定。普通定期存单的金额不固定，有大有小，完全由存款人自己选择。

（3）期限较短

大额可转让定期存单的期限通常在一年以内，以3个月和6个月居多。在美国，最低期限不得少于7天。普通商业银行定期存单期限大多超过1年。

（4）利率一般低于同期限银行定期存款的利率

由于大额可转让定期存单兼顾了活期存款流动性和定期存款收益性的特征，其利率应该比普通定期存单低一点。大额可转让定期存单的利率在存款期内随市场利率的变化而调整，既有固定利率，也有浮动利率。

（四）国库券市场

1. 国库券的特点

国库券是中央政府为了弥补财政收支差额或解决临时性资金需要而发行的一种短期政府债券。国库券市场由国库券发行市场和流通市场组成。国库券与其他债券相比，主要有以下特点：

（1）信誉程度高、风险小。国库券的直接债务人是国家，其信用基础是国家主权和全社会的资源与财富。一般说来，投资者无须顾虑其利益的安全性。

（2）投资国库券的收益可以免缴个人所得税，国库券有金边债券的美称。

（3）流动性强。在国外，国库券在流通市场上易手方便，流动性强。如美国，二级市场每天交易量达30亿~50亿美元，商业银行也将其视为理想的二级储备。

（4）结算、投资方便。国库券种类多，面额有大有小，期限有短有长，能满足不同投资者的需求，同时，完善的电讯系统又可以为投资者提供快捷的服务，非常方便。

2. 国库券的发行

（1）国库券的发行方式

国库券主要采取拍卖方式，也称竞价投标方式。这是一种在金融市场上通过公开招标发行国库券的方式。财政部门在每次发行前，向社会发出通知，由认购者按照自己的需要量，对准备发行的国库券价格进行投标，按出价高低顺序，依次卖出，直到售完为止。具体拍卖方法包括：价格拍卖、收益拍卖、竞争性出价、非竞争性出价等。这一发行方式的优点在于可以避免因市场利率的不稳定而影响国库券发行。按照这种方式，各认购者的购买价格和收益率是不同的。

在美国，国库券的发行次数频繁，3个月和6个月期的国库券每周发行一次，9个月和12个月期的国库券每月发行一次。由于国库券发行次数频繁，发行量大，而流通时间又短，为节省印刷费用，一般不发给正式券。除了按照法律规定，对必须持有实际国库券的机构才正式发行国库券外，其他由财政部发给收据代替。买卖和到期还本，都可以凭收据办理。

（2）国库券的发行价格

国库券的发行价格一般采用贴现价格，即发行是以低于票面金额发行，到期按面额兑付。也就是票面金额减去贴现利息作为发行价格，到期再按票面金额足值偿付。发行价格与面额之差即为国库券的利息。

$$发行价格 = 面值 \times (1 - 贴现率 \times 发行期限/360)$$

例：发行某面值为100元的国库券，发行期限为60天，贴现率为6%，则发行价格为99元。

3. 国库券的流通

国库券的流通市场是指国库券买卖、转让交易活动的总称。在国库券的流通市场上，交易的参与者有证券经销商、中央银行、商业银行、企业和个人投资者。买卖的国库券都是已发行而尚未到期的国库券。

国库券在二级市场上的转让仍然是按照贴现方式进行的。计算公式如下：

$$实付金额 = 国库券面值 - 贴现利息$$
$$贴现利息 = 国库券面值 \times 贴现率 \times 贴现期/360$$

在实际交易中，一般以公式计算的贴现利息为参考，由买卖双方自由商定。在国库券的二级市场上，国库券的价格高低主要由其离到期日的远近决定，离到期日越近，价格越接近面值。

（五）回购协议市场

回购协议是指按照交易双方的协议，由卖方将一定数额的证券卖给买方，同时承诺若干日后按约定价格将该种证券如数买回。如果从买方的角度来看同一笔回购协议，则是买方按协议买入证券，并承诺在日后按约定价格将该证券卖回给卖方，即买入证券借出资金的过程，这一过程称逆回购。回购实质上是一种以证券为质押品的短期融资形式。无论在我国还是在西方，国债都是主要的回购对象。

回购的期限分隔夜、定期、连续性三种，其中以隔夜为多。隔夜是指卖出和买回证券相隔一天，相当于日拆。定期是指卖出和买进的时间规定为若干天，一般不超过30天。连续性合约是指每天按不同的利率连续几天的交易。这种方式使投资者能较好地管理现金，同时也能减少利率风险。

回购交易的期限较短，因为有证券做质押，所以风险小，但利率一般低于同业拆借利率，故收益较低。回购协议是一种安全有效的融资工具，投资者和筹资者都愿意利用这种工具获利或筹资。

回购市场的参与者比较广泛，包括中央银行、商业银行、非银行金融机构、非金融性企业，在美国还有州和地方政府。各类金融机构可以通过回购交易增强融资的安全性或盈利性，实施有效的流动性管理。中央银行参与回购市场则是为了实现公开市场业务操作，调节货币供应量，贯彻货币政策。

第三节 资本市场

一、资本市场概述

(一)资本市场的内涵

资本市场，也称"长期金融市场"、"长期资金市场"，是指期限在一年以上各种资金借贷和证券交易的场所。资本市场是政府、企业、个人筹措长期资金的市场，包括长期借贷市场和长期证券市场。在长期借贷市场中，一般是银行对个人提供的消费信贷；在长期证券市场中，主要是股票市场和长期债券市场。

(二)资本市场的特点

与货币市场相比，资本市场有如下特点。

(1)融资期限长。至少在1年以上，也可以长达几十年，甚至无到期日。例如：中长期债券的期限都在1年以上；股票没有到期日，属于永久性证券；封闭式基金存续期限一般都在15~30年。

(2)流动性相对较差。在资本市场上筹集到的资金多用于解决中长期融资需求，故流动性和变现性相对较弱。

(3)风险大而收益较高。由于融资期限较长，发生重大变故的可能性也大，市场价格容易波动，投资者需承受较大风险。同时，作为对风险的报酬，其收益也较高。

(4)资金借贷量大。资本市场上参与者主要是机构，资金需求量和资金供给量都较大。

(5)价格变动幅度大。当发生重大变故时，价格变动幅度大。

(三)资本市场的参与者

资本市场的资金供应者为各金融机构，如商业银行、储蓄银行、人寿保险公司、投资公司、信托公司等。

资金的需求者主要为国际金融机构、各国政府机构、工商企业、房地产经营商以及向耐用消费品零售商买进分期付款合同的销售金融公司等。

（四）资本市场的分类

资本市场按交易对象不同，可分为股票市场、债券市场与投资基金市场；按市场功能不同，分为证券发行市场与证券流通市场（本节重点介绍后两者）。

二、证券发行市场

证券发行市场是围绕证券发行而展开活动的市场，也叫初级市场、一级市场。证券发行市场通常无固定场所，是一个无形的市场。

（一）证券发行市场的作用

证券发行市场的作用主要表现在以下三个方面：

1. 为资金需求者提供筹措资金的渠道

证券发行市场拥有大量的运行成熟的证券商品供发行者选择，发行者可以参照各类证券的期限、收益水平、参与权、流通性、风险度、发行成本等不同特点，根据自己的需要和可能选择拟发行证券的种类，并根据当时市场的供求关系和价格水平确定证券发行的数量和价格（收益率）。发行市场上还有众多的为发行者服务的中介机构，他们可以接受发行者的委托，利用自己的信誉、资金、人才、技术和网点等资源向公众推销证券，有助于发行者及时筹措到所需资金。发行市场还可以突破地区限制，为发行者扩大筹资范围和对象，在境内或境外面向各类投资者发行证券、筹措资金，并通过市场竞争逐步使筹资成本合理化。

2. 为资金供应者提供投资机会，实现储蓄向投资转化

政府、企业和个人在经济活动中可能出现暂时闲置的货币资金，证券发行市场提供了多种多样的投资计划，可实现社会储蓄向投资转化。储蓄转化为投资是社会再生产顺利进行的必要条件。

3. 形成资金流动的收益导向机制，促进资源配置的不断优化

在现代经济活动中，生产要素都跟随资金流动，只有实现了货币资金的优化配置，才有可能实现社会资源的优化配置。证券发行市场通过市场机制选择发行证券的主体，产业前景好、经营业绩优良和具有发展潜力的企业更容易从证券市场筹集所需要的资金，从而使资金流入最能产生效益的行业和企业，达到促使资源优化配置的目的。

（二）证券发行分类

按发行对象和有无中介机构介入分类是证券发行最基本的分类方法，也是发行主体选择证券发行方式时首先要考虑的问题。

1. 按发行对象分类

（1）公募发行，又被称为"公开发行"，是发行人向不特定的社会公众投资者发售证券的发行。在公募发行中，发行人必须遵守有关事实全部公开的原则，向有关管理部门和市场公布各种财务报表及资料，以供投资人决策时参考。公募发行需要得到投资银行或其他金融机构的协助。这些金融机构作为证券发行的代销或包销商，从中取得佣金或差价收

入。公募发行是证券发行中最常见、最基本的发行方式，适合于证券发行数量多、筹资额大、准备申请证券上市的发行人。

（2）私募发行，又被称为"不公开发行"或"私下发行"、"内部发行"，是指以特定少数投资者为对象的发行。私募发行范围小，一般以与发行人有密切关系的投资者为发行对象。通常，股份公司对本公司股东发行股票多采取私募发行的办法。私募发行有确定的投资者，发行手续简单，可以节省发行时间和发行费用，但投资者数量有限，证券流通性较差，不利于提高发行人的社会信誉。

2. 按有无中介机构介入分类

（1）直接发行，即发行人直接向投资者推销、出售证券的发行。这种发行方式可以节省向发行中介机构缴纳的手续费，降低发行成本。但如果发行额较大，由于缺乏专业人才和发行网点，发行者自身要担负较大的发行风险。这种方式只适用于有既定发行对象或发行人知名度高、发行数量少、风险低的证券。

（2）间接发行，是由发行公司委托证券公司等证券中介机构代理出售证券的发行。对发行人来说，采用间接发行可在较短时期内筹集到所需资金，发行风险较小，但需支付一定的手续费，发行成本较高。一般情况下，间接发行是基本的、常见的方式，特别是公募发行，大多采用间接发行；而私募发行则以直接发行为主。

（三）证券发行制度

证券发行制度主要有两种：一是注册制，以美国为代表；二是核准制，以欧洲各国为代表。

1. 注册制

证券发行注册制实行公开管理原则，实质上是一种发行公司的财务公开制度。它要求发行人提供关于证券发行本身以及和证券发行有关的所有信息。发行人不仅要完全公开有关信息，不得有重大遗漏，并且要对所提供信息的真实性、完整性和可靠性承担法律责任。证券监管机构不对证券发行行为及证券本身作出价值判断，对公开资料的审查只涉及形式，不涉及任何发行实质条件。发行人只要按规定将有关资料完全公开，监管机构就不得以发行人的财务状况未达到一定标准而拒绝其发行。证券发行相关材料报证券监管机构后，一般会有一个生效等待期，在这段时间内，由证券监管机构对相关文件进行形式审查。注册生效等待期满后，如果证券监管机构未对申报书提出任何异议，证券发行注册生效，发行人即可发行证券。但如果证券监管机构认为报送的文件存在缺陷，会指明文件缺陷，并要求补正或正式拒绝，或阻止发行生效。目前，澳大利亚、巴西、加拿大、德国、法国、意大利、荷兰、菲律宾、新加坡、英国和美国等国家，在证券发行上均采取注册制。

2. 核准制

核准制是指发行人申请发行证券，不仅要求公开披露与发行证券有关的信息，符合公司法和证券法所规定的条件，而且要求发行人将发行申请报请证券监管机构决定的审核制度。证券发行核准制实行实质管理原则，即证券发行人不仅要以真实状况的充分公开为条件，而且必须符合证券监管机构指定的若干适合于发行的实质条件。只有符合条件的发行人经证券监管机构的批准方可在证券市场上发行证券。实行核准制的目的在于证券监管机构能尽法律赋予的职能，使发行的证券符合公众利益和证券市场稳定发展的需要。

(四)证券发行价格

证券发行价格通常有平价发行、溢价发行和折价发行三种方式。

1. 平价发行

平价发行又称为面值发行，即以证券的票面金额作为证券的价格发行。由于证券的市场价格通常高于票面金额，平价发行对于证券投资者来说十分有利，因而有利于证券的顺利发行。

2. 溢价发行

溢价发行是指以高于证券面值的价格作为证券的发行价格。溢价发行能以较少的证券筹集到较多的资金，有利于提高公司的筹资效率，但溢价过高，尤其是在证券市场低迷时，可能导致证券发行失败。

3. 折价发行

折价发行是指以低于证券面值的价格作为证券的发行价格。筹资者采用折价发行的原因有三：一是公司股票发行不理想，通过折价来吸引投资者；二是公司无偿增资或搭配增资发行股票，使得股票发行价格低于面值；三是公司发行期限较长的债券时，预计市场利率呈上升趋势。

(五)证券承销制度

证券发行的最终目的是将证券推销给投资者。发行人推销证券的方法有两种：一是自行销售，被称为"自销"；二是委托他人代为销售，被称为"承销"。一般情况下，公开发行以承销为主。承销是将证券销售业务委托给专门的证券经营机构(承销商)销售。按照发行风险的承担、所筹资金的划拨以及手续费的高低等因素划分，承销方式有包销和代销两种。

1. 包销

证券包销是指证券承销商将发行人的证券按照协议全部购入，或者在承销期结束时将售后剩余证券全部自行购入的承销方式。包销可分为全额包销和余额包销两种。

(1)全额包销，是指由承销商先全额购买发行人该次发行的证券，再向投资者发售，由承销商承担全部风险的承销方式。

(2)余额包销，是指承销商按照规定的发行额和发行条件，在约定的期限内向投资者发售证券，到销售截止日，如投资者实际认购总额低于预定发行总额，未售出的证券由承销商负责认购，并按约定时间向发行人支付全部证券款项的承销方式。

2. 代销

代销是指承销商代发行人发售证券，在承销期结束时，将未售出的证券全部退还给发行人的承销方式。

三、证券流通市场

证券流通市场也称证券交易市场、二级市场、次级市场,是指对已经发行的证券进行买卖、转让和流通的市场。在二级市场上销售证券的收入属于出售证券的投资者,而不属于发行该证券的公司。证券流通市场的作用主要表现在以下两个方面:一是为证券持有者提供将证券变现的场所;二是为新的投资者提供投资的机会。

(一)证券交易的组织形式

1. 场内交易

场内交易是指在证券交易所内进行的交易。证券交易所是专门的有组织的证券集中交易的场所,在二级市场中处于核心地位。

(1)证券交易所

证券交易所的组织形式主要有公司制证券交易所和会员制证券交易所。

公司制证券交易所是由股东出资建立的以盈利为目的的股份有限公司法人,交易所的股东可以是银行,也可以是证券公司,还可以是信托机构等。公司制证券交易所对证券交易负有有限责任,对买卖双方都有利,因此易于取得社会信任。但其收入主要是按成交额收取佣金,故证券交易所为了增加收益,往往助长证券投机。

会员制证券交易所是以会员协会形式成立的不以盈利为目的的社团法人,主要由证券商组成。目前世界上许多著名的证券交易所采用会员制。

我国的上海证券交易所和深圳证券交易所都是不以盈利为目的的会员制事业法人,由中国证监会直接管理。上海证券交易所正式成立于1990年11月26日,深圳证券交易所成立于1990年12月1日。

(2)场内交易的特点

第一,集中交易。场内交易市场集中在一个固定的地点(证券交易所),所有的买卖双方必须在证券交易所的管理之下进行证券买卖。

第二,公开竞价。场内交易市场证券的买卖是通过公开竞价的方式形成的,即多个买者对多个卖者以拍卖的方式进行讨价还价。

第三,经纪制度。在场内交易市场买卖证券活动必须通过专业的经纪人,这是多年形成的规矩。

第四,市场监管严密。在场内交易过程中,证券监督部门及证券交易所对从事证券交易的各种活动监管严密,以保证场内交易市场高效有序地运行。

2. 场外交易

场外交易是指在证券交易所交易大厅以外进行的各种证券的交易活动的总称。

(1)场外交易市场的类型

场外交易市场的类型各个国家不完全相同,在美国主要有以下几种:

柜台市场,也叫店头市场,交易的对象主要是公开发行但未在交易所上市的证券,证券交易价格依照议价制方式确定,交易方式仅限于现货交易。

第三市场。在证券商柜台上从事已在证券交易所上市证券的交易,被称为"上市证券的场外交易市场"。

第四市场。无形市场，即网络市场。证券交易完全脱离证券商的参与，买卖双方直接进行交易；借助计算机联网方式，双方并不当面接洽；交易的数额较大；主要在美国开放（NASDAQ）。

(2) 场外交易市场的特点

场外交易市场的特点，主要表现为以下几个方面：

第一，场外交易市场是一个分散的无形市场，它没有固定的、集中的交易场所，而是由许多各自独立经营的证券经营机构分别进行交易的，并且主要是依靠电话、电报、传真和计算机网络联系成交的。

第二，场外交易市场的组织方式采取做市商制，投资者直接与证券商进行交易。证券交易通常在证券经营机构之间或是证券经营机构与投资者之间直接进行，不需要中介人。

第三，场外交易市场是一个拥有众多证券种类和证券经营机构的市场，以未能在证券交易所批准上市的股票和债券为主。

第四，场外交易市场是一个以议价方式进行证券交易的市场。在场外交易市场上，证券买卖采取一对一交易方式，对同一种证券的买卖不可能同时出现众多的买方和卖方，也就不存在公开的竞价机制。

第五，场外交易市场的管理比证券交易所宽松。由于场外交易市场分散，缺乏统一的组织和章程，不易管理和监督，其交易效率也不及证券交易所。

(二) 证券的交易价格

1. 债券的交易价格

(1) 债券定价的理论基础——现值终值原理

债券的理论价格是根据现值原理确定的。现值理论认为：人们之所以愿意购买证券，是因为它能够为其持有者带来预期收益，因此它的价值就在于其未来收益的大小，也就是用今天的现款去购买未来的现金收入。由于受时间和利率因素的影响，手中一定数量的现金与将来得到的等额现金是不同值的，人们可将这笔现金存入银行或进行投资，一定时期后，这笔钱的本利和将大于今天的数额。人们评价一段时间后将获得的货币收入时，要估计在目前的利率水平下，未来的货币收入在今天相当于多少，这个未来的货币收入额对于今天的投资者来说就是终值；而用当前的市场利率将终值折算成现在的货币价值，叫做未来货币收入的现在值，简称现值。从这个意义上来说，债券现值是指债券的即时价值，债券的终值就是债券到期日按复利计算所能取得的本利和。那么，只要给定债券的面值、期限、票面利率和付息方式，便可以计算出它的终值。反过来，只要给定相应条件，就可以推算出债券的现值。债券的理论价格以现值表示，就是按一定利率计算出的现值。

一般说来，利用债券的面值、票面利率和期限就可以计算出债券的终值，其计算相对比较简便，而根据现值计算出的债券理论价格则要复杂得多，在计算现值时投资人要考虑另外一个在债券上并没有给定的因素——市场收益率。

市场收益率对债券来讲，又叫市场利率和实际利率，它是指绝大多数投资人都能接受的市场最低限度的平均投资收益率。债券投资者购买债券时，首先要评价要购买的债券的利率是否高于其他同类债券的利率水平，最起码应不低于其他债券的利率水平，这就是投资者心目中的实际收益率。对于某一个债券投资人来说，实际收益率是债券未来能够提供的货币额比现在为了购买这张债券所投入的货币额多多少。用这个差额和投入的货币额加以比较，便可以得出投入的货币额由于购买这张债券而产生了多少收益。

(2) 债券价格的计算公式

根据现值理论，我们可以得出不同计息方式的长期债券的交易价格计算公式：

① 一次性还本付息长期债券的交易价格。我们用 P 表示购买债券的价格，F 表示债券的面值，i 表示债券的票面收益率，n 表示期限，r 表示市场利率，则债券的价格用公式表示为：

$$p = \frac{F \cdot (1 + in)}{(1 + r)^n}$$

② 按年分次付息长期债券的交易价格。随着债券期限的拉长和付息方式的变化，现值的计算要复杂得多。首先，在计算中要加入复利因素；其次，要分别计算不同时间支付利息的现值和面值的现值。

$$p = \sum_{t=1}^{n} \frac{F \cdot i}{(1 + r)^t} + \frac{F}{(1 + r)^n}$$

其中：P 表示债券的现值，即交易价格；F 表示债券的面值；n 表示债券从发行日或交易日至到期日的年数；i 表示债券的票面利率；r 表示市场利率。

综上所述，债券的理论价格就是债券的现值，它主要受市场利率或实际收益率的影响。债券终值与现值的差额即为持有债券期间的投资收益，持有债券时间越长，债券终值与现值的差额就越大，因而收益越多。

☞ 专栏 5-3

熊猫债券

熊猫债券是指国际多边金融机构在华发行的人民币债券。2005 年 10 月，国际金融公司（IFC）和亚洲开发银行（ADB），分别获准在我国银行间债券市场发行人民币债券 11.3 亿元和 10 亿元。这是中国债券市场首次引入外资机构发行主体，也是中国债券市场对外开放的重要举措和有益尝试。根据国际惯例，国外金融机构在一国发行债券时，一般以该国最具特征的吉祥物命名。据此，前财政部部长金人庆将国际多边金融机构首次在华发行的人民币债券命名为熊猫债券。"一带一路"倡议为熊猫债券市场发展带来契机。来自联合资信评估的统计显示，2016 年，债券市场共有 29 家主体累计发行熊猫债券 62 期，发行总额为 1274.40 亿元，发行家数、发行期数和发行总额同比增幅均在 260% 以上。

2. 股票的交易价格

股票交易价格也称股票行市，是指股票在二级市场上流通转让的价格。股票行市的形成与变化主要取决于股票的预期收益与当前的市场利率水平。

（1）股票交易价格的特点

股票交易价格的特点包括两个方面：

一是事先的不确定性，表现于它总处在不断变动之中，而且这种变动是连续性的、非间断性的，这与其票面价值、账面价值、清算价格和发行价格显然不同。

二是股票交易价格的市场性。股票交易价格一般不受其发行价格的制约，也不受股份有限公司的直接支配，而是取决于股票市场的供求关系，随市场供求关系的变化而变化。

（2）影响股票交易价格变动的因素

影响股票价格的因素是多方面的，主要有以下几个方面：

一是上市公司的基本面。上市公司的基本面包括：公司的竞争地位、公司的赢利水平、财务状况、股息政策、经营管理能力。公司的竞争地位和公司的赢利水平是最重要的因素。

二是股票市场的平均市盈率。同一只股票在不同的股票市场将有不同的价格。中国的A股和B股是最好的例子，同样一只股票在两个市场的价格差异较大。股票市场的平均市盈率影响股票的价格。

三是庄家的人为控制。股票市场上的股票价格被人为控制是较普遍的事实。比如，同一板块的两只股票，它们的基本面几乎一样，但如果其中一只有庄家控制，另一只没有庄家控制，它们的股价会产生很大的差异。

第四节　金融衍生工具市场

金融衍生工具市场是指以各种金融合约为交易对象的交易场所。在金融市场上，债务类金融工具和权益类金融工具、货币资金及外汇是金融原生产品，金融衍生工具的价值依赖于原生产品的价格。

一、金融衍生工具市场概述

（一）金融衍生工具市场产生的原因

1. 规避金融管制

规避金融管制是金融工具不断创新的一个推动力。西方很多创新工具是由美国金融机构创造的，其原因就是美国金融业受政府管制较严。因此，可以说，金融管制愈严，金融创新的推动力就愈大，金融工具创新也就愈活跃。

2. 技术革新

随着信息技术革命的开展及其在经济领域中的运用，金融全球化得到进一步发展。科学技术特别是电子计算机的不断进步与广泛运用，使得金融业有可能向客户提供各种质优价廉的金融工具与金融服务，1990年芝加哥金属交易所和路透社控股公司联合开办了全球交易体系，它把全球电脑终端联结起来，使加入该系统的会员能在全球进行期货、期权交易。全球交易体系可以说是当今科学技术在金融界运用的结果。

3. 降低风险

20世纪70年代以后,由于西方国家通货膨胀的加剧及浮动汇率的实施,企业及个人面临着巨大的利率风险和汇率风险,金融期货、期权及互换业务等新型的金融衍生工具的产生,都是为了满足客户减少利率与汇率风险以达到保值或赢利的要求。在各种创新的金融工具中,为减少利率与汇率风险而创新的工具占有相当大的比重。

(二)金融衍生工具市场的特点

1. 杠杆性

杠杆性是金融衍生交易的最显著的特征之一,即交易者能以较少的资金成本控制较多的投资,从而提高投资的收益,达到"以小博大"的目的。金融衍生工具在交易时一般只需缴存一定比例的押金或保证金,便可以得到相关资产的经营权和管理权,杠杆特征十分突出。

2. 风险性

金融衍生工具是在国际金融市场动荡不安的环境下为投资者交易保值和防范风险的一种金融创新,但是其内在的高杠杆性和工具组合的高复杂性、高技术性决定了金融衍生工具的高风险性。金融衍生工具市场的风险主要有市场风险、信用风险、流动性风险、操作风险、法律风险和管理风险。

3. 虚拟性

虚拟性是指金融衍生工具的价格运动过程脱离了现实资本的运动,但却能给持有者带来一定收入的特征。由于虚拟资本的增值可以不依赖于产业资本和商业资本的运动,金融衍生资产的交易日益独立于现实资本运动之外。

(三)金融衍生工具市场的作用

1. 完善国家金融市场体系

金融衍生工具市场的发展对完善国家金融市场体系,提高金融运作效率,维护金融安全有重要意义。金融衍生工具市场的出现与发展,为投资者提供了新的投资途径、为融资者提供了新的融资渠道,有利于改善资本配置,分散经济风险,降低融资成本,刺激经济增长。

2. 推动了现代金融市场的发展

金融衍生产品交易是现代金融市场的重要内容,金融衍生工具市场提供的金融衍生产品合约和交易平台,推动了现代金融市场的发展,对提高金融竞争力有重要的意义。一个国家金融衍生产品越发达,功能越完善,对国际资本的吸引力就越大,在国际金融市场的竞争力就越强。

3. 提高风险管理能力

金融衍生工具市场特有功能与提供的金融衍生产品是金融市场风险管理的基础和手段,对国内金融机构分散金融风险,提高风险管理能力,减缓国际金融风险的冲击有重要意义。金融衍生工具市场的一个重要功能是低成本地实现风险的分散和转移,金融衍生工具具有一种与生俱来化解各种风险的能力,并将这种风险分配给那些最有能力且又最愿意化解各种风险的投资者。

(四)金融衍生工具市场的参与者

金融衍生工具市场有四大类参与者:保值者、投机者、套利者和经纪人。

保值者参与金融衍生工具市场的目的是降低甚至消除他们已经面临的风险。

投机者与保值者相反,投机者希望增加未来的不确定性,他们在基础市场上并没有净头寸或需要保值的资产。他们参与金融衍生工具市场的目的在于赚取远期价格与未来实际价格之间的差额。

如果说投机者取得利润需要承担一定的风险,那么套利者的利润来得很轻松,他们通过同时在两个或两个以上的市场进行交易,而获得没有任何风险的利润。

经纪人作为交易者和客户的中间人出现,促进金融衍生工具的交易。

(五)金融衍生工具市场的类型

按照交易场所的不同,金融衍生工具市场分为交易所市场和场外市场(柜台交易市场);按照交易类型的不同,金融衍生工具市场可分为金融远期市场、金融期货市场、金融期权市场和金融互换市场(本节重点介绍此种分类)。

二、金融远期市场

金融远期合约是买卖双方约定在未来某个时期按确定的交易价格交割一定数量的特定金融资产的合约。买卖金融远期合约的行为及场所就是金融远期市场。金融远期合约主要包括远期利率协议和远期外汇合约两类。

(一)远期利率协议

远期利率协议是交易双方为规避利率风险或利用未来的利率波动进行投机而签订的协议,交易双方约定,从未来某一商定的日期开始,在一段特定的时期内按约定利率借贷一笔数额确定的名义本金。通常选择一种利率为参照利率,协议中约定的利率称协议利率,实际上就是远期利率,远期利率水平是假设在无风险套利的情况下,依据利率的期限结构,由一系列即期利率计算得出的。名义贷款人并不向名义借款人实际转移借贷资金,双方只是在交割日根据协议利率和参与利率之间的差额以及名义本金额,由交易的一方向另一方支付结算金。如果参与利率高于协议利率,协议的卖方向买方提供补偿;如果参与利率低于协议利率,协议的买方向卖方提供补偿。

(二)远期外汇合约

远期外汇合约是外汇买卖双方约定在未来某个时期按约定的远期汇率、币种、金额进行交割的合约。

远期汇率并不是未来的即期汇率,它是预先约定的未来交割时的汇率,在合约中一经确定就不能改变。远期汇率与现时的即期汇率之间的差额即远期差价,主要取决于两种货币之间的利差。在市场平衡的情况下,远期差价率应等于两国货币的利差。

远期外汇交易的目的主要是避免汇率变动的风险。为了达到这一目的,最基本的交易策略是套期保值。套期保值是指交易者基于自身持有的一笔外币资产或负债、卖出或买进与之数额相同、期限一致、币种相同的一笔远期外汇，使这笔资产或负债的价值不受汇率变动的影响。

三、金融期货市场

金融期货合约是指交易双方约定在未来某一特定时期按约定条件交割某一特定金融工具的标准化协议。买卖金融期货合约的行为及场所就是金融期货市场。

(一)金融期货交易与金融远期交易的区别

金融期货合约与金融远期合约都是延期交割合同，但二者又有着许多不同：

(1)所有期货合约的交易都在交易所内进行，交易双方并不直接接触，而是各自与清算机构结算；远期合约则是在场外由双方谈判达成交易。

(2)期货合约是标准化的协议，每份合约的标的数量、品质、期限、交割地点、交割方式、交割期限等都由交易所统一规定，以便简化交易；远期合约的内容则由交易双方协商确定。

(3)期货合约中需要进行实际交割的比例很低，标准化的期货合约流动性强，交易成本低，大部分期货合约在交割前被抵消；远期交易由于非标准化，交易成本高，且有一定违约风险，很少有二级市场，绝大部分会进行实际的交割。

(4)期货合约的价格变动幅度一般要受到交易所的限制，其价格具有连续性，在同一时间上，同类合约一般在同一价格上成交；而远期合约的价格变动不受限制。

(5)期货合约需要交纳保证金，进行钉市操作，因此期货合约实际上是每日进行结算，而不是到期结算，而且由于有保证金作为担保，期货交易的违约率很低；远期交易一般无保证金要求。

(二)金融期货市场的功能

(1)金融期货合约的产生为现货市场提供了一条转移价格风险的渠道。保值者利用期货市场，可以将未来的价格固定下来，使未来价格变动的结果保持中性化，达到保值的目的。

(2)期货市场将风险从规避风险的保值者那里转移给愿意承担风险的投机者，从而将市场价格变动导致的风险从正常实际经营活动中分离出来。

(3)金融期货市场还具有价格发现的功能。在没有期货交易的条件下，市场价格是在买卖各方分散交易的情况下在现货市场上形成的，而期货市场是一个正规化的统一市场，能够反映大多数交易者对现在与未来的资金供求形势以及价格变动的综合观点，在一定程度上代表着对未来价格水平和收益变动的预期，对标的资产的现货价格会产生重要影响。

(三)金融期货的种类

1. 外汇期货

外汇期货也称货币期货，外汇期货合约是约定在未来以确定的汇率交割某种外汇的标准化契约。外汇期货是最早出现的期货。

外汇期货的套期保值主要是通过空头和多头两种交易方式进行的。若交易者将来会有一笔外汇收入，就卖出相同数额的同种外汇期货，即作为空头套期保值，以消除因汇率变化可能带来的损失；多头交易与此相反，若交易者将来要支付一笔外汇，就买进相同数额的同种外汇期货，即作为多头套期保值。

外汇期货投机则是买空卖空交易。买空交易是指投机者预期外币期货合约的价格将会上涨，于是先买进某一月份的该种外币期货合约，一旦预测成为现实，就可将先前买进的合约卖出，从中赚取价差。卖空交易的操作与此相反，指投机者预期外币期货合约的价格将下跌，于是先卖出某一月份的该种外币期货合约。

2. 利率期货

利率期货是交易双方以预先确定的价格约定在将来某一特定时期买进或卖出一定数量的特定金融产品的金融期货交易。利率期货价格的决定与远期利率有密切关系。最有代表性的品种是短期国库券期货合约和中长期国债期货合约以及欧洲美元存款期货，此外还有各种商业票据期货、大额存单期货、市政债券期货等。

3. 股票指数期货

股票投资者面临着系统性风险和非系统性风险，虽然可以通过多样化的投资组合来降低个别股票价格波动的非系统性风险，但却无法降低股市全面波动的系统性风险。于是，股票指数期货应运而生了。

股票指数期货的主要特点是：它不以某种特定的金融工具作为交易标的，而以股价指数作为交易标的，交易双方在交割时不可能转移金融工具，而是采取现金差额结算方式。股票指数期货合约的单位价格是股价指数乘以一个固定金额。股指期货合约是根据结算日指数与约定值的差异计算盈亏，并以现金结算。

四、金融期权市场

在金融市场上，期权合约是指赋予期权的购买者在规定日期内按约定价格购买或出售一定数量的某种金融工具的权利的合约。在期权合约中，双方约定的价格称为执行价格或敲定价格，也称协议价格。期权买方获得在到期日或规定期限内任何时间购买或出售某种金融工具的权利。期权持有者可以根据市场形势是否对自己有利决定行使权利或放弃权利。对期权卖方来说，当期权买方要求行使其权利时，卖方必须按协议价格履行合约。期权的卖方将选择权赋予买方时，买方需要向卖方支付期权价格或期权费，不管其是否行使权利，都不能收回期权费。因此，期权合约实际上买卖的是一种买或卖的权利。

期权这种金融衍生工具的最大魅力，在于可以使期权买方将风险锁定在一定范围之内。期权对于买方来说，可以实现有限的损失和无限的收益，对于期权的卖方则恰好相反，损失无限而收益有限。

（一）金融期权交易与金融期货交易的区别

金融期权交易与金融期货交易都属于延期交付合约，但两者存在明显的区别。

（1）期权交易双方权利义务不对等。期权合约的买方拥有决定是否行使权利的选择权,而期权合约的卖方则只有应买方要求履行合约的义务,没有选择的权利。期货合约的双方权利和义务是对等的。

(2)期权交易双方的风险和收益不对称。期权买方承担的风险仅限于损失期权费,而其盈利可能是无限的。期权卖方获得的盈利是有限的,即其收取的期权费,而亏损风险可能是无限的。期货交易双方的盈亏风险是一致的,一方获利就是另一方的亏损。

(3)期权合约不仅可以在交易所内集中交易,而且拥有相当规模的场外交易。在场外交易的期权合约是非标准化的。期货合约全部集中在交易所交易,且都是标准化的。

(4)期权合约在交易所进行交易时,卖方要按交易所的规定交纳保证金,期权买方的亏损仅以期权费为限,因而无需交纳保证金。在期货交易中,双方都必须交纳保证金。

(二)金融期权的种类

金融期权的种类很多,创新品种层出不穷,可以根据交易者的特殊需要进行设计,还可以将不同的期权品种加以组合。这里主要介绍期权的基本类型。

1. 根据期权买方的权利分类

看涨期权。期权买方拥有在规定期限内或到期日按约定价格买进某种金融工具的权利。当投资者预期某种金融工具市场价格将上升时,就可能购买看涨期权,若该金融工具的价格上升到一定的水平以上,投资者即可获利。

看跌期权。期权买方拥有在规定期限内或到期日按约定价格卖出某种金融工具的权利。当投资者预期某种金融工具市场价格将会下降时,则可能购买看跌期权,若该金融工具的价格下降到一定水平以下,投资者可以获利。

2. 根据行使期权的时间分类

欧式期权。期权持有者只能在到期日执行或放弃执行期权。

美式期权。期权持有者可以在到期日以及到期日以前的任何时间执行期权,或在到期日放弃执行期权。

3. 根据期权合约的标的物分类

现货期权。主要包括外汇期权、股票期权、股价指数期权、利率期权。

期货期权。是以各种金融期货合约作为标的物的期权,如外汇期货期权、利率期货期权、股票指数期货期权等。

复合期权。是以期权合约作为标的物的期权,又称为期权的期权。

五、金融互换市场

金融互换是两个或两个以上的当事人按照商定条件,在约定的时间内,交换一系列现金流的合约。表面上看,互换是一种新型的衍生工具,但实际上,互换可以分解为衍生工具的组合,比如利率互换可以看成几个远期合约的组合。

(一)金融互换的功能

金融互换市场作为金融创新工具市场中发展最快的市场之一,其在功能上有独特的发展优势。

1. 规避风险的功能

某种货币的币值极不稳定,而该货币又是某交易者想要的货币时,通过货币互换足以用一种货币换得想要的币值相对稳定的货币,结果避免了因币值易变风险而带来的损失。

2. 降低筹资成本功能

当一家企业或机构在某一市场具有筹资优势,而该市场与该企业或机构的所需不符时,通过互换可以利用具有优势的市场进行筹措而得到在另一个市场上的所需。如具有信用级别差异的双方,作数额、币别、期限相同的负债互换,以伦敦银行同业拆借利率成本筹资,信用级别差的一方也可用低于自己单独筹资的利率成本获得资金,这样双方均可以较低的成本满足其最终的需求。

3. 加强资产负债管理功能

互换是以名义本金为基础进行的,利率互换在对资产和负债利率暴露头寸进行有效操作中具有比利用货币市场和资本市场进行操作的优势,它可以不经过真实资金运动而对资产负债额及其利率期限结构进行表外重组。在负债的利率互换中,付固定利率相当于借入一笔名义浮动利率债务,会延长负债利率期限;付浮动利率相当于借入一笔名义浮动利率债务,会缩短负债利率期限。而在资产利率互换中,收固定利率等于占有一笔名义浮动利率债权,会延长资产的利率期限,而收浮动利率等于占有一笔名义浮动利率债权,会缩短资产的利率期限。

(二)金融互换的主要类型

根据基础产品的不同,互换可以分为货币互换、利率互换、股票互换、商品互换,而最常见的是货币互换和利率互换。下面我们主要介绍这两种互换。

1. 货币互换

货币互换是指交易一方拥有一定数量的资本和由此产生的利息支付,另一方拥有另一种货币相应的资本以及因此承担的利息支付义务,交易双方将各自拥有的资本和付息义务进行交换。实现交换的前提是,首先交易双方要分别需要双方拥有的币种,其次是所持资本的数值、期限相同。通过货币互换能降低筹资成本;能预先锁定汇率、利率,规避了汇率风险和利率风险。

2. 利率互换

利率互换是指交易双方按照事先商定的规则,以同一种货币、相同金额的本金在相同的期限内,相互交换以不同利率计算的资产或货币的支付行为。在利率互换中,初期或到期日都没有实际本金的交换,交易双方只是按照事先商定的本金交换利息的支付。在利率互换中,市场浮动利率是以伦敦银行同业拆借利率(LIBOR)为基准的,参与交易的各方根据各自的情况在 LIBOR 上附加加息率作为自己的浮动利率。

【本章小结】

1. 金融市场是办理货币资金借贷、买卖各种票据和金融工具的场所,是不同于普通商品市场的特殊市场。金融市场的构成要素主要包括交易主体、交易客体、交易组织形式、交易价格等。金融市场具有聚集资金、优化配置资源、综合反映及宏观调控的功能。

2. 金融市场按不同的标准可分为货币市场与资本市场、一级市场与二级市场、现货市场与期货市场等。

3. 货币市场包括票据市场、同业拆借市场、国库券市场、大额可转让定期存单市场以及回购协议市场；资本市场包括债券市场与股票市场。

4. 资本市场的资金供应者为各金融机构，如商业银行、储蓄银行、人寿保险公司、投资公司、信托公司等。资金的需求者主要为国际金融机构、各国政府机构、工商企业、房地产经营商以及向耐用消费品零售商买进分期付款合同的销售金融公司等；资本市场可以分为发行市场和流通市场。

5. 证券交易所是专门的有组织的各种有价证券交易的场所。

6. 金融衍生工具市场有四大类参与者：保值者、投机者、套利者和经纪人；按照交易场所的不同，金融衍生工具市场可分为交易所市场和场外市场。按照交易类型的不同，金融衍生工具市场可分为金融远期市场、金融期货市场、金融期权市场和金融互换市场。

【重要名词术语】

金融市场　一级市场　二级市场　货币市场　资本市场　同业拆借　票据贴现　回购协议　注册制　核准制　公募发行　私募发行　直接发行　间接发行　现货交易　期货交易　期权交易　证券交易所

【复习思考题】

1. 证券发行市场与证券流通市场有何关系？
2. 期货交易与期权交易有何区别？
3. 金融市场有哪些功能？
4. 影响股票价格的主要因素有哪些？
5. 货币市场与资本市场有何区别？
6. 金融衍生工具市场的种类有哪些？

【案例分析】

亚投行支持"一带一路"建设

亚洲基础设施投资银行（简称亚投行，Asian Infrastructure Investment Bank，AIIB）是一个政府间性质的亚洲区域多边开发机构。它重点支持基础设施建设，成立宗旨是为了促进亚洲区域的建设互联互通化和经济一体化的进程，并且加强中国及其他亚洲国家和地区的合作，是首个由中国倡议设立的多边金融机构，总部设在北京，法定资本1000亿美元。截至2018年5月2日，亚投行有86个正式成员。

2013年10月2日，习近平主席提出筹建倡议，2014年10月24日，包括中国、印度、新加坡等在内的21个首批意向创始成员国的财长和授权代表在北京签约，共同决定成立亚投行。2015年12月25日,亚洲基础设施投资银行正式成立。2016年1月16日至18日,亚投行开业仪式暨理事会和董事会成立大会在北京举行。亚投行的治理结构分理事会、董事会、管理层三层。理事会是最高决策机构,每个成员在亚投行有正副理事各一名。董事会有12名董事,其中域内9名,域外3名。管理层由行长和5位副行长组成。

成立亚投行主要有三个目的:人民币国际化、"一带一路"倡议的大规模融资、国内基础设施建设过剩产能的输出。美国通过其在金融领域的强势地位对外转移危机,先是美元泛滥,现在是强势美元,各国深受美元霸权之害,中国通过亚投行推进人民币国际化进程,也得到了各个国家的支持。

"一带一路"倡议可以给各国带来实惠,但是需要巨额投资,必须融资,所以亚投行这样的机构就成为必需。国内东部沿海基础设施建设高峰期已过,而西部地区需求不足,导致产能严重过剩,"一带一路"倡议需要的大量建设正好解决了国内的产能过剩问题。主导建立亚投行,可以保证各国在融资和建设时,优先选择较大比例的中国基建企业,保证中国过剩产能的输出。

资料来源:https://www.zhihu.com.

案例思考:

1. 亚投行是什么性质的金融机构?
2. 亚投行是如何支持"一带一路"建设的?
3. 亚投行能为"一带一路"沿线国家带来什么利益?

【延伸阅读】

1. 林义相. 金融资产管理. 北京:北京大学出版社,1996.
2. 刘红忠. 金融市场学. 上海:上海财经大学出版社,2015.
3. 弗雷德里克·S. 米什金,等. 金融市场与金融机构. 原书第7版. 丁宁,译. 北京:机械工业出版社,2013.
4. 张亦春,郑振龙. 金融市场学. 北京:高等教育出版社,2013.
5. 张薇薇,徐桂华,冯博,等. 金融市场学. 北京:清华大学出版社,2017.

第六章 商业银行

当一个政府依赖银行家的金钱时,掌握着局势的便是银行家,而不是政府的领导人,因为给钱的手始终高于拿钱的手。金钱没有祖国,金融家不知道何为爱国和高尚,他们的唯一目的就是获利。

——拿破仑

商业银行又称存款银行或存款货币银行,是以追求最大利润为目标,通过多种金融负债筹集资金,以多种金融资产为其经营对象,并能利用负债进行信用创造,同时向客户提供多功能、综合性服务的金融企业。商业银行是各国金融体系中的业务主体,是货币进入流通领域的最后一道闸门。它的业务活动与社会经济生活密切相关,在日常经济生活中发挥着重要的作用。

通过本章的学习,你将能够了解和掌握以下知识:
- 商业银行的起源与发展;
- 商业银行的性质与职能;
- 商业银行的业务活动;
- 商业银行经营管理理论及方法。

第一节 商业银行的起源与发展

一、商业银行的产生

最早的银行是怎样产生的?语言学和词源学描述了一个有关银行起源的有趣故事。拉丁语"Banco"、古法语"Banque"和意大利语"Banca"在一个世纪前被用来描述"板凳"或"货币兑换商的桌子",历史学家认为这些描述与两千多年前早期的银行家有关。

早在公元前2000年的古巴比伦以及古代的希腊和罗马,就有了银钱业主和货币兑换商。这些早期的金融活动家通常聚集在寺庙、集市或港口的周围,为各国的朝拜者、经商者兑换当地的货币,或者替他们保管货币。除了货币的兑换和保管之外,他们还为往来的客商提供异地支付服务。

银钱业主和货币兑换商通过从事货币的兑换、保管及异地支付业务,集聚了大量的货币。由于所有存款人不会同时提取他们所托管的货币,银钱业主只需将所收存款的一部分留在自己手中,以备日常的提款需要,其余的则可以放贷出去,收取利息。为了获得更多的资金,发放更多的贷款,货币兑换商便从原来被动接受客户委托保管货币,转而变为积极主动地揽取货币保管业务，并降低保管费甚至不收保管费，后来发展到给委托保管货币的客户一定的好处直至支付利息，这样，货币保管业务便逐渐演变成了存款业务。同时，货币兑换商根据经验，改变了以前实行的全额准备以防客户提现的做法，实行部分准备金制度，所吸收的其余存款则用于发放贷款以获取利息。此时，货币兑换商演变成为集存款、贷款、汇兑、支付和结算业务于一身的早期银行家了。

从银行的发展历史来看，现代银行起源于意大利。早在1272年，意大利的佛罗伦萨出现了一家名为巴尔迪的银行；1310年，又有佩鲁齐银行设立。后来因为债务问题，这两家银行于1348年倒闭。到1397年，意大利设立了麦迪西银行，10年后又成立了热那亚圣乔治银行。这些银行都是一些富有家庭为经商方便而设立的私人银行，比较具有近代意义的银行则是1580年建立的威尼斯银行。此后，米兰银行(1593年)、阿姆斯特丹银行(1609年)、汉堡银行(1619年)、纽伦堡银行(1621年)和鹿特丹银行(1635年)相继成立。

银行业的扩张是随着古希腊和古罗马的古典文明向北欧和西欧渗透的同时进行的。随着15—17世纪新的陆路商品交易路线的开辟和航海技术的进步，世界商业中心逐渐由地中海向西欧、北欧和不列颠群岛转移。在这段时期，工业革命开始萌芽，而此时正需要发育成熟的金融系统，特别是社会化大生产需要全球贸易的扩张来吸收工业产出，需要新的支付和信贷的方法，而能够满足这些需要的银行借此机会得到了飞速的发展。

17世纪中叶，在英国出现了由金匠业等演变为银行的过程。1653年，英国建立了资本主义制度，英国的工业和商业都有了较大的发展。工商业的发展需要有可以提供大量资金融通的专门机构与之相适应。金匠业在原来为统治者提供金融服务、经营债券、办理贴现等业务的基础上，又以自己的信誉作担保，开出代替金属条块的信用票据，它们被人们广泛接受，并具有流通价值，至此，更具近代意义的银行产生了。

二、商业银行的发展

商业银行是商品经济发展到一定阶段的必然产物，并随着商品经济的发展不断完善。在金融服务业中，商业银行是历史最悠久、业务范围最广泛的金融组织形式。商业银行在商品交换和市场经济的发展中孕育、演变并不断发展。经过几百年的演进，现代商业银行已成为各国经济活动中最主要的资金配置机构和金融服务机构，并成为各国金融体系中最重要的组成部分。

商业银行的产生主要通过以下两种途径：一是从旧式的高利贷银行转变而来。早期银行发放的贷款主要是高利贷。随着资本主义生产关系的确立，高利贷因利息过高而影响了资本家的利润，阻碍了资本主义经济的发展，此时高利贷银行面临着贷款需求锐减的困境。为适应社会化生产的需要，在17—18世纪，西方各国纷纷开展了反对高利贷的斗争，要求以法律的形式限制贷款利息水平，使生息资本从属于商业资本和产业资本；同时，随着资本主义制度的建立，高利贷性质的银行逐渐适应了新的资本主义经济条件，顺应时代潮流，扩大信用功能，降低贷款利率，转变为商业银行。二是按资本主义原则组织，以股份公司形式组建而成现代商业银行，大多数商业银行是按这一方式建立的。1694年在英国政府支持下由私人创办的英格兰银行是最早出现的股份制银行。英格兰银行的成立，标志着现代银行制度的建立，也意味着高利贷在信用领域的垄断地位已被动摇。新成立的英格兰银行实力雄厚，规模巨大，且以较低的利率向工商企业贷款，成为当时现代商业银行的典范。

继英格兰银行之后，欧洲各国也相继建立了资本主义银行制度。到18世纪末、19世纪初，现代银行得到了普遍发展。一些比较发达的资本主义国家除最早设立商业银行外，还陆续建立了多种形式的商业银行和非银行金融机构，银行的业务也逐渐向多功能的全面金融服务扩展。

三、我国商业银行的起源与发展

我国的货币信用业务和信用机构的产生均早于欧洲。西周时期就有了官府向居民赊贷实物或货币的信用机构，称为"泉府"。"泉"即货币，"府"指店铺。南北朝时，出现了我国最早的典当业。唐代的信用机构主要有质库和柜房。北宋有专门经营"银钱钞引"的钱铺和质库。元代有经营金银买卖与铸币兑换的银匠铺。明朝出现了从事货币兑换业的钱庄。清朝乾隆年间，又产生了一种信用机构——票号。钱庄和票号是与银行非常相似的金融机构，在中国金融业的发展史上具有重要地位。

至于资本主义性质的银行，在我国自设银行之前，由于西方列强在政治、经济、军事等方面的侵略，外国金融势力也随之侵入我国。英国最先于1845年在广州设立了丽如银行，接着其他西方国家也纷纷来华开设银行。在外国资本入侵的刺激下，19世纪60年代，清政府内部的"洋务派"开始创办军事工业，以后又由军事工业扩展到民用工业。在中国民族资本主义经济初步发展的基础上，1897年5月，我国在上海成立了第一家民族资本银行——中国通商银行，它的成立标志着中国现代银行业的创始。随后又有一些民族资本或半官半商的银行成立。1904年，成立了官商合办的户部银行（1908年改为大清银行，1912年又改为中国银行）；1907年，设立了交通银行，也为官商合办性质。与此同时，一些股份集资或私人独资兴办的较典型的民族资本商业银行也开始建立。第一次世界大战及其后的几年，随着民族资本主义工商业的发展，中国的民营资本银行业有一个较快的发展过程，仅在1912—1927年间就新设立了186家银行。

1927年以后，在国民党当政期间，官僚垄断全国金融及金融机构的进程系统地开始了，其中包括以多种形式渗入和控制国内各大商业银行。1949年前我国主要的商业银行除由国民党政府直接控制的中国银行、交通银行和中国农民银行外，还有人称"小四行"的中国通商银行、四明银行、中国实业银行和中国国货银行，它们是官商合办的商业银行；有江浙财团的"南三行"——浙江兴业银行、浙江实业银行和上海商业储蓄银行，它们也受到官僚资本的控制；还有人称"北四行"的盐业银行、金城银行、中南银行和大陆银行，它们虽未被直接控制，但实际上也并不是超然独立的。此外，还有几家较大的商业银行以及众多的中小商业银行，它们也都或多或少或直接或间接地受控于国民党官僚资本银行体系。

☞ 专栏 6-1

山西票号——中国最早的信用机构

票号，产生于19世纪20年代初，是清末主营货币汇兑业务、兼营存放款业务的私营金融机构。由于票号多是山西人经营，人们常称之为"山西票号"，外国人称其为"山西银行"。"山西票号"曾兴盛近一个世纪，几乎垄断了当时全国的汇兑业务，享有"汇通天下"之美誉，创造了盛极一时的辉煌历史，山西也一度成为当时中国的金融中心。

以前用起镖运送现银的办法费时误事，开支大，不安全。嘉庆、道光年间，民间有了信局，通行于各省，官吏及商人迫切要求以汇兑取代运现，遂诞生了票号，从而解决了运送现银的困难，加速了资金周转，促进了商业繁荣。

票号产生于道光年间。最早，山西平遥人雷履泰代替别人管理一家名叫"日升昌"的颜料铺，由于颜料铺的生意兴隆，雷履泰把经营范围扩大到了四川，经常到四川采购颜料。但是，出入四川采购颜料必须随身携带大量的现金，在以行路难著称的蜀道上长途跋涉，风险极高，一旦碰到抢劫的土匪，后果不堪设想。于是雷履泰就决定由"日升昌"开出票据，凭票据到四川指定的地点可以兑换现银，这种票据类似于我们今天的汇票，大大提高了支付的效率，降低了交易中的风险。雷履泰用金融票据往来的方式代替了施行几千年的商业往来必须用金、银作支付和结算手段的老办法。在意识到这种新结算方式的发展前景后，雷履泰干脆把"日升昌"改造成了一家专门的票号。

"日升昌"是一家特殊的商号。它的与众不同是因为它经营的商品不是一般的货物，而是金融票据、存款、贷款和汇款等业务，它是中国历史上第一家做这种生意的商号。雷履泰虽然只开办了"日升昌"这一家票号，但他实际上是开创了一个全新的行业。在此后的一百多年时间里，别人仿效"日升昌"的模式，开设了许多类似的票号。

第二节 商业银行的性质和职能

一、商业银行的性质

商业银行是以多种金融负债筹集资金，以贷款为主的多种金融资产为其经营对象，能利用负债进行信用创造，管理金融风险，并向客户提供多功能、综合性服务的金融企业。

首先，商业银行具有一般企业的特征。商业银行拥有业务经营所必需的自有资本；实行独立核算、自负盈亏；过去大多数商业银行的经营目标是利润最大化，近年来，也有许多股份制银行宣称其经营目标是股东利益最大化，其实这两者并无实质性区别。在稳健经营的前提下，获得最大利润既是商业银行产生和经营的基本前提，也是商业银行发展的内在动力和回报股东的切实保证。

其次，商业银行又不同于一般的企业，是经营货币资金、提供金融服务和进行金融风险管理的金融企业，是一种特殊的企业。商业银行的活动范围不是一般的商品生产和商品流通领域，而是货币信用和金融服务领域。一般的企业创造的是使用价值，而商业银行除了提供金融服务以外，还能创造能够充当一般等价物的存款货币。

最后，商业银行不同于其他金融机构。与中央银行相比较，商业银行是为工商企业、公众及政府提供金融服务的金融机构，而中央银行是只向政府和金融机构提供服务的具有银行特征的政府机关。中央银行创造的是基础货币，并在整个金融体系中具有超然的地位，承担着制定货币政策、调控经济运行、监管金融机构等职责。与其他金融机构相比较，商业银行是经营网点最多、服务范围最广的金融机构。

长期以来，只有商业银行能够吸收可签发支票的活期存款，因而独具创造货币的功能。但随着金融自由化和金融创新的发展，在有些国家，如美国，有些经过特许的商店可以提供类似支票的可兑现"支付命令"（order）；由于提供可以透支的信用卡，众多信用卡公司也因而具有部分创造货币的功能。从发展的趋势来看，商业银行与其他金融机构的区别已经不像过去那样明显了。商业银行经营业务和提供服务的范围越来越广，现代商业银行正朝着"万能银行"和"金融百货公司"的模式发展。

二、商业银行的职能

商业银行的职能是其本质属性的延续和具体体现，是本质属性所固有的功能。商业银行在现代经济活动中发挥的功能主要有信用中介、支付中介、信用创造和金融服务四个方面。

（一）信用中介

信用中介是商业银行最基本也是最能反映其经营特征的职能。一方面，商业银行通过吸收存款等方式动员和集中社会再生产过程中一切闲散的货币资金，使之转化为银行的信贷资金，形成其重要的资金来源；另一方面，商业银行则把这些集中起来的货币资本以贷款和投资的方式投向社会经济的各个领域。商业银行的这一职能作用不仅使闲置的货币资本能够得到充分的运用，解决产业资本运动中资本闲置与资本增值的矛盾，而且通过商业银行发挥积少成多，续短为长的作用，克服了职能资本家之间直接借贷时在资本数量、借贷期限上不易取得一致的矛盾，能充分利用现有资本，促进生产的扩大。

（二）支付中介

商业银行作为货币经营机构，具有为客户保管、出纳和代理支付货币的功能，这就是支付中介职能。现代商业银行的支付中介和信用中介职能已紧密结合，只有当客户在商业银行具有一定存款时，银行才能为客户代理支付和兑付现款，若客户存款不足，可以向银行申请贷款，而贷款又会转化为存款，又需要进一步办理转账支付和提取现金等。

商业银行的支付中介职能一方面大大减少了现金的使用量和流通量，节约了成本；另一方面加速了结算过程和货币资金的周转，相当于增加了生产资金的总量，促进了社会再生产的扩大。

(三)信用创造

在信用中介和支付中介的基础上,产生了信用创造职能。商业银行的信用创造职能包括两层含义:一是创造信用工具,如支票、本票等;二是创造信用量。前者是后者的工具。商业银行利用吸收的存款发放贷款,在转账结算的基础上,贷款转化为新存款,若该笔新存款不完全提现,既增加了商业银行的资金来源,又可用于发放新的贷款,而贷款再形成新存款。如此往复,此活动将一直持续,最后在整个银行体系形成数倍于原始存款的派生存款。除原始存款外,派生存款都是商业银行利用信用工具所创造的信用增量。

当然,在经济运行的实践中,商业银行的信用创造绝不是无限的,它受限于原始存款的规模大小、中央银行的存款准备金率、商业银行自身的现金准备率、客户的存款提现率以及是否有足够的贷款需求等。商业银行的信用创造职能能够充分发挥货币对经济的第一推动力和持续推动力作用。

(四)金融服务

随着经济的不断发展,企业的经营环境日趋复杂,银行间的竞争也日益激烈。银行由于交际面广、信息灵通,特别是当电子计算机技术在银行业务中被广泛应用后,银行因此具备了为客户提供信息服务的硬件和软件。企业生产和流通专业化的发展,又使得企业把许多原来单纯的钱物交换转化成为转账结算。

同时,经济的不断发展也从很多方面对商业银行提出了金融服务的更高要求。在激烈的竞争压力下,为了加强与客户的信用联系,加强竞争能力,以取得高额利润,各家商业银行通过金融服务业务的发展,进一步促进资产负债业务的扩大,并把资产负债业务与金融服务结合起来,开拓新业务领域,为客户提供诸如信托、租赁、保管、咨询等金融服务。在现代经济生活中金融服务已成为商业银行的主要职能。

第三节 商业银行的业务

商业银行的传统业务分为三类,即负债业务、资产业务和中间业务,其中,前两者统称为信用业务。随着金融业的发展,尤其是20世纪70年代以来,金融创新席卷全球,商业银行的业务活动已远远超过了传统业务的范围,出现了大量的表外业务。

一、商业银行的负债业务

商业银行的负债业务是指形成其资金来源的业务,它是商业银行开展其他业务活动的基础。商业银行的全部资金来源包括自有资本金、吸收存款以及借入款等。

(一)商业银行的自有资本

任何一个经济单位都必须具有一定数量的自有资本。商业银行也不例外,其自有资本是开展其他各项业务的本钱,是吸收外来资金的基础。但由于商业银行是特殊的金融企业,作为信用中介机构和信用创造机构决定了它所拥有的自有资本在全部资金来源的比重较小。1988年《巴塞尔协议》规定,商业银行资本总额占加权风险资产总额的比例不得低于8%,其中核心资本占加权风险资产总额的比例不得低于4%。

☞ **专栏6-2**

巴塞尔协议

《巴塞尔协议》是1988年7月在瑞士巴塞尔通过的《关于统一国际银行的资本计算和资本标准的协议》的简称。该协议第一次建立了一套完整的国际通用的、以加权方式衡量表内与表外风险的资本充足率标准,有效地遏制了与债务危机有关的国际风险。

2004年6月26日巴塞尔银行监管委员会(简称"巴塞尔委员会")通过的《新巴塞尔资本协议》,保持了与《巴塞尔协议》的连续性和一贯性,同时又有新的发展。《新巴塞尔资本协议》将风险扩大到信用风险、市场风险、操作风险和利率风险。巴塞尔委员会建立了一套国际通用的以加权方式衡量表内与表外风险的资本充足率标准,并提出"三大支柱":一是最低资本要求,二是监管当局对资本充足率的监督与检查,三是银行业必须满足的信息披露要求。

2010年制定的《巴塞尔协议Ⅲ》规定,提高商业银行各个级别的资本充足率比率。一级资本充足率下限由4%提高至6%,由普通股构成的核心一级资本充足率由2%提高至4.5%,同时计提2.5%的资本保护缓冲资金,这也就意味着实际有效的核心一级资本充足率达到了7%。《巴塞尔协议Ⅲ》的具体执行时间为2013年1月到2019年1月。

1. 商业银行的资本构成

商业银行的资本是指其为了正常的经营活动而投入的货币资金和保留的利润。出于三方面的原因,商业银行必须保有一定规模的资本:第一,银行资本可以预防银行破产;第二,资本的规模影响了银行所有者(股东)的回报;第三,满足金融监管当局对银行资本最低规模的要求。

《巴塞尔协议》将商业银行的资本分为两部分:一是核心资本,二是附属资本。

(1)核心资本

核心资本又叫一级资本,是商业银行资本中最稳定、质量最高的部分,银行可以永久性占用,可以长期用来消化在经营管理过程中所产生的损失。核心资本由股本和公开储备构成。公开储备是指通过保留盈余或其他盈余的方式在资产负债表明确反映的储备,如股票发行溢价、未分配利润和公积金等。核心资本至少占总资本的50%。

(2)附属资本

附属资本又叫二级资本,是商业银行资本中质量次于核心资本的部分。附属资本由未公开储备、重估储备、普通准备金、混合资本工具和次级长期债券构成。

2. 商业银行资本的功能

(1)经营性功能。银行资本在银行经营所需的固定资产和流动资金方面提供了最初的投入。

（2）保护性功能。当银行资产业务发生损失时，可保护存款者的利益。

（3）管理性功能。货币当局通过建立适度资本标准，限制银行任意扩张其资产规模，促使银行稳健经营。

(二)存款负债业务

商业银行最主要的资金来源就是其吸收的客户存款，存款业务是商业银行对存款客户的一种负债，是负债业务的主要内容，一般占总的资金来源的70%左右。客户向银行提供存款负债的规模和期限，在很大程度上取决于客户而非商业银行，这在一定程度上加大了商业银行合理安排资金使用的难度。从这个意义上说，商业银行的存款是一种被动型负债业务。商业银行存款按不同的方法可以划分为不同的类型。按存款的性质可分为活期存款、定期存款和储蓄存款。

1. 活期存款

活期存款是指不规定存款期限、客户可以随存随取、银行有义务随时兑付的存款，它是商业银行传统的存款业务。这种存款主要用于交易和支付用途的款项，支付时需使用银行规定的支票，因而又有支票账户存款之称。活期存款能够满足存款人存取方便运用灵活的需要，也是客户从银行获得贷款和服务的重要条件。因此，公司、个人、政府机构、社会团体、非银行金融机构都在银行开立活期存款账户，商业银行彼此之间也可以开立这种账户。银行通过吸收活期存款，取得了短期的资金来源，可用于短期贷款和投资，并获得收益，而且在存款客户存取的过程中，会形成一个相对稳定的余额，这些余额则可以用于中长期的贷款和投资。另外，经营活期存款的业务量大，存取频繁，有利于密切银行与顾客之间的关系。

活期存款流动性很大，存取频繁，手续繁杂，并且银行要为客户提供许多相应的服务，如存取、提现和转账等，因此商业银行经营活期存款需要付出大量的人力和物力，成本较高，一般不对活期存款支付利息。为了应对激烈的市场竞争，美国商业银行在活期存款中又创新出了可转让支付命令账户(NOW)、超级可转让支付账户(NOWs)、货币市场存款账户(MMDA)等产品，既可实现支付结算，又可支付一定的利息。

2. 定期存款

定期存款是指法人存款户与商业银行约定了一定期限的存款，其到期前一般不能支取。但习惯上商业银行往往给存户以通融，允许存户提前取款。定期存款的利率高低与期限长短成正比。定期存款存入时，银行一般是向存户出具存单，也有采取存折形式。过去，定期存单是不能转让流通的，从20世纪60年代起，美国纽约的花旗银行开始发行可转让的大面额定期存单，简称CDs，借此来吸收国内外的闲散资金。此外，还有货币市场存单(MMC)、定活两便存款账户(TDA)等创新产品。

3. 储蓄存款

储蓄存款是商业银行针对居民个人积蓄货币之需所开办的一种存款业务。这种存款通常由银行发给客户存折，以作为存款和取款的凭证，一般不能据此签发支票，支用时只能提取现金或先转入存户的活期存款账户。储蓄存款的存户通常限于个人和非营利组织，这些年来也有逐渐放宽到允许某些企业、公司开立储蓄账户的。储蓄存款以定期居多，但无论定期、活期，都要支付利息，只是利率高低有别。

(三)其他负债业务

商业银行的其他负债业务主要包括向向中央银行借款、同业拆借、发行金融债券等方式，是指商业银行在面临资金困难时以借入款形式形成资金来源的一项负债业务。

1. 向中央银行借款

商业银行资金不足，必要时可向中央银行借款。一般说来，商业银行向中央银行借款，其主要的、直接的目的在于缓解本身资金暂时不足的境况，而非用来牟利。商业银行向中央银行借款主要有两种形式：第一，再贴现。即商业银行把自己所持有的未到期的票据，如商业承兑汇票、国库券等，转卖给中央银行，取得所需资金。第二，再贷款。即商业银行用自己持有的合格票据、政府公债等有价证券作为抵押品向中央银行取得抵押贷款。各国中央银行对于再贷款和再贴现都限制较多，一般只针对商业银行资金临时调剂的紧急需要，而不能用于扩大银行的资产规模。

2. 同业拆借

同业拆借是商业银行之间以及商业银行与其他金融机构之间融通短期资金的一项传统业务，它是商业银行用于调剂头寸余缺的主要手段。同业拆借可通过各商业银行在中央银行的存款账户进行，即通过中央银行把款项从拆出行账户转到拆入行账户，或采取同业存款以及回购协议等形式进行。

银行同业拆借的期限均为短期，同业拆借又称"隔夜放款"、"买新卖新"等。我国同业拆借按期限划分，有1日、7日、14日、21日、1个月、2个月、3个月、4个月8种期限的同业拆借。

3. 发行金融债券

金融债券是商业银行为了筹措中长期稳定资金而发行的一种债务凭证。对于金融债券的购买者来说，它是一种债权证书，债券持有者有权从发行债券的银行取得固定利息，并到期收回本金；对于商业银行来说，则可以筹措一部分资金，形成商业银行的一项重要资金来源。

另外，商业银行还可通过回购借款、出售贷款或资产证券化、在国际金融市场借款等方式获取资金来源。

商业银行的其他负债，大多属于主动负债，主动权掌握在商业银行手中。商业银行可以根据其对资金需求的规模、期限等自主安排负债。

二、商业银行的资产业务

商业银行的资产业务是指形成其资金运用的业务，即资金运用形成资产。它是商业银行取得收益的主要途径。概括起来，主要包括现金资产、贷款、票据贴现与证券投资业务。

(一)现金资产

现金资产是商业银行资产中最具流动性的资产,它是银行随时可以运用的资产,也被称为商业银行的一线准备金,基本上不给银行带来直接收益,法律对其持有量也有严格的规定。它主要包括库存现金、在中央银行的存款、存放同业款项和在途资金。

1. 库存现金

指商业银行保留在金库里的(可以过夜的)现钞和硬币,商业银行随时可用于支付,是一种典型的现金资产。商业银行在其经营过程中,为了保证客户提取存款和日常开支的需要,总要保留一定数额的现金。由于现金是一种非营利性资产,同时基于安全性考虑,一般不宜保留过多,它只占银行一级准备的很小部分。

2. 在中央银行的存款

为了加强中央银行对商业银行的信贷控制,以及为商业银行办理资金清算,商业银行必须在中央银行保持一定数额的存款,分为法定存款准备金和超额存款准备金。商业银行按照中央银行规定的法定准备金比例缴存中央银行的部分,称为法定存款准备金。超过法定存款准备金的部分,称为超额存款准备金。法定存款准备金是商业银行必须上缴中央银行且不能动用的存款。超额存款准备金则是构成商业银行头寸的重要组成部分,商业银行可随时动用。

3. 存放同业款项

商业银行为了提高清算效率或补偿代理行所提供的服务(如代理国际银行业务、投资顾问服务等),而在其他银行存入一定数额的活期存款。银行间的代理关系对于双方银行来说都是有利的,小银行通过委托代理行可借助大银行的业务专长和经营范围,以实现相当的规模经济,获得规模效益。作为代理行来说,代理关系也是有利可图的,它可以增加同业存款,且无需支付利息,代理行可以用于贷款或投资,以获取利润。

4. 在途资金

指处于清算过程的现金资产,即在结算过程中由银行垫付的资金。利用银行转账结算进行资金收付活动是世界各国资金流动的主要形式。在西方国家,货币收付主要是通过支票、期票等金融工具进行转账结算的,现金收支在整个货币收付中所占比例相当小。在我国,货币收付也主要是转账结算,只有与个人有关的货币收支才动用现金。商业银行在为客户办理转账结算的过程中,为其他银行收入支票、期票等票据而垫付资金,由此需要占用银行资金,形成该银行在结算过程中的现金资产,这部分现金资产表示为商业银行的应收项目。

西方国家广泛使用支票结算,从而使应收项目成为现金资产的重要组成部分,在现金资产中占有相当大的比重。就我国目前情况看,由于银行转账结算不是很发达,应收项目在全部现金资产中的比重相对较低。

(二)贷款

贷款是指银行将其超额准备金按一定的利率借给客户并约期偿还的业务。这是商业银行利润的最大来源,是商业银行最主要的资产业务,同时贷款又是有较大风险的资产,是商业银行经营管理的主要内容。商业银行贷款较常见的分类标准有以下几种。

1. 按贷款的用途和对象分为工商业贷款、农业贷款、不动产贷款、消费贷款

工商业贷款主要用于满足工商企业固定资产投资、购入流动资产以及商品流转的资金需要。这是商业银行发放的主要贷款。

农业贷款主要用于购买种子、肥料、农药、土地、改良土壤或建造水利设施以及造林等。

不动产贷款是指银行对住宅和工商业不动产的所有权、建设、整修，以及农场主购买土地所发放的贷款，贷款期限一般长达 10~30 年。

消费贷款是指向消费者个人发放的用于购买消费品或支付劳务费用的贷款，其中主要是用于购买高档耐用消费品，如房屋、汽车等。

2. 按贷款是否有抵押品分为担保贷款和信用贷款

（1）担保贷款又因担保形式的不同分为抵押贷款、质押贷款和保证贷款

抵押贷款是借款人以不动产为担保债务的抵押品的贷款，如果借款人不履行债务，银行有权处理其用作担保的抵押品。

质押贷款是以动产或权利（股票、债券等）作为债务担保的担保物品，并在担保期间内交由债权人占有的担保贷款形式。

保证贷款是以第三者作保证人的贷款形式。

尽管抵押品或担保并不能确保放款如期偿还，但当借款人破产清算时，银行据此可成为优先债权人，比一般债权人享有优先受偿权。因此，担保贷款相对而言，银行的风险要小些。

（2）信用贷款

信用贷款是指完全根据借款人的信用，即借款人的品德和财务状况、预期未来收益及过去的偿债记录而发放的，无需任何担保品的贷款形式。这种信用通常是向那些大公司、商业企业以及与银行关系密切的借款人提供的。

3. 按贷款期限分为活期贷款、定期贷款和透支

活期贷款又称通知放款，这是一种偿还期限不固定，但银行可以随时通知借款人于一定期限内归还的贷款。这种贷款适宜于借款人短期周转使用，对银行来说也是非常灵活便利的。

定期贷款是指规定偿还期的贷款。根据偿还期的长短又分为短期贷款、中期贷款和长期贷款。在美国，短期贷款的期限在 1 年期以下（包括 1 年）；中期贷款的期限一般为 5~7 年；长期贷款的期限一般高于 10 年。

透支是指活期存款客户账户上的资金用完时，银行同意在规定的额度内，客户可以继续签发支票，向银行暂时借用资金。当客户的存款账户上有资金时，可随时用来归还以前的借款。透支实际上是一种临时融通资金的贷款，但它又不同于一般的贷款，这表现在办理贷款的程序、手续、归还贷款以及贷款利息的计算等方面。

4. 按还款方式分为一次偿还的贷款和分期偿还的贷款

一次偿还的贷款是指在贷款到期时一次性偿还本金，但贷款利息可根据约定，或在整个贷款期间分期支付，或在贷款到期一次支付。

分期偿还的贷款是指按年、按季或按月以相等的金额还本付息。

5. 按风险程度分为正常、关注、次级、可疑和损失五类贷款

正常贷款类是指借款人一直能正常还本付息，银行对借款人最终偿还贷款有充分把握。

关注贷款类是指贷款存在潜在风险，有可能影响贷款偿还。

次级贷款类是指贷款缺陷已很明显，正常营业收入不足以保证还款，需要通过出售、变卖资产或对外融资，乃至执行抵押担保来还款。

可疑贷款类是指贷款已肯定要发生损失，只是因为借款人重组、兼并、合并、抵押物处理和未决诉讼等待定因素，损失金额还不能确定。

损失类贷款是指贷款的大部分或全部发生损失。

以上五类贷款中，后三类属于不良贷款。

(三)票据贴现

这是指顾客将未到期的票据提交银行，在扣除贴现利息后，从银行获取现款的一项银行业务。票据贴现实质上是银行的一种放款性的资产业务，但它又不同于普通的放款，其差异表现为以下几个方面：

1. 利息收付不同

普通贷款的利息一般须贷款到期才能收取，而贴现的利息则在贴现行为发生时，由银行从票据面额中扣除。如果贷款利率水平与贴现利率水平相同，贷款金额与贴现金额相同，银行借款期限相同，则银行办理贴现比发放贷款可以获得更多的利息收入。

2. 责任人不同

普通贷款的责任人仅有借款人和保证人，而票据贴现的责任人有出票人、承兑人和背书人等。

3. 期限不同

银行贷款既有1年以下的短期贷款，也有1年以上的中长期贷款。而票据贴现属于银行的短期资金运用，用于向银行办理贴现的未到期票据以3个月期、6个月期的最为普遍。

4. 流动性不同

银行贷款其债权相对固定，贷款未到期，银行不能收回贷款，也不能转让债权。贷款到期，因借款人暂不能归还，贷款常常还会展期，因而贷款的流动性很差。而票据贴现，票据到期银行必须收回资金，不允许展期；票据未到期若银行急需资金，则可通过办理转贴现或再贴现获得所需资金，因而贴现的流动性很高。

5. 安全性不同

因银行贷款期限有时过长、流动性差、贷款用途特定以及有时无抵押或担保，贷款损失的可能性较之银行的票据贴现风险性更大，故西方商业银行发展初期，其大量的资产业务限于票据贴现，票据贴现被认为是自偿性很高的贷款。

(四)证券投资

这是商业银行以其资金在金融市场上购买各种有价证券的业务活动,它是银行仅次于贷款的一项重要的资产业务,在其资产业务中占有较高的比重。商业银行开展证券投资业务主要有两个目的:一是在货币市场上购买短期有价证券作为商业银行的二线准备,以增强其经营的流动性。二是在资本市场上购买长期有价证券,以提高其经营的盈利性。因此,商业银行证券投资的主要对象是信用可靠、风险较小、流动性较高的政府债券及其所属机构的证券,如公债券、国库券等。此外,一些财力雄厚、信誉较高的公司所发行的证券也是商业银行的投资对象。商业银行开展投资业务,一方面为其一时多余的资金找到了投放的渠道,从而取得收益;另一方面,需要资金时又可以在金融市场上迅速出售变现。从这个意义上说,与贷款业务相比较,证券投资业务便于商业银行根据经济情况的变化灵活调度资金。

在我国,按照商业银行法的规定,商业银行不得从事境内信托投资和股票业务。因此,目前我国商业银行证券投资的对象主要是政府债券和政策性银行发行的金融债券等。

三、商业银行的中间业务与表外业务

(一)中间业务与表外业务的定义

中间业务是银行接受客户委托,为客户提供各种服务,收取佣金、手续费、管理费等费用的业务。中间业务不占用或很少占用银行资产,除结算、租赁等极少数业务之外,也不直接涉及银行自身资产负债金额的变化,但能为银行增加收益。在国际结算中广泛使用的各种信用证以及信托、咨询等业务,都属于传统的中间业务。

表外业务是指所有不在银行资产负债表内直接反映的业务。由于传统的中间业务大多也不在资产负债表内反映,因此,人们通常把中间业务视同表外业务。但是,严格来说,表外业务和中间业务还是有区别的。从会计处理角度而言,所有的表外业务都属于中间业务,表外业务不在资产负债表内反映;而中间业务虽然大部分属于表外业务,但也有少部分(如信用证、租赁业务等)是在表内反映的。从银行开展业务的角色而言,银行在办理传统的中间业务(如信用证、信托、代理、咨询等业务)时,一般充当中介人的角色;而在办理衍生金融工具交易等表外业务时,银行既可以作为经纪人,又可以作为自营商,即作为交易的直接当事者。从与表内业务的关系和银行承担的风险角度而言,传统的中间业务一般不会发生由表外业务向表内业务的转化,承担的风险相对较小;而许多创新的表外业务,如担保、保函、贷款承诺、票据发行便利以及衍生金融工具交易等业务,都构成银行的或有负债,即在一定条件下(如银行担保的客户违约时,或在衍生工具交易对手违约时),相应的表外业务会向表内业务转化,成为银行的现实负债。因此,银行办理这类具有或有负债性质的表外业务时,承担的风险就较大。

国外商业银行通常将中间业务统称为表外业务。广义的表外业务是指所有的中间业务,其中也包括在表内反映的信用证业务;狭义的表外业务是指构成银行或有负债的风险较高的表外业务,如承诺类业务、担保类业务、衍生金融工具交易等业务。我国商业银行一般习惯将广义的表外业务称为中间业务。为表述简洁，我们在本节中将结算、租赁、信托、咨询等不构成银行或有负债的中间业务称为传统的中间业务；将狭义的表外业务，即构成银行或有负债的业务以及在银行资产负债表内发生转化的业务，称为表外业务。

(二)传统的中间业务

1. 结算业务

结算业务是银行代客户清偿债权债务、收付款项的一种传统业务。企事业单位之间的货币收付，除少量以现金方式进行外，大部分是通过其在银行开立的支票存款账户上的资金划拨来完成的。

按照收款人和付款人所处的地点，可以将结算分为同城结算和异地结算两种类型。同城结算是指收款人和付款人在同一城市或地区的结算，其主要方式是支票结算。异地结算是指收款人和付款人不在同一地区时的结算，主要有汇兑、托收和信用证结算三种方式。

2. 代理业务

代理业务是银行接受他人的委托，以代理人的身份代为办理委托者指定的经济事务。在代理业务中，委托人和银行一般必须以契约方式规定双方的权利和义务，包括代理的范围、内容、期限以及纠纷的处理等，并由此形成一定的法律关系。代理业务是典型的中间业务，在代理过程中，客户的财产所有权不变，银行则能充分运用自身的信誉、信息、技术和资金等优势，代理客户约定的事项。在代理业务中，银行一般不动用自己的资产，不为客户垫款，不参与收益分配，只收取代理手续费，属于风险较低的中间业务。商业银行办理的代理业务主要有代理收付款业务、代理融通与保付代理业务、代理行业务、代理现金管理业务、代理保管业务等。

3. 信托业务

信托即信任委托，是指委托人依照契约的规定为自己或第三者(即受益人)的利益，将财产转给受托人，由受托人依据谨慎原则代委托人管理、运用和处理所托管的财产，并为受益人谋利的活动。

与信贷业务不同，商业银行对信托业务一般只收取有关手续费，而营运中所获得的收入则归委托人或其指定的受益人所有。同时，信托也不同于简单的代理活动，因为在代理关系中，代理人只是以委托人的名义，在委托人指定的权限范围内行事。在法律上，代理业务中的委托人对委托财产的所有权并没有改变；而在信托关系中，信托财产的所有权从委托人转移到了受托人，受托人以自己的名义管理和处理信托财产。

4. 租赁业务

租赁是以收取租金为条件出让财产使用权的经济行为。它是由财产所有者(出租人)按契约规定，将财产租给承租人使用，承租人按期缴纳一定租金给出租人，在租赁期内，出租人对财产保有所有权，承租人享有使用权。租赁期满，租赁物按合同的约定处理。租赁是融资与融物相结合、所有权与使用权相分离的一种特殊的资金融通业务。

租赁业务有两种基本类型，即经营性租赁和融资性租赁。经营性租赁又称操作性租赁或服务租赁，适用于租期相对较短、通用性较强的财产，如汽车、电脑、建筑机械等。经营性租赁在租赁契约期内由出租人负责设备的安装、保养、维修、缴纳税金、支付保险费以及提供专门的技术服务等。承租方在提前通知的前提下,可以中途解约。经营性租赁的期限一般要短于设备的预期寿命,每一次租金的收入往往不足以全部抵消设备成本,因此,经营性租赁又称未完全付清的租赁。租赁期满,不发生所有权转移,可以续租、退租,但不能以象征性价格购入。

融资性租赁又称资本性租赁,是一种国际通行的长期租赁形式,是指由出租方融通资金为承租人提供所需设备,承租方定期偿还租金并获得资产的使用权。融资性租赁的租金大致相当于设备购置、运输安装、贷款利息与管理手续费的总和。在融资性租赁契约期内,租赁物的挑选、维修、保养、保险由承租人负责,承租人通常在租赁期满后以象征性价格取得设备的所有权。

5. 银行卡业务

银行卡分为借记卡和贷记卡(信用卡),两者均可进行提现、消费、转账支付等业务,区别在于贷记卡具有短期融资功能,其持有人可在授信额度内获取短期资金融通便利,因此向银行申请办理贷记卡时,银行要对申请人进行信用调查与评估。

☞ **专栏 6-3**

国际发卡组织

目前,国际信用卡组织主要包括维萨国际组织(VISA International,信用卡标志为"VISA")、万事达卡国际组织(MasterCard International,信用卡标志为"Master")、美国运通国际股份有限公司(America Express)、大来信用证有限公司(Diners Club)、日本 JCB 国际信用卡公司等。另外,还有一些地区性的信用卡组织,如欧洲的 EUROPAY、我国大陆的银联、我国台湾地区的联合信用卡中心等。其中,维萨国际组织和万事达卡国际组织是国际上最主要的两家信用卡组织。

(1)维萨国际组织。维萨国际组织是目前世界上最大的信用卡和旅行支票组织。1959 年,美国银行发行第一张银行信用卡;1966 年,Bank of America Service Crop.(BSC)公司成立;1970 年,BSC 公司改名为 National Bank Americard INC.(NBI),提供美国各地信用卡服务;1977 年,NBI 更名为 VISA International,成为全球性的信用卡联合组织,拥有 VISA、ELECTRON、INTERLINK、PLUS 以及 VISA CASH 等多个品牌。

维萨国际组织本身并不发卡,各种信用卡为维萨国际组织的会员(主要是银行)发行,VISA 主要帮助会员开发各种 VISA 支付工具(信用卡)和旅行支票业务,为会员、消费者及特约商户提供自动转账结算系统。

(2)万事达卡国际组织。万事达卡国际组织是世界第二大信用卡国际组织,由美国联合银行信用卡协会组成,其会员成员包括商业银行、储蓄与贷款协会以及信贷合作社。1966 年美国加州的一些银行成立了银行卡协会(Interbank Card Association),并于 1970 年启用 Master Charge 的名称及标志,统一了各会员发行的信用卡名称和设计,1978 年更名为 MasterCard,1986 年在中国大陆发行了第一张国际信用卡。

万事达卡国际组织拥有 MasterCard、Maestro、Mondex、Cirrus 等品牌。与 VISA

类似，万事达卡国际组织本身并不直接发卡，MasterCard 品牌的信用卡由参加万事达卡国际组织的会员发行。

(3) 日本 JCB 国际信用卡公司。1961 年，JCB(Japan Credit Bureau)作为日本第一个专门的信用卡公司宣告成立。历经多年的发展，其业务范围遍及 100 多个国家和地区。JCB 的国际战略主要瞄准了工作、生活在国外的日本实业家和女性。为了确立国际地位，JCB 也对日本、美国和欧洲等商户实施优先服务计划，使其被包含在 JCB 持卡人的特殊旅游指南中。

(4) 大来信用证有限公司。大来卡于 1950 年由 Frank M. C. Mamaca 创办，是第一张塑料付款卡，最终发展成为一个国际通用的信用卡。大来信用证有限公司的主要优势在于它在尚未被开发的地区增加其销售额，并通过大来现金兑换网络与 ATM 网络之间形成互惠协议，从而强化其在国际市场上的地位。

(5) 美国运通国际股份有限公司。美国运通卡始创于 1958 年，在全球 50 多个国家以超过 45 种货币发行，在 200 多个国家为商户所广泛接受。该卡赋予会员多项专有权利，包括全球补领失卡、购物保障、积分计划和旅游意外保障。美国运通卡卡种丰富，包括个人卡、金卡、白金卡、公司卡、网上卡、信用卡以及联营卡等。

(三)商业银行的表外业务

这里讨论的表外业务是指狭义的表外业务，大致可分为担保类业务、承诺类业务、金融衍生工具类等业务。

1. 担保类业务

担保类业务指商业银行为客户债务清偿能力提供担保，承担客户违约风险的业务，主要包括银行承兑汇票、备用信用证、保函等。

(1)银行承兑汇票是由收款人或付款人(或承兑申请人)签发，并由承兑申请人向开户银行申请，经银行审查同意的商业汇票。

(2)备用信用证是由开证行应借款人的要求，以放款人作为信用证的受益人而开具的一种特殊信用证，以保证在借款人破产或不能及时履行义务的情况下，由开证行向受益人及时支付本利。

(3)保函包括投标保函、承包保函、还款保函、借款保函等。这类业务在担保申请人违约时，将转化为商业银行的负债。

2. 承诺类表外业务

承诺是指商业银行向顾客允诺对未来交易承担某种信贷义务，这类业务将来极有可能转化为商业银行的资产业务。常见的承诺类表外业务有贷款承诺和票据发行便利。

(1)贷款承诺是指银行与客户达成的一种具有法律约束力的正式契约，银行将在正式的有效期内按照双方约定的金额、利率，随时准备应客户的要求提供贷款。银行提供这种承诺的同时，要按一定比例向客户收取承诺费，即使客户在规定的期限内并未申请贷款，也需交纳承诺费。

(2)票据发行便利是指银行承诺帮助工商企业或政府发放短期票据融资，未按期售出的部分将全部由银行按事先约定的价格买下。银行赚取承诺费，但同时承担流动性风险和信贷风险。

3. 金融衍生工具类业务

这类业务主要有货币与利率互换、金融远期、金融期货、金融期权等。这些业务的具体内容在金融市场一章中已介绍，在此不再赘述。

☞ **专栏 6-4**

我国商业银行可以经营的部分或全部业务

《中华人民共和国商业银行法》第3条规定，商业银行可以经营下列部分或者全部业务：

（1）吸收公众存款；
（2）发放短期、中期和长期贷款；
（3）办理国内外结算；
（4）办理票据承兑与贴现；
（5）发行金融债券；
（6）代理发行、代理兑付、承销政府债券；
（7）买卖政府债券、金融债券；
（8）从事同业拆借；
（9）买卖、代理买卖外汇；
（10）从事银行卡业务；
（11）提供信用证服务及担保；
（12）代理收付款项及代理保险业务；
（13）提供保管箱服务；
（14）经国务院银行业监督管理机构批准的其他业务。

经营范围由商业银行章程规定，报国务院银行业监督管理机构批准。商业银行经中国人民银行批准，可以经营结汇、售汇业务。

第四节　商业银行经营管理

一、商业银行的经营原则

商业银行经营的基本原则就是在保证其资产的安全性、流动性的前提条件下，力求利润最大化，即所谓的"三性"原则。商业银行经营的"三性"原则是由其经营的特殊商品——货币资金的特殊要求及商业银行在社会经济活动中的地位所决定的。作为资本，商业银行首先必须保证资本金的安全；其次商业银行必须保持资本运用所形成的资产有足够的流动性；最后，商业银行还必须使资本在运动中增值，给自己带来利润。

(一)安全性原则

安全性原则是指商业银行在经营活动中必须保持足够的清偿能力,经受得起重大风险和损失,能随时满足客户提现。商业银行保证其安全性的要求是:必须合理安排资产规模和结构,注重资产质量,通过保持一定比例的现金和持有一定比例的优质有价证券来改善商业银行的资产结构,提高商业银行抗风险能力;提高自有资本在全部资本中的比重;遵纪守法,合法经营,一旦发生风险可以得到中央银行的援助而免受更大的风险打击。

(二)流动性原则

流动性原则是指商业银行在资产负债不受损失的条件下,能够随时应付客户提现和满足客户必要合理贷款需求的能力。商业银行的流动性包括负债的流动性和资产的流动性两个方面。负债的流动性是指银行以较低的成本随时获取资金的能力,资产的流动性是指资产在不受价值损失的条件下迅速变现的能力。能迅速变现而不会带来损失的资产,流动性就强;相反,不能迅速变现或变现过程中会遭受损失的资产,流动性就弱。在银行的业务经营过程中,流动性的高低非常重要。事实上,过高的资产流动性,会使银行失去盈利机会甚至出现亏损;而过低的流动性又可能导致银行出现信用危机、客户流失、资金来源丧失,甚至会因为挤兑导致银行倒闭。因此,商业银行关键是要保持适度的流动性。当流动性不足时,要及时补充和提高;在流动性过高时,要尽快安排资金运用,提高资金的盈利能力。

(三)盈利性原则

盈利性原则是商业银行的最终经营目标,这一经营目标要求商业银行的经营管理者在可能的情况下追求利润最大化。商业银行实现盈利的途径主要有:尽量减少现金资产,扩大盈利资产的比重;以尽可能低的成本获得更多的资金;减少贷款和投资损失;加强内部经济核算,节约管理费用开支;严格操作规程,完善监管机制,减少事故和差错,防止内部人员因违法和犯罪活动而造成银行的重大损失。

实现"三性"原则是商业银行实现自身微观经济效益和宏观经济效益相一致的要求所决定的。但在实现这些原则时又存在一定的矛盾。实现安全性原则要求商业银行扩大现金资产,减少高风险、高盈利资产,而实现盈利性原则则要求商业银行尽可能减少现金资产。协调矛盾的正确做法是在对资金来源和资产规模及各种资产的风险、收益、流动性进行全面衡量的基础上,首先考虑安全性,在保证安全性的前提下,争取最大的利润。实现安全性和盈利性的最好选择是提高银行经营的流动性。

二、商业银行面临的主要风险

(一)信用风险

信用风险又称违约风险,指借款人不能按契约规定偿还本息而使债权人受损的风险。这种风险一般与贷款和投资相关,但也与衍生品和其他银行信用形式有关。虽然银行倒闭的原因很多，但最重要和最主要的原因还是信用违约。信用风险是近年来银行倒闭的主要原因，也是银行管理者面临的最大风险。

（二）市场风险

市场风险是指由于市场价格波动而蒙受损失的可能性，主要有利率风险和汇率风险两类。利率风险是指市场利率变化给商业银行的资产和负债带来损失的可能性。由于利率是商业银行计算资金价格的基础，利率的升降就会影响商业银行所有业务经营的成果，利率风险就成为商业银行面临的最大市场风险。汇率风险是指商业银行在国际业务中的外汇资产或负债因汇率波动而造成损失的可能性。汇率风险与国际货币制度密切相关，浮动汇率制度下的汇率风险要远大于固定汇率制度下的汇率风险。

（三）流动性风险

流动性风险指商业银行无法提供足额资金来应对客户的提现或贷款需求时引起的风险。流动性风险主要由资产和负债的差额及期限的不匹配所引起。流动性风险具有不确定性强、冲击破坏力大的特点。一旦银行流动性不足将导致存款人的挤提或客户的流失，使银行陷入财务困境直至破产倒闭。基于商业银行的高杠杆经营的特征，流动性风险的管理成为商业银行日常经营管理的重要内容之一。近年来，由于全球金融市场和银行业的流动性较为充裕，流动性风险并未引起商业银行或监管机构的应有关注。但是2007年爆发的美国次级债风波以及后来引发的全球金融危机，深刻地暴露出全球银行流动性风险管理及监管制度中的一些弊端，也再次显示了稳健的流动性风险管理及其监管对于维持银行的持续经营与整个金融体系的安全与稳定的重要性。

（四）操作风险

操作风险指由不完善或有问题的内部程序、员工和计算机系统以及外部事件所造成损失的风险。操作风险往往与银行内部控制不力、对操作人员的授权管理失误和管理失灵有关。因此，增强银行的内部控制能力是防范操作风险的有效渠道。

三、商业银行的资产负债管理

为了贯彻商业银行的经营原则，实现经营目标，商业银行非常注重经营管理。在商业银行发展的历史进程中，西方商业银行的经营管理理论经历了资产管理、负债管理、资产负债综合管理三个阶段。

（一）资产管理

20世纪60年代以前，商业银行所处的经营环境较宽松，资金来源充裕且稳定，以商业银行为信用中介的间接融资占主导地位。在这种环境下，商业银行经营管理的重点是流动性管理，而且，由于资金来源是以活期存款为主，当时较流行在已有资金来源的基础上对资金的运用，也就是对资产进行管理。资产管理的理论依其提出的顺序有以下三种：

1. 商业性贷款理论

该理论从银行的主要资金来源是活期存款这一客观事实出发，认为银行只应发放短期的以真实的商业票据作为贷款抵押的、与商品的生产周转相联系的工商企业贷款。该理论又被称为真实票据理论或自偿性贷款理论。该理论的缺陷是：(1)忽视了活期存款中有些部分有一定的稳定性；(2)在经济衰退期，有真实票据作抵押的贷款也会出现违约现象；(3)受该理论的影响，银行资金运用的范围很狭窄。但该理论所注重的根据资金来源的期限结构来配置资产，强调资金流动性的管理理念，对当时商业银行坚持稳健经营，具有积极的指导意义。

2. 资产可转换理论

第一次世界大战以后，由于西方强国迅速恢复经济，后又加上经济危机的爆发和加深，这些国家开始大量发行公债，政府的借款需求急剧增加。在这种情况下，商业银行也逐步把资金部分转移到购买政府证券中去。资产可转换理论被认为是由美国的莫尔顿于1918年在《政治经济学》杂志上发表的《商业银行及资本形成》一文中提出的。该理论认为，流动性要求仍然是商业银行需特别强调的，但银行在资金运用中可持有具有可转换性的资产。这类资产应具有信誉高、期限短、容易转让的特性，使银行在需要流动性时可随时转让它们以获取所需现金。在资产可转换理论的引导下，以及由于当时社会条件的变化，商业银行资产组合中的票据贴现和短期国债的比重迅速增加。

3. 预期收入理论

20世纪40年代末，美国和欧洲正处于战后经济恢复时期。当时，政府推行了鼓励企业扩大设备投资和出口消费的经济政策，由此引致对贷款的需求猛增，并且资金需求日益多样化。在此背景下，预期收入理论应运而生。1949年，美国金融学家赫伯特·V. 普罗克诺出版了《定期贷款与银行流动性》一书，提出了预期收入理论。该理论认为，一笔高质量的贷款，其还本付息的日期表应以借款人的未来收入或现金流量为依据。换言之，该理论强调的不是贷款能否自偿，也不是担保品能否迅速变现，而是借款人是否具有可用于还款的任何预期收入。该理论提供了推动商业银行业务向经营中长期设备贷款、分期付款的消费贷款和房屋抵押贷款等方面扩展的依据。但是，它显然也有缺陷。银行将资产流动性建立在对借款人未来收入的预测上，而这种预测不可能完全准确。在长期放款和投资中，借款人的经营情况可能发生变化，因而届时不一定具备偿还能力，这就会损害银行的流动性。

(二) 负债管理

20世纪60年代初，西方商业银行资产负债管理的重心由资产管理转向以负债管理为主。这一转变与当时金融市场的环境，尤其与美国金融市场的环境变化有着密切的关系。

自20世纪50年代中后期至整个60年代，西方发达国家的金融市场发展得很快，出现了很多非银行金融机构。当时，西方各国对商业银行大多实行较严格的利率管制，而非银行金融机构一般不受利率管制的约束，因而对资金具有很大的吸引力，许多资金不通过商业银行这种传统的信用中介直接进入金融市场，出现了"脱媒"的现象，对商业银行吸收存款的业务构成了较大的冲击。在这种状况下，商业银行若不调整资产负债管理的策略必将使银行陷入严重的困境。资产管理理论强调从资产方考察资金配置组合，银行负债管理思想源于利率管制下的金融创新。从1961年美国花旗银行首创大额可转让定期存单到以后涌现的各种含息的交易性存款，使得银行家们意识到，商业银行在负债方面也不完全是被动的，银行所需要的资金可以通过在货币市场上运用"购买"的方式获得。

负债管理的基本内容是：商业银行的资产负债管理和流动性管理不仅可以通过加强资产管理来实施，也可以通过在货币市场上主动负债，即通过"购买"资金来实施。如果负债管理卓有成效就不必储备过多低收益的流动性资产，可将资金投入其他更有利可图的资产上，提高银行的收益率。

负债管理一改传统资产负债管理中严格期限对称的原则和追求盈利性时强调存款制约的原则，不再主要依赖维持较高水平的现金资产和出售短期证券来满足流动性需要，而是积极主动地在货币市场上"购买"资金，以满足流动性需求和不断适应目标资产规模扩张的需要。负债管理的出现标志着商业银行在资产负债管理上更富进取性，摆脱了被动负债的制约，同时也促进了同业拆借、CDs、欧洲美元、商业票据等负债市场工具和业务的迅速发展。然而，负债管理也给银行增加了风险，因为从金融市场上"购买"资金的成本通常高于一般存款的利息，提高了银行的融资成本；另外，由于金融市场受各种因素的影响而变幻莫测，负债管理受金融市场波动的影响较大，只有对成本和风险控制较好的大银行，才有能力承受大量"购买"资金所增加的成本压力和经营风险。

(三)资产负债综合管理

资产负债综合管理又称资金管理，产生于20世纪70年代末80年代初。当时，许多西方发达国家相继放松或逐步取消了利率管制，银行界甚至整个金融界出现了金融自由化浪潮，种类繁多的浮动利率资产和浮动利率负债纷纷涌现。商业银行争取到在金融市场上主动融资权的同时，也面临新的风险，即利率风险。在市场利率波动的环境下，资产和负债的配置状态极有可能对银行利润和经营状况产生影响，片面地强调资产管理或负债管理而忽视另一方面，都不利于银行经营目标的实现。资产负债综合管理着重强调以下几个方面的内容：①银行管理层应尽可能同时对资产和负债的数量、结构、收益及成本进行统一控制和管理，以便实现银行的长、短期目标。②银行管理层必须有效协调资产和负债两方面的管理与控制，使两者具有内部统一性，这有助于使银行的资产收益与负债成本之间的差额最大化。③资产负债表两边的每一项都与收入和成本相关，所以，应分析所有项目、所有服务的成本与收益，并对其进行统一有效的管理，以实现银行的盈利目标。

资产负债综合管理的核心是净利差即利息收入和利息支出的差额，净利差是存款类金融机构主要的利润来源，利率是影响净利差的关键因素，所以控制利率敏感性资产与利率敏感性负债，就能控制净利差。资产负债综合管理主要强调利率敏感性管理即利率风险管理，较常用的方法有资金缺口管理和久期分析。

资金缺口管理，即管理利率敏感性资产和利率敏感性负债之间的差额，存在三种可能的情况：零缺口，即利率敏感性资产等于利率敏感性负债；负缺口，即利率敏感性资产小于利率敏感性负债；正缺口，即利率敏感性资产大于利率敏感性负债。进行缺口管理需要商业银行根据对市场利率趋势的预测，及时调整固定利率的资产、负债和可变利率的资产、负债之间的不平衡。具体来说，当预测利率处于上升趋势时，应构造正缺口，使得资产按高利率重新定价所取得的收益大于负债按高利率定价所付出的成本；当预测利率处于下降趋势时则反向操作。

久期分析，是衡量利率风险的另外一种方式，用以考察商业银行总资产和负债的市场价值对利率变动的敏感性。

☞ 专栏 6-5

"键盘"和"砖瓦"，谁是未来银行的主宰者

随着虚拟银行（"键盘"）的出现和其便利性的显现，一个关键问题是，它们能否成为银行开展业务的主要形式，从而消除对有形银行分支机构（"砖瓦"）作为银行服务提供方式的需求。也就是说，独立存在的网络银行能否成为未来的趋势？

答案似乎是否定的。网络银行如翼展银行（Wingspan，由美国第一银行拥有）、第一电子银行（总部设在都柏林）和艾格网络银行（由保诚公司拥有的一家英国网络银行）的收入增长和利润都不尽如人意，说明网络银行并没有取得如倡导者预期那样的成功。网络银行的发展为何不尽如人意？

妨碍网络银行发展的因素有以下几个方面。第一，银行储户希望他们的存款是安全的，因此不愿意将自己的钱交给没有长期记录的新机构。第二，客户担心在线交易的安全性和私密性。在私人信息保管方面，一般认为传统银行的安全性更好，信誉更高。第三，客户可能愿意接受由有形营业机构提供的服务。例如，银行客户更愿意面对面地购买长期储蓄产品。第四，网络银行存在一些技术难题，如服务器瘫痪、联网速度慢与交易操作失误等，随着技术的发展，这些问题可能会逐渐消失。

看来，纯网络银行并非未来发展的趋势。"键盘+砖瓦"更可能成为未来银行业的主要形式，即在线银行业务作为传统银行所提供的服务的有力补充。无论如何，银行提供服务的方式正在发生革命性变化，越来越多的银行业务通过网络进行，有形银行分支机构的数目在未来会有所减少。

【本章小结】

1. 商业银行又称存款银行或存款货币银行，是以追求最大利润为目标，以多种金融负债筹集资金，以多种金融资产为其经营对象，能利用负债进行信用创造，并向客户提供多功能、综合性服务的金融企业。

2. 商业银行具有信用中介、支付中介、信用创造和金融服务四个方面的职能。其中，信用中介职能是其最基本的职能。

3. 商业银行的传统业务有负债业务、资产业务和中间业务。负债业务包括自有资本、存款负债和非存款负债；资产业务包括现金资产、放款、票据贴现以及证券投资等；传统的中间业务主要有汇兑业务、结算业务和代理业务等。20世纪80年代以后，表外业务成为商业银行发展的一个重点。

4. 最低资本金要求是《巴塞尔新资本协议》的第一支柱，商业银行最低资本充足率为8%，其中，一级资本充足率不得低于4%。资本金构成：一级资本即核心资本，

至少要占资本总额的50%；二级资本即附属资本，包括一般损失准备金、混合债务工具和次级债券。

  5. 资产负债综合管理理论从整体上协调商业银行资产与负债管理，以流动性、安全性和盈利性"三性"并重为管理目标。资产负债综合管理的核心是净利差即利息收入和利息支出的差额，净利差是存款类金融机构主要的利润来源，利率是影响净利差的关键因素，所以控制利率敏感性资产与利率敏感性负债，就能控制净利差。

【重要名词术语】

商业银行 信用中介 支付中介 负债业务 核心资本 附属资本 资产业务 票据贴现 中间业务 活期存款 定期存款 储蓄存款

【复习思考题】

1. 如何理解商业银行的性质？
2. 商业银行有哪些职能？商业银行发挥各项职能有何作用？
3. 商业银行贷款业务与票据贴现业务有何区别？
4. 商业银行的负债业务、资产业务、中间业务各有哪些具体项目？商业银行负债业务、资产业务、中间业务之间有何关系？
5. 商业银行经营的基本原则是什么？
6. 商业银行的资产负债管理经历了哪些阶段？

【案例分析】

汉口银行：批量贷款"贷"动商机

  在武汉市汉正街品牌服饰批发市场，有一家迷彩服店，人来人往，生意很好。可是不久前，这家店的主人郝志海还在为扩大经营的资金犯愁，他没有什么抵押物，找银行贷款相当难。"没想到在汉口银行3天就办到了30万元的贷款，'会商银'真是帮我们小商户解决了大难题。"郝志海回忆起来，依旧激动。这个从山西平遥来做服装代理生意的小老板也曾经跑了许多趟，寻了很多家，最终在汉口银行的支持下解决了资金短缺问题。

  这条有着500多年历史的汉正街，有3万多户经营商，郝志海的处境也显示出许多经营商同样的需求。郝志海告诉记者，他从外地到武汉经商，由于所有资金都投入了经营周转，就无法再在武汉购买房产，因此向银行借钱时拿不出被认可的担保品，而唯一的房子又在外地老家，所以资金短缺一直是他扩大经营遇到的一个问题。

  一个偶然的机会，他通过同乡了解到汉口银行有一个"会商银"贷款产品。抱着试试看的心态，他找到了汉口银行汉正街支行，没想到经过银行3天的考察，就顺利地办到了30万元流动资金贷款，很快，郝志海的迷彩服生意规模成倍增长，现在又新开了两家销售门店，生意做得红红火火。

  中小企业融资难，最大的问题在于自身总体实力较差，固定资产等积累少，难以抵御市场经济中的风险。这样的困难,促使汉口银行在信贷产品和业务拓展模式上进行创新与整合,寻求双方的最佳契合点。

汉正街日均客流量达20万人次,长期以来一直是武汉中小民营经济最为活跃的区域。在对汉正街市场深入分析后,汉口银行敏锐地捕捉到一个信息:市场的经营业态与以前相比日新月异,传统"小商小贩"、"小作坊"的零散经营方式逐步被规模化的经营业态所取代,各类中小经营户为了在市场竞争中"抱团发展",形成集合优势,纷纷组建成立商业民间自律组织——商会,并以此作为经营发展的基础和平台,以求"共享资源、共享信息、共同发展"。

商会经济的发展,成为近年来汉正街小商品市场一道独特的风景线。目前在汉正街市场总商会辖下登记造册的商会组织共有19家,其中有15个基层商会,3个联谊会,1个异地商会,会员计1200多人,涵盖了汉正街市场内各主要专业市场、各地域经营者,成为汉正街小商品市场的骨干经营力量。

"'会商银'九通旺业贷款,就是根据这些市场特点设计出的,依托商会平台能解决中小商户的担保抵押瓶颈。"这位负责人介绍,依托商会,核心在于积极寻求管理规范、内部操作严谨、对自身会员相当了解的商会,并与之进行融资合作。

在同一个商会中,会员之间的相互了解有时更甚于银行的信贷调查。在这种情况下,只要选择好、管理好商会组织,赋予商会挑选贷款对象、提供合适的保证人、督促结息与还款等一定的日常贷款管理职能,就能够较为有效地降低银行和商户间的信息不对称,既可以减少银行调查成本,又有利于控制信贷风险,从而实现银行业务与商会会员业务的共同发展。

"会商银"具体怎么批贷呢?以依法成立的商会为纽带,在商会组织推荐评审的基础上,采用会员相互担保的方式,在银行取得短期流动资金贷款。在办理程序上,首先由商会内部审查,对提出贷款申请的会员进行调查,相关手续符合贷款要求后,再向银行提交商会推荐表;银行信贷人员通过下户实地调查后,对情况较好的客户按照信贷制度规定审查贷款资料、办理贷款。

每年,汉口银行都会审查商会的经营情况,视具体情况向其提供"会商银"贷款授信额度,目前单家商会最高授信额度已达1500万元。如对床上用品商会授信1000万元,在授信项下,为单户商会会员设定贷款上限,目前最高为100万元;对于单笔不超过30万元,期限不超过一年的贷款,由商会指定一个会员担保;申贷金额30(含)万元以上、60万元以下的,由商会提供两个会员担保;60(含)万元以上、100万元以内的,由商会提供三个会员担保。

目前,这项业务累计发放贷款283笔,金额共4695万元,先后支持了155户小企业的发展壮大。除了汉正街山西平遥商会、床上用品商会等之外,"会商银"与其他商会的业务合作也正在洽谈进行中。

为了解决抵押这个瓶颈问题,汉口银行逐步开办了设备抵押、仓单质押、订单融资、动产监管、汽车合格证质押、应收账款质押等多个业务品种,并增加了委托贷款业务、联保贷款业务等新的中小企业贷款品种。

一般的中小企业,都具有资金周转快、对贷款要求次数多、时间急的特点。因此对中小企业贷款,越快越好。早在 2002 年,汉口银行就充分利用 90 家营业网点遍布武汉三镇的多网点优势与贴近中小企业客户的特点,对中小企业客户进行准确的市场定位,并发挥一级法人独立决策、机制灵活的优势,逐步建立了一套符合中小企业经营特点的信贷管理模式。对中小企业贷款实行"支行—总行"两级审批模式,以尽可能减少与缩短中小企业信贷审批环节,实行快速审批,对中小企业客户实行统一授信,分级授权,通过额度控制和品种限定进行业务管理,按照单户额度大小进行不同级次审批。

截至今年 6 月,与汉口银行有业务往来的中小企业达 2.3 万户,中小企业信贷户数占全行对公信贷总户数的比例接近 90%;中小企业表内外信贷余额占全行对公信贷余额的比例接近 50%。

不断发展的中小企业业务,在支撑汉口银行获得良好经营效益的同时,也有力地促进了地方中小企业的发展壮大和武汉市经济社会的稳定繁荣。

资料来源:王璐. 批量贷款"贷"动商机. 经济日报,2009-09-02(11).

案例思考:
1. 汉口银行的"会商银"信贷产品有何创新?
2. "会商银"信贷产品如何解决小微企业融资难的问题?

【延伸阅读】

1. 弗雷德里克·S. 米什金. 货币金融学. 郑艳文,荆国勇,译. 9 版. 北京:中国人民大学出版社,2011.
2. 戴国强. 商业银行经营学. 北京:高等教育出版社,2012.
3. 赵晓菊. 银行风险管理. 上海:上海财经大学出版社,1999.
4. 黄达. 货币银行学. 北京:中国人民大学出版社,2012.
5. S. 斯科特·麦克唐纳,蒂莫西·W. 科克. 银行管理. 钱宥妮,译. 6 版. 北京:北京大学出版社,2009.

第七章 中央银行

如果美国人民最终让私人银行控制了国家的货币发行,那么这些银行将先通过通货膨胀,然后是通货紧缩,来剥夺人民的财产,直到有一天早晨当他们的孩子醒过来时,他们已经失去了自己的家园和父辈们曾经开拓过的土地。

——托马斯·杰斐逊

现代市场经济的运作与管理离不开稳定、完善的金融体系,而中央银行就处于这一庞大金融体系的核心。中央银行作为制定和实施货币政策、调节经济、监督管理和规范金融机构的特殊机构,在经济繁荣和金融稳定中发挥着显著独特的作用。中央银行制度已经成为一国最基本的经济制度之一。目前,世界上绝大多数国家都实现了中央银行制度。

通过本章的学习,你将能够了解和掌握以下知识:

- 中央银行产生的原因及其发展;
- 中央银行的性质与职能;
- 中央银行的类型;
- 中央银行的主要业务。

第一节 中央银行的产生与发展

中央银行是一国最高的货币金融管理机构,在各国金融体系中居于主导地位。中央银行是商品经济与国家职能发展到一定阶段的产物。

一、中央银行产生的背景

(一)发行信用货币的需要

在资本主义工业革命的推动下,社会生产力和商品流通范围迅猛扩大,货币信用业务迅速扩展,银行的数量急剧增加。银行为了开展业务的便利纷纷发行银行券,但各银行发行的银行券由于受发行银行自身的实力、资信状况、经营状况和分支机构设立状况等方面的影响,只能在局部地区流通。随着银行数量的不断增加,货币分散发行给经济带来的问题越来越严重。人们意识到解决问题的办法是:由资金雄厚、有权威的银行发行能够在全社会流通的货币,限制和取消一般银行的货币发行权,将货币发行权集中到几家或一家银行。

（二）票据交换和清算的需要

商业银行在其发展初期，由于没有一个统一的清算机构，银行间的票据结算往往是由各家银行单独分散进行的。随着银行业务的扩大，银行每天收受票据的数量不断增长，各银行之间的债权债务关系日益复杂，票据交换业务越来越繁重。由于各银行分别进行轧差清算，不仅异地结算时间延长、速度减缓，即使同城结算也越来越困难，结算花费的时间越来越长。于是，客观上要求建立一个全国统一和公正的权威性清算机构，作为金融支付体系的核心，快速清算银行间各种票据，使资金顺畅流通，保证商品经济的发展。

（三）充当最后贷款人的需要

随着银行信贷业务规模的扩大，当遇到贷款无法按时收回或发生挤兑时，银行会出现流动性风险，无法正常支付。当一家银行因无法支付而倒闭时，会危及其他银行乃至整个银行体系的安全。因此，需要有专门的、权威性的机构，适当集中各银行的一部分现金准备，当某银行出现支付困难时，予以流动性支持，充当最后贷款人。

（四）金融业监督管理的需要

随着商品货币经济关系的发展，银行业在整个社会经济关系中的地位和作用日益重要，金融稳定成为经济发展的重要条件。为保证各种金融业务和金融市场的健康发展，维持金融稳定，就需要建立一套有利于金融业公平有序竞争的规则和机制，并由政府对规则执行和机制运行进行监督。但是，由于金融业的特殊性，对金融业的监督管理如果完全依靠行政手段，则不仅扼杀金融市场的创造性和活力，大大降低金融市场效率，还将引起大量逃避金融管制行为的发生，增加金融动荡的可能性，难以发挥金融促进经济发展的作用。因此，政府对金融业的监督管理和金融市场的调控，往往通过运用市场手段，利用金融市场的运作机制进行。这样，政府对金融业的监督管理不得不依靠专门机构来实现。该机构既要有技术和操作手段，还要在业务上与普通的银行有密切联系。

二、中央银行制度的形成与发展

（一）中央银行产生的两条渠道

中央银行产生于17世纪后半期，但中央银行制度的真正形成和发展始于19世纪中叶。中央银行主要是通过两种方式建立并发展起来的：

第一种方式是从一般商业银行演变而来，由国家法令授予权力，逐步确定中央银行的地位。英国的英格兰银行是这种方式的突出代表。世界上一般公认英格兰银行是现代中央银行的先驱。英格兰银行的前身是1694年成立的一家商业银行，当时英国国会规定其有不超过资本总额的钞票发行权。1826年英国国会通过法案，准许设立其他股份银行，并可发行钞票，但限制在距伦敦65英里以外，以区别于英格兰银行。直到1844年，由于1825年和1839年两次金融混乱导致了经济危机，国会才通过银行特许条例，即"皮尔条例"，宣布英格兰银行独具货币发行权，并负责集中商业银行的存款准备金。1854年英格兰银行取得清算银行的地位。至此确定了英格兰银行作为中央银行的地位。这是中央银行发展史上的一个重要里程碑。又如瑞典中央银行的前身是1656年私人创办的一家商业银行，1661年发行钞票，1668年改组为国家银行。1897年瑞典政府发布法令将货币发行权集中于该行后，其他银行发行的钞票逐步收回。这样瑞典银行演变为真正意义上的中央银行。

第二种方式是直接建立中央银行。此种方式的典型代表是美国联邦储备体系。美国国会于1863年通过了全国货币法案，建立国民银行制度。各国民银行均可发行银行券，只需在财政部设立的"通货监理署"存入一定比例的公债。但随后几年出现的金融恐慌，特别是1907年的金融大恐慌，使美国政界和经济界意识到建立中央银行的迫切性。1908年5月美国成立了全国货币委员会，调查研究各国银行制度。鉴于各州利害关系不同，既要实行金融改革，建立统一管理机构，又要防止中央银行成为银行卡特尔，于是，创新出一种折中性的联邦储备制度。1913年，伍德罗·威尔逊总统签署了联邦储备法，1914年美国联邦储备体系正式建立，并行使中央银行的全部职能。

(二) 中央银行制度的发展

1. 中央银行制度的推广

第一次世界大战不仅是对各国作战能力的考验，也是对货币制度的考验。战前大多数采用金本位制的国家，战时都停止兑换黄金并禁止黄金出口。同时，为了适应战时财政需要，中央银行大肆发行货币，向财政大量借贷，引发了严重的通货膨胀。第一次世界大战后，饱受通胀之苦的各国都深感稳定币值的必要性，于是1920年在比利时的首都布鲁塞尔举行了历史上第一次国际金融会议。会议强调通货膨胀的根源是财政赤字，稳定币值的关键是财政平衡，货币发行银行要摆脱各国政府政治上的控制。因为银行券已经代替贵金属成为流通货币，要完全恢复金本位制比较困难。因此，会议建议各国应建立中央银行，由中央银行集中货币发行，有利于控制货币发行和稳定币值。1922年，在瑞士日内瓦召开国际经济会议，又重申和强调了布鲁塞尔会议的决议，建议尚未建立中央银行的国家要尽快建立中央银行，共同维持国际货币体系和经济的稳定。因此，第一次世界大战结束至第二次世界大战发生期间就成为中央银行制度推广的时期。

2. 中央银行制度的发展

第二次世界大战结束以后，参战各国都面临重建经济的任务。同时在凯恩斯宏观经济理论的指导下中央银行制度获得进一步完善和发展，中央银行成为国家干预和调节经济、稳定金融市场的必不可少的工具。

(1) 各国政府加强对中央银行控制的原因

一是金本位制已经完成历史使命，虚金本位制也难以恢复，为货币信用政策成为政府干预和调节经济的手段提供了重要条件。二是宏观经济调节理论为国家干预经济提供了依据。三是20世纪30年代大危机时代，罗斯福新政为政府通过中央银行干预经济提供了依据。四是金本位制的消亡和国际贸易的不平衡发展带来的贸易战、汇兑战和关税战此起彼伏，需要各国政府和金融当局的合作协调。战后建立的国际货币基金组织、世界银行和国际金融公司等一系列国际金融组织成为各国政府进行政策协调配合的舞台，各国中央银行代表政府参加这些组织。

(2) 中央银行制度发展变化的特点

在上述背景下，中央银行的发展出现了制度规范化和经济目标统一化的特点，主要表现为以下几个方面：一是中央银行实行国有化。中央银行国有化的原因有：中央银行作为金融管理当局需要采取中性立场，以社会利益为目标；中央银行不应以盈利为目标；信用货币发行产生的巨额利益应归于国家。二是中央银行成为国家干预和调节宏观经济的重要工具。由于中央银行垄断了货币发行权，中央银行的最后贷款人职能不仅在商业银行发生危机时行使，更成为日常经济运行中频频向商业银行和其他金融机构提供金融支持以及调节货币供应量的手段。三是中央银行调节经济手段的进一步成熟。首先，中央银行彻底放弃商业银行业务，专门行使中央银行职能。其次，美联储在1920年偶然参与债券市场的买卖，发现公开市场的债券买卖比再贴现政策对货币供应量的影响更大，对信用量的调节更有效果。受此启发，各国中央银行纷纷仿效美联储，以普通买卖者的身份积极参与公开市场交易。最后，存款准备金制度的功能由防止流动性危机转变为货币政策工具。四是中央银行成为各国政府进行政策协调窗口的作用越来越大。

三、我国的中央银行

(一) 旧中国的中央银行

中国的中央银行萌芽于20世纪初，由于当时货币紊乱，银元、铜钱、银票、私贴以及外国银元同时流通，成色折合繁杂。为整理币制，于光绪三十年（1904年）由户部奏准清政府设立户部银行，额定资本白银400万两，由国内各界认股。1905年8月在北京开业。光绪三十四年，户部更名为度支部，户部银行改为大清银行，经理国库，发行纸币。1908年3月成立交通银行，发行纸币，经理铁路、轮船、电报、邮政四个单位的一切款项收支。户部（大清）银行、交通银行实际上都未真正起到中央银行的作用。清政府垮台后，大清银行改组为中国银行，中国银行和交通银行由北洋政府控制，都部分地承担了中央银行的职责。这一时期，我国中央银行制度尚处于萌芽阶段。

1927年国民党政府在南京成立，制定了中央银行条例，并于1928年11月1日在上海成立国民党政府的中央银行，享有代理国库、发行纸币等特权，且在全国设立分支机构，行使中央银行职能。但国民党政府的中央银行成立之初，没有垄断货币发行权，而是与中国银行、交通银行、中国农民银行共同承担银行券发行的责任，而且也没能管理监督各家银行。因此，当时也只有中央银行之名，而无中央银行之实。1942年7月1日国民政府公布了钞票统一发行办法。中国银行、交通银行、中国农民银行三家银行的发行权移交给中央银行，全国法币的发行集中于中央银行。这时，中央银行才真正独占钞票发行权，成为名副其实的中央银行。

(二) 中国人民银行的建立与发展

1931年11月7日，在江西瑞金召开的中华苏维埃第一次代表大会通过决议，决定成立中华苏维埃共和国国家银行（简称苏维埃国家银行），1932年2月1日，苏维埃国家银行正式成立,这是中国共产党领导下的最早的中央银行。

1948年12月1日,在原解放区的华北银行、北海银行、西北农民银行的基础上在石家庄正式成立了中国人民银行,同时发行中国人民银行钞票。1949年2月,中国人民银行随军迁入北平,各解放区银行先后改为中国人民银行的分行。1954年6月,中国人民银行各大区一级的银行撤销。此后,虽有过成立中国农业银行、中国银行、中国人民保险公司的历史,但时间都不长,一直到1979年以前,中国人民银行始终是"大一统"的中央银行。

1983年9月17日,国务院发布146号文件,决定中国人民银行专门行使中央银行的职能,同时成立中国工商银行,由其承担原由中国人民银行办理的工商信贷业务和储蓄业务。这是我国金融体制改革的一个重大步骤,它标志着我国金融体制进入了一个新的历史时期。1984年1月1日,中国工商银行正式成立,中国人民银行专门行使中央银行的职能。

1995年3月18日,第八届全国人民代表大会第三次会议审议通过了《中华人民共和国中国人民银行法》,至此,中国人民银行作为中央银行以法律形式被确定下来。中国人民银行相对于国务院其他部委和地方政府具有明显的独立性。1998年,中国人民银行管理体制实行了重大改革,撤销31个省级分行,设置了9个跨省(自治区、直辖市)的大区分行。这又是我国金融体制的一项重大改革,对于建立现代金融体制具有深远的历史意义。

☞ **专栏 7-1**

中国人民银行分支机构设置

  1998年末,中国人民银行根据履行职责的需要,撤销省级分行,按照经济区域设立九大分行。目前,中国人民银行设立了天津、沈阳、上海、南京、济南、武汉、广州、成都、西安9个分行,中国人民银行营业管理部和重庆营业管理部,315个中心支行,1762个县(市)支行。总部设在北京,2005年8月,中国人民银行第二总部落户上海。

第二节 中央银行的性质与职能

中央银行的性质与职能之间既相互联系,又相互制约。中央银行的性质决定职能,职能是其性质的具体体现。

一、中央银行的性质

中央银行的性质是由其在国民经济中的地位所决定的,并随着中央银行制度的发展而不断改变。中央银行具有与其他金融机构不同的性质。

第二节 中央银行的性质与职能

（一）中央银行是调节宏观经济的工具

中央银行利用自己在整个金融体系中特殊的核心地位，根据社会经济发展的宏观需要，运用经济的、行政的、法律的金融手段和货币政策工具影响商业银行的信用行为，达到控制社会信用规模、调节信用结构，从而实现对社会经济调节的目的。第一，中央银行通过改变基础货币的供应量，保障社会总需求和总供给在一定程度上的平衡。第二，中央银行在金融市场上处于支配地位，它可以通过公开市场操作，即通过购进和抛出有价证券的方法，直接参与金融市场活动，调节社会的货币供应量，影响社会信用规模。第三，中央银行是最后贷款者。它通过变动存款准备金率和再贴现率对商业银行和其他信用机构进行贷款规模和结构的调节，间接地调节社会经济活动。

（二）中央银行是国家最高的金融决策机构，具有国家机关的性质

为促进国民经济发展，保证物价、币值稳定，中央银行的首要任务是执行国家的金融政策，对社会经济活动，金融机构的业务发展以及经营状况等进行金融监督和管理。第一，很多国家的银行法明确规定中央银行是一国金融业的最高管理机构，是政府在金融领域内的代理人。第二，其资本所有权属于政府，大多数国家的中央银行实现了资本国有化。第三，其组织关系不论隶属政府或议会，都是代表国家管理金融，政府拥有任免中央银行总裁和理事的权力。第四，中央银行还代表国家制定和执行金融方针、政策、制度、法令，并监督各金融机构贯彻执行，代表国家管理金融机构，代表国家参加国际金融组织和国际金融活动。中央银行作为政府的组成部分，具有国家机关的性质，但又不同于一般的国家机关，具有服务机构和管理机构双重性质，有执行管理金融、扶持金融业发展的双重任务。

（三）中央银行是特殊的金融机构

第一，中央银行是以促进国民经济全面发展和稳定货币为宗旨的，是非营利性金融机构。第二，中央银行不经营普通银行的业务，交易对象一般仅限于政府部门和金融机构，不直接与个人和一般企业发生业务往来。第三，中央银行享有政府赋予的若干特权，如发行货币，代理国库，保管存款准备金，制定金融政策、法令等。第四，中央银行与政府有特殊的关系。中央银行既要与政府保持协调，又要有一定的独立性，可独立地制定和执行货币政策，实现稳定货币的政策目标。

☞ 专栏 7-2

中央银行的相对独立性

中央银行的独立性问题探讨的是中央银行与政府的关系。例如，美国和以前的德国中央银行独立于政府之外，直接对国会负责，可以独立制定货币政策，政府不能直接对其发布命令，也不得干预其货币政策的实施，产生矛盾时只能协商解决，因而称之为独立型中央银行。英国和日本等国家的中央银行虽然隶属于政府，但仍保持较大

的独立性，可以独立制定、执行货币政策，由于政府对中央银行具有一定的行政干预权，故又称之为准独立型中央银行。意大利等国家的中央银行为附属型中央银行，中央银行需接受政府的指令，货币政策及其所采取的措施都必须经过政府的批准，政府有权停止、推迟中央银行的决议和决定等。无论是独立型、准独立型还是附属型的中央银行，也无论是隶属于政府、议会还是其他部门的中央银行，各国政府一般会采取各种手段对中央银行加以控制，比如，中央银行的最高领导由国家任命，中央银行的业务活动也不能脱离该国社会经济发展总目标的要求。因此，各国中央银行的独立程序虽然存在较大差异，但没有一家能够完全独立于政府之外，所谓的"独立性"只能是相对的。

中央银行作为一国金融体系的核心和最高领导机构，其货币政策的主要目标只能是稳定货币和维护正常的金融秩序。而政府的目标是多重的，除了稳定物价外，还必须实现经济增长、完善社会保障、维持企业生存和发展、增加居民收入和税收收入等。中央银行货币政策的单一目标和政府的多重目标处于经常性的矛盾状态，尤其在附属型中央银行体制下。在多党制国家，政府行为的短视还会导致政治商业周期，新一届政府刚上台时往往迫使中央银行采用紧缩的货币政策来降低物价，并把造成紧缩的责任归咎于前任政府；大选前迫使中央银行执行扩张性的货币政策、降低失业率、提高产出，以争取选票。为保证中央银行能实现稳定物价的目标，需要通过加强中央银行相对独立性的法律地位来解决。

为了使货币政策的贯彻执行更有成效，近年来，不少国家通过法律做出了一些必要的规定，以提高中央银行的相对独立性。中国人民银行是附属型中央银行，自20世纪90年代以来，其独立性有所加强。例如，1995年颁布的《中国人民银行法》明确规定：中国人民银行在国务院的领导下依法独立执行货币政策，履行职责，开展业务，不受地方政府、各级政府部门、社会团体和个人的干涉。由于受各方面主客观条件的制约，近期中国人民银行还难以成为类似发达国家的独立型或准独立型中央银行。

二、中央银行的职能

中央银行的职能是其性质的反映，从不同的角度观察，有多种归纳分类。按传统的归类可分为发行的银行、政府的银行、银行的银行三大职能；按业务活动的特征可归纳为服务职能、调节职能、管理职能。下面按传统职能加以分析说明。

（一）中央银行是发行的银行

在现代银行制度中，中央银行首先是发行的银行。所谓发行的银行是指中央银行接受国家政府的授权，集中和垄断货币发行，是国家唯一的货币发行机构。中央银行垄断货币发行权的必要性主要基于以下几点理由：

(1)统一国内货币形式，避免货币流通混乱。因为单个货币发行主体很难统观全社会的货币需求，容易造成发行失控；发行主体过多容易造成币种过多、鱼龙混杂和混乱；货币发行银行也可能为谋求发行利益而竞相发行，造成货币发行过多，币值不稳。

（2）保证全国货币市场的统一。如果发行主体过多，必然形成依据于货币种类、信誉和币值的分散的货币市场，限制货币流通的范围，阻碍商品的流通。

（3）保持币值稳定和根据经济形势变化，灵活调节货币流通量。中央银行依据法律规定的货币发行制度发行货币，保证货币发行纪律。

（4）中央银行垄断货币发行权是中央银行制定和执行货币政策的基础。

（二）中央银行是政府的银行

中央银行是政府的银行是指中央银行代表国家贯彻执行财政金融政策，代为管理国家财政收支以及为国家提供各种金融服务。作为政府的银行的职能，主要体现在以下几个方面：

1. 代理国库

中央银行为政府开立账户，经办政府的财政预算收支划拨与清算业务，执行国库出纳职能，并代理政府发行公债和还本付息事宜。财政在中央银行的存款不支付利息。财政存款是中央银行重点的资金来源，因而这一职能既为政府提供了服务，同时又增强了中央银行的资金实力。

2. 代理发行政府债券

各国政府为了筹措资金，经常需要发行债券，国债的发行、推销以及发行后的还本付息等事宜一般由中央银行经营。

3. 为政府融通资金

在政府财政收支出现失衡、收不抵支时，中央银行具有为财政融通资金以解决政府临时资金需要的义务。中央银行对政府融资的方式主要有两种：一是直接为政府提供贷款。二是中央银行直接在一级市场上购买政府债券。为防止财政赤字过度扩大造成恶性通货膨胀，许多国家明文规定，应尽量避免发行货币来弥补财政赤字。

4. 保管外汇、黄金储备

代理政府进行黄金与外汇的交易，并负责管理国家外汇、黄金储备。有的实行外汇管制的国家，如法国，政府开立"外汇平衡资金账户"来干预外汇市场。

5. 政府的财政金融顾问

中央银行是一国的最高金融机构，与世界各金融机构有广泛的联系，掌握与了解货币供应量、证券和外汇市场的情况，有利于其参与国民经济的调节，为政府制定金融政策，为财政部或其他部门发行公债和进行外汇交易提供资料、可供选择的方案和建议；中央银行担负着执行金融政策的任务，同时，代表政府参加国际金融协定以及从事国际金融活动，与外国中央银行接触磋商等。

（三）中央银行是银行的银行

中央银行作为银行的银行，是指其与商业银行和其他金融机构发生业务往来，与商业银行发生存贷款关系及资金往来清算关系，是全国存款准备金的保管者，金融票据的交换中心，全国银行业的最后贷款者。中央银行作为银行的银行，其职能主要表现在以下几个方面：

1. 集中存款准备金

在大多数西方国家，为了保障存款的安全与调节货币信用的需要，中央银行根据银行法的规定，要求商业银行和其他金融机构根据其存款的种类与金额，按一定比例提出存款准备金无息存入中央银行的"准备金账户"，此项准备金不能由银行动用，而由中央银行集中保管，并根据扩张和紧缩银根的需要，通过对存款准备金率的提高或降低的幅度缩减或扩大自己的信贷规模，影响商业银行的投资和贷款。在现代中央银行制度中，集中保管存款准备金具有以下方面的意义：①保持商业银行的清偿力；②控制商业银行的货币创造能力和信用规模，从而控制全社会的货币供应量；③强化中央银行资金实力。

2. 银行的最后贷款者

如果商业银行或其他金融机构发生资金短缺时，可以将持有的票据向中央银行进行再贴现或要求抵押贷款，得到自己所需的资金。有时为了配合政府财政政策，中央银行主动降低再贴现率，向商业银行提供优惠利率贷款。从这个意义上讲，中央银行在资金上是一般银行或金融机构的"最后融通者"。中央银行作为最后贷款者向商业银行融通资金，其重要意义在于加强了整个信用机构的弹性和清偿力。

3. 全国金融业的票据清算中心

各银行及金融机构，在中央银行开设往来存款账户，其票据通过中央银行主持的票据交换所进行清算，清算后的应收差额即贷记应收行的账户，应付差额即借记应付行的账户。各地中央银行分行主持该地区的清算事宜，全国各地区之间，则通过中央银行分行或由总行进行清算。中央银行组织、监督和管理全国的清算系统，提供票据清算工具，制定有关清算纪律和清算的收费标准，执行清算中心的职能。

第三节 中央银行制度的类型与结构

为保证中央银行有效履行其职能、实现政策目标，中央银行必须通过一定的组织形式来实现。但由于各国的社会制度、经济管理体制、商品经济发展水平、金融业发展程度、历史习惯等国情不同，中央银行制度的类型、结构呈现出较大的差异。

一、中央银行制度的类型

目前世界各国基本上实行了中央银行制度，但并不存在一个统一的模式。归纳起来，大致可以分为以下四种类型：

(一) 单一式中央银行制度

单一式中央银行制度是指一国单独设立一家中央银行，作为发行的银行、政府的银行和制定并执行宏观金融政策的最高金融管理权力机构。根据中央与地方权力划分的不同，可分为一元中央银行制与二元中央银行制两种。

一元中央银行制，指国家只设立一家中央银行作为政府金融监管机构，履行全部中央银行的职能，根据需要在全国各地设立分支机构接受总行的统一领导，形成由总行、分行、支行组成的高度集中的中央银行体制。

二元中央银行制，指一国在国内设立中央和地方两级相对独立的中央银行机构，二者分别行使职权：中央级中央银行和地方级中央银行在货币政策方面是统一的，中央级中央银行是最高金融决策机构，地方级中央银行要接受中央级中央银行的监督和指导。但在货币政策的具体实施、金融监管和中央银行有关业务的具体操作方面，地方级中央银行在其辖区内具有一定的独立性。

(二) 复合式中央银行制度

复合式中央银行制度是指一国把中央银行的业务、职能与商业银行的业务、职能集于一体，不单独设立中央银行。东欧一些国家在 20 世纪 50—60 年代，我国在 1983 年之前，都是实行这种制度。这种制度的另一种方式是既设中央银行，也设专业银行，中央银行兼办一部分专业银行业务。这不是真正意义上的中央银行。

(三) 跨国中央银行制度

跨国中央银行制度是指几个国家共同组成一个货币联盟，各成员国不设本国的中央银行，而由货币联盟为成员国执行中央银行职能。它主要由地域相邻、习俗相近、经济发展水平相当的若干国家所组成。跨国中央银行为联盟各国共同所有，并为联盟各国服务。实行跨国中央银行制度的典型代表是欧洲中央银行，此外，还有西非货币联盟、中非货币联盟和东加勒比海货币管理局等。

(四) 准中央银行制度

准中央银行制度是指在一个国家或地区还没有建立通常意义上的中央银行制度，或者由政府授权某个或几个商业银行行使部分中央银行的权力，或者建立了中央银行，但只是它的初级形式，缺少基本的中央银行职能。显而易见，这种意义上的中央银行只能称之为准中央银行。实行准中央银行制度的国家和地区主要有新加坡、中国香港等。

☞ **专栏 7-3**

欧洲中央银行

欧洲中央银行 (European central bank, ECB) 是根据 1992 年《马斯特里赫特条约》的规定于 1998 年 7 月 1 日正式成立的，其前身是设在法兰克福的欧洲货币局。欧洲中央银行的职能是维护货币的稳定，管理主导利率、货币的储备和发行以及制定欧洲货币政策。

欧洲中央银行是世界上第一个管理超国家货币的中央银行。独立性是它的一个显著特点，它不接受欧盟领导机构的指令，不受各国政府的监督。它是唯一有资格在欧盟内部发行欧元的机构，1999 年 1 月 1 日欧元正式启动后，11 个欧元国家政府失去制定货币政策的权力，实行欧洲中央银行制定的货币政策。

欧洲中央银行的执行委员会与美国联邦储备委员会的结构类似，由行长、1 位副行长和4名其他成员组成,任期8年,不得连任。理事会与美国联邦公开市场委员会类似,包括执行委员会的成员和成员国国内中央银行的行长,负责制定货币政策决策。欧洲中央银行委员会的决策采取简单多数表决制,每个委员只有一票。货币政策的权力虽然集中了,但是具体执行仍由各欧元国中央银行负责。各欧元国中央银行仍保留自己的外汇储备。欧洲中央银行只拥有500亿欧元的储备金,由各成员国中央银行根据本国在欧元区内的人口比例和国内生产总值的比例来提供。

二、中央银行制度的结构

中央银行制度的结构主要包括中央银行权力结构、内部组织机构设置及分支机构设置三个方面的内容。

(一)中央银行的权力结构

中央银行的权力具有决策、执行和监督三个方面。这些权力是由一个或几个机构单独或分别行使的。各国的历史传统、文化背景、经济发展水平不同,中央银行在社会经济生活中所处的地位不同,决定了中央银行在行使决策、执行和监督权力的方式上也存在一定差异。但大体上可以归纳为以下三种类型:

(1)最高决策机构和执行机构集中于理事会。属于这一类的中央银行有英格兰银行、美国联邦储备体系等。

(2)最高权力机构分为决策机构和执行机构。属于这一类的中央银行有日本银行、德意志联邦银行等。

(3)最高权力机构分为决策机构、执行机构和监督机构。如法兰西银行、瑞士国家银行等。

(二)中央银行内部组织机构的设置

中央银行内部组织机构的设置不是任意的。一般来说,要考虑以下因素:

(1)从中央银行发挥基本的职能作用出发设置内部组织机构。为此,各国中央银行普遍设立货币发行、外汇管理、调查统计、政策研究、银行和金融市场管理部门。

(2)从各国的政治、经济、金融的结构,以及决策程序、执行方式、传统习惯等方面出发设置内部组织机构。如日本银行设有国库局,英格兰银行设有企业财务局,这些机构在大多数国家的中央银行是不单独设置的。

(3)从中央银行注重调查研究、信息分析、统计和计划等工作特点出发设置内部机构。例如,在美国联邦储备委员会内设的9部6室中,就有五六个部门直接或间接与调查研究、信息分析、计划、统计有关。

(三)中央银行分支机构的设置

中央银行作为一种特殊的金融机构,在分支机构的设置上,不同于一般的金融机构。各国中央银行在分支机构设置方面主要有两类:

（1）按经济的原则设置分支机构。这种方法突出的特点是，从实际经济需要出发，区分不同地区商品经济和信用制度发展的状况、该地区经济发展的特点，特别是金融事业的发展程度及其在全国的地位来设置分支机构。经济发展需要就设，不需要就不设；经济发达程度高，金融业务量大的地方就设置大一些的机构，相反就设小一点的机构，而不是按行政区划设置。这种按经济的原则设置中央银行分支机构的方法，体现了商品经济规律的要求。目前多数国家中央银行的分支机构依照这一原则设置。

（2）按行政的原则设置分支机构。这种方法恰恰与前一种方法相反，它强调中央银行分支机构按行政区划设置。通俗地说，就是哪里有政府机构哪里就要有中央银行机构；有什么级别的政府，就设相应级别的中央银行机构。按照这一原则设置中央银行分支机构的主要是一些传统计划经济体制国家。

第四节　中央银行的主要业务

中央银行的性质和职能要通过其资产、负债与清算业务的操作来实现。

一、中央银行的负债业务

中央银行的负债业务是其基本业务之一，是指政府和金融机构以及特定机构所持有的对中央银行的债权。主要有货币发行、集中存款准备金、代理国库等项目。

（一）货币发行

货币发行是中央银行根据国民经济发展的需要，通过信贷形式向流通中注入货币，构成流通领域的现金货币。货币发行有两重含义：一是指货币从中央银行的发行库通过各家商业银行的业务库流到社会；二是指货币从中央银行流出的数量大于从流通中回笼的数量。这二者通常都被称为货币发行。货币发行业务是中央银行的最重要负债业务，流通中的现金都是通过货币发行业务流出中央银行的，货币发行是基础货币的主要构成部分。中央银行通过货币发行业务，一方面满足社会商品流通扩大和商品经济发展的需要；另一方面是筹集资金，满足履行中央银行各项职能的需要。

中央银行货币发行的渠道是通过再贴现、再贷款、购买证券、收购金银和外汇等中央银行的业务活动，将纸币注入流通，并通过同样的渠道反向组织货币的回笼，从而满足国民经济发展、商品生产与流通扩张和收缩对流通手段和支付手段的需求。中央银行货币发行的原则有：一是坚持垄断发行原则，即货币发行权集中于中央银行；二是坚持信用保证原则，即通过建立一定的发行准备制度，以保证中央银行独立发行；三是坚持弹性原则，即货币发行要具有一定的伸缩性和灵活性。中国人民银行的货币发行流程见图7-1。

（二）集中存款准备金

集中存款准备金，是指中央银行收存的一般金融机构的存款，是中央银行对一般金融机构的负债。中央银行集中的存款准备金由两部分组成：一部分是法定存款准备金，它等于商业银行吸收存款余额乘以中央银行规定的法定存款准备金比率；另一部分是商业银行

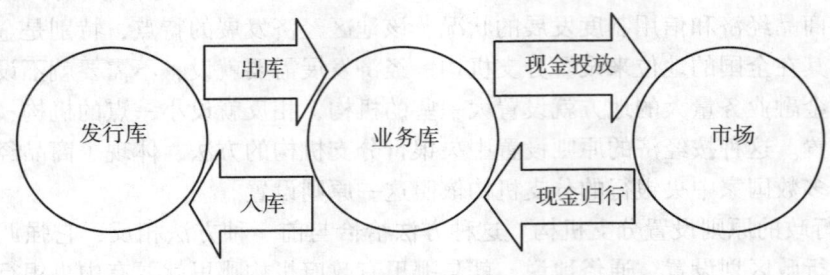

图 7-1 中国人民银行的货币发行流程

的超额准备金,也称为一般性存款,是指商业银行为保持资金清算或同业资金往来而存入中央银行的存款。

(三)代理国库

国库全称为国家金库,是负责办理国家预算资金收入和支出的机关。中央银行代理国库一方面可以吸收大量的财政金库存款,形成它的重要资金来源之一;另一方面这种存款通常是无息的,因而可以降低其总的筹资成本。

中央银行代理国库业务主要包括库款收缴和库款支拨两个方面。库款收缴业务是对预算收入征收机关所征收的预算收入及时办理入库手续。所谓预算收入征收机关,是指负责管理、组织征收、监督各单位按规定缴纳税利的部门,主要包括税务机关、海关和财政机关三个部门。所谓库款支拨业务,是指国库按财政部门支拨指令向有关单位办理支拨款项手续。国库负有监督审查的责任。

(四)其他负债业务

中央银行还可以通过发行中央银行债券、对外负债和筹措资本等方式获得资金。中央银行发行债券除了获得资金来源,更多是为了调节流通中的货币。当金融机构的超额准备金过多,而中央银行又不便采用其他货币政策工具进行调节时,可以通过向金融机构发行中央银行债券回笼资金,减少流通中的货币;当公开市场操作规模有限时,可以发行中央银行债券作为公开市场操作的辅助工具,如中国人民银行发行的中央银行票据就是一例。中央银行对外负债的主要目的有三个:平衡国际收支、维持汇率稳定和应付危机。可以采取的形式主要有向外国银行借款、对外国中央银行负债、向国际金融机构借款等。

二、中央银行的资产业务

中央银行的资产是指中央银行在一定时点上所拥有的各种债权。通常,其资产业务包括再贷款与再贴现、有价证券买卖、黄金外汇储备等主要内容。

(一)再贷款与再贴现

中央银行再贷款,主要是指中央银行对商业银行和其他金融机构在经营信贷业务中因资金周转性与临时性资金不足而发放的贷款。之所以称为再贷款，是因为它具有如下特征：①贷款对象是那些经营信贷业务的一般性金融机构；②这种贷款具有形成高能货币的特点；③这种贷款的利率水平、额度大小和条件限制是中央银行货币政策意愿的反映，是中央银行实施货币政策的一种工具。

中央银行再贴现，是指商业银行和其他金融机构将持有已贴现的尚未到期的合法商业承兑汇票或银行承兑汇票，向中央银行进行票据再转让的一种行为。各国中央银行的再贴现业务在业务对象、申请和审查、再贴现利率、票据种类、再贴现的额度等方面都有明确的规定。一般来说，再贴现是中央银行向商业银行融资的重要方式之一，它主要用于解决商业银行由于办理贴现业务所引起的暂时性资金困难。

(二)有价证券买卖

中央银行为了稳定金融局势，调节货币流通，通常都要在公开市场(金融市场)上从事有价证券买卖业务。在需要紧缩银根，减少市场货币供应量时，便在市场上卖出它所持有的有价证券(抛出证券，回笼货币)；反之，在需要扩张信贷，增加市场货币供应量时，便在市场上买进它所需要的有价证券(发行货币，收回证券)。一般说来，中央银行买卖有价证券时应注意以下几个问题：

(1)不能在一级市场上购买各种有价证券，而只能在二级市场上购买有价证券。

(2)不能购买市场性差的有价证券，只能购买市场性非常高、随时都可以销售的有价证券。

(3)不能购买没有正式上市资格，在证券交易所不能挂牌的有价证券，而只能购买具有上市资格，且在证券交易所正式挂牌销售的、信誉非常高的有价证券。

(4)一般不能购买国外有价证券。

(三)黄金外汇储备

中央银行的资产应以随时可以出售而且又可以避免损失为原则，所以黄金、白银和外汇储备就是中央银行的一项重要资产业务。虽然当今世界各国国内市场上并不流通和使用金银币，纸币也不能兑换金银，但在清算国际债务时，除了以外汇作为支付手段外，还可以黄金这一保值佳品换取外汇来支付。因此，各国都把黄金、外汇作为最重要的储备资产，由中央银行保管，以便在国际收支发生逆差时，用来清偿债务。中央银行办理此项业务有着特殊重要的意义，它可以通过买卖黄金、外汇来集中储备，达到调节货币资金、改善经济和外贸结构、稳定汇率和金融市场的目的。所以，一国的黄金外汇储备是否雄厚，是该国经济实力强弱的一个重要标志。

三、中央银行的清算业务

中央银行的票据清算业务是中央银行的一项传统业务，中央银行作为银行的银行，各商业银行以及其他金融机构都在中央银行开立账户，因此由中央银行来负责清算它们之间的资金往来和债权债务关系具有客观的便利条件。支付清算业务包括组织票据交换与清算、办理异地跨行清算、提供跨国支付清算服务、提供证券和金融衍生工具交易清算

第七章 中央银行

服务。

票据清算的基本原理，是所有银行的应收应付款项，在相互轧差之后仅收支其差额。所有银行应收差额的总和，一定与所有银行应付差额总和相等。正是因为如此，票据清算才能够顺利进行，下面以实例进行进一步说明。

如表7-1所示，假设某一城市有甲、乙、丙、丁、戊5家银行组成票据交换关系，其中甲银行应分别向乙、丙、丁、戊收取10、20、30、40个货币单位，共计100个货币单位；同时，它要向各家银行分别付款10个货币单位，共计40个货币单位；最后，甲银行的应收款项只有60个货币单位。乙银行应收款总额为100个货币单位，应付款总额为70个货币单位，轧差之后的应收差额为30货币单位。丙银行应收应付在数额上恰好相等，轧差之后差额为0，因此它最后既不收进也不付出。丁银行应收额小于应付额，轧差之后应付差额为30个货币单位。戊银行应收款总额为100个货币单位，应付款总额为160个货币单位，轧差之后的应付差额为60个货币单位。通过分析得知，5家银行共500个货币单位的应收应付款，通过票据交换，应收应付轧差之后，只需要90个货币单位的资金即可清算完毕。集中清算不仅节约了人力物力，而且减少了资金的占用，同时中央银行可以根据清算的结果，了解各商业银行的资金占用状况，更有利于其对商业银行安全性与流动性的监督管理和对资金供求的调剂。

表7-1　　　　　　　　　　　　　中央银行清算业务实例

应收行＼应付行	甲	乙	丙	丁	戊	应收合计	应付差额
甲		10	20	30	40	100	—
乙	10		20	30	40	100	—
丙	10	20		30	40	100	0
丁	10	20	30		40	100	30
戊	10	20	30	40		100	60
应付合计	40	70	100	130	160	500	
应收差额	60	30	0	—	—		90

上述中央银行的各项业务，分别体现在中央银行的资产负债表中，中央银行资产负债表的一般构成见表7-2。

表7-2　　　　　　　　　　　　中央银行资产负债表的一般构成

资　产	负　债
外汇、黄金储备	流通中现金
贴现及放款	商业银行及金融机构存款

续表

资　产	负　债
政府债券	国库及公共机构存款
财政借款	对外负债
其他资产（固定资产等）	其他负债
	资本项目
合　计	合　计

中央银行资产负债表主要项目之间的关系如下：

$$资产 = 负债 + 资本项目$$
$$负债 = 资产 - 资本项目$$
$$资本项目 = 资产 - 负债$$

☞ **专栏 7-4**

2016 年中国人民银行资产负债表（季末余额）

单位：亿元

项　目	第一季度	第二季度	第三季度	第四季度
国外资产	246 545.30	245 223.59	238 943.29	229 795.77
外汇	238 365.77	236 307.53	229 108.68	219 425.26
货币黄金	2 416.61	2 487.73	2 530.43	2 541.50
其他国外资产	5 762.92	6 428.33	7 304.17	7 829.01
对政府债权	15 312.73	15 274.09	15 274.09	15 274.09
其中：中央政府	15 312.73	15 274.09	15 274.09	15 274.09
对其他存款性公司债权	44 158.16	57 566.49	61 905.21	84 739.02
对其他金融性公司债权	6 654.59	6 657.69	6 657.69	6 324.41
对非金融部门债权	72.10	74.74	71.69	81.03
其他资产	13 473.58	13 345.56	12 098.46	7 497.26
总资产	326 216.46	338 142.16	334 950.43	343 711.59
储备货币	283 376.58	289 070.82	290 706.67	308 979.61
货币发行	71 352.51	69 030.85	71 920.48	71 884.44
金融性公司存款	212 024.07	220 039.97	218 786.19	234 095.17
其他存款性公司	212 024.07	220 039.97	218 786.19	234 095.17
其他金融性公司				

续表

项　　目	第一季度	第二季度	第三季度	第四季度
不计入储备货币的金融性公司存款	3 909.69	4 759.53	5 712.91	6 485.03
发行债券	6 572.00	6 572.00	764.00	500.00
国外负债	3 827.75	3 881.51	3 786.76	3 195.07
政府存款	27 338.77	31 797.32	29 920.44	25 062.70
自有资金	219.75	219.75	219.75	219.75
其他负债	971.93	1 841.23	3 839.89	−730.58
总负债	326 216.46	338 142.16	334 950.43	343 711.59

注：（1）人民银行采用 IMF 推荐的储备货币定义，其他金融性公司在货币当局的存款不计入储备货币。

（2）境外金融机构在人民银行存款数据计入国外负债项目，不计入其他存款性公司存款。

资料来源：中国人民银行网站，http：//www.pbc.gov.cn.

【本章小结】

1. 中央银行作为制定和实施货币政策、调节经济、监督管理和规范金融机构的特殊机构，在经济繁荣和金融稳定中发挥着显著独特的作用。

2. 中央银行是银行业发展到一定阶段的产物。具体来说，它的产生适应了以下几个方面的需要：发行信用货币的需要、票据交换和清算的需要、充当最后贷款人的需要和金融业监督管理的需要。

3. 中央银行产生于 17 世纪后半期，但中央银行制度的真正形成和发展始于 19 世纪中叶。中央银行主要通过两种方式建立并发展起来的：第一种方式是从一般商业银行演变而来，由国家法令授予权力，逐步确定中央银行的地位；第二种方式是直接建立中央银行。

4. 中央银行的性质是由其在国民经济中的地位所决定的，并随着中央银行制度的发展而不断改变。中央银行具有与其他金融机构不同的性质：中央银行是调节宏观经济的工具，中央银行具有国家机关的性质，中央银行是特殊的金融机构。

5. 中央银行的职能是其性质的反映，从不同的角度观察，有多种归纳分类，按传统的归类可分为发行的银行、政府的银行和银行的银行三大职能；按业务活动的特征可归纳为服务职能、调节职能和管理职能。

6. 目前世界各国基本上都实行了中央银行制度，但并不存在一个统一的模式。归纳起来，大致可以分为以下四种类型：复合式中央银行制度、单一式中央银行制度、跨国中央银行制度、准中央银行制度。中央银行制度的结构主要包括中央银行的权力结构、内部组织机构设置和分支机构设置等方面的内容。

7. 中央银行的性质和职能都要通过其业务得到具体的体现，任何国家的中央银行都要经营一定的业务，虽然不同国家中央银行所经营的业务不完全相同，同一国家中央银行在不同时期所经营的业务也不尽一致，但中央银行经营的主要业务是相同的。

【重要名词术语】

中央银行　发行的银行　政府的银行　银行的银行　复合式中央银行制度　单一式中央银行制度　跨国中央银行制度　准中央银行制度　货币发行　再贷款　再贴现　清算业务

【复习思考题】

1. 为什么要建立中央银行？
2. 中央银行为什么要垄断货币发行权？
3. 如何理解中央银行的性质？
4. 试论述中央银行的职能。
5. 中央银行制度有哪些类型？
6. 试论述中央银行的主要业务。
7. 试论述中央银独立性的重要意义。

【案例分析】

美联储的产生

20世纪以前的美国政治的一个主要特征是对中央集权的恐惧，这不仅仅体现在宪法的制约与平衡上，也体现在对各州权力的保护上。对中央集权的恐惧，是美国人对建立中央银行抱有敌意的原因之一，除此之外，传统的美国人对于金融业一向持怀疑态度，而中央银行又正好是金融业的最突出代表，美国公众对中央银行的公开敌视，使得早先旨在建立一个中央银行以管辖银行体系的尝试，先后两次归于失败：1811年美国第一银行被解散；1832年，美国第二银行延长经营许可证期限的要求遭到否决，随后因其许可证期满在1836年停业。

1836年美国第二银行停业后，不存在能够向银行体系提供准备金并使之避免银行业恐慌的"最后贷款人"，给美国金融市场带来了麻烦。19世纪和20世纪早期，全国性的银行恐慌已成为有规律的事情。1837年、1857年、1873年、1884年、1893年和1907年，都曾爆发过银行恐慌。1907年银行恐慌造成的广泛的银行倒闭和存款人的大量损失，终于使美国公众相信需要有一个中央银行来防止将来再度发生恐慌。

不过，美国公众基于对银行和中央银行的敌视态度，对建立类似英格兰银行的中央银行，还是大力反对的。他们一方面担心华尔街的金融业(包括最大的公司和银行)可能操纵这样一个机构从而对整个经济加以控制；另一方面，也担心联邦政府利用中央银行过多干预私人银行的事务。所以，在中央银行应该是一家私人银行还是一个政府机构的问题上，存在着严重的分歧。由于争论激烈，只能妥协。依据美国传统，国会便把一整套精心设计的带有制约和平衡特点的制度写入了1913年的《联邦储备法》，从而创立了拥有12家地区联邦储备银行的联邦储备体系。

当初建立联邦储备系统,首先是为了防止银行恐慌并促进商业繁荣,其次才是充当政府的银行。但是第二次世界大战结束后,美国取代英国,成为金融世界的中心,联邦储备系统已成为一个能够影响世界货币结构的独立的巨大力量。20世纪20年代是联邦储备系统取得重大"战功"的时代。当经济出现摇摆的迹象时,它就提高货币的增长率;当经济开始以较快的速度扩张时,它就降低货币的增长率。它并没有使经济免于波动,但它的确缓和了波动。不仅如此,它是不偏不倚的,因而避免了通货膨胀。货币增长率和经济形势的稳定,使美国经济获得了迅速发展。

资料来源:弗雷德里克·S.货币金融学.郑艳文,荆国勇,译.9版.北京:中国人民大学出版社,2011.

案例思考:
1. 中央银行产生的背景?
2. 美联储产生的过程和其他典型中央银行的产生有何异同?

【延伸阅读】
1. 黄达.金融学.3版.北京:中国人民大学出版社,2012.
2. 李健.金融学.北京:高等教育出版社,2010.
3. 宋鸿兵.货币战争.北京:中信出版社,2007.
4. 李敏.货币银行学.上海:复旦大学出版社,2004.
5. 中国人民银行网站,http://www.pbc.gov.cn.

第八章　其他金融机构

过去几十年里美国和其他国家的记录告诉我们：当一个金融机构面临一场灾难时，一国为保护金融中介而采取的办法可以保护整个经济。

——艾伦·格林斯潘

金融体系是一国社会经济体系的重要组成部分，它主要由金融商品（或称金融工具）体系、金融商品的价格体系、金融市场体系和金融机构体系四部分组成。我们通常所说的金融体系一般是指金融机构体系，即一国金融机构的组成，各金融机构在这个体系中所处的地位和它们之间的相互关系等。前面，我们重点讨论了商业银行和中央银行的相关知识，本章主要介绍投资银行、保险公司、政策性银行等其他金融机构。

通过本章的学习，你将能够了解和掌握以下知识：
- 投资银行的产生、发展及业务活动；
- 保险公司的类型与业务管理的基本内容；
- 政策性银行的特点与职能；
- 其他非银行金融机构的业务活动。

第一节　投资银行

一、投资银行的产生

投资银行在各国的称谓不尽相同，在美国称投资银行，在英国称商人银行，在法国称实业银行，在日本和我国则称证券公司。投资银行产生于西欧，发展于北美洲，全面兴起于亚洲、非洲和拉丁美洲，目前已经成为金融市场中一类重要金融机构。最初的投资银行主要从事公司证券承销和分销以及二级市场证券买卖，随着金融业务的不断发展和公司业务的全球化，特别是电讯、计算机和数据处理等技术的进步，投资银行的业务大大拓展。

在美国，投资银行主要有两个起源：一是由商业银行分解而来，摩根士丹利是典型的代表；二是由证券经纪人发展而来，美林证券是典型的代表。20世纪30年代大危机后的美国，通过了《格拉斯-斯蒂格尔法案》，将投资银行业务和商业银行业务严格地划分开，保证商业银行避免证券业的风险。但是在欧洲，各国政府一直没有这样的限制，投资银行业务一般都是由商业银行来完成的，所以形成了许多所谓的"全能银行"或"商人银行"，如德意志银行、荷兰银行、瑞士银行、瑞士信贷银行等等。

进入20世纪90年代以后，全球掀起了金融混业经营的浪潮。欧洲统一了货币和金融市场；东南亚金融危机促使日本进行了大刀阔斧的金融改革，日本的金融管制进一步放开；具有划时代意义的事件是美国参众两院在1999年11月4日以压倒多数票通过了《金融服务现代化法案》，彻底打破了1933年形成的分业经营的格局，从法律上为21世纪金融混业经营奠定了基础。

投资银行之所以称为银行，主要在于历史上其与商业银行业务融合给人们造成的习惯认知。美国20世纪30年代经济危机之后，证券推销商不再办理传统的存贷款业务，但人们仍然习惯称其为银行。现实中的投资银行并不直接命名为"××投资银行"，而是叫"××证券公司"或"××公司"。在2008年的金融危机中，美国五大投资银行纷纷倒下：雷曼兄弟申请破产保护，贝尔斯通和美林证券被收购，高盛和摩根士丹利转变为银行控股公司。金融危机的原因及其给美国乃至世界经济带来的损失值得我们深思。

二、投资银行的含义

(一)投资银行的各种定义

投资银行已经历几百年的发展，由于各国实践的差异，以及投资银行自身业务发展的日新月异，目前理论界对投资银行没有一致的定义。对投资银行的定义，通常是根据投资银行的业务范围确定的。美国著名的金融投资专家罗伯特·库恩认为，投资银行可以有四种定义，包括从大范围的金融服务的定义到传统的狭义定义。

☞ **专栏 8-1**

美国专家库恩对投资银行定义的四个层次

(1) 最广义的定义，实际上包括华尔街大型公司的所有业务，从国际承销到零售交易业务，以及其他金融服务(如不动产和保险)。

(2) 较广义的定义是，投资银行从事所有资本市场业务，包括证券承销、公司理财、收购兼并、提供咨询、管理基金和风险资本(创业资本)，不包括向散户零售证券、消费者房地产经纪业务、抵押银行业务、保险产品及类似业务，但为本身的账户而投资和经营的商人银行业务则包括在内；此外，还包括为金融机构进行的大额证券交易。

(3) 较窄的定义则只包括以证券承销与公司并购为重点的某些资本市场活动，而不包括基金管理和风险资本(创业资本)及产品的风险管理，但包括前述商人银行业务。

(4) 最狭义的投资银行定义，是回到它的历史作用上，其业务严格限制在证券一级市场的承销、融资和在二级市场上进行交易(经纪商和交易商功能)。

在以上四种定义中，美国一些金融专家和经济学家基本同意第二种定义，认为投资银行业务是除零售业务以外的所有资本市场活动。金融服务业中只为客户(零售客户或机构客户)买卖证券而没有融资功能的公司，只能称为证券公司或经纪公司，而不能称为投资银行。

(二)投资银行与商业银行的主要区别

如前所述,投资银行是在与商业银行的"混业—分业—混业"的变动中发展起来的。随着金融管制的放松,投资银行与商业银行在许多业务领域出现了交叉、融合、相互竞争的现象,投资银行与商业银行的区别在许多方面已较为模糊,但仔细分析,两者之间还是有明显的区别的,主要体现在以下几方面。

1. 资金来源不同

投资银行的资金来源主要是发行证券的收入;商业银行的资金来源主要以吸收存款和其他借入资金为主。

2. 主要业务不同

投资银行的主要业务为证券承销、交易,衍生工具的创造、交易,收购、兼并及相关服务和融资等;商业银行的主要业务为存贷款、票据业务、结算、代理、承诺、担保、金融衍生产品及各类金融服务。

3. 主要功能不同

投资银行的主要功能是直接融资;商业银行的主要功能是以间接融资为主。

4. 利润来源不同

投资银行利润来源主要为佣金、费用收入及融资收益;商业银行的利润来源主要是存贷利差及服务收益。

5. 监管机构不同

投资银行的监管机构以证券业监管机构为主;商业银行的监管机构是中央银行或专门的银行业监管机构。

三、投资银行的业务

(一)证券承销

证券承销是投资银行最本源、最基础的业务活动。投资银行承销的证券范围很广,包括本国中央政府、地方政府、政府机构发行的债券、企业发行的股票和债券、外国政府和公司在本国和世界各国发行的证券、国际金融机构发行的证券等。投资银行在承销过程中一般要按照承销金额及风险大小来权衡是否要组成承销辛迪加和选择承销方式。

(二)证券交易

在证券二级市场上,投资银行执行三种不同的交易职能:

(1)经纪人。投资银行作为经纪人是委托代理商,它们通过实际的或电子的方式互相报价,按照客户提出的价格为他们(证券的买者或卖者)的交易提供服务,只收取佣金而不承担价格或利率变动风险。

(2)交易商。即投资银行的证券自营业务。

(3)做市商。投资银行在证券市场上充当通过不断买进或卖出证券以保持市场连续性的角色。无论是自营还是经纪业务,都需要避免风险、防止损失,这就需要投资银行采取套利交易策略,从一种或者多种证券的持有中获取收入,这类策略包括无风险套利和风险套利。

(三)证券私募

投资银行可以帮助发行人以定向方式向少数特定的投资者发行证券募集资本。投资银行参与设计证券并提出定价建议,参与寻找和筛选投资者。在私募中,投资银行也可以参加助销交易,在为客户筹集风险资本时,投资银行通常面临分享公司繁荣的机会,这一机会的表现形式通常是以集资时的定价购入特定数目股份的选择权。允许投资银行从公司繁荣中获益的私募安排被称为"股权推动器"。

(四)资产证券化

资产证券化是指经过投资银行把某公司的一定资产作为担保而进行的证券发行,是一种与传统债券筹资不同的新型融资方式。进行资产转化的公司称为资产证券发起人。发起人将持有的各种流动性较差的金融资产,如住房抵押贷款、信用卡应收款等,分类整理为一批资产组合,出售给特定的交易组织,即金融资产的买方(主要是投资银行),再由特定的交易组织以买下的金融资产为担保发行资产支持证券,用于收回购买资金。

投资银行在资产证券化业务中获取收益主要有两条途径:①投资银行代表客户将资产证券化后承销可获得利差收入;②投资银行通过购买相应资产,创造证券,然后将证券出售,出售证券与购买资产之间的价差就是其利润的来源。

(五)企业并购

兼并是指两家或更多的独立企业合并重组为一家企业,通常为一家优势企业吸收一家或更多家企业;收购是指一家企业在证券市场上用现金、股票或债券购买另一家企业的股票或资产,以获得对该企业的控制权,而该企业法人地位并不消失。投资银行介入并购活动的主要途径是:帮助企业设计并购方案、设计反并购和防卫措施、确定合理价格、帮助融资等。

(六)基金管理

投资银行通过发起设立投资基金和从事基金管理业务,为中小投资者和各类机构投资者提供专业资产管理服务,也为自身创造了大量收入。很多投资银行成立了专门的投资管理部门或附属的资产管理公司,广泛参与了投资基金的业务。基金业务的迅猛发展,大大拓宽了投资银行的业务领域,投资银行不仅作为基金管理人,而且作为基金证券的承销人以及基金投资的经纪人,充当多重角色。

(七)风险投资

又称创业投资,是指专门向从事某种新思想或新技术的小型公司进行股权投资。投资银行通过风险投资活动,不仅向创新企业注入启动资金,而且帮助企业制定经营战略、管理方案等。风险投资的具体形式是建立专门投资于高新技术行业和新型行业的风险投资基金。

风险投资具有如下特点：①从投资偏好来看，投资风险相当大，成功率较低，一旦成功则会有较高的回报。②从投资对象来看，主要是非上市的中小企业，并且通常是高新技术企业。因为高新技术企业具有独特的高成长性和无可替代的高获利能力的可能性。这符合风险投资的高风险、高成长、高收益的投资要求。③从投资时间来看，通常是长期投资，一般为3~7年，有的更长。④从投资性质来看，风险投资是一种权益性投资。追求的是资本退出时的巨额资本利得，而不是利息或股息收入。⑤从投资策略来看，风险投资是一种组合投资。⑥从管理角度来看，风险投资的管理不仅涉及自身的资金管理，还涉及所投资项目的管理，所以是一种专业投资。⑦从收益获取手段来看，风险投资是通过股权转让来获取投资回报的。

（八）衍生工具的交易与创造

投资银行从事金融工程业务，利用期货、期权、互换等金融衍生工具为客户或自身分散风险。

☞ 专栏8-2

投资银行的高杠杆

2008年9月15日至21日是华尔街历史上最黑暗的一周。雷曼兄弟申请破产保护，美林被美国银行收购，摩根士丹利与高盛宣布转为银行控股公司，加上此前在2008年3月已被摩根大通收购的贝尔斯登，华尔街五大投资银行在次贷危机的旋涡中集体消失。究其根由，投资银行没有稳定的资金来源而过分倚重短期资金，财务杠杆比率过高，金融创新的监管跟不上以及按公允市值计价会计方法的推波助澜均对投资银行的经营失败具有重要影响。但是，这些原因之中，最饱受诟病的是投资银行的高杠杆化，并由此形成了一股去杠杆化(deleveraging)风潮。投资银行普遍实施了在险价值(Value at Risk, VaR)的资产负债管理模式，而这种模式将财务杠杆的变动内生化。投资银行的财务杠杆比率与投资银行对自身资产风险水平的评估反向变动。投资银行如果认为当前每单位金融资产承担的风险水平较低，则可以放大财务杠杆，反之则相反。在市场繁荣时期，由于账面资产市场价格上涨，投资银行倾向于低估每股资产承担的风险，从而不断提高杠杆比率。在2007年次贷危机全面爆发前，华尔街五大投资银行的平均财务杠杆比率高达30多倍。一旦危机爆发，由于账面资产市场价格下滑，投资银行将会重新评估每股资产承担的风险，从而不得不启动去杠杆化过程，即通过出售风险资产来偿还负债，降低杠杆比率。如果所有的投资银行同时出售风险资产，则资产的市场价格将被显著压低，在导致投资银行出现大幅账面亏损的同时，将启动新一轮的去杠杆化进程。

第二节 保险公司

一、保险的产生和发展

自有人类以来，各种自然灾害、意外事故就时常威胁着人类的生存与发展，人类为了寻求防灾避祸、安居乐业之道，萌生了对付各种自然灾害、意外事故的保险思想和一些原始形态的保险做法，中外历史上对此均有记载。中国是最早发明风险分散这一保险基本原理的国家。远在公元前三四千年，中国商人就将风险分散原理运用在货物运输中，历史悠久的各种仓储制度是我国古代原始保险的一个重要标志。镖局就是我国特有的一种货物运输保险的原始形式。镖局是一种类似保险的民间安全保卫组织，其经营的业务之一是承运货物。商人交镖局承运货物，俗称"镖码"（相当于保险标的）。货物须经镖局检验，按贵贱分级，根据不同等级确定"镖力"（相当于保险费率），据此收费签发"镖单"（相当于保险单）。货到目的地，收货人按镖单验收后，在镖单上签注日期，加盖印章，交护送人带回，以完成手续。镖局的这些手续与现代保险的承保手续大致相同。国外最早的保险思想产生于处在东西方贸易要道上的古代文明国家，如古巴比伦、古埃及、古罗马、古希腊等。《汉穆拉比法典》是一部有关保险的最早法规，基尔特制就是一种原始的合作保险形式，这种行会制度在中世纪非常盛行，欧洲各国城市都有各种行会组织，在此基础上又产生了相互合作的保险组织。

在各类保险中，起源最早、历史最悠久的当数海上保险。正是海上保险的发展，带动了整个保险业的发展。共同海损分摊制度是海上保险的萌芽。海上保险是海上贸易产生与发展的产物。在当时的条件下，航海是一种风险很大的冒险行为，于是在当时地中海航行的商人中形成了一种习惯，即为了船货共同安全而放弃货物所引起的损失由获益的各方共同分摊，这就是"一人为众，众为一人"的原则。这一原则后来为公元前916年的《罗地安海商法》所吸收，并正式规定为"凡因减轻船舶载重而投弃入海的货物，如为全体利益而损失的，必须由全体分摊归还"。这就是著名的共同海损分摊原则。共同海损分摊原则体现了"损失分担"这一保险的基本原理，因而被公认为海上保险的萌芽。15世纪后期，欧洲的奴隶贩子把运往美洲的非洲奴隶当作货物投保海上保险，这类似于现代的人身意外伤害保险。后来船上的船长、船员也可投保。到16世纪，又发展到承保旅客被海盗绑架而支付的赎金。这些都被认为是人身保险的萌芽。

到18—19世纪，英国的工业革命使社会分工更加深入，在新兴工业发展的同时，风险种类也不断增加，除各种海险、人身险以外，火险及其他意外险种相继出现，形成了以多种保险标的为内容的现代保险业。到现代，保险伴随经济的发展也得到了充分的发展。

二、保险的含义

关于保险的定义，不同的保险学说有不同的解释，2009年2月修订通过的《中华人民共和国保险法》第二条中将保险表述为："本法所称保险，是指投保人根据合同约定，向保险人支付保险费，保险人对于合同约定的可能发生的事故因其发生所造成的财产损失承担赔偿保险金责任，或者当被保险人死亡、伤残、疾病或者达到合同约定的年龄、期限等条件时承担给付保险金责任的商业保险行为。"

保险的基本功能是分担风险和补偿损失，但提供保险的保险机构或保险公司的功能却远不仅此。除基本的分担风险和补偿损失的功能外，保险公司还具有投资和防灾防损的功能。保险公司通过收取保险费而聚集了规模庞大的保险基金，以备赔偿被保险人的经济损失。但风险事故不可能同时发生，因此保险基金也不可能一次全部地赔偿出去，总有一部分基金处于闲置状态。为了避免资金闲置浪费，保险公司通常将其掌握的部分保险基金以投资的方式运用出去，保险公司也因此而成为各国金融市场上一类非常重要的机构投资者。

保险公司的运作有如下特点：①业务经营符合大数定律；②业务具有独特的风险管理技术和要求；③通过收取保费，集中大量分散的储蓄资金，通过对资金进行充分、安全的投资运作，既可增强偿付能力，又能获得投资收益。

☞ 专栏 8-3

保险合同关系人

在保险关系中，一般会涉及保险人、投保人、被保险人、受益人等合同方。

保险人就是保险公司，其与投保人订立保险合同，并承担赔偿或者给付保险金责任。

投保人简单说就是向保险人(保险公司)交纳保险费的人，投保人可以是被保险人和受益人。

被保险人就是以自己的身体生命或者健康、财产等为保险标的的保险关系人，被保险人可以是投保人本人也可以是受益人。

受益人就是当保险事故发生或者约定的保险时间到期，取得利益的人。

投保人、被保险人和受益人都要对保险标的物具有保险利益，即法律上认可的经济利益。

三、保险公司的类型

现代社会的保险业务种类繁多，我们可以按照不同的标准对其分类。

(一)根据保险的基本业务分类

根据保险的基本业务可以将保险公司划分为人寿保险公司、财产保险公司、再保险公司。人寿保险公司的保险产品是基于对受保人寿命或健康状况预期而提供的健康保险、伤残保险。此外，人寿保险公司还提供年金、养老基金、退休金等产品。财产保险公司主要为一定范围的财产损失提供保障。再保险是保险公司将其承担的保险业务向其他保险人进行保险，有"保险的保险"之称。除少数公司在人寿保险和财产保险、再保险领域都很活跃外，多数保险公司专于某一类保险业务，每类公司都有自己的一套产品。

(二) 根据经营目的分类

依据经营目的可以将保险公司划分为商业性保险公司和政策性保险公司。商业性保险公司是经营保险业务的主要组织形式,多是股份制公司,如各种人寿保险公司、财产保险公司、海事保险公司、再保险公司等。任何有保险意愿并符合保险条款要求的法人、自然人都可投保。政策性保险公司则是指依据国家政策法令专门组建的保险机构。这种保险公司不以盈利为经营目的,且风险内容关系到国民经济的发展与社会安定,如出口信用保险公司、投资保险公司、存款保险公司等。政策性保险是保险市场中特殊的发展形式,往往是出于国家对某个领域的保护意图而发展的。

(三) 根据保险经营方式分类

依据保险经营方式可以将保险公司划分为互助保险、行业自保、机构承保等。互助保险是由一些对某种危险有相同保障要求的人或单位,合股集资积聚保险基金,组织起互助保险合作社经营保险业务。行业自保是指某一行业为本系统企业提供保险保障。行业自保的组织形式一般是成立自营保险公司。自保公司主要承保本系统企业的风险业务,并通过积累一定的保险基金作为损失补偿的准备金。机构承保是以企业法人机构来承做保险业务,各类商业性的保险公司均属此类。

☞ **专栏 8-4**

我国保险公司的业务范围

《中华人民共和国保险法》第九十五条、九十六条规定,保险公司的业务范围:

第九十五条　保险公司的业务范围:

(一) 人身保险业务,包括人寿保险、健康保险、意外伤害保险等保险业务;

(二) 财产保险业务,包括财产损失保险、责任保险、信用保险、保证保险等保险业务;

(三) 国务院保险监督管理机构批准的与保险有关的其他业务。

保险人不得兼营人身保险业务和财产保险业务。但是,经营财产保险业务的保险公司经国务院保险监督管理机构批准,可以经营短期健康保险业务和意外伤害保险业务。

保险公司应当在国务院保险监督管理机构依法批准的业务范围内从事保险经营活动。

第九十六条　经国务院保险监督管理机构批准,保险公司可以经营本法第九十五条规定的保险业务的下列再保险业务:

(一) 分出保险;

(二) 分入保险。

四、保险公司的业务管理

保险公司的业务管理是指对全部保险业务经营活动的管理。具体来说，就是对展业、承保、防灾、理赔、分保、资金运用等各项工作的组织、实施、协调与控制，以达到预期目的。因此，业务管理在保险公司的整个经营活动中处于非常重要的地位，它是实现保险公司目标的基础。

(一)展业管理

展业是保险公司合理运用自身和社会的力量，以最佳方式组织众多的人参加保险。展业管理是保险业务管理的基础。在整个保险业务活动中，展业活动是最基本的活动，是起先导作用的活动，没有展业也就没有其他业务活动。所以展业管理是业务管理的首要内容。

(二)承保管理

承保是指签订保险合同的过程，即投保人和保险人双方通过协商，对保险合同的内容取得一致意见的过程。承保的内容主要包括：审核投保申请、控制保险责任。承保是保险经营的一个重要环节。承保质量如何，关系到保险公司经营的稳定性和经济效益的好坏，同时也是反映保险公司经营管理水平高低的一个重要标志。

(三)防灾管理

防灾管理是指保险人与被保险人对所承保的保险标的采取措施，减少或消除风险发生的因素，防止或减少灾害事故所造成的损失，从而降低保险成本，增加经济效益的活动。它是保险经营活动中不容忽视的重要环节。实施防灾，维护人民生命和财产安全，减少社会财富损失，既是提高保险企业经济效益和社会效益的重要途径，又是强化社会风险管理和安全体系的必要措施。

(四)理赔管理

保险理赔是保险人在保险标的发生风险事故后，对被保险人提出的索赔请求进行处理的行为。被保险人发生的经济损失有的属于理赔范围，有的则属于非保险原因引起的，需按原则区分。保险理赔涉及保险合同双方的权利与义务的实现，是保险经营的一项重要内容。

(五)分保管理

保险分保是指直接承保人将其所承保的保险业务的一部分或全部分给其他直接承保人，以及直接承保人向再保险人分出保险业务。保险分保有利于分散风险控制承保责任，维护保险公司自身的经营安全；有利于增大保险公司的承保能力，扩大其业务范围；有利于增强保险公司的财务能力。

(六)资金运用管理

保险公司在收取保险费,积聚了保险基金后,必然要进行资金运用,并取得收益。只有如此才能补偿理赔和投保者受益产生的各种费用,进而取得盈利。保险基金的运用必须遵循安全性、收益性、流动性原则。保险基金的投资对象一般集中在购买债券、股票,投资不动产,贷款和存放同业等。

就不同的国家而言,保险公司管理运作的客观环境,诸如经济环境、人文历史、法律法规等方面存在差异,公司管理运作的水平也不尽相同,因此,保险公司业务发展的能力、经营发展的状况、发挥作用的程度就会有很大区别。由于保险公司在经济运行中具有非常重要的作用,其业务运作效果好坏直接关系到保险市场以及宏观经济运行的稳定与否,各国政府一般均成立专门的监管机构,依据本国的保险法对保险公司进行必要的监管。在1998年以前,我国的保险公司及保险业务的监管及有关法规的制定主要由中国人民银行负责。1998年11月18日,中国保险监督管理委员会(保监会)成立,保监会成为全国商业保险的主管机关和独立监管机构。保监会的主要职责是根据国务院授权履行行政管理职能,依照法规统一监管保险市场。根据2018年《国务院机构改革方案》,将银监会和保监会的职责整合,组建中国银行保险监督管理委员会,将保监会拟订保险业重要法律法规草案和审慎监管基本制度的职责划入中国人民银行,不再保留保监会。

第三节 政策性银行

政策性银行是指政府创立、参股或保证,为贯彻政府社会经济政策或意图,以国民经济的整体性和长远利益为目标,在特定的业务领域从事政策性融资活动的专业性金融机构。

一、政策性银行的特征

(一)组织方式上的政府控制性

多数国家的政策性银行是由政府出资创立的,完全归政府所有,也有一些国家政策性银行并不由政府出资创立,但也往往由政府参股或保证,并在实质上为政府所控制。

(二)行为目标的非营利性

政策性银行在组织形式上为政府所控制,与政府的经济职能相联系,是贯彻政府政策的工具,它的业务活动必须以政府的政策意图为指导,以国民经济发展的整体利益和长远利益作为其行动的出发点。

(三)融资准则的非商业性

政策性银行以政府的职能和经济政策为依据,按照政策意图来安排其资产负债结构,其融资准则有明显的非商业性。

(四)业务领域的专业性

政策性银行在政府经济政策导向的支配下往往具有业务对象的特定性和业务领域的专业性特征,如专为支持农业发展的农业发展银行,专为进出口贸易融资的进出口银行,专以房地产业为融资对象的住宅信贷银行等。

(五)信用创造的差别性

政策性银行由于不实行存款准备金制度,一般不办理活期存款业务,其负债来源是银行体系已经创造出来的货币,其资产一般为专款专用,因此一般不具有派生存款和增加货币供给的功能。

二、政策性银行的职能

政策性银行既具有金融机构的一般职能,也具有作为政策性银行的特殊职能。就其一般职能而言,它也通过负债业务筹集资金,再通过贷款或投资等资产业务融出资金,从而实现资金供求的沟通,充当信用中介。在这一点上,它与商业银行的区别主要在于二者的资金筹集来源和贷出对象不同,但它们都是以信用为基础开展资金融通业务的。

政策性银行的职能,主要表现在它的特殊职能上,各国之所以普遍设立政策性银行也是在于其所具有的特殊职能。

(一)补充性职能

政策性银行的融资对象,一般限制在那些社会需要发展,但商业性金融机构又不愿意提供融资的领域,因此它可以补充商业性融资的缺陷,完善金融体系的功能。需要注意的是,政策性银行提供资金支持的具体范围随着社会、经济、技术等的发展在不断变化,但其辅助和补缺的定位是不变的。

(二)倡导性职能

所谓倡导性职能,也就是提倡引导的职能。政策性银行一旦决定对某些产业提供资金,则反映了国家经济政策的导向和支持重心,表明政府对这些产业的扶持意向,从而增加其他金融机构对这些产业的投资信心,促使其他金融机构放宽审查,协同投资。一旦其他金融机构对某一产业的投资热情高涨起来,政策性银行就会逐渐减少其份额,转而扶持别的产业。

(三)经济结构调整职能

经济结构调整职能,是政策性银行补充性职能和倡导性职能的必然结果。正是因为前两项职能,国家通过政策性银行业务可以实现区域经济、产业、行业、产品结构、生产力布局等合理化,实现经济的协调发展。这一职能尤其对于产业结构的调整有明显的积极作用,体现出政策性融资的特有性质。

(四)服务性职能

政策性银行一般为专业性的银行,在其服务的领域内积累了丰富的实践经验和专业技能,聚集了一大批精通业务的专业技术人员。因此,它可作为政府在这些特殊领域内事务的助手或顾问,参与政府相关规划的制订,提供专业化的有效服务,甚至代表政府组织实施。

总之,政策性银行以更主动、更直接、更具内在动力的方式贯彻实施宏观经济政策,尤其是产业政策,所以各国政策性银行往往被视为"特殊银行"。

三、我国的政策性银行

政策性银行作为我国金融体系中新的构成部分,肩负着促进国民经济协调运行的特殊使命。1994年,为了适应经济发展的需要,根据政策性金融与商业性金融相分离的原则,我国相继建立了国家开发银行、中国农业发展银行和中国进出口银行等三家政策性银行。经国务院批准,国家开发银行于2008年12月11日整体改制为国家开发银行股份有限公司,它自成立之日起,就承继国家开发银行的全部资产、负债和业务。

(一)国家开发银行

国家开发银行是经国务院批准,于1994年3月正式成立的,是我国成立的第一家也是最大的一家政策性银行。其主要任务是:按照国家法律、法规和方针政策,筹集和引导境内外资金,向国家基础设施、基础产业和支柱产业的大中型基本建设和技术改造等政策项目及其配套工程发放贷款,从资金来源上对固定资产投资总量进行控制和调节,优化投资结构,提高投资效益。其业务范围主要包括:管理和运用国家核拨的预算内经营性建设基金和贴息资金;向国内金融机构发行金融债券和向社会发行财政担保的建设债券;办理有关的外国政府和国际金融机构贷款的转贷,经国家批准在国外发行债券,根据国家利用外资计划筹措国际商业贷款等;向国家基础设施、基础产业和支柱产业的大中型基建和技改等政策性项目及配套工程发放政策性贷款;办理建设项目贷款条件评审、咨询和担保等业务,为重点建设项目物色国内外合资伙伴,提供投资机会和投资信息。

(二)中国农业发展银行

中国农业发展银行于1994年4月正式成立,总行设在北京,注册资本金为200亿元人民币,由国家财政全额拨付。

其主要任务是:按照国家法律法规和方针政策,以国家信用为基础,筹集农业发展的政策性信贷资金,承担国家规定的农业政策性金融业务,代理财政性支农资金的拨付,为农业和农村经济发展服务。其主要业务范围是:办理粮、棉、油等主要农副产品的收购、调销、加工贷款;办理国务院规定的小型农、林、牧、水利基本建设和技术改造贷款;办理业务范围内开户企业单位的存款和结算;发行金融债券;办理境外筹资。

（三）中国进出口银行

中国进出口银行是经国务院批准于1994年7月1日正式挂牌营业的，从事进出口贸易政策性融资活动的政策性银行。其主要任务是：执行国家产业政策和外贸政策，为扩大机电产品和成套设备等的资本性货物出口提供政策性金融支持。其经办的主要业务包括：办理与机电产品和成套设备有关的出口信贷业务（卖方信贷和买方信贷）；办理与机电产品和成套设备有关的政策性贷款、混合贷款、出口信贷的转贷、国际银行间及银团贷款业务；办理短期、中长期出口信用保险、进出口保险、出口信贷担保、国际保理等业务；经国家批准，在境外发行金融债券；办理本行承担的各类贷款、担保、对外经济技术合作等项目的评审，为境内外客户提供有关本行筹资、信贷、担保、保险、保理等业务的咨询服务。

第四节 其他非银行金融机构

一、投资基金管理公司

（一）投资基金管理公司及基金种类

投资基金管理公司是专门为中小投资者服务的投资机构，它通过发售基金份额，将众多分散的投资者的资金集中起来，形成独立财产，通过专家理财，按照科学的投资组合原理进行投资，投资者利益共享、风险共担。

证券投资基金最早产生在英国，20世纪20年代出现在美国的波士顿，并在其后得以充分发展。投资基金在不同国家或地区有不同叫法，美国称为"投资公司"或"共同基金"，英国和中国香港地区称为"单位信托基金"，日本和中国台湾地区称为"证券投资信托基金"等。为了保护投资者的利益，各国法律都规定，基金管理公司在成立时须配备高素质的有丰富证券从业经验的基金管理人，要有明确可行的基金管理计划，科学分工的组织机构，同时，还要求建立健全内部管理制度，配备先进的技术设施，为对基金资产进行有效的管理和运用奠定基础。依据不同的标准，投资基金可以分为不同的种类，见表8-1。

表 8-1　　　　　　　　　　　　　　投资基金的种类

依据的标准	投资基金的类型
依据组织形态的不同	公司型基金和契约型基金
依据基金发行的单位数是否可增加或赎回	开放式基金和封闭式基金
依据投资风险和收益的不同	成长型基金、收益型基金、平衡型基金
依据投资对象的不同	股票基金、债券基金、货币市场基金、期货基金、期权基金、指数基金和认股权证基金等
依据投资货币种类	美元市场基金、日元市场基金和欧元市场基金等
依据基金发行方式是否公开	公募基金和私募基金

(二)投资基金的业务经营

投资基金的运作主要是通过发行基金单位的受益证券(基金份额),集中投资者的资金,由基金托管人(通常是银行、信托公司等金融机构)托管,并由基金管理人负责基金的操作,即下达买卖指令管理和运用资金,从事股票、债券、外汇、货币等金融工具投资,以获得投资收益和资本增值。同时基金资产在托管人处拥有独立账户,即使基金管理公司因经营不善倒闭,债权人也不能清算基金的财产。

(三)投资基金管理公司的特点

基金管理公司是基金产品的募集者和管理者,其最主要的职责就是按照基金合同的约定负责基金资产的投资运作,在有效控制风险的基础上为基金投资者争取最大的投资收益。基金管理公司在基金运作中具有核心作用,基金产品的设计、基金份额的销售与注册登记、基金资产的管理等重要职能多半由基金管理公司承担。投资基金管理公司运作的特点主要有:

1. 集合理财、专业管理

众多投资者的资金集中起来形成投资基金以后,委托基金管理人进行共同投资,表现出一种集合理财的特点,有利于发挥资金的规模优势,降低投资成本。基金管理公司一般拥有大量的专业投资研究人员和强大的信息网络,能够更好地对证券市场进行全方位的动态跟踪与深入分析,使中小投资者也能享受到专业化的投资管理服务。

2. 组合投资、分散风险

中小投资者由于资金量小,难以通过购买数量众多、品种各异的有价证券来分散投资风险,而基金管理公司由于集中了大量资金,通常会购买几十种甚至上百种股票,对于个别投资者来说,购买基金就相当于用很少的资金购买了一揽子股票,在多数情况下某些股票下跌造成的损失可以用其他股票上涨的盈利来弥补,因此可以充分享受到组合投资、分散风险的好处。

3. 利益共享、风险共担

由于基金投资者是基金份额的所有者,基金投资收益在扣除由基金承担的费用后的盈余全部归基金投资者所有,并依据各投资者所持有的基金份额比例进行分配。基金管理公司和基金托管人只能按规定收取一定比例的管理费、托管费,并不参与基金收益的分配。

4. 严格监管、信息透明

为切实保护投资者的利益,增强投资者信心,各国监管机构都对基金业实行严格的监管,对各种有损投资者利益的行为进行严厉的打击,并强制基金管理公司进行及时、准确、充分的信息披露。

5. 独立托管、保障安全

基金管理公司负责基金的投资操作,本身并不参与基金财产的保管,基金财产的保管由独立于基金管理公司的基金托管人负责,这种相互作制约、相互监督的制衡机制为投资者的利益提供了重要的保障。

二、金融租赁公司

(一)金融租赁公司的含义

金融租赁公司是指专门为承租人提供资金融通的长期租赁公司,它以商品交易为基础将融资与融物相结合,既有别于传统租赁,又不同于银行贷款。其所提供的融资租赁服务是所有权和经营权相分离的一种新的经济活动方式,具有投资、融资、促销和管理的功能。

(二)金融租赁公司的业务种类与主要作用

金融租赁公司具有融物和融资的双重功能,按照承担风险的不同可分为以下几种业务:

1. 公司自担风险的融资租赁业务

(1)直接融资租赁。直接融资租赁指金融租赁公司以收取租金为条件,按照用户企业确认的具体要求、向该用户企业指定的出卖人购买固定资产并出租给该用户企业使用的业务,分直接购买式和委托购买式两类。

(2)经营租赁。经营租赁是指由出租人或承租人选择设备,出租人购买设备出租给承租人使用,设备所有权归出租人所有,使用权归承租人所有。设备反映在出租人固定资产账上,由出租人计提折旧。

(3)回租。回租是指承租人将自有设备出卖给出租人,同时与出租人签订租赁合同,再将该设备从出租人处租回的租赁形式。

2. 公司同其他机构分担风险的融资租赁业务

此类业务主要有联合租赁和杠杆租赁两类:

(1)联合租赁。联合租赁是指多家租赁公司对同一个项目提供融资租赁,由其中一家租赁公司作为牵头人,各家租赁公司同牵头租赁公司订立体现资金信托关系的联合租赁协议。由牵头人出面与承租人订立买卖合同和融资租赁合同,各家租赁公司按照所提供的租赁融资额的比例承担该融资租赁项目的风险和享有该融资租赁项目的收益。

(2)杠杆租赁。杠杆租赁指某融资租赁项目中大部分资金由其他金融机构以银团贷款的形式提供,但这些金融机构对承办该融资租赁项目的租赁公司无追索权,只按所提供的资金在该项目的租赁融资额中的比例直接享有租赁收益。

3. 公司不承担风险的融资租赁业务

此类业务主要是委托租赁,指融资租赁项目中的租赁物或用于购买租赁物的资金是一个或多个法人机构提供的信托财产,租赁公司以受托人的身份同委托人订立信托合同,该融资租赁项目的风险和收益全部归委托人,租赁公司则依据该信托合同的约定收取由委托人支付的报酬。

从微观看,融资租赁有利于解决企业更新设备与资金不足的矛盾,满足企业设备更新和技术改造的要求,从而提高企业的市场竞争力和技术进步能力,还有利于厂家促进销售,在盘活固定资产、优化资源配置,促进中小企业发展,引导消费与投资等方面可发挥积极作用。从宏观看，融资租赁则有利于调整产业结构。融资租赁的介入能使企业解决设备投入以及更新所需资金的问题，强化了某类行业或企业在经济发展中的地位，进而推动产业结构的调整及合理构建。此外，融资租赁还有利于引进更多的外资，可以在不增加债务总额的基础上引进国外的技术。因此，在发达国家金融租赁已经成为设备投资中仅次于银行信贷的第二大融资方式。

三、信托投资公司

信托是一种为了一定的目的，将自己的资金或财产委托他人代为运用或管理的行为。信托通常表现为拥有资金或财产的单位或个人由于时间、精力、知识等诸多限制而无法实现手中资产的价值或使其增值，在追求经济利益的目的驱动下，就选择他们可以信赖的个人或专业公司代为营运、管理或处理这些资产。

"受人之托，代人理财"是信托的基本特征，其实质是一种财产转移与管理或安排。信托以信任为基础，信托成立的前提是委托人将自己的物权、债权、知识产权或其他无形财产权转移给受托人，受托人在管理信托财产时要履行谨慎义务。信托一经成立，信托财产即从委托人、受托人、受益人的自有财产中分离出来，而成为一种独立运作的财产，仅服务于信托目的，并具有独特的破产隔离功能和存续的连贯性。信托具有的这些特征，使其在财产管理、资金融通、投资理财和社会公益等方面能够发挥独特的作用。

信托投资公司是指以受托人身份专门从事信托业务的金融机构，其职能是接受客户委托，代客户管理、经营、处置财产。

在经济中，可以从事信托业务的机构包括各种信托投资公司、各种银行或非银行金融机构的信托部。信托投资公司的运作特点是受人之托，为人管业和代人理财，具有财产管理和运用、融通资金、提供信息与咨询以及社会投资等功能。

☞ **专栏 8-5**

我国信托投资公司的发展历程

1979 年 10 月中国银行成立信托咨询部，中国的信托业开始恢复并迅速发展，最高峰时有 1000 余家。其在业务范围上基本不受限制，使得信托公司演变为金融百货公司，而真正的信托业务几乎从未被涉及，从而屡屡暴发危机，因此每隔几年就被国家清理整顿一次。1999 年开始的第 5 次清理整顿是最严厉的一次，经过重组整合之后，全国只保留了 60 家规模较大、效益好、管理严格、真正从事受托理财业务的信托投资公司。与此同时，信托制度的建设同步进行。历经多年的反复，2001 年 10 月 1 日，《中华人民共和国信托法》正式施行。这部法律和 2002 年 5 月 9 日起施行的《信托投资公司管理办法》以及 2002 年 7 月 18 日起施行的《信托投资公司资金信托管理暂行办法》，构建了中国信托业的基本法律框架。2007 年 1 月，银监会公布了《信托公司管理办法》。以此为标志，中国信托业基本结束了长达 3 年的"盘整"格局，跃出谷底，步入规范运行的轨道，从以信贷、实业和证券为主营业务和主要收入来源的模式，转向以"受人之托，代人理财"为主营业务，以收取手续费、佣金和分享信托收益为主要收入来源的模式。

四、财务公司

在我国，财务公司是"企业集团财务公司"的简称，是一类由大型企业集团内部成员单位出资组建并为各成员单位提供金融服务的非银行金融机构。我国的财务公司成立的宗旨是为本集团内部各单位筹资或融资，促进其技术改造和技术进步。

财务公司主要包括三种类型：一是销售金融公司，是由一些大型零售商或制造商建立的，旨在以提供消费信贷的方式来促进企业产品销售的公司；二是专门发放小额消费者贷款的消费者金融公司，它的作用是为那些在其他渠道难以获得贷款的消费者提供贷款资金；三是商业金融公司，主要向企业发放以应收账款、存货和设备为担保的抵押贷款，或者以买断企业应收账款的方式为企业提供资金。

中国的财务公司可以经营下列部分或者全部业务：对成员单位办理财务和融资顾问、信用鉴证及相关的咨询、代理业务；协助成员单位实现交易款项的收付；经批准的保险代理业务；对成员单位提供担保；办理成员单位之间的委托贷款及委托投资；对成员单位办理票据承兑与贴现；办理成员单位之间的内部转账结算及相应的结算、清算方案设计；吸收成员单位的存款；对成员单位办理贷款及融资租赁；从事同业拆借。此外，符合条件的财务公司，还可以向相关管理机构申请从事下列业务：经批准发行财务公司债券；承销成员单位的企业债券；对金融机构的股权投资；有价证券投资；成员单位产品的消费信贷、买方信贷及融资租赁。

五、信用合作社

信用合作社是由个人集资联合组成，以互助为主要宗旨的合作金融组织。

信用合作社的基本经营目标是以简便的手续和较低的利率，向社员提供信贷服务，帮助经济力量薄弱的个人解决资金困难。从性质上讲，合作金融同股份制金融最基本的区别在于，前者主要或优先为合作者提供互助性金融服务，而后者则面向社会提供商业性金融服务。信用合作社一般规模不大，主要资金来源于合作社成员交纳的股金、公积金和吸收的存款。贷款主要用于解决其成员的资金需要，起初主要发放短期生产贷款和消费贷款，后来开始为解决生产设备更新、改造技术等提供中长期贷款，并逐步采取以不动产或有价证券为担保的抵押贷款方式。目前各国信用合作社的主要种类有：农村信用合作社、农牧林渔业生产信用合作社、土地信用合作社、城市信用合作社、小工商业者信用合作社、劳动者信用合作社、住宅信用合作社等。

六、金融资产管理公司

金融资产管理公司是专门用于清理银行不良资产的金融中介机构。金融资产管理公司通常是在银行出现危机时由政府设立的，并且不以盈利为目的。金融资产管理公司通过审慎地收购资产，有效地管理资产和处置不良资产，向银行系统注入资金等以挽救金融行业，重建公众对银行体系的信心；通过运用有效的资产管理及资产变现战略，尽可能从破产倒闭银行的不良资产中多收回价值；在尽量减少动用政府资金的前提下，使金融行业能够实现资本重整，减轻银行重组给社会带来的负面影响。

金融资产管理公司在其收购的国有银行不良贷款范围内，管理和处置因收购国有银行不良贷款形成的资产时，可以从事下列业务活动：一是追偿债务；二是对所收购的不良贷款形成的资产进行租赁或者以其他形式转让、重组；三是债权转股权，并对企业阶段性持股；四是资产管理范围内公司的上市推荐及债券、股票承销；五是发行金融债券，向金融机构借款；六是提供财务及法律咨询、资产及项目评估等服务。金融资产管理公司管理、处置因收购国有银行不良贷款形成的资产，应当按照公开、竞争、择优的原则运作。金融资产管理公司转让资产，主要采取招标、拍卖等方式。金融资产管理公司终止时，由财政部组织清算组进行清算。金融资产管理公司处置不良贷款形成的最终损失，由财政部提出解决方案，报国务院批准执行。

【本章小结】

1. 其他金融机构指中央银行、商业银行以外的银行及非银行金融机构。
2. 投资银行的资金来源主要依靠发行自己的股票和债券，通常不吸收存款。投资银行在公司的重组、购并过程中起到了非常重要的作用。
3. 除基本的分担风险和补偿损失的功能外，保险公司还具有投资和防灾防损的功能。
4. 政策性银行具有机关性和金融企业性双重性质，具有补充性职能、倡导性职能、经济结构调整职能和服务性职能。
5. "受人之托，代人理财"是信托的基本特征。信托投资公司是指以受托人身份专门从事信托业务的金融机构，其职能是接受客户委托，代客户管理、经营、处置财产。
6. 金融租赁公司是指专门为承租人提供资金融通的长期租赁公司，它以商品交易为基础将融资与融物相结合，既有别于传统租赁，又不同于银行贷款。其所提供的融资租赁服务是所有权和经营权相分离的一种新的经济活动方式，具有投资、融资、促销和管理的功能。
7. 投资基金管理公司是专门为中小投资者服务的投资机构，它通过发售基金份额，将众多分散的投资者的资金集中起来，形成独立财产，通过专家理财，按照科学的投资组合原理进行投资。
8. 财务公司是"企业集团财务公司"的简称，是一类由大型企业集团内部成员单位出资组建并为各成员单位提供金融服务的非银行金融机构。
9. 信用合作社是由个人集资联合组成，以互助为主要宗旨的合作金融组织。
10. 金融资产管理公司是专门用于清理银行不良资产的金融中介机构。金融资产管理公司通常是在银行出现危机时由政府设立的，并且不以盈利为目的。

【重要名词术语】

投资银行　保险公司　政策性银行　信托公司　租赁公司　基金管理公司　财务公司　信用合作社　金融资产管理公司

【复习思考题】

1. 简述投资银行的含义及主要业务。
2. 保险公司有哪些职能？其主要业务有哪些？
3. 政策性银行有哪些特征？其主要职能有哪些？
4. 如何理解政策性银行的双重性质？
5. 投资基金的种类有哪些？

【案例分析】

高盛的转型

高盛集团成立于 1869 年，是全世界历史最悠久及规模最大的投资银行之一，总部设在纽约，并在东京、伦敦和香港设有分部。美国联邦储备委员会在 2008 年 9 月 21 日晚间宣布，已批准了包括高盛集团在内的两家投资银行转型为银行控股公司的请求。这一事件，意味着"长久以来世人熟知的华尔街的终结"。

1869 年，犹太移民马库斯·戈德门在纽约曼哈顿南部创建马库斯·戈德门公司，从事商业票据交易，公司只有一个办公人员与一个兼职簿记。每天早上，马库斯从附近的珠宝商手中收购商业票据，然后卖给附近的银行，从中获得微薄的利润。1882 年，马库斯·戈德门邀请小女婿山姆·萨克斯加入公司。1885 年，高盛采用现在的名称：高盛公司。

后来高盛增加贷款、外汇兑换及新兴的股票包销业务，规模虽小，却是已具雏形。股票包销业务使高盛变成了真正的投资银行。20 世纪 70 年代，高盛抓住一个大商机，从而在投资银行界异军突起。当时资本市场上兴起恶意收购，恶意收购的出现使投资行业彻底打破了传统的格局，催生了新的行业秩序。高盛率先打出"反收购顾问"的旗帜，帮助那些遭受恶意收购的公司请来友好竞价者参与竞价、抬高收购价格或采取反托拉斯诉讼，用以阻击恶意收购者。高盛一下子成了遭受恶意收购者的"天使"。1989 年，其并购部门的年收入是 3.5 亿美元，仅仅 8 年之后，这一指标再度上升至 10 亿美元。高盛由此真正成为投资银行界的世界级"选手"。

20 世纪 90 年代，高盛高层意识到只靠做代理人和咨询顾问，公司不会持久繁荣。于是他们又开设资本投资业务，成立 GS 资本合作投资基金，依靠股权包销、债券包销或公司自身基金，进行 5 年至 7 年的长期投资，然后出售获利。短短 3 年内，高盛的资本投资收入翻了近 10 番，而老业务投资银行部只翻了 2 番。1999 年 5 月，高盛在美国纽约证券交易所上市，这是美国历史上最大规模的金融业公司上市案件之一。

正是依赖交易，才使得这家公司的利润开始不稳定，但该公司却更加坚定了增加交易的决心。到其转型为银行控股公司前,其杠杆倍数达到近30倍。特别是在2007年开始的次贷危机中,公司许多业务被政府政策所限制(如禁止售空限制)。在其主要竞争对手——美林、雷曼兄弟和贝尔斯登都已并入规模更大的银行或寻求破产保护的时候,高盛面临的选择将是,要么面临愤怒的投资者,进而不可避免地陷入困境,要么转型为银行控股公司,得到美国联邦储备委员会更多的支持。

最终,高盛向美联储递交了转型为银行控股公司的申请。

资料来源:朱新蓉. 货币金融学. 北京:中国金融出版社,2010.

案例思考:
1. 投资银行与商业银行的本质区别表现在哪些方面?
2. 高盛为什么要向银行控股公司转型?

【延伸阅读】

1. 查尔斯·R. 盖斯特. 华尔街投资银行史:华尔街金融王朝的秘密. 向桢,译. 北京:中国财政经济出版社,2005.
2. 郑鸣,王聪. 现代投资银行研究. 北京:中国金融出版社,2002.
3. 中华人民共和国保险法. 北京:法律出版社,2009.
4. 白钦先,曲绍光. 各国政策性金融机构比较. 北京:中国金融出版社,1993.
5. 左玉秀,史建平. 信托与租赁. 北京:中国经济出版社,2001.

第九章 货币供求与均衡

从本质上说,用增加货币发行量的方法为减税计划堵窟窿与米尔顿·弗里德曼的那句经典名言——"开着直升机在空中撒钱"有异曲同工之妙。

——本·伯南克

供求规律是市场经济的基本规律,货币作为一种特殊的商品,也有供给和需求的问题。货币需求规律是货币理论研究的重要内容,是货币政策选择的理论出发点。在实际经济运行中,货币供给和货币需求是货币这同一对象的两个方面。在理论研究上,经济学家对货币需求问题的研究要比对货币供给问题的研究早得多,深入得多。货币供给对经济有着广泛的影响,它不仅影响着一国经济的总体状况,也影响着我们每个人的生活,因此货币供给的增加或减少往往会引起人们的广泛关注。

通过本章的学习,你将能够了解和掌握以下知识:
- 货币需求的含义及相关理论;
- 货币供给量的形成与控制机制;
- 影响货币供给量的因素;
- 货币均衡与失衡及其调节机制。

第一节 货币需求

一、货币需求及其分类

(一)货币需求的含义

货币需求是指社会各部门在既定的收入或财富范围内愿意且能够持有的货币数量。人们对货币产生需求的根本原因在于货币具有的职能,主要是流通手段、支付手段和贮藏手段的职能。在现代市场经济社会中,人们需要以货币方式取得收入,用货币作为交换和支付的手段,用货币来保存财富,因此便产生了货币需求。货币需求通常表现为一国在既定时间上社会各部门所持有的货币量。理解货币需求的含义时,要注意把握以下几点:

1. 货币需求是一个存量的概念

它考察的是在某个时点和空间内,社会各部门在其拥有的全部资产中愿意以货币形式持有的数量或份额,而不是在某一段时间内,各部门所持有的货币数额的变化量。然而,货币存量的多少与流量的大小和速度密切相关,因此,在货币需求量的研究中,需要把存量与流量结合起来考察,作静态与动态的全面分析。

2. 货币需求是一种能力与愿望的统一体

它以收入或财富的存在为前提,是在具备获得或持有货币的能力范围之内愿意持有的货币量。因此,只有同时满足两个基本条件才能形成货币需求:一是必须有能力获得或持有货币,二是必须愿意以货币形式保有其资产。二者缺一不可,有能力而不愿意持有货币不会形成对货币的需求;有愿望却无能力获得货币也只是一种不现实的幻想。

3. 货币需求包括对现金和存款货币的需求

因为货币需求是所有商品、劳务的流通以及有关一切货币支付所提出的需求。这种需求不仅现金可以满足,存款货币同样也可以满足。如果把货币需求仅仅局限于现金,显然是片面的。

(二)货币需求的分类

1. 名义货币需求和实际货币需求

名义货币需求和实际货币需求是经济学家在说明货币数量变动对经济活动的影响过程时所使用的一对概念。名义货币需求是指个人、家庭、企业等经济主体在一定时点上不考虑价格变动情况下的货币需求,如 1 万美元、5 万元人民币、6000 英镑等,通常以 M_d 表示。实际货币需求则是经济主体扣除了价格变动因素以后的货币需求,它等于名义货币需求除以物价水平,即 M_d/P。因此,名义货币需求与实际货币需求的根本区别,在于是否剔除了通货膨胀或通货紧缩所引起的物价变动的影响。也就是说,如果经济运行中的其他变量都不变,只是物价上涨了一倍,则名义货币需求伴随物价的上涨也相应地增加一倍,而实际货币需求不变。反之亦然。

对于货币需求者来说,重要的是货币实际具有购买力的高低而非货币数量的多少;对于全社会来说,重要的则是寻求最适当的货币需要量。在现实经济生活中,通货膨胀是一种经济常态,由于包含物价因素在内的名义货币需求不能直接反映经济主体对货币的实际需求,人们一般更注重考察实际货币需求。

2. 微观货币需求和宏观货币需求

从货币需求的主体考察,货币需求可以分为微观货币需求和宏观货币需求。微观货币需求是指从微观经济主体即个人、家庭或企业的角度进行考察,研究微观经济主体在既定的收入水平、利率水平和其他经济条件下,持有多少货币机会成本最低、效用最大的问题。宏观货币需求是指从宏观经济主体角度进行分析,讨论一国在一定时期内的经济发展与商品生产流通所必需的货币量。其内容一般仅指执行流通手段和支付手段的货币需要量,在理论上,这种货币量既能满足经济发展的客观要求,又不会引发通货膨胀而导致社会经济的不稳定。

微观货币需求与宏观货币需求这两个概念是相互联系的。从数量上来看,全部微观货币需求的加总即为相应的宏观货币需求,因此对货币需求的研究,必须根据需要从两个方面进行相互联系的综合研究。

二、货币需求理论的发展

货币需求理论历来为经济学家所重视。20 世纪以前,经济学家侧重于从宏观角度研究商品流通所产生的客观货币需求,重点探究一个国家在一定时期内的经济发展和商品流通所必需的货币量。20 世纪以来,经济学家则更多地侧重于研究个人、家庭、企业等微观主体对货币的需求,重点探究这些微观经济主体为什么持有货币,货币需求究竟由哪些因素决定,货币需求函数是否稳定等问题。宏观经济与微观经济是紧密联系的,微观经济主体的经济行为造成宏观经济的格局,因此,宏观货币需求的研究如果缺乏对微观经济主体持币动机的探讨,便缺乏相应的微观基础,理论研究也难以深入。也正是基于此,现代经济学家往往会在建立微观货币需求模型之后,进一步研究该模型能否直接或经过修正后用于宏观分析,由此将货币需求理论研究推向更深的层次。在货币需求理论的发展演进中,以下几种理论颇具代表性。

(一)马克思的货币需求理论

马克思的货币需求理论集中反映在其货币必要量公式中。马克思的货币必要量公式是在总结古典学派对流通中货币数量研究成果的基础上,对货币需求理论从宏观角度的精练表述。

马克思的货币必要量公式是以完全的金币流通为假设条件,进行了如下的论证:①商品价格取决于商品的价值和黄金的价值,而商品价值取决于生产过程,所以商品是带着价格进入流通的;②商品数量和价格有多少,就需要有多少货币来实现它;③商品与货币交换后,商品退出流通,而货币却要留在流通中多次充当商品交换的媒介,从而一定数量的货币流通几次,就可相应媒介几倍于它的商品进行交换。这一论证可以用公式表示:

$$\text{执行流通手段职能的货币量} = \frac{\text{商品的价格总额}}{\text{同名货币的流通次数}}$$

若以 M 表示货币必要量,Q 表示待售商品数量,P 表示商品价格,V 表示同名货币的流通速度,则有:

$$M = \frac{PQ}{V}$$

该模型表明,在一定时期执行流通手段职能的货币必要量主要取决于商品价格总额和货币流通速度,且与商品价格总额成正比例,与货币流通速度成反比例。马克思从劳动价值论出发,提出商品的价值是在生产过程中决定的,商品是带着价格进入流通的,因此,商品价格是决定货币必要量的一个重要因素,而不是相反。马克思的货币必要量公式更深入地反映了商品流通对货币需求的决定性作用:货币是为了适应商品交换的需要而产生的,并随商品的交换进入流通,因交换的需要而调整自身的数量。

该模型强调的是商品流通决定货币流通的基本原理。

专栏 9-1

我国计划经济时期的"1∶8"经验式

20世纪60年代初,我国银行工作者在理论界对马克思货币必要量公式研究的基础上,对我国多年的商品流通与货币流通之间的关系进行实证分析,得出了一个经典的"1∶8"经验式。其具体含义是:每8元零售商品供应需要1元人民币实现其流通。公式可表示为:

$$\frac{社会商品零售总额}{流通中货币量(现金)} = 8$$

如果社会商品零售总额与流通中的货币量的比值为8,则说明货币流通正常,否则,说明货币供应量不符合经济运行对货币的客观需求量。直到20世纪80年代初期,这个著名的"1∶8"公式,作为马克思货币必要量原理在中国应用的具体化体现,实践效果比较理想。

在计划经济体制下,经济主体的货币需求的决定主要受制于计划,利率和规模变量等基本不起作用,货币需求从种类上看基本上都是交易性的,货币需求主要由商品流通所决定,与商品供给之间存在一个相对合理的比例。改革开放以后,市场供求状况大为好转,影响商品流通和货币需求的因素越来越多,也越来越复杂,因此,"1∶8"经验式已经不能再作为衡量货币流通正常与否的尺度。

(二)传统的货币数量论

货币数量论是一种以货币数量来解释货币价值和一般物价水平的理论。传统的货币数量论分为早期货币数量说和近代货币数量说。20世纪初由美国经济学家欧文·费雪和英国经济学家马歇尔、庇古在前人的基础上分别建立了货币需求的现金交易说和现金余额说。

1. 费雪的现金交易说

美国耶鲁大学教授费雪在对前人的学说进行总结和发展的基础上,于1911年在《货币的购买力》一书提出了著名的"交易方程式",为货币数量论构筑了一个清晰的理论框架。

费雪分析的出发点是货币流通速度的概念,即单位货币每年用于购买经济中产出的最终产品或劳务总量的平均次数。具体来说,货币流通速度(V)为总产量的名义价值(PT,P为价格水平,T为总产量)除以货币总量(M),即:

$$V = PT/M$$

由此得出:$MV = PT$

其含义是流通中的货币存量(M)乘以流通速度(V)等于物价水平(P)乘以交易总量(T)。该式将名义收入与货币数量和货币流通速度联系起来了。这就是费雪著名的交易方程式。

费雪认为:货币流通速度是由经济体中影响个人从事交易方式的制度来决定的,一方面,如果人们通过转账结算或信用卡进行交易,则在购买时比平时少用现金货币,那么在进行由名义收入所引起的交易时就只需要较少的货币，而货币流通速度就会加快；另一方面，如果购买用现金或支票支付时较为方便，那么在进行由同等水平的名义收入所引起的交易时，就会使用更多的货币，货币流通速度就会下降。经济体中影响货币流通速度的制度特性是随着时间的移动而缓慢变化的，因此，短期内货币流通速度可以被看作一个常数。

费雪所持的货币流通速度在短期内较为稳定不变的观点，使其现金交易方程式转变为货币数量理论。用 V 除方程式的两边，就得出了：

$$M = \frac{PT}{V}$$

在货币市场均衡时，人们持有的货币量 M 等于货币需求量 M_d。用 M_d 代替 M，同时定义 $K = 1/V$，则有：

$$M_d = K \cdot PT$$

上式告诉我们，因为 V 可以看作是在短期内稳定的常数，所以 K 也是个常数；因为 K 是常数，由固定水平的名义收入（PT）所引起的交易水平，决定了人们需求的货币数量（M_d）。因此，费雪的货币数量论认为：货币需求纯粹是收入的函数，利率对货币需求没有影响。

费雪得出这个结论，是因为他是从宏观分析的角度研究货币需求的，而且仅着眼于货币作为交易媒介的功能，关注的仅仅是流通中的货币数量。

2. 剑桥学派的现金余额说

马歇尔是剑桥学派的创始人，他在1923年所著的《货币、信用与商业》一书中，系统地提出了现金余额说。他认为，货币的价值与其他商品一样，是由供应与需求所决定的。供应为当时所存在的流通量，需求则为人们对货币的需要量。在一般情况下，人们都把财产或收入的一部分以货币的形式持有，而另一部分是以非货币的形式持有。如果贮存货币过多，必然受到损失。因此，人们常将贮存货币所得到的利益与购买消费品所得到的享受及投资于生产所得到的收益加以权衡，而决定其应贮存的货币量，即应该保有的备用货币购买力的数量。不论生产状况如何，社会各阶层用通货形态保存财富以备购买的数量是一定的，如果流通中货币量增加，必然引起物价上涨。假定其他情况不变，在通货数量与物价水平之间存在一种直接关系。若通货数量增加10%，物价水平就上升10%，因此，他认为，货币的价值取决于全国居民保存的实物价值与信用货币的比例。他把人们用通货形态保持的实物价值称为"实物金额"，把与实物价值相应的通货数额称为"现金余额"。因此，马歇尔的这种表述被称为"现金余额数量说"。

庇古将马歇尔的概念加以推广，在马歇尔分析的基础上，把现金余额数量理论用数学方式予以解释，为后来剑桥经济学家进一步研究奠定了基础。庇古的剑桥方程式如下：

$$M_d = K \cdot PY$$

在这里，庇古等人理论的隐含假设是货币供应 M_s 与货币需求 M_d 会自动趋于均衡，因此 $M_s = M_d = M$。上式改为：

$$M = K \cdot PY$$

这就是剑桥方程式的一般形式，式中：M 代表货币存量，也就是所谓现金余额；Y 代表总产量；P 代表一般物价水平；K 代表货币量与国民收入的比率。

如上所述，货币供给无论大于还是小于货币需求，都会自行得到调整。为了恢复均衡，就要求 K 或 P 发生变动。Y 在短期内不会有大的变动，如果 K 也不变，则 P 与 M 做同方向同比例的变动，可见，由剑桥方程式同样也得出了费雪方程式的结论。不过，剑桥方程式本身又预示着对上述结论的否定：因为各种资产的收益率和人们的预期影响着 K，无论在短期还是在长期，K 都不是个固定不变的常数，因此 P 与 M 的变动幅度也就不可能完全一致。只是剑桥学派的学者们并没有在这方面做深入研究，但剑桥学派的研究对以后货币需求理论的影响是巨大的。

通过以上分析我们可以发现，剑桥学派是从货币需求函数出发推导出货币数量论，而不是像现金交易说那样从货币数量论出发推导出货币需求函数。这其中逻辑顺序的不同却蕴含着较多的合理成分，因为它的出发点是正确的。剑桥学派开创的这一研究视角为后来的经济学家研究货币需求奠定了基础，凯恩斯的流动性偏好论正是在现金余额说的基础上发展起来的。

（三）凯恩斯的流动性偏好理论

☞ **专栏 9-2**

约翰·梅纳德·凯恩斯

约翰·梅纳德·凯恩斯（1883—1946）1905 年毕业于英国剑桥大学，并在该校任教多年。凯恩斯在剑桥大学的老师包括马歇尔和庇古，都认为他是天才。在第一次世界大战当中，他在英国财政部主管对外财务工作，1919 年作为财政部的首席代表出席了巴黎和会。1940 年他再度加入财政部，以帮助英国渡过战时的财政困难。1944 年，他又以英国代表团团长的身份出席了布雷顿森林会议。他主持过英国内阁的财政经济顾问委员会，出任过英格兰银行董事、国际货币基金组织与国际复兴开发银行的董事，还创办过投资公司，极为成功地从事过外汇和证券投机等金融实务活动。

凯恩斯的思想体系是最重要的经济思想流派之一。这个学派开始于 1936 年凯恩斯的《就业、利息与货币通论》的出版，并且在今天的正统经济学中仍然占据重要地位。它发端于新古典学派，凯恩斯本人就沿袭了马歇尔的传统。尽管凯恩斯尖锐地批评了新古典经济学的某些方面，将它们与李嘉图学说一起归入"古典经济学"，但他仍然使用了许多新古典经济学的假设与方法。

凯恩斯放弃了古典学派将货币流通速度作为常量的观点，发展了一种强调利率重要性的货币需求理论，并将其理论称为流动性偏好理论。凯恩斯对货币需求理论的突出贡献在于他对货币需求动机的剖析，并在此基础上把利率引入了货币需求函数。凯恩斯沿着剑桥学派的思路，从人们持有货币的需求出发加以深入研究，他认为，人们之所以需要持有货币，是因为存在流动性偏好这种普遍的心理倾向，而人们偏好货币的流动性是出于交易动机、预防动机和投机动机。

1. 交易动机

凯恩斯认为，交易媒介是货币最基本的功能。因为人们为了应付日常交易而必须持有一定数量的货币，由此产生了持币的交易动机。基于交易动机而产生的货币需求，凯恩斯称为货币的交易需求。交易动机可以分为个人的收入动机和企业的营业动机，其强度的大小主要取决于经济主体收入的多少和收、支时间间隔的长度。另外，影响交易需求的因素还有支出习惯、金融制度、经济预期等。这些影响因素中，除了收入因素外，其他因素可视为在短期内不变的常量，收入越多，这种货币需求也越多，因此，凯恩斯将交易动机的货币需求看作是收入的递增函数。

2. 预防动机

预防动机是指人们为应付不测之需而持有货币的动机。凯恩斯认为，生活中经常会出现一些未曾预料的、不确定的支出或购物机会，人们无法准确预测自己在未来一段时间内所需要的货币数量，为此，人们需要持有一定数量的货币在手，预防意外事件的发生，这类需求可称为货币的预防需求。它的产生主要因为未来收入和支出的不确定性。在凯恩斯看来，预防动机引起的货币需求主要作为交易的准备金，最终也要用于交易，所以，就实质来说，预防动机和交易动机可以归入同一交易性货币需求的范畴之内。由这两个动机所引起的货币需求与收入水平存在稳定的关系，主要取决于收入的数量，是收入的递增函数。

预防动机的货币需求与交易动机的货币需求既有相同之处，也有不同之处。相同的是二者均是人们对作为流通手段和支付手段的货币的需求，都与收入有关，而且均是收入的递增函数；二者均对利率不太敏感，因为这两种目的的货币需求是经济主体在生产和生活中必不可少的，不管机会成本多大都得保留；二者均相对稳定，可以预计，出于预防动机的货币需求虽然不如交易动机那么确定，但它主要是作为交易的备用金，因此，也是相对稳定，可以预测的。就实质来说，预防动机的货币需求和交易动机的货币需求可以归入一个范围之内，有时统称为交易性货币需求。在实践中，由这两种动机形成的货币余额也是难以截然分开的。所不同的是，货币需求的交易性动机产生的主要原因是在收入和支出之间存在一定的时间差，而货币需求的预防性动机的产生则主要是因为收入和支出的不确定性，预防动机的货币需求不是为了应付那些经常的、可以预测的交易需要，而是为了应付那些意外支出而产生的货币需求。

3. 投机动机

投机动机的货币需求是凯恩斯货币需求理论中最有特色的部分。所谓投机动机的货币需求是指人们为了捕捉投资的有利时机，赚取利润而持有的闲置货币余额，人们这时持有的货币是作为一种资产来对待的。人们之所以持有这部分闲置货币余额，是因为经济主体相信自己的判断比别人高明，持有这种流动性最强的资产——货币，能够比持有其他类型的资产更能使自己的财富保值增值。

投机动机的货币需求取决于三个因素，即当前市场利率、投机者心中的正常利率以及投机者对利率变化趋势的预期。其中第三个因素依赖于前两个因素，所以投机动机的货币需求实际上取决于当前市场利率与投机者心中的正常利率之间的偏差，而不是当前的市场利率。如果当前市场利率高于正常利率，那么人们将预期利率下降；若市场利率低于正常利率，则人们将预期利率上升。虽然这种预期因人而异，但从整个经济来看，如果市场利率较高，就会有较多的人预期利率下降；如果市场利率较低，就会有较多的人预期利率上升。

在一般情况下，市场利率与有价证券的价格成反比例变化。因此，如果人们预期利率上升，就意味着预期有价证券的价格下降；而预期利率下降，就意味着预期有价证券价格上涨，这种预期将影响人们对资产的选择，从而影响到投机动机的货币需求。在只有货币和债券这两种资产的假设条件下，人们到底持有多少货币，将取决于这两种资产分别能为持有人带来多少预期报酬。货币的预期报酬率一般为零，持有债券可以得到利息收入和资本利得，利息收入取决于利率的高低，资本利得是指债券的买卖差价，也和利率密切相关，利率的高低以及变化，会使持有债券的预期报酬率大于零或小于零，两种资产的相对预期报酬率的比较，促使人们做出卖出债券还是买进债券，是多持有货币还是少持有货币的选择。

所以，投机动机的货币需求对利率的变化极为敏感，与利率成反方向变化，是利率的递减函数。利率越高，投机动机的货币需求就越少；利率越低，投机动机的货币需求就越多。在极端情况下，当利率低到所有人都认为它将上升，而有价证券的价格将下降时，人们都希望持有货币而不愿持有有价证券，这时货币需求弹性变得无穷大，此时，无论增加多少货币供给，都会被人们以货币形式储存起来，这就是"流动性陷阱"。

从以上的分析可知，人们对货币的需求是由以上三大动机共同促成的。其中交易动机和预防动机的货币需求都是收入的递增函数，而投机动机的货币需求则是利率的递减函数。那么，凯恩斯的货币需求理论可用函数式表示如下：

$$M = M_1 + M_2 = L_1(Y) + L_2(r)$$

式中，M_1 表示交易动机和预防动机引起的货币需求，它是收入 Y 的函数；M_2 表示投机动机的货币需求，是利率 r 的函数；L 是作为"流动性偏好"函数的代号，货币最具有流动性，所以流动性偏好函数也就相当于货币需求函数。

这个函数式与过去所有函数式的区别在于：如果过去所有的函数式可以概括地表示为 $M = f(Y)$，那么凯恩斯的函数式可表示为 $M = f(Y, r)$。的确，看到利率与货币需求的联系并非始于凯恩斯，比如剑桥学派也有分析，但把 r 确定地视为货币需求函数中与 Y 具等同意义的自变量，则是凯恩斯的一大创举。凯恩斯的货币需求理论可用图9-1表示。

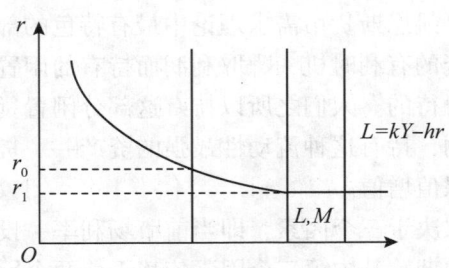

图9-1 凯恩斯的货币需求理论

(四)弗里德曼的现代货币数量理论

☞ 专栏 9-3

米尔顿·弗里德曼

自马歇尔时代以来的经济思想中的许多重要发展刺激了经济中更大程度的政府干预,至少是使经济中更大程度的政府干预合理化,凯恩斯革命已经深深地根植于人们的心中。但 20 世纪 70 年代的经济事实使人们对正统经济学的有效性产生了怀疑。

芝加哥学派的成员反对正统经济学中这一整套的推理思路,强调人们总是试图最大化他们福利的新古典主义原理,强调竞争在定价及新产品和技术生产中的作用,主张摒弃凯恩斯主义,建立有限政府。

米尔顿·弗里德曼(1912—2006)是芝加哥学派的领袖人物。他先后在芝加哥大学和哥伦比亚大学获得了硕士和博士学位。在芝加哥大学作为一名学生的时候,他受到了弗兰克·奈特的极大影响。弗里德曼于 1977 年从芝加哥大学退休,并成为斯坦福大学胡佛研究所的一名高级研究员。弗里德曼于 1976 年获得了诺贝尔经济学奖。弗里德曼曾将他自己描述为一个 19 世纪的自由主义者,多年来他一直倡导更少地依赖政府而更多地依赖市场的一系列改革。

弗里德曼的崇拜者和批评者均赞同他确立的货币在经济中"至关重要"的思想。他们也都认为弗里德曼本人在经济思想史和公共政策的进程中具有"至关重要"的影响。正如萨缪尔森所说:"如果不存在米尔顿·弗里德曼的话,我们将有必要创造一个弗里德曼。"

弗里德曼基本上承袭了传统货币数量论的研究特点,非常重视货币数量与物价水平之间的因果关系,同时接受了剑桥学派和凯恩斯以微观主体行为作为分析起点并把货币看作一种受利率影响的资产的观点,在吸收前人研究成果的基础上,根据经济发展的新情况,对决定和影响货币需求量的各种因素进行了深入的分析,在此基础上,建立了独具特色的货币需求函数:

$$\frac{M_d}{P}=f(Y,\ W;\ r_m,\ r_b,\ r_e,\ \frac{1}{P}\frac{\mathrm{d}p}{\mathrm{d}t};\ u)$$

式中,M_d 为个人财富持有者保有的货币量,即名义货币需求量;P 为一般物价水平;M_d/P 为个人财富持有者保有的货币所能支配的实物量,即实际货币需要量;Y 为按不变价格计算的实际恒久性收入,用来代表财富;W 为物质财富(非人力财富)占总财富的比率;r_m 为货币的预期收益率;r_b 为固定收益证券(债券)的预期收益率,r_e 为非固定收益证券(股票)的收益率;$1/p \cdot dp/dt$ 为实物资产的预期收益率;u 表示影响货币需求的其他因素。

根据弗里德曼的分析,影响货币需求函数的各个变量如下:
1. 恒久性收入和财富结构

财富总量是制约人们货币需求的规模变量，也就是说，即使人们将其全部财富都以货币形式持有，其货币需求总量也只能等于其拥有的总财富，而不可能超过财富总额。现代货币数量学说把财富分为人力财富和非人力财富，人力财富也称人力资本，是指人们所具有的为自己获得收入的能力，包括体力、智力以及学习掌握的技巧等，其大小与所受教育的程度密切相关。而非人力财富则是指各种能带来收入的实物财富，如房屋、生产资料、耐用消费品以及各种金融资产等。对绝大多数人来说，人力财富均占其财富总量的绝大部分。

由于财富的货币化测量难度很大，而财富又与收入之间有着密切的关系，人们通常以收入代表财富。但现期收入易受年度波动的影响，因此，在这里所说的收入是一种恒久性的收入，也叫恒常收入，是指一个经济主体所拥有的各种财富在相当长时期内所获得收入的平均量，可用能观察到的过去若干年收入的加权平均数代表。根据弗里德曼的分析，对于一个经济主体而言，恒久性的实质收入与货币需求是正相关的关系，收入增加，货币需求也会相应增加；收入减少，货币需求也随之减少。

由于人力财富向非人力财富的转化受到种种条件的制约，人力财富的流动性不像债券、股票那样可以随时变现，人力财富在其总财富中占较大比例者只能通过持有较多货币来增强其流动性。也就是说，非人力财富在总财富中占的比例越大，货币需求越小，函数式中的 W 与货币需求是负相关的关系。

2. 持有货币的机会成本

函数式中的变量 r_b、r_e、$1/p \cdot dp/dt$，在弗里德曼的货币需求分析中被统称为持有货币的机会成本。持有货币的机会成本是指其他资产的预期收益率，r_b、r_e 包括两部分：一是目前的收益，如债券的利息，股票的股息等；二是由于这些资产的价格上涨而产生的资本利得。$1/p \cdot dp/dt$ 实际上就是物价变动率，是指人们保有实物资产因物价变化可能获得的收入或损失。持有货币的这些机会成本变量与货币需求是负相关的关系。即 r_b、r_e、$1/p \cdot dp/dt$ 越大，货币需求越少；反之，r_b、r_e、$1/p \cdot dp/dt$ 越小，货币需求就会越大。

3. 货币的预期收益率

在前面的分析中，我们可以一般认为货币的预期收益率 r_m 为零，而在这里货币却是有收益的，因为弗里德曼考察的货币已经不再局限于 M_1，而是扩大到了 M_2 范围。它包括两部分：一是银行支付的存款利息，二是银行提供的各种服务。显然，货币的预期收益率与货币需求呈正相关的关系。

4. 其他因素

弗里德曼认为，影响货币需求的因素除以上三大类外，还有很多因素也会对货币需求产生一定的影响，如技术、制度以及人们的主观偏好等。这些综合变量 u 在短期内相对稳定，可能从不同的方向对货币需求产生影响。

上述个人财富持有者的货币需求函数中，只需排除 W 即成为企业的货币需求函数。如果略去 Y、W 在分配上的影响，用 M_d 代表社会货币需求总量，Y 代表按不变价格计算的国民收入，则上式就能应用于全社会。

尽管弗里德曼在他的货币需求函数中所列举的变量很多，但他十分重视恒久性收入的主导作用，而强调恒久性收入对货币需求的决定或重要影响作用是弗里德曼货币需求理论的一个特点。同时他还认为,在激烈的市场竞争中,r_m、r_b、r_e之间的差额越来越小,因而完全可以用市场利率 r 代替,这样,弗里德曼的货币需求函数就可以简写成:

$$M_d/P = f(Y, r)$$

从形式上看,此函数式与凯恩斯的货币需求函数式基本相同。但二者的区别是很大的,主要表现为:

第一,两人虽然都认为影响货币需求的因素可以归结为收入和利率,但在利率的重要性方面分歧重大,凯恩斯认为,利率的变动对货币需求的影响是巨大的,而弗里德曼则十分强调恒久性收入对货币需求的重要影响,认为利率对货币需求的影响是微不足道的。

第二,由于弗里德曼认为影响货币需求的主要因素是恒久性收入,而恒久性收入是相对稳定的,货币需求函数也是相对稳定的。而凯恩斯认为影响货币需求的主要因素是利率,利率具有不确定性,所以货币需求函数也具有不稳定性。

第三,弗里德曼主要研究实际的货币需求,而凯恩斯研究的主要是名义的货币需求。

第四,两人虽然都从资产选择的角度讨论货币需求,但凯恩斯考虑的仅仅是货币和生息资产(主要为债券)之间的选择,而弗里德曼考虑的资产选择范围要宽得多,不仅包括货币、债券,还有风险和实物资产;在凯恩斯的货币需求理论分析中,持有货币是没有收益的,而在弗里德曼的货币需求理论分析中,货币的范围已经不再局限于通货和活期存款,而是扩大到了定期存款。

两种理论上述的分歧,导致他们对经济运行过程中货币作用的不同看法,从而使他们提出了不同的货币政策主张。

第二节 货币供给

一、货币供给与货币供给量

(一)货币供给

货币供给是指一定时期内一国银行系统通过自己的业务活动向经济中投入、创造、扩张(或收缩)货币的行为过程,是一个动态的流量过程。在现代经济社会中,能够向社会公众提供信用货币(现金货币和存款货币)的主体有中央银行、商业银行以及特定的存款金融机构。货币供给是相对于货币需求而言的。货币供给行为研究的是货币供给的原理和机制,货币供给的必然结果是在经济中形成一定的货币供给量。

货币供给有名义和实际之分。名义货币供给是指在一定时点上不考虑物价因素影响的货币存量;实际货币供给是指剔除了物价影响因素之后的一定时点上的货币存量,可用名义货币供应量除以一般物价水平来表示。

(二)货币供给量

货币供给量首先是一个存量的概念,即一个国家在某一时点上实际存在的货币总量,包括流通中的现金货币与存款货币。货币供给量研究的是金融系统向流通中供应了多少货币，货币流通与商品流通是否相适应等问题。由于许多金融工具具有货币的职能，对于货币存量的定义也有狭义和广义之分，而且各个国家定义的层次多寡也不一样。关于货币层次的划分，第一章已有详细阐述。

(三) 货币供给的基本模型

由于货币供应量包括现金货币与存款货币，货币供给的过程也分解为现金货币供给和存款货币供给两个环节。现金货币供给通常包括三个步骤：①由一国货币当局下属的印制部门印刷和铸造通货；②商业银行因其业务经营活动需要用通货进行支付时，便按规定程序通知中央银行，由中央银行运出通货，并相应贷给商业银行账户；③商业银行通过存款兑现方式对客户进行支付，将通货注入流通，供给到非银行部门手中。在不兑现信用货币制度下，商业银行的活期存款与通货一样，充当完全的流通手段和支付手段，存款者可据以签发支票进行购买、支付和清偿债务。因此，客户在得到商业银行的贷款和投资以后，一般并不立即提现，而是把所得到的款项作为活期存款存入同自己有业务往来的商业银行之中，以便随时据以签发支票。这样，商业银行在对客户放款和投资时，就可以直接贷入客户的活期存款。所以，商业银行一旦获得相应的准备金，就可以通过账户的分录使自己的资产(放款与投资)和负债(活期存款)同时增加。从整个商业银行体系看，即使每家商业银行只能贷出它所收受的存款的一部分，全部商业银行却能把它们的贷款与投资扩大为其所收受的存款的许多倍。

由上述分析可以看出，货币供给形成的主体分为中央银行和商业银行。其中，中央银行供应基础货币，商业银行创造存款货币。在二级银行体制(中央银行与商业银行分设)下，货币供给量(M_S)等于基础货币(B)与货币乘数(m)之积。即：

$$M_S = m \cdot B$$

所以，中央银行只要能控制住基础货币与货币乘数，就能有效调控货币供给量。

☞ 专栏 9-4

货币供给的内生性与外生性

货币供给是外生(exogenous)还是内生(endogenous)的争论由来已久，所谓货币供给的外生性是指货币供给量是经济运行过程的一个外生变量，由中央银行独立自主地加以决定，其对经济运行和其他经济变量的影响是通过凯恩斯效应或实际余额效应实现的。所谓货币供给的内生性是指货币供给的数量由经济主体的需要内生决定，中央银行不能有效地控制货币供给量，货币供给量从属或适应于货币需求。

在现实经济中，货币供应量首先表现为是一个外生变量。所谓外生变量，又叫政策变量，是指在经济运行中，由经济循环外部因素即非经济因素所决定的变量。货币供应量首先是一个外生变量，是因为当今世界各国无不建立起独享货币发行权的中央银行体制，中央银行既是信用货币的发行者，又是货币供应量的调节者。流通中货币数量及其结构在很大程度上受到中央银行货币政策的左右，货币供应量具有外生性特征，与利率变动无关。

在 20 世纪 60 年代以前,包括凯恩斯主义和新古典经济学在内的经济学家们大多将货币供应量视为可由中央银行完全控制的变量。他们不研究货币供给的过程,而研究当中央银行改变货币供应量时,经济所发生的变化。但事实上,货币供给量的变化不完全受制于中央银行的货币政策,它还受制于客观经济过程,即受经济中其他经济主体的货币收付行为的影响,因此它又是个内生变量。所谓内生变量,又叫非政策性变量,它是指在经济机制内部由纯粹的经济因素所决定的变量。

由于货币供给同时具有外生性和内生性,中央银行对货币供给量的控制与调节变得十分困难。正因为如此,货币供给理论的研究必须同时关注货币供应的外生性质和内生性质,既强调中央银行在货币供应中的控制与调节作用,又重视政府、企事业单位和社会公众等不同经济主体的经济行为对货币供应的影响。只有这样才能正确描述货币供给的决定机理,为货币供应实践奠定理论基础。

二、中央银行与基础货币

(一)基础货币及其构成

基础货币,也称强力货币、高能货币,是指中央银行供应的能够引起货币供给量成倍变动的货币基数。基础货币作为整个银行体系内存款扩张、货币创造的基础,其数额大小对货币供给总量具有决定性的作用。基础货币在性质上直接表现为中央银行的负债。

基础货币由流通于银行体系之外的现金和商业银行的存款准备金构成。其中前者由社会公众所持有,后者包括商业银行的库存现金以及商业银行在中央银行的准备金存款。

用公式表示为:

$$B = C + R$$

其中,B 为基础货币,C 为流通中的通货,R 为商业银行的存款准备金。

从基础货币的来源上看,它是货币当局的负债,即由货币当局投放并能直接控制的那部分货币。其中流通于银行体系之外的通货是中央银行对社会公众的负债,商业银行的存款准备金是中央银行对商业银行的负债。而中央银行对基础货币的控制是通过其资产业务实现的。

从基础货币的数量上看,它只是整个货币供给量的一部分。基础货币与货币供给量之间的关系可以用图 9-2 表示。图中 $C+R$ 是基础货币量,$C+D$ 是货币供给量(M_1)。货币供给量与基础货币之间之所以存在倍数的关系,主要是由于存款准备金 R 具有派生存款创造的功能。关于商业银行派生存款的创造,我们将在下面的内容中详细展开阐述。

(二)基础货币的特点

(1)基础货币是中央银行的负债。其中,流通中的现金是中央银行对社会公众的负债,存款准备金是中央银行对金融机构的负债。

(2)基础货币是所有货币中最活跃的部分,其运动的结果能够产生数倍于自身的货币量。

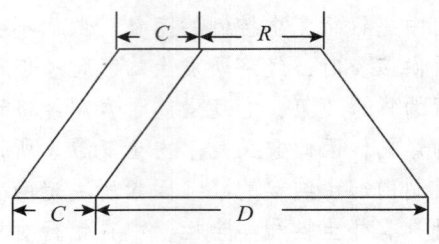

图 9-2　基础货币与货币供给量的关系

(3)基础货币能够被中央银行所控制,并通过对它的控制来实现对货币供给量的控制。

(三)基础货币的投放

货币供给的全过程,就是中央银行供应基础货币,基础货币形成商业银行的原始存款,商业银行通过存贷款产生派生存款,最终形成货币供应量的过程。中央银行投放基础货币主要有三条渠道:

(1)中央银行以再贷款或再贴现等形式向商业银行授信。
(2)中央银行通过收购黄金、外汇等储备资产投放货币。
(3)中央银行经由公开市场业务买入有价证券来投放货币。

三、商业银行与派生存款

存款按不同的标准划分有不同的种类,若按存款的来源划分,可分为原始存款与派生存款。

(一)原始存款

原始存款是商业银行获得的、能够增加商业银行体系准备金的存款。原始存款从数量上看,等于商业银行的存款准备金。存款准备金由法定存款准备金和超额存款准备金构成,即存款准备金=法定存款准备金+超额存款准备金(包括库存现金和在中央银行的超额准备金存款)。从来源上看,商业银行的准备金(原始存款)主要源于两个方面:一是商业银行吸收银行体系外的现金;二是商业银行向中央银行借款,即中央银行对商业银行办理再贷款或再贴现。

(二)派生存款

派生存款是指商业银行以原始存款为基础,通过发放贷款等资产业务所创造的存款。派生存款和原始存款是两种不同性质的存款,两者的区别主要表现在以下三个方面:

(1)原始存款与派生存款的创造者不同。由于存款准备金是中央银行的负债,原始存款是中央银行创造的货币。而派生存款则是商业银行创造的货币,它随着商业银行资产业务规模同步增减变化。

(2)原始存款和派生存款的增减变化对准备金的影响不同。原始存款的增减变化可使商业银行体系的准备金相应增减变化。而派生存款的增减则不影响商业银行体系的准备金总额,但超额准备金却随着派生存款的增加而被消耗。

(3)原始存款和派生存款的增减变化对整个货币量的影响不同。原始存款的增减变化,只是货币形态的变化,货币供应总量不变。而派生存款的增减变化则会引起整个货币供应量的增减变化。因而,要控制货币供应量,则应重点控制派生存款。

(三)派生存款创造的前提条件

1. 非现金结算制度

非现金结算制度是银行存款创造的基本条件之一。只有当非现金结算制度确立之后,我们才能通过开出支票进行货币的支付,或通过银行之间的相互往来进行转账结算,而无须使用现金。只要在银行开设活期存款账户,通过银行之间的分支机构和相互之间的往来进行转账结算,就可以完成在不同地区间的货币收付活动。

2. 部分准备金制度

部分准备金制度的建立,对银行存款创造也是至关重要的。在这种制度下,商业银行用于应付存款提取的现金或流动资产储备,只是存款的一部分,从而使商业银行能用吸收的存款去发放贷款。

若没有部分准备金制度,商业银行就根本无法用吸收的存款去发放贷款;若不存在非现金结算,银行也无法通过记账方式来发放贷款,一切贷款都必须付现,则存款就无从增加,派生存款自然也就无法被创造出来。这两个条件对活期存款创造来说,缺一不可。

(四)商业银行创造存款货币的过程

为了说明商业银行创造存款货币的过程,首先做如下假设:①银行只保留法定存款准备金,其余资金全部贷放出去,超额存款准备金为零;②客户的资金全部通过银行结算,没有提现的行为;③假设法定准备金率为20%。

假设 A 银行收到甲客户交来一张 1000 元的支票,A 银行通过代收这张支票使自己在中央银行的存款准备金增加 1000 元,同时在客户甲的存款账户上增记 1000 元。这时 A 银行的资产负债状况如下:

A 银行

资产		负债	
在中央银行的准备金存款	1000	存款	1000

按照法定存款准备金率20%的要求,A 银行只需持有 200 元的存款准备金,其余的 800 元用于贷款。如果 A 银行贷出 800 元给乙客户,并使 A 银行在中央银行的存款准备金等额减少 800 元。这时 A 银行的资产负债状况如下:

A 银行

资产		负债	
在中央银行的准备金存款	200	存款	1000
贷款	800		

若乙客户用其获得的 800 元贷款支付丙客户的购货款，丙客户在 B 银行开户，B 银行代收支票使自己在中央银行的存款准备金增加 800 元；同时增记丙客户存款 800 元。这时 B 银行的资产负债状况如下：

B 银行

资产		负债	
在中央银行的准备金存款	800	存款	800

同理，B 银行贷款金额不得超过 640 元。如果 B 银行贷出了这样的金额，并使其在中央银行的存款准备金等额减少，则 B 银行的资产负债状况如下：

B 银行

资产		负债	
在中央银行的准备金存款	160	存款	800
贷款	640		

同样的道理，C 银行吸收的存款增加了 640 元，并相应增加了在中央银行的存款准备金 640 元，那么这个银行又有可能扩大贷款 640×(1-20%)= 512 元。于是又有 512 元的新的存款货币继续被创造出来。如此类推，银行 D，E…将会依此吸收存款并相应增加在中央银行的存款准备金，从而也就有可能按照法定准备金率 20% 的约束条件扩大贷款并相应创造出新的存款货币。这一过程一直继续下去，直到最初存入 A 银行的 1000 元原始存款全部转化为法定存款准备金后为止，即银行体系的法定存款准备金总额等于原始存款（这是从增量的角度来说的），这时整个银行体系没有了超额准备金，银行体系也就没有了进一步创造存款货币的能力。

每次新增贷款，从而新增的存款货币呈如下递减级数：

$$10000×(1-20\%)= 800(元)$$
$$8000×(1-20\%)= 640(元)$$
$$6400×(1-20\%)= 512(元)$$
……

新增贷款，从而新增存款的总和为：

$$800+640+512+…+0 = 4000(元)$$

连同最初的 1000 元存款，存款总额为：
$$1000+4000=5000(元)$$
或 $1000/20\%=5000(元)$

表 9-1 表明各轮(或各行)派生存款的数量呈递减趋势。如果各商业银行能始终不受阻碍地按法定准备金率的要求，存款扣除法定准备金后贷出，贷而又存；存款再扣除法定准备金后再贷出，又存……如此循环进行下去，直至超额准备金最后递减至零而无法再继续往复为止。这时，若总计整个流通中的存款货币量，则已远不是甲企业最初存入的那 1000 元原始存款，而是表 9-1 中所示的 5000 元存款了。

表 9-1　　　　　　　　　　存款创造过程　　　　　　　　　　单位：元

银行	存款	法定存款准备金	超额存款准备金	贷款
A	1000	200	800	800(乙)
B	800	160	640	640(丙)
C	640	128	512	512(丁)
D	512	102.4	409.6	409.6(戊)
E	409.6	81.92	327.68	327.68(己)
…	…	…	0	0
合计	5000	1000	4000	4000

通过上述例子，可以清楚地区别原始存款和派生存款这对概念。在例子中，银行 A 吸收的最初的 1000 元存款是原始存款，在原始存款基础上通过发放贷款扩大出来的 4000 元存款是派生存款；或与准备存款相对应的 1000 元存款为原始存款，超过准备存款的 4000 元存款为派生存款。

如果以 ΔD 表示经过派生的存款总额变动额，以 ΔR 代表原始存款的变动额，r 代表法定存款准备金率，则存在以下关系：

$$\Delta D = \frac{\Delta R}{r}$$

银行存款货币创造机制所决定的存款总额，其最大扩张倍数称为存款派生倍数或存款乘数。一般说来，它是法定存款准备金率的倒数。存款扩张的这一原理，也称为存款乘数原理。

若以 K 表示存款总额变动对原始存款的倍数，则可得：$K = \frac{\Delta D}{\Delta R} = \frac{1}{r}$

上例中存款派生倍数是 5 倍(1/20%)。若 r 降为 10%，则存款可扩张至 10 倍；若 r 升至 25%，则存款只可扩张 4 倍。说明法定准备金率越高，存款派生倍数越小；法定准备金率越低，存款派生倍数越大。

从以上存款货币扩张的过程可以得出以下结论：

第一，在信用货币流通的条件下，无论是现金还是存款货币，都是由银行信贷渠道提供的。从形式上看，银行可以通过放款来创造存款。银行信贷扩张，则货币供给量增加；银行信贷紧缩，则货币供给量减少。

第二，原始存款是创造派生存款的基础。原始存款是由中央银行控制的，派生存款是由商业银行通过资产业务创造的。通过用原始存款发放贷款，贷款又创造出新的存款，如此循环往复，最后原始存款派生出数倍于自身的派生存款。

派生存款的收缩过程与派生存款的扩张过程原理一样，只不过方向相反，在这里就不再赘述。

四、影响货币供应量的因素

(一)货币供应量计量模型

如前所述，基础货币与货币供应量之间的关系是"源与流"的关系，下面我们就从基础货币这一"源"入手，推导货币供应量的计量模型。

$$B = C + R \tag{1}$$

$$C = kD \tag{2}$$

$$R = r_d D + r_t T + eD \tag{3}$$

$$T = tD \tag{4}$$

将(2)(3)和(4)代入(1)得：

$$B = kD + r_d D + r_t tD + eD$$

$$D = B \cdot \frac{1}{k + r_d + r_t t + e} \tag{5}$$

$$M_1 = C + D \tag{6}$$

将(2)和(5)代入(6)得：

$$M_1 = B \cdot \frac{1+k}{k + r_d + r_t t + e} \tag{7}$$

$$M_2 = M_1 + T \tag{8}$$

将(4)和(7)代入(8)得：

$$M_2 = B \cdot \frac{1+k+t}{k + r_d + r_t t + e}$$

若用 m_1 表示 $\frac{1+k}{k + r_d + r_t t + e}$，$m_2$ 表示 $\frac{1+k+t}{k + r_d + r_t t + e}$，则：

$$M_1 = B \cdot m_1, \quad M_2 = B \cdot m_2$$

用 M_s 代表 M_1 和 M_2；m 代表 m_1 和 m_2，则：

$$M_s = B \cdot m$$

上述公式中各种符号的含义如下：

M_s：货币供应量

m：货币乘数

B：基础货币($C+R$)

R：存款准备金
ER：超额准备金
C：流通中的现金
D：活期存款
T：定期存款
r_d、r_t：活期存款与定期存款法定准备金率
e：超额准备金率（ER/D）
k：现金漏损率（C/D）
t：定期存款转化率（T/D）

(二)影响货币供应量的因素

从货币供应量计量模型看，影响货币供应量的因素为基础货币与货币乘数。

1. 影响基础货币的因素

在中央银行的资产负债表中，基础货币直接表现为负债，中央银行可以通过负债业务来控制基础货币。由于中央银行的特点是资产业务决定负债，分析中央银行怎样收放基础货币，主要从中央银行的资产业务入手。下面主要从中央银行的国外资产、对政府债权和对金融机构债权这三大类资产业务来说明。

☞ 专栏9-5

外汇储备增加与中央银行基础货币控制

外汇储备属于中央银行的资产运用。外汇储备巨额增加，意味着中央银行通过吸收外汇资产而增加基础货币投放数额。这是我国在1994年外汇体制改革以后，中央银行控制货币供应方面遇到的一个新问题。中国人民银行在被动购进外汇的同时，需要格外谨慎地控制好再贷款等其他途径的基础货币投放，采取所谓对冲的货币政策操作方式，即在收购外汇吐出基础货币的同时，相应收回或减少发放再贷款等信用放款，使基础货币得到较好的控制，并进一步使货币供应量增幅有所下降。

(1)国外资产业务与基础货币

中央银行的国外资产由外汇、黄金和中央银行在国际金融机构的资产构成。当中央银行用基础货币买入和黄金，就是向经济体系投放了基础货币；如果卖出外汇和黄金，则等于从经济体系回收了相应的基础货币。在一般情况下，若中央银行放弃稳定汇率的目标，则通过该资产业务投放基础货币有较大的主动权；若中央银行追求稳定汇率的目标，由于需要买卖外汇来调节供求关系以平抑汇率，则通过该渠道投放基础货币就有相当的被动性。

(2)对政府债权与基础货币

对政府债权表现为中央银行持有政府债券和向财政透支或直接贷款。经济落后的国家多是由中央银行直接贷款或透支给政府用于弥补财政赤字；而追求货币稳定的国家通常不

允许财政透支或中央银行向政府直接贷款，这些国家中央银行对政府债权主要集中在中央银行持有的政府债券上。中央银行买进政府债券，则会将款项存入商业银行等金融机构的准备金存款账户，基础货币就会相应增加；当中央银行卖出政府债券时，金融机构也是用准备金存款来支付，基础货币就会相应减少。同样，中央银行如果增加持有对政府债权，就意味着投放了相应的基础货币；中央银行若减少对政府债权，则意味着其收回了相应的基础货币。

（3）对金融机构债权与基础货币

中央银行对商业银行等金融机构债权的变化是通过办理再贴现或再贷款等资产业务来操作的。当中央银行为商业银行办理再贴现或发放再贷款时，直接增加了商业银行在中央银行的准备金存款，负债方的基础货币就会相应增加，并将导致存款货币的多倍扩张。相反，中央银行减少对商业银行等金融机构的债权，则意味基础货币也相应下降。一般来说，在市场经济国家，中央银行对商业银行的债权有较强的控制力。

（4）负债业务与基础货币

中央银行的负债业务主要有货币发行、金融机构存款、政府存款、发行债券、国外负债等项目，其中货币发行和金融机构存款构成了基础货币。当中央银行开展上述三项资产业务后，必然要相应增减负债业务中的货币发行和金融机构存款，基础货币就会相应发生变化。中央银行还可通过主动发行债券或中央银行票据等操作手段来调节基础货币数量。

2. 影响货币乘数的因素

货币乘数是货币供给量相对于基础货币的倍数，即货币供给扩张与收缩的倍数，它说明中央银行每增减一单位基础货币，货币供应量增减的幅度。

从货币乘数公式可知，影响货币乘数大小的因素有：现金比率（k）、超额存款准备金率（e）、定期存款对活期存款比率（t）、法定存款准备金率（r_d, r_t）。以下分别讨论影响这些变量的因素。

（1）现金比率

现金比率是指流通中的现金与商业银行活期存款的比率。现金比率与货币乘数负相关，现金比率越高，说明现金退出存款货币的扩张过程而进入日常流通的量越多，因而直接减少了银行的可贷资金量，制约了存款派生能力，货币乘数就越小。影响现金比率的因素有：

第一，社会公众的收入水平与消费倾向。现金是流动性最高的财富形式，如果人们的收入水平和对将来的预期发生变化，对现金的需求量就会发生改变，从而引起k上升和下降。

第二，持有现金的机会成本。如果银行存款利率或其他金融资产的收益率提高，因保有现金而损失的收益就增大，社会公众将倾向于增加存款或各种有价证券的持有量，现金比率将下降。另一种可能是，人们把有价证券作为存款的替代品，而不是作为现金的替代品，结果当人们购买有价证券时，存款减少，现金比率k反而上升。

第三，通货膨胀预期。如果社会公众认为物价上涨会加剧，则会减少对存款货币的需求，进而提取更多的现金，以便尽快转换为保值资产，从而避免购买力的损失。因此，社会公众对未来价格的预期也会影响现金比率的高低。

第四，其他因素。主要包括社会公众的流动性偏好、货币结算制度、银行制度的发达程度和服务水平、社会支付习惯、现金管理制度以及其他一些因素。

(2) 超额存款准备金率

商业银行保有的超过法定准备金的准备金与存款总额之比，称为超额存款准备金率。显而易见，超额准备金的存在相应减少了银行创造派生存款的能力，因此，超额存款准备金率与货币乘数之间也呈反方向变动关系，超额存款准备金率越高，货币乘数越小；反之，货币乘数就越大。

超额存款准备金率的大小主要取决于商业银行自身的经营决策。商业银行愿意持有多少超额准备金，主要取决于以下几个因素：

第一，持有超额准备金的机会成本大小，一般用市场收益率的高低来衡量。超额准备金是银行的非营利资产，市场收益率高，银行进行放贷或投资就有利，势必减少超额准备金；市场收益率低，保留超额准备金的机会成本降低，相应就会增加超额准备金的持有量。

第二，借入准备金的成本大小，主要参照中央银行再贴现率的高低。商业银行在准备金不足时，可以拿客户贴现的票据向中央银行申请再贴现。如果再贴现率高，意味着向中央银行借入资金的成本高，商业银行就会减少向中央银行的资金融通，并相应保留较多的超额准备金，以备不时之需；如果再贴现率低，意味着商业银行向中央银行融通资金的成本低，势必鼓励商业银行扩充银行信用，减少超额准备金。同理，同业拆借利率对超额存款准备金率也起到类似的作用。

第三，社会公众的资产偏好及资产组合的调整。当社会公众偏好现金时，银行为防备大量存款提现，势必保留更多的超额准备金；若社会公众对定期存款的偏好增加，银行超额准备金将随之降低。

第四，经营风险和资产的流动性。如果经营风险较大，而现有资产的流动性又较差，商业银行就有必要保留一定的超额准备金，以备应付各种风险。

第五，社会资金需求愿望、商业银行的经营态度及资金拆借市场的完善状况等因素都会影响商业银行的超额准备金，使超额存款准备金率发生变动。

3. 定期存款对活期存款比率

由于定期存款的派生能力低于活期存款，各国中央银行都针对商业银行存款的不同种类规定不同的法定准备金率，通常定期存款的法定准备金率要比活期存款的低。这样即便在法定准备金率不变的情况下，定期存款与活期存款间的比率改变也会引起实际的平均法定存款准备金率改变，最终影响货币乘数的大小。一般来讲，如果定期存款对活期存款的比率 t 上升，在其他因素不变的情况下，以通货+活期存款来量度的狭义货币 M_1 就会下降。影响定期存款对活期存款比率的因素有以下几个：

第一，定期存款的利率。如果该利率上升，将诱使人们更多地以定期存款方式保留财富，t 趋向于上升；反之，则会下降。即使在定期存款利率不变的情况下，如果活期存款的隐含收益上升，t 也会下降。

第二，其他金融资产的收益率。其他金融资产(股票、债券等)的收益率相当于保有定期存款的机会成本，它们与定期存款比率呈反向变动关系。

第三，收入或财富的变动。收入或财富的增加往往会引起各种资产持有额的同时增加，但是其增加幅度未必相同。仅以定期存款与活期存款这两种资产而言，随着收入的增加，定期存款的增加幅度一般要大于活期存款的增加幅度。因而，收入或财富的变动一般引起 t 的同方向变动。

第四，对定期存款的偏好程度等因素也在一定程度上影响定期存款对活期存款比率，从而影响货币乘数。

4. 法定存款准备金率

法定存款准备金率的变动与货币乘数呈反向变动关系，进而与货币供给流量呈反向变动关系。如果法定存款准备率提高，商业银行就必须缩减贷款以满足法定存款的要求，进而减小了货币乘数，收缩了货币供给。

法定存款准备金率的大小完全由中央银行决定，是中央银行的政策变量。法定存款准备金率的变动一般都是中央银行为实现对宏观经济的调节，使用货币政策工具的结果。中央银行可以根据其货币政策的需要调整该比率，从而达到鼓励或限制商业银行创造存款货币，以控制货币供给量的目的。

第三节 货币供给与需求的均衡

一、货币均衡与失衡的表现

(一) 货币均衡与失衡的含义

均衡与失衡是现代经济学研究中使用非常普遍的一对概念，均衡一般是人们追求的目标，但失衡却是存在的常态。货币均衡是指货币供求作用的一种状态，指货币供给与货币需求基本一致。一般而言，货币供给量 M_s 等于货币需求量 M_d，即 $M_s = M_d$，我们称之为货币均衡；如果货币供求不相等，$M_s \neq M_d$，则称之为失衡。它可以是 $M_s > M_d$，也可以是 $M_s < M_d$。

在现代市场经济条件下，一切经济活动都必须借助于货币的运动，社会需求都表现为拥有货币支付能力的需求，即需求都必须通过货币来实现。因此，我们说货币的均衡与失衡，也就是在说社会商品供求的状态是均衡的，还是失衡的。具体而言，货币均衡与失衡包括如下几个方面的含义：

(1) 货币均衡是指货币供求的一种理想状态，即货币供给与货币需求在数量上完全相等是一种偶然现象，而货币供求的非均衡，即货币失衡反而是一种经常存在的状态。

(2) 货币均衡是一个动态的过程，它并不要求在某一具体时间上供求的完全适应，允许短期内货币供求间的不一致。因为在经济运行中，货币供给具有易变性和确定性，而货币需求具有相对稳定性和模糊性，它们之间的这两对矛盾相互作用的结果往往会使货币供给量偏离货币需求量，但在长期内货币供给与需求应是大体一致的。

(3) 货币均衡与社会商品、服务的总供求是紧密联系在一起的，货币供求在一定程度上反映了国民经济的均衡状态。因为货币不仅是商品交换的媒介，而且其本身的均衡还是国民经济发展的内在要求,货币供求与商品供求相互作用、相互制约,在现代经济条件下,我们无法想象离开货币供求的商品供求。

(4)货币均衡的实现过程离不开利率的作用。在市场经济条件下,利率不仅是货币均衡与否的指示器,而且还能成为由货币失衡趋向均衡的自动调节杠杆。因为,利率对于公众和企业的货币需求来说,它们之间呈负相关的关系,而货币供给,作为一个内生变量,与利率变动成正相关关系。

(二)货币失衡的表现

在市场经济条件下,货币失衡,无论是货币供给大于需求,还是货币需求大于供给,都可通过社会的市场利率表现出来,货币的供求在一定程度上决定利率,而利率的变动也可在一定程度上反映货币的供求状况,但均衡利率多高才是最能保证社会总供求平衡,促进经济发展的,只能借助于经验的判断。除利率之外,货币失衡还会通过社会总供求的不平衡表现出来,其典型形式就是价格水平的波动,但影响价格变化的因素不仅是货币的供求,因此,价格水平的变动仅仅是货币供求失衡的一种表现,不能只凭价格水平的波动做出货币供求失衡的判断。

由社会供求的恒等式 $MV=PQ$ 可知,在市场经济条件下,如果货币流通速度是稳定的,一定时期的社会生产、供应水平变动不大,或至少是可预测的,那么,货币供给的变化只能通过价格水平的变化表现出来,可以说,货币数量与价格水平互为决定,如果货币供给量增加1倍,那么,社会的价格水平也将提高1倍;反之,如果货币供给减少50%,那么,社会的价格水平也将下降50%。在这里我们所分析的,是社会充分就业下的一种状态,但经济现实是复杂的,充分就业只是社会经济的一种理想状态,在现实经济社会中,市场机制并不能保证经济的均衡发展,社会并不是充分就业状态,社会还存在许多潜在资源,货币流通速度不是常数,货币供给变化对价格和经济的影响也不仅是前面分析的状况,它符合联系资源分析货币供给效应的论断。在社会尚未达到充分就业状态时,货币供给的增加,可以增加产出,价格不变;当社会接近充分就业状态时,扩大货币供给,不仅产出增加,价格也会提高;当出现充分就业的局面以后,货币供给的增加,不会引起产出的任何增加,将全部通过价格水平的上升表现出来,而价格水平的持续上升就是通货膨胀。

二、货币均衡与社会总供求的均衡

(一)社会总供求平衡

社会总供求包括供给和需求两个方面,社会总需求通常是指一国在一定时期内社会各方面实际占用或使用的全部产品之和,由于在市场经济条件下,一切需求都表现为有货币支付能力的购买需求,社会总需求也就是一定时期社会的全部购买支出。总需求有现实需求与潜在需求之分,现实需求是指有现实购买力的需求,而潜在需求是尚未实现的需求或将要实现的需求。

社会总供给,通常是指在一定时期内,一国生产部门按一定价格提供给市场的全部产品和劳务的价值之和，以及在市场上出售的其他金融资产总量。由于这些商品都是在市场上实现其价值的，社会总供给也就是一定时期内社会的全部收入或总收入。

社会总供求平衡一般是指社会总供给与社会总需求相互适应的一种状态。可从以下几方面来把握：①社会总供求平衡是货币形态的均衡，而不是实物形态的均衡。实物均衡是自然经济的产物，而货币均衡才是现代商品经济总体均衡发展的重要特征。在社会总需求与总供给的平衡关系中，货币资金的运动起着重要作用。②社会总供求的平衡是市场的总体均衡。社会总需求与总供给是否平衡是由货币市场和商品市场的均衡状况决定的，因此，社会总需求与总供给的平衡，也就是货币市场和商品市场的统一均衡。③社会总供求平衡是动态的均衡，是现实的社会总需求与短期内可能形成的总供给的平衡，而不是现实的总需求与现实的总供给的平衡。它允许短期内社会总供给与总需求一定程度的偏离，但从较长一个时期来看，二者应是大体一致的。

(二)货币供求和社会总供求的关系

在现代经济条件下，货币供求与社会总供求是通过以下两条渠道紧密联系在一起的。一是商品的供给决定了一定时期的货币需求。因为任何商品都需要货币来度量并实现其价值，有多大规模的商品供给，就必然要求有相应的货币来媒介其流通。二是货币的供给在一定程度上决定了社会的总需求。因为任何需求都表现为有货币支付能力的需求，没有货币的需求是无法实现的。因此，在货币流通速度相对稳定的条件下，一定时期的货币供给量也就相应的决定了当期的社会总需求。

货币供给量与社会总需求量是两个相互联系又有差异的概念和指标。一定时期的货币流量构成了相应时期的社会总需求，但货币供给量的变动，能多大程度上引起社会总需求的相应变动，则取决于货币持有者的资产选择行为。货币供给量是一个存量，它由现实流通的货币和潜在的货币两大部分构成，而社会总需求量是一个流量，是流通性货币与货币流通速度的乘积，因此，货币供给量的变化，能否引起社会总需求量的变化，主要取决于供给的货币中有多大比例被公众以资产的形式保存，从而使其成为潜在性货币，以及由社会经济的多种因素共同决定的货币流通速度的变化。另外，货币供给量变动与社会总需求量变动在时间上也不一致。弗里德曼根据美国的实际情况研究表明，货币供给量变动以后，一般要经过6~9个月才会引起社会总需求的变动，而引起实际经济情况的变动，则需18个月左右的时间。

货币供给对社会总供给的影响是通过总需求来实现的。在货币供给如何影响社会总供给的研究中，现在已被广泛认可的是联系潜在资源或可利用资源的状况进行分析的方法：①只要经济体系中存在着现实可用作扩大再生产的资源，且其数量又比较充分，那么，在一定时期内增加货币供给就能够提高实际产出水平而不会推动价格总水平的上涨；②待潜在资源的利用持续一段时期而且货币供给仍在继续增加后，经济中可能出现实际产出水平同价格水平都在提高的现象；③当潜在资源已被充分利用但货币供给仍在继续扩张时，经济体系中就会产生价格总水平上涨但实际产出水平不变的情况。这三个阶段可用图9-3表示。

通过以上的分析，可以这样认为，社会总供给决定了一定时期的货币需求，但同等的

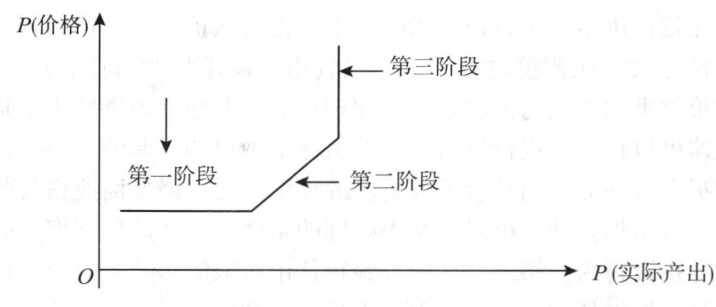

图 9-3 可利用资源的状况分析

总供给可能有偏大或偏小的货币需求;货币需求决定了货币供给,货币供给必须以货币需求为基础,中央银行控制货币供给量的目的,就是要使货币供给与货币需求相适应;货币供给在货币流通速度稳定的条件下,又在一定程度上决定了社会总需求;而社会总需求与总供给的平衡是我们追求的目标,以货币形式表现的商品价格既是强制总供求平衡的杠杆,又是社会总供求是否平衡的指示器。

如果我们用 M_s、M_d、AS、AD 分别代表货币供给、货币需求、社会总供给和社会总需求,用 P 和 r 分别表示社会商品的价格水平与市场利率,那么,它们之间的关系可用图 9-4 表示:

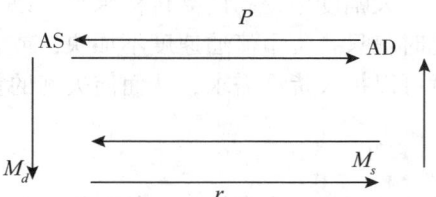

图 9-4 社会总供求与货币总供求

在这个关系图中,货币供求的均衡是整个宏观经济平衡的关键。也就是说,如果货币供求不平衡,整个宏观经济的均衡就不可能实现。而要货币供求保持均衡,就需要中央银行控制货币的供给,使货币的供给与客观的货币需求经常保持一种相互适应的关系,以保证经济的发展有一个良好的货币金融环境。

三、货币失衡的调节

货币供求的均衡是社会总供求平衡的关键,而社会总供求的平衡又是社会经济稳定发展的基础和前提,因此,在出现货币失衡时,必须进行矫正,使其尽快恢复到均衡状态。从货币失衡到货币均衡的调整对策主要有以下几种:

(一) 供应性调整

供应性调整是指中央银行在货币供给大于货币需求时,从紧缩货币供给入手,使之适应货币的需求；在货币供给小于货币需求时，中央银行从扩张货币供给入手，使之与货币需求相适应的一种方式。在调整过程中，它以货币的需求量为参照，通过调整货币供给量，使失衡的货币供求调整到均衡状态。假如现在的情况是货币供给小于货币的需求，那么，社会经济主体可以在中央银行货币政策的引导下做出如下调整：第一，中央银行可以在金融市场上购买有价证券，向社会投放更多的货币。可以降低商业银行的法定存款准备金率，促使商业银行增加贷款。可以放宽再贴现的条件，降低贴现利率，鼓励商业银行和社会主体的贷款与投资行为；第二，受中央银行货币政策的影响，商业银行会在利益的驱动下采取各种措施，增加贷款；第三，由于银行放款利率的降低，企业会增加投资，加快货币流通的速度；第四，鼓励居民个人增加即期消费，增大货币供给中流通性货币的比例；第五，从政府财政的角度来看。政府可以增加对微观经济主体的财政拨款，减少税种、提高税基、降低税率，加大政府投资的力度等。

(二)需求性调整

需求性调整是指在货币供给量大于货币需求量时，从扩大货币需求入手，使之适应既定的货币供给量；当货币供给量小于货币需求量时，则从压缩货币需求入手，使之与货币供给量保持一致的一种方式。它以货币供给量为参照，通过调整货币需求来实现货币供求的均衡。假如现在的情况是货币供给大于货币需求，那么，社会经济主体可以做出如下调整：第一，动员社会主体增加市场的商品供给；第二，国家动用外汇储备，扩大进口，以增加社会商品的供给；第三，大幅度地提高商品价格水平。以上措施的采用，实际上是在尽量增大商品价格总额，此时，只要货币流通速度不加快，或者加快的幅度不足以抵消商品价格总额增长的幅度，就可以扩大货币需求，从而使失衡的货币供求转为均衡。

(三)混合性调整

混合性调整实际上是供给性调整与需求性调整的有机结合。在货币供给大于货币需求时，不是单纯地压缩货币供给，也不是单纯地扩大货币需求，而是同时从供给和需求两方面入手，既进行供应性调整，也进行需求性调整，从而尽快地使失衡的货币供求转为均衡；反之，中央银行及其他社会主体则进行相反的操作。

(四)逆向性调整

逆向性调整是指面对货币供给量大于货币需求量的失衡局面，中央银行的政策选择，并不是直接压缩货币供给，而是增加货币供给，通过对某些商品短缺行业的结构性投放，使货币供求在新的起点达到均衡。它存在的条件，是社会具有尚未充分利用的生产要素和某些供不应求的产品，这样，就可以通过对这类产业追加贷款和投资，使其增加生产能力，尽快扩大商品供应，让增加的商品来消化过多的货币供给，达到货币供求均衡的目的。虽然逆向性调整不如供应性调整见效那么快，而且在短期内还会扩大货币供给，使失衡的局面加剧，但只要在调整过程中，把握好时机，掌握好力度，就可能取得事半功倍的效果。

【本章小结】

1. 货币需求既是一种货币需求愿望，也是一种货币需求能力。了解货币需求的含义要区别以下两对概念：名义货币需求与实际货币需求、微观货币需求与宏观货币需求。

2. 马克思揭示的货币流通规律，是商品流通决定流通中货币数量的规律，这是货币运动的一般规律；费雪的现金交易说和剑桥学派的现金余额说是传统货币数量论的两种代表性学说；凯恩斯的流动性偏好理论分析了人们持有货币的三大动机，即交易动机、预防动机和投机动机；弗里德曼的现代货币数量论以恒久性收入作为总财富的代表，以债券的预期收益率、股票的预期收益率及实物资产的预期收益率作为机会成本变量，同时还以人力财富与非人力财富之比以及其他综合变量作为影响货币需求的其他因素。

3. 货币供给是指货币供给主体向社会公众供给货币的经济行为，它既是一个外生变量也是一个内生变量。

4. 在货币供给机制中，中央银行通过其业务提供基础货币，商业银行的作用是创造存款货币。基础货币是具有使货币供给总量成倍扩张或收缩能力的货币，是流通于银行体系之外的现金和商业银行存款准备金的总和。在部分准备金制度与转账结算制度下，商业银行通过信贷业务可以创造出数倍于原始存款的派生存款。

5. 中央银行提供的基础货币和商业银行的货币创造是源与流的关系。基础货币也称高能货币、强力货币或货币基数，它由两个部分所构成：一是商业银行的存款准备金（包括商业银行的库存现金以及商业银行在中央银行的准备金存款）；二是流通于银行体系之外而为社会大众所持有的通货。货币乘数是基础货币每增加或减少一个单位所引起的货币供给量扩张或收缩的倍数。

6. 货币供应由两大因素决定：一是基础货币，二是货币乘数。一般地说，基础货币的变动可由中央银行决定，但中央银行并不能完全控制货币乘数，社会公众、商业银行等其他经济主体的行为也对货币乘数产生影响。中央银行可通过对国外资产、对政府债权和对金融机构债权这三大类资产业务来影响基础货币的收放。影响货币乘数的因素有：现金比率、超额存款准备金率、定期存款对活期存款比率和法定存款准备金率等。

7. 货币均衡的实质是总供求均衡的一种反映，与总供求均衡是一个问题的两个方面。货币供求的均衡是整个宏观经济平衡的关键。

8. 从货币失衡到货币均衡的调整对策主要有以下几种：供应性调整、需求性调整、混合性调整和逆向性调整。

【重要名词术语】

货币需求　现金交易说　现金余额说　流动性偏好理论　流动性陷阱　恒久性收入
货币供给　货币供应量　基础货币　货币乘数　原始存款　派生存款　货币均衡
社会总需求　社会总供给

第九章 货币供求与均衡

【复习思考题】

1. 什么是货币需求？为什么既要从微观角度，又要从宏观角度分析货币需求？
2. 比较费雪方程式与剑桥方程式。
3. 凯恩斯认为持有货币的三个动机是什么？各有什么特点？
4. 试述货币主义的货币需求理论。
5. 简述货币供应量的形成过程，并分析影响货币供应量的因素。
6. 你认为除商业银行以外的其他金融机构，如证券公司和保险公司，有没有货币创造功能？为什么？
7. 影响货币乘数的主要因素有哪些？
8. 什么是基础货币？中央银行投放基础货币的渠道有哪些？
9. 阐述货币供给模型并说明其中哪些因素是中央银行可控的，哪些是中央银行控制不了的。
10. 分析货币均衡与社会总供求平衡之间的关系。
11. 试述从货币失衡到货币均衡的调整对策。

【案例分析】

2016 年中国人民银行资产负债表（季末余额） 单位：亿元

项 目	第一季度	第二季度	第三季度	第四季度
国外资产	246 545.30	245 223.59	238 943.29	229 795.77
外汇	238 365.77	236 307.53	229 108.68	219 425.26
货币黄金	2 416.61	2 487.73	2 530.43	2 541.50
其他国外资产	5 762.92	6 428.33	7 304.17	7 829.01
对政府债权	15 312.73	15 274.09	15 274.09	15 274.09
其中：中央政府	15 312.73	15 274.09	15 274.09	15 274.09
对其他存款性公司债权	44 158.16	57 566.49	61 905.21	84 739.02
对其他金融性公司债权	6 654.59	6 657.69	6 657.69	6 324.41
对非金融部门债权	72.10	74.74	71.69	81.03
其他资产	13 473.58	13 345.56	12 098.46	7 497.26
总资产	326 216.46	338 142.16	334 950.43	343 711.59
储备货币	283 376.58	289 070.82	290 706.67	308 979.61
货币发行	71 352.51	69 030.85	71 920.48	71 884.44
金融性公司存款	212 024.07	220 039.97	218 786.19	234 095.17
其他存款性公司	212 024.07	220 039.97	218 786.19	234 095.17
其他金融性公司				

续表

项　　目	第一季度	第二季度	第三季度	第四季度
不计入储备货币的金融性公司存款	3 909.69	4 759.53	5 712.91	6 485.03
发行债券	6 572.00	6 572.00	764.00	500.00
国外负债	3 827.75	3 881.51	3 786.76	3 195.07
政府存款	27 338.77	31 797.32	29 920.44	25 062.70
自有资金	219.75	219.75	219.75	219.75
其他负债	971.93	1 841.23	3 839.89	−730.58
总负债	326 216.46	338 142.16	334 950.43	343 711.59

资料来源：中国人民银行网站.

案例思考：

请根据中国人民银行资产负债表的变化分析：

1. 在中国人民银行资产负债表中，基础货币的主要构成是什么？
2. 我国2016年基础货币收放途径主要发生了哪些变化？

【延伸阅读】

1. 戴国强. 货币金融学. 上海：上海财经大学出版社，2014.
2. 李健，贾玉革，蔡如海，等. 中国金融改革中的货币供求与机制转换. 北京：中国金融出版社，2008.
3. 李健. 金融学. 北京：高等教育出版社，2014.
4. 李健. 当代西方货币金融学说. 北京：高等教育出版社，2006.
5. 易纲. 中国的货币化进程. 北京：商务印书馆，2003.

第十章　通货膨胀与通货紧缩

> 无论何时何地，通货膨胀永远是一种货币现象。在经济学中，恐怕没有任何其他命题，比这个命题更牢不可破的了。
>
> ——米尔顿·弗里德曼

在纸币制度下，通货膨胀是困扰世界各国经济运行的首要问题之一。第二次世界大战以后，几乎没有一个国家能免遭通货膨胀的困扰。而自20世纪90年代以来，与通货膨胀相反的现象——通货紧缩却又悄然而至，开始危及一国乃至世界经济的健康发展。对于通货膨胀，由于它对一国经济和政治曾经产生过的广泛影响，无论是经济学家还是政策制定者都对它给予了极大的关注。在理论研究上，通货膨胀的理论比较成熟，学界对通货紧缩的研究相对滞后。而通货紧缩和通货膨胀一样，也会影响经济生活，不利于经济增长。

通过本章的学习，你将能够了解和掌握以下知识：
- 通货膨胀与通货紧缩的含义及测量；
- 通货膨胀与通货紧缩的内容及其发生的原因；
- 通货膨胀与通货紧缩的影响及治理措施。

第一节　通货膨胀概述

一、通货膨胀的定义

通货膨胀是一个古老的经济范畴，也是货币失衡中较为常见的情形。马克思在《资本论》中阐述货币理论时指出，通货膨胀是纸币发行量超过商品流通中的实际需要量而引起的货币贬值现象。纸币流通规律表明，纸币流通量不能超过它代表的金（银）的流通数量，否则纸币就要贬值，物价就会上涨。通货膨胀只有在纸币流通的条件下才会出现。货币学派的弗里德曼认为："通货膨胀是货币当局过多印刷货币的后果，其本质是一种货币现象。"

一般来说，理论界对通货膨胀通常做如下定义：通货膨胀是指在纸币流通的条件下由于货币供给过多而引发货币贬值、物价全面、持续上涨的货币现象。对此，有两点需要说明：

第一，通货膨胀是一种纸币现象，是纸币发行量超过商品流通所需要的货币数量的结果。在金属货币流通条件下，由于货币具有贮藏手段的职能，能够自动调节流通中的货币数量，一般不会产生通货膨胀。而在纸币流通条件下，一方面纸币流通从技术上提供了无限供应货币的可能性；另一方面，国家权力又可以强制货币进入流通。由于以上两个因素，通货膨胀成为一种经常性的货币现象，并时时困扰着人们的经济生活。

第二，通货膨胀是指物价普遍、持续的上涨。通货膨胀所指的物价上涨是指一般物价总水平，即全部商品及劳务的加权平均价格的上涨，而并非个别商品或劳务价格的上涨。比如原油价格上涨被其他商品价格下跌所抵消，致使一般价格水平并没有改变，这时只能称个别商品价格上涨，而非通货膨胀。另外，经济生活中季节性、暂时性或偶然性的价格上涨也不能视为通货膨胀。通货膨胀中的价格变动应是一个过程，在这个过程中物价具有上涨的基本倾向，并将持续一定的时间。一般来说，通货膨胀是以年度为时间单位来考察的，以年度的一般物价水平变动率表示通货膨胀的程度。

☞ **专栏 10-1**

津巴布韦发行面额百亿元新钞

津巴布韦国家电合报道，该国通货膨胀问题日益严重，津中央银行发行了面额为 100 亿津元的新钞。

津央行发布公告说，新钞将"大大有助于改善"人们从银行取钱的情况。与 100 亿元新钞同时发行的还有面额为 10 亿元和 50 亿元的新钞。仅在一周前，津央行刚刚发行了面额为 5 亿元的新钞。

目前，津巴布韦官方公布的通胀率高达 231000000%。

就在 141 天前，津央行宣布，该国启用新货币，新货币 1 津元相当于原来的 100 亿元，即在旧货币面值后面去掉 10 个零。

经济学家指出，每次发行更大面额的钞票，通胀便进一步上升，津元就进一步贬值。

资料来源：津巴布韦发行面额百亿元新钞. 参考消息，2008-12-21.

二、通货膨胀的类型

随着经济的发展，通货膨胀也日趋复杂和多样化。理论界在对通货膨胀进行具体分析时，通常从不同的角度把通货膨胀划分为不同的类型：

(一) 按通货膨胀的表现形式，可分为公开型通货膨胀和隐蔽型通货膨胀

公开型通货膨胀，或称显性通货膨胀，是指通货膨胀完全通过一般物价水平明显而直接上涨的形式反映出来，通货膨胀率就等于物价上涨率。

隐蔽型通货膨胀，又称为抑制型通货膨胀，是指物价水平的上涨并没有完全通过公开的物价指数上涨表现出来的通货膨胀。在这种类型的通货膨胀过程中，由于价格被政府管制而不能或不能完全充分地上涨，在现行价格水平及相应的购买力条件下，就会出现商品普遍短缺、有价无市、凭票证供应、黑市猖獗等现象。苏联、东欧和中国都曾出现过这种隐蔽型通货膨胀。

（二）根据物价上涨的程度，通货膨胀可分为爬行的通货膨胀、中度的通货膨胀、奔腾的通货膨胀和恶性的通货膨胀

爬行的通货膨胀又称温和的通货膨胀，是指物价上涨幅度很小（年通货膨胀率为2%~3%），速度比较缓慢，但持续的时间较长，短期内不易被觉察的通货膨胀。许多西方经济学家认为，这种逐步提高的物价水平对经济的发展和国民收入的提高都有着积极的意义。这种通货膨胀所引起的物价上涨并不是很剧烈，短期内对经济没有很大的不利影响，但也应该引起政府的重视。

中度的通货膨胀，是指物价上涨在一位数以内（年通货膨胀率为5%~10%），但已高于经济增长的速度，物价的变化明显可以察觉的通货膨胀。

奔腾的通货膨胀，是指物价涨幅超过两位数（年通货膨胀率为10%~50%），货币流通速度加快，人们对本国货币失去信任，开始抢购商品、挤提存款或寻找其他保值方式的通货膨胀。

恶性的通货膨胀，是指物价上涨幅度很大（年通货膨胀率超过50%），速度很快，常常由战争、经济危机、政治动荡等引起，这时，如不尽快加以控制，通常会导致货币制度甚至国家政权崩溃的通货膨胀。

（三）按通货膨胀的可否预期，将其分为预期通货膨胀和非预期通货膨胀

预期通货膨胀，是指通货膨胀过程被经济主体预期到了，以及由于这种预期而采取各种补偿性行动引发的物价上升运动。例如，当一国物价水平年复一年地按照5%的速度上升时，该国居民便会预计到，物价水平将以同一比例继续上升。既然如此，该国居民在日常生活中进行经济核算时会把物价这一比例的上升考虑在内。

非预期通货膨胀，是指未被经济主体预见的，不知不觉中出现的通货膨胀。由于人们对此一无所知，很难预测今后的通货膨胀情况。例如，由于自然灾害引起农产品价格的突然上涨，导致以这些产品为原材料的商品价格的上涨，或者在长期价格不变的情况下突然出现的价格上涨。

（四）按通货膨胀的成因，将其分为需求拉上型通货膨胀、成本推进型通货膨胀和结构失调型通货膨胀

需求拉上型通货膨胀，是指由于社会总需求过度增加，超过社会总供给而拉动物价总水平上涨。

成本推进型通货膨胀，是指由于生产成本提高而引起的物价总水平上涨。

结构失调型通货膨胀，是指由于国民经济部门结构或比例结构失调而引起的通货膨胀。

以上对通货膨胀进行的分类是相对的，常常互有交叉。例如，需求拉动型通货膨胀可以既是公开的，又是温和型的。

三、通货膨胀的测量

判断一个国家和地区是否发生了通货膨胀以及通货膨胀的程度,需要借助一系列的指标进行度量。通常用于测量通货膨胀的各种指数都是围绕着价格变动来设计的。目前,被各国广泛使用的价格指数主要有三种:消费价格指数(CPI)、生产者物价指数(PPI)以及国内生产总值平减指数(GDP Deflator)。

(一)消费价格指数

CPI 是综合反映一定时期内购买并用于消费的消费品及服务价格水平的变动情况的指标。由于它直接与公众的日常生活相联系,可较好地反映通货膨胀的程度。消费品只是社会最终产品的一部分,不能全面地说明情况,所以用该指数来测量通货膨胀有一定的局限性,因此,需结合其他指标一起使用。从 2001 年起,我国采用国际通行做法,逐月编制并公布以 2000 年价格水平为基期的 CPI 定基指数,作为反映我为通货膨胀(或紧缩)程度的主要指标。我国编制价格指数的商品和服务项目,目前共包括食品、烟酒及饮品、衣着、家庭设备用品及服务、医疗保健及个人用品、交通和通信、娱乐教育文化用品及服务、居住八大类。

(二)生产者物价指数

生产者物价指数也称为批发物价指数,是根据商品的批发价格编制的指数,反映了包括原材料、中间品及最终产品在内的各种商品批发价格的变化。由于生产者价格指数反映了企业经营成本的变化,持成本推进型通货膨胀观点的学者认为该指数最适合于测度通货膨胀。由于其不包括第三产业的价格,反映面较窄,有可能在使用该指数时有信号失真现象,但在经济分析和宏观决策中它仍被广泛使用。

(三)国内生产总值平减指数

国内生产总值平减指数能综合反映物价水平变动情况,是衡量一国经济在不同时期所生产和提供的最终产品和劳务价格总水平变化程度的经济指标。它等于以当年价格计算的本期国内生产总值和以基期不变价格计算的本期国内生产总值的比率。该指标的优点是计算基础比 CPI 更为广泛,涉及全部商品和服务,所以能够更加准确和全面地反映一般物价水平走向。其缺点是易受价格结构的影响,也会出现信号失真,并且需要收集大量的资料,一般只能一年公布一次,因此难以及时反映价格的变动趋势。三大物价指数比较如表 10-1 所示。

表 10-1　　　　　　　　　　　三大物价指数比较

物价指数	统计口径	优点	不足
CPI	消费者消费的主要商品和劳务的价格	资料容易收集,公布次数较频繁,能迅速和直接反映公众生活费用的变化	包括的范围狭窄,不能反映各种资本品和中间品的价格变动趋势

续表

物价指数	统计口径	优点	不足
PPI	原材料、中间产品和最终产品的价格	能较灵敏地反映企业生产成本的变化	没有将各种劳务价格包含在内
GDP Deflator	国内市场所有最终产品和劳务的价格	能全面地反映一般物价水平的趋势	不能及时反映物价的变动趋势

第二节　通货膨胀的成因

形成通货膨胀的原因多种多样,但最直接的原因是货币供应过多。货币供应量与货币需求量相适应,是货币流通规律的要求,如果违背了这一经济规律,过量发行货币,使之超过了经济生活中所需要的货币量,就必然会改变货币供应量与商品、劳务价格总量原有的对应关系。用过多的货币量对应既定的商品和劳务量,只能是货币贬值、物价上涨,出现通货膨胀。每一次通货膨胀形成的直接原因虽然是货币供应过多,但要说明为什么会发生货币供应过多的问题,则需要从深层次上寻找原因。常见的通货膨胀的成因主要有以下几种。

一、需求拉上说

所谓需求拉上,通常是指经济运行中总需求过度增加,超过了既定价格水平下商品和劳务等方面的供给,从而引起货币贬值、物价总水平上涨。对于需求的变动如何引起物价的上涨,西方经济学界有不同的观点,其中最有代表性的当属凯恩斯学派的通货膨胀理论。

凯恩斯学派的经济学家认为,社会总需求(AD)是由消费需求(C)、投资需求(I)和政府开支(G)三项构成的,即 $AD=C+I+G$。当总需求与总供给的对比处于供不应求状态时,过多的需求将拉动价格水平的上涨,特别是,当经济已达到充分就业状态时,货币供应量增加,引起社会总需求增加,但由于各种生产资源均无剩余,商品供给却不再增加,这样,过多的需求就会拉动物价随着货币供应量的增加而上涨,形成通货膨胀。

对需求拉上型通货膨胀理论的第二种解释来自于货币学派的观点。货币学派认为,货币因素即货币数量的过度增加是导致总需求过剩从而引发通货膨胀的根本原因,也就是我们常说的过多的货币追逐较少的商品。

虽然凯恩斯的需求拉上论和货币学派的需求拉上论都认为通货膨胀的根源在于总需求方面,但他们对造成总需求过度的原因却持不同的观点。凯恩斯认为,总需求的过度是消费、投资和政府支出等因素的过度引起的;而货币学派却认为,货币数量的过度增加是导致总需求过剩的根本原因,因而断言"通货膨胀无论何时何地都是一种货币现象"。

二、成本推进说

成本推进说则侧重从供给和成本方面来解释物价水平持续上升的原因,国外学者一般认为，由供给和成本变动形成的通货膨胀主要归纳为两个原因：一是工会力量对工资的提高要求；二是垄断行业中企业为追求利润而制定的垄断价格。因此，由成本推进引起的通货膨胀又可分为工资推进引起的通货膨胀和利润推进引起的通货膨胀。

（一）工资推进

工资推进型通货膨胀是工资提高使生产成本增加而导致物价上涨。它的产生以存在强大的工会组织以及不完全竞争的劳动力市场为前提。在完全竞争的劳动力市场条件下，工资取决于劳动力的供求，而在不完全竞争的劳动力市场条件下，工资由工会和雇主双方议定，往往会高于由市场供求竞争决定的工资。如果工资的增长率超过了劳动生产率，企业就会因人力成本的加大而提高产品价格，以维持盈利水平。这就形成了因工资提高引发物价上涨、物价上涨又引起工资提高的循环，如此反复，使工资—价格螺旋式上升。

（二）利润推进

利润推进型通货膨胀是生产投入品或要素的价格因市场垄断力量的存在而提高，从而导致物价上涨。它的产生是以存在物品和劳务销售的不完全竞争市场为前提。因为，在完全竞争市场上，商品价格由供求双方共同决定，任何一方都不能操纵价格。但在存在垄断的不完全竞争市场条件下，卖方就可能操纵价格，使价格上涨的速度超过成本支出上涨的速度，以赚取垄断利润。如果这种垄断作用大到一定程度，就会形成利润推进型通货膨胀。

☞ **专栏 10-2**

成本推动型通货膨胀

20世纪60年代末到70年代中期，大多数西方国家普遍经历了一次较典型的成本推进型通货膨胀过程。

在工资推动方面，许多国家在这段时间里出现了工时报酬急剧增加的情况。例如，在联邦德国，工时报酬的年增长率从1968年的7.5%跃升到1970年的17.5%。在同一时期，美国的工时报酬年增长率也由7%上升到15.5%。

在原材料价格方面，从1973年到1974年，石油输出国组织历史性地将石油价格提高了4倍，到1979年，石油价格又再次提高。这两次提价对西方发达国家的经济产生了严重影响，由此导致的经济萧条被称为"石油危机"。除去石油这一重要的原材料价格上涨以外，20世纪70年代初期世界各国出现了粮食歉收的情况，世界粮价暴涨。

工资的大幅度提高和原材料价格的大幅度攀升使主要西方国家物价上涨，引发通货膨胀现象。

三、供求混合说

需求拉上说和成本推动说分别从需求和供给的角度探讨了通货膨胀产生的原因，然而在现实中，却很难区分通货膨胀到底是由需求拉上引起的还是由成本推进引起的。成本推进注重在生产领域中形成的物价上涨压力，认为这是促使流通领域内商品价格上涨，形成通货膨胀的主要原因；需求拉上则强调在流通领域直接增加的有效需求，使原有商品和货币的均衡关系被打破，从而在流通领域直接引起物价上涨，形成通货膨胀。事实上，在通货膨胀中需求拉上和成本推进这两个因素往往交叉在一起，并相互影响：需求膨胀促使物价上升，物价上升又使企业的产品成本增加，转化为下一轮的成本推进；而成本推进往往又以总需求不断扩张为先导。

四、结构因素

即使在总供给和总需求相对均衡的条件下，某些结构性因素也可能导致通货膨胀。结构性因素主要包括以下几类：

(一)劳动生产率增长速度的差异

如果一国不同经济部门内的货币工资增长率与本部门的劳动生产率增长率相一致，则价格水平便可以维持在原有的水平上。但是劳动生产率增长较慢的部门的工人往往会要求向劳动生产率增长较快部门的工资增长率看齐，使该部门的生产成本上升，从而造成物价整体水平的上升。

(二)"瓶颈"制约

在一些市场机制不够发达的国家，由于缺乏有效的资源配置机制，资源在各经济部门之间的配置严重失衡，有些行业生产能力过剩，有些行业则严重滞后，形成经济发展的"瓶颈"。当这些"瓶颈"部门的价格因供不应求而上涨时，便引起了其他部门甚至是生产过剩部门的连锁反应，形成一轮又一轮的价格上涨。

(三)需求转移

社会对产品和服务的需求不是一成不变的，会不断地从一个部门向另一个部门转移，而劳动力和其他生产要素的转移则是滞后的。因此，原先处于均衡状态的经济结构可能因需求的转移而出现新的失衡。那些需求增加的行业，价格和工资将上升，但是需求减少的行业，由于价格和工资是刚性的，未必会发生价格和工资的下降，其结果是需求的转移导致物价总水平的上升。

五、其他原因

通货膨胀是一种非常复杂的经济现象，往往是由多种原因引起的。除了需求拉上、成本推进和结构因素以外，还存在一些诸如供给不足、预期不当、体制因素等其他原因。

（一）供给不足

在社会总需求不变的情况下，社会总供给相对不足，也会引起物价上涨，出现通货膨胀。社会总供给不足的原因，可能是生产性投资不足，以致产出减少；也可能是劳动生产率低下，导致企业管理水平不高，效益低下；还可能是由于产品质量低劣，样式陈旧，品种、功能单一，不能满足人们的需要，从而不能形成有效供给。这几种情况都会导致社会总需求与社会总供给失衡，出现通货膨胀。

（二）预期不当

在持续的通货膨胀情况下，公众对通货膨胀会产生预期，提前做出反应。例如，雇员要求增加工资时就会加入预期的通货膨胀率，而雇主则会按其预期的通货膨胀率提高产品价格。如果预期不当，通常是公众对未来通货膨胀的走势产生过于悲观的估计，以致其预期的通货膨胀率往往高于实际将要发生的通货膨胀率，这样，物价就会以更快的速度上涨，形成实际上的本期通货膨胀；而实际上的本期通货膨胀又会对下一轮的公众预期产生不良影响。

（三）体制因素

体制不完善也会引发通货膨胀，尤其是体制转型国家，新、旧体制交替中各种错综复杂的矛盾交织到一起，可能产生或助长通货膨胀。

第三节　通货膨胀的效应及治理

通货膨胀对社会经济生活的影响是方方面面的，并且是弊大于利。鉴于通货膨胀的不利影响和后果，各国都把反通货膨胀作为一个重要的宏观经济目标。但是，由于通货膨胀的发生是一个极其错综复杂的社会经济现象，需要有针对性地采取各种措施来综合治理。

一、通货膨胀的效应

通货膨胀对社会经济的影响具体表现为：通货膨胀的产出效应、通货膨胀的强制储蓄效应、通货膨胀的收入再分配效应和通货膨胀的消费效应。

（一）通货膨胀的产出效应

通货膨胀的产出效应反映的是通货膨胀与经济增长之间的关系。对通货膨胀的产出效应，西方经济学界在20世纪曾有过激烈的争论，有以下三种不同的观点：

1. 促进论

所谓促进论，就是认为通货膨胀具有正的产出效应，能促进经济增长。这种理论的基本论据是建立在经济长期存在有效需求不足的假设基础上的。该理论认为由于有效需求不足，实际经济增长率低于潜在经济增长率。因此，政府可以实施通货膨胀政策，用增加赤字预算、扩大投资支出、提高货币增长率等手段来刺激有效需求，从而促进经济增长。特

别是对于许多发展中国家来说,通货膨胀促进经济增长的效应尤为明显。其理由如下:

(1)在通货膨胀中,政府作为最大的债务人可以减轻一定的债务负担。此外,通过大量增发货币,政府也可以获得追加的财政收入。如果政府将通过通货膨胀获得的收入全部用于实际投资,并采取相应措施保证民间投资不因政府投资的增加而减少,那么,这种通货膨胀性的政策就会因增加了总投资而增加产出,促进经济增长。

(2)从收入与财富的再分配效应角度来看,通货膨胀有利于债务人的收入再分配,而债务人的边际支出倾向比较高,因此,通货膨胀会通过增加债务人的支出而促进经济增长。

(3)在通货膨胀的环境下,产品价格的上涨速度一般快于名义工资的增长速度,因此,企业的利润就会增加。而企业利润的增加又会刺激企业扩大投资,从而促进经济增长。

2. 促退论

绝大多数学者的观点与促进论正好相反,认为通货膨胀对经济增长具有负的产出效应,会降低效率、损害经济增长。这就是所谓的促退论,其理由如下:

(1)通货膨胀会促使生产领域中的部分资本流向非生产领域,从而导致生产萎缩,经济衰退。在通货膨胀情况下,生产性投资的风险和经营成本增加,使投资不如投机,生产囤积的现象普遍出现。结果,一部分工业资本从生产领域转向流通领域,服务于投机活动,生产资本减少,经济衰退。

(2)在持续的通货膨胀过程中,正常的生产秩序被打乱,市场的价格机制遭到严重破坏,价格信号的准确性降低,从而使资源配置效率降低,影响经济增长。

(3)在通货膨胀环境下,货币购买力下降,持有货币的机会成本大大上升,同时,又由于通货膨胀对债务人有利,对债权人不利,社会公众都会减少储蓄,尽力把现金转化为实物资产或增加当前的消费,致使社会储蓄下降,从而使投资下降和经济增长率下降。

(4)如果通货膨胀超过一定时间,企业和居民便会产生预期,造成物价与生产成本的螺旋式上升,形成恶性通货膨胀,并可能导致经济的崩溃。

3. 中性论

中性论认为通货膨胀对产出和经济增长既无正效应,也无负效应。持这种观点的经济学家认为,如果预期是理性的和完全的,价格是灵活的和有弹性的,则社会公众可以及时、准确地调整其行动和决策,使得所有的真实变量都不发生任何实际变化,从而对经济活动不发生作用。相反,如果特别对通货膨胀采取措施,反而会影响经济活动的正常进行。诺贝尔经济学奖得主维克利就特别强调,在温和的通货膨胀环境中,"罪恶不在于通货膨胀本身,而在于抑制通货膨胀的不适当手段"。

但是,公众对通货膨胀的预期与通货膨胀实际发展的情况往往并不相符,并且价格也不可能是具有完全弹性的。因此,通货膨胀中性论的观点很难成立。

(二)通货膨胀的强制储蓄效应

强制储蓄是指用于投资的货币积累。这种积累主要来自家庭、企业和政府三个方面。在正常情况下,家庭的储蓄由收入扣除消费支出构成;企业的储蓄由用于扩张生产的利润和折旧基金构成；政府的储蓄从来源看有两个方面，一方面是政府用增加税收的办法来筹集资金搞生产性投资，那么这部分储蓄是从家庭和企业的储蓄中挤出来的，全社会的储蓄总量并不增加；另一方面是政府向中央银行借债，或向中央银行透支，从而造成直接或间接增发货币，由此引起通货膨胀。通货膨胀实质上是货币发行者（政府部门）从货币持有者（私人部门）获得收入的过程，因为在人们货币需求一定的情况下，政府通过发行货币，获得对一部分商品或劳务的支配权，这实质上是政府向所有货币持有者征税（通货膨胀税），从而使政府收入增加。然后政府把这部分收入用于投资，这种筹集建设资金的办法就会强制增加全社会的储蓄总量，产生所谓的"强制储蓄"效应。至于强制储蓄效应的大小，在不同类型的国家是不同的。因为对于每个国家来说，这种"通货膨胀税"的数量以及其中有多少能转化为投资，是受到一系列条件限制的。在大部分发展中国家，国家投资在社会总投资中的比重较大，通过"通货膨胀税"而引起的强制储蓄效应较大，但是在发达的资本主义国家，投资是以私人投资为主，政府投资在全社会投资总量中所占的比重不大，政府所得到的"通货膨胀税"并不一定全部转化为投资，因而，通过"通货膨胀税"所引发的强制储蓄效应就比较小。

（三）通货膨胀的收入再分配效应

通货膨胀在分配方面的影响是很大的，并且人们的感觉也是明显的，人们反对通货膨胀的意识大都是从自身的感觉中得出的。对社会成员来说，其主要的影响是改变了原有收入和财富占有的比例。在通货膨胀的条件下，产品售价的调整要快于成本和工资的调整，价格上调的好处被利润收入者占有。而工资收入者工资的调整往往落后于物价的调整，其货币购买力因通货膨胀而降低。尤其是靠工资收入的人，还有救济金、退休金、养老金领取者，受害最深。通货膨胀会引起财富从货币财富持有者向实际财富持有者、从债权人向债务人的转移。实际财富包括不动产、贵金属、珠宝、古董、艺术品，在通货膨胀时其价格上涨；而货币财富包括现金、银行存款、债券，其实际价值因物价上升而下降。债务人获得货币进行即时使用，提高购买力；待其偿还时，同量货币的实际购买力已经下降了。通货膨胀靠牺牲债权人的利益而使债务人获利。通货膨胀还会引起公众名义货币收入增加，从而使其进入更高的累进纳税级别，比以前要多纳税。这样，政府的实际税收增加，而公众的实际收入减少。由于通货膨胀，公众的一部分收入无形地转移给了政府。

☞ **专栏 10-3**

"劫贫济富"的通货膨胀

发生通货膨胀时，从表面上看，似乎大家手里的钱都在贬值，谁也不比别人更吃亏，但实际上，通货膨胀总是"劫贫济富"的。让我们回到1923年的德国。街头的一些儿童用大捆大捆的纸币马克玩堆积木的游戏，一位夫人用手推车载着满满一车的马克，一个小偷趁她不注意，掀翻那一车纸币，推着手推车狂奔而逃；一位家庭主妇正在煮饭，她宁愿不去买煤，而是烧那些用来买煤的纸币……此时的德国，正在经历着历史上最为严重的通货膨胀：1马克年初能换2.38美元，而到夏天的时候，1美元能换 4 万亿马克。纸币马克几乎一文不值，早上能买一栋房子的钱，傍晚只能买一个面包。德国人民正在经历着痛苦的梦魇。工人、教师、职员首当其冲，他们每到领工资的时候都要先活动手脚，因为他们必须在拿到薪水后以百米冲刺的速度冲到商店，购买面包和黄油。跑得稍微慢点，面包和黄油的价格就会上涨一大截。上了年纪的工人发现，攒了一辈子用来养家糊口的银行存款，顷刻间化为乌有。人们在银行前排起长龙提取存款，然而拿到手的是已经贬值的纸币。工人们在绝望中只好不停地罢工，要求提高工资、减少工作时间，农民生产的小麦等农产品虽然也涨价，却不及生产资料等工业品价格涨得快，生活也是每况愈下。然而，当穷人们在悲观、绝望中呻吟的时候，一些手里掌握着房子的富人却大发横财，他们发现自己房子的价格在一夜之间翻了成百上千倍。大发横财的还有一些通货膨胀之前靠低利息从政府获得大笔贷款的企业资本家们，他们发现原来的巨额负债现在只要拔下一根汗毛就可以偿还，更有一些黑心的富有商人趁火打劫，囤积食品等物资，加剧了物价上涨，他们见机抛售，获取暴利。严重的通货膨胀引起民众的强烈愤怒，当时的德国社会动荡不安，政治上风雨飘摇，危机不断。

（四）通货膨胀的消费效应

通货膨胀对消费领域的效应表现在以下方面：人们通过分配所得的货币可以分为名义货币收入和实际货币收入，在通货膨胀条件下，物价上涨，货币贬值，人们收入的实际购买力下降，同样数量的货币不能买到与原来相等的生活资料，这实际上减少了居民的收入，意味着居民的消费水平下降。再加上通货膨胀使得投机盛行、市场混乱，加剧了市场供需矛盾，使一般消费者的损失更大。

由此可见，通货膨胀对经济的影响是多方面的、严重的，因此，通货膨胀应得到我们的高度重视和及时治理。

二、通货膨胀的治理

通货膨胀对经济的危害极大，各国政府对此予以高度重视，并采取各种措施加以治理。综合起来，主要的治理措施有以下几个方面：

（一）宏观紧缩政策

这是比较传统的抑制和治理通货膨胀的手段，特别是针对需求拉上型通货膨胀时。采取宏观的紧缩政策，从根本上讲，就是收缩通货，减少总需求，抑制价格上涨。紧缩政策一般包括两种：紧缩性货币政策和紧缩性财政政策。

1. 紧缩性货币政策

货币政策一般由各国的中央银行实施，通常包括存款准备金政策、再贴现政策和公开市场政策，实质是压缩、限制商业银行信贷规模，减少货币供给量以实现宏观紧缩的效果。具体办法如下：

（1）中央银行通过公开市场业务的操作，出售有价证券，回笼货币资金，以减少商业银行的超额准备金,从而达到减少货币供应量的目的。

(2)中央银行通过提高再贴现率和再贷款比率,增加商业银行向中央银行借款的成本,以促使商业银行提高贴现率,增加企业利息负担,从而抑制企业贷款需求,相应地抑制投资需求。

(3)中央银行可通过提高法定存款准备金率,降低商业银行创造货币的能力,从而达到紧缩信贷规模、减少投资、压缩货币供应量的目的。

2. 紧缩性财政政策

紧缩性财政政策主要是政府通过增加税收、减少支出等手段,来限制消费和投资,抑制社会总需求的增长,实现宏观紧缩。这是凯恩斯经济学的产物。凯恩斯学派认为,货币政策影响信用成本和信用供给的可能性,而财政政策则直接影响收入水平;货币政策对总需求中的投资需求影响最大,而财政政策则对消费需求和政府支出影响最大。财政政策可以通过以下几种方式来治理通货膨胀。具体办法如下:

(1)增加税收。税收的增加,一方面可以增加政府的财政收入,弥补财政赤字,减少因财政赤字所增加的货币发行;另一方面又可直接减少企业利润和个人收入,从而达到减少企业投资,降低消费者的消费支出的目的。

(2)削减政府支出。政府支出的减少,在财政收入不变的情况下,就可以削减财政赤字,从而减少货币发行;另外,政府开支的减少也直接减少了总需求,因为政府开支是总需求的重要组成部分。

总之,货币政策是通过影响信贷和投资,从而影响市场货币供应量以压缩总需求;而财政政策则是直接影响政府、企业和个人的消费支出,压缩总需求。问题在于,压缩社会总需求如果力度和措施不当,必然会带来生产减退和失业增加,激化社会矛盾,因此,除了需求管理以外,政府还应该采取其他措施治理通货膨胀。

(二)供给政策

通货膨胀既然是货币供应量超过了货币需求量的弹性限度所引发的一般物价水平持续上涨,那么对它进行治理既可以从货币供给方面入手减少社会总需求,也可以从商品和劳务供给方面入手增加社会总供给,从而使供求达到均衡。

供给政策的主要目的就是刺激生产和促进竞争,从而增加就业和社会的有效供给,平抑物价,抑制通货膨胀。供给政策运用的措施一般有:改善投资结构,优化产业结构、商品市场结构和劳动力市场结构;集中资金优先发展占用资金不多、投资期短、市场紧缺商品;鼓励企业技术创新,提高生产技术水平,提高资源的利用效率。这样,通过上述措施可以较快地增加有效供给,减缓市场需求压力,改善产业结构。因此,供给政策是治理结构型通货膨胀和需求拉上型通货膨胀的有效措施。

供给政策的实施为解决通货膨胀提供了一个全新的思路,它改变了过去只着眼于解决过度需求的做法,从压缩需求和增加供给两方面来平抑物价,缓解通货膨胀。

(三)收入政策

从成本推动角度看问题的经济学家主张采取收入政策,即以法律手段和说服办法阻止价格、工资、租金、利率、利润率等的任意提高。他们认为，由政府拟定物价和工资标准，劳资双方共同遵守，这样既简单易行，又不会有增加失业的副作用。英国就多次使用此类政策。一般来说，收入政策具体有以下几种形式：

（1）强制性的工资-价格管理制。由政府颁布法令，强行规定工资的上涨幅度，甚至暂时冻结工资和物价。这种严厉的管制措施一般在战争时期或在通货膨胀难以对付时使用。

（2）自愿的工资-价格指导线。政府当局根据估计的平均生产率的增长，估算出工资和物价的最大增长限度，作为工会和雇主双方协商的指导线，并要求他们自觉遵守。指导线原则上不能直接干预，只能依靠劝说，因此其效果并不理想。

（3）以税收为手段的收入政策。政府规定一个恰当的物价或工资的增长率，然后用税收的方式来惩罚物价和工资超过恰当增长率的企业和个人，同时用津贴的方式来奖励物价和工资增长小的企业和个人。

然而，收入政策也有一系列弊端，比如：①企业主有种种办法绕过法令，变相提高产品价格，工人也可以用怠工的方式对付工资冻结；②即使价格和其他收入被管制，对经济也有很大的负面作用，因为此时经济活动会失去供求信息，从而导致资源配置失当；③如果在收入政策实施期间总需求仍在扩大，则购买力将集中冲击尚未受管制的价格，从而使价格体系更加混乱。

（四）指数化政策

指数化政策是指将工资、储蓄和债券的利息、租金、养老金、保险金和各种社会福利津贴等名义收入与物价指数紧密联系起来，让预期因素加剧通货膨胀的作用得以排除，同时又能够保持价格信号的功能，引导资源合理配置。这一政策在巴西、以色列、芬兰等国家被广泛运用，也是20世纪70年代后，货币学派极力鼓吹的政策之一。

指数化政策的实质是把意外的通货膨胀变成意料中的通货膨胀，在实践中曾广为采用的指数化政策包括：

1. 债券(存款)指数化

政府和公司发行指数化的债券，银行对存款也采用指数化的方法计息，可以保护储蓄者的利益不受非预期到的通货膨胀变动的影响，也有利于稳定金融制度和金融市场。例如，我国在20世纪90年代初的通货膨胀时期采取的"保值贴补率"，实际上就是一种指数化政策。

2. 税收指数化

税收指数化是指按照每年消费物价指数的涨落，自动确定应纳税所得额的适用税率和纳税扣除额，以剔除通货膨胀的名义所得增减的影响。许多国家的个人所得税按名义收入采取累进税制。通货膨胀的结果将把纳税人推到更高的纳税档次，因而加重了纳税人的负担，不但扭曲税制的公平性，并且也破坏了税收制度的稳定性。个人所得税指数化政策一方面对免税额进行指数化调整，以避免因通货膨胀使其实际价值贬损，另一方面对纳税档次进行指数化调整，以防止通货膨胀将纳税人推入更高的税率档次。

3. 工资指数化

工资指数化能够减少劳动收入的不稳定，保护劳动者特别是固定收入者的利益。在通货膨胀中，工资是最为迫切需要指数化的收入，因为工资收入在国民收入中的比例较高，而且劳动者最需要保护，更主要的原因是出于政治稳定的考虑，需要对劳动者的收入予以特别关注。但是，在私有企业制度的情况下，对工资实行指数化的难度最大。

综上所述，由于通货膨胀是一个极为复杂的经济现象，引起通货膨胀的原因是多方面的，单项治理措施很难彻底取得成效。因此，在通货膨胀的治理过程中，必须结合各国实际经济情况进行综合治理。归根到底，没有货币量的过快增长，就不可能有持续的物价上涨，因此，通货膨胀终究是一种货币现象，控制货币供应量仍不失为有效的治标方法。只是在此之外，需有其他措施配合，方能最终控制通货膨胀。20世纪70年代以来，世界各国都重视对货币总量的管理，的确有助于缓和通货膨胀，然而通货膨胀至今仍然广泛存在，可见其治本之不易。

第四节 通 货 紧 缩

物价水平的波动是自货币用作交换手段以来人类经济历史的一大特征，而且其一般的趋势都是通货膨胀与通货紧缩交替出现，这种格局一直持续到20世纪30年代的大萧条时期。自大萧条期间发生过灾难性的通货紧缩之后，总的趋势是物价水平逐年上涨，在长达60年的时间里，几乎没有出现过通货紧缩，这在历史上是十分罕见的。然而，20世纪90年代以来，许多国家，如日本、中国、新加坡、阿根廷、瑞典、瑞士等，都不同程度地出现了通货紧缩现象。人们这才相信，通货紧缩并没有绝迹，并且很有可能在特定的情况下再次成为世界经济进一步繁荣和发展的主要障碍。

一、通货紧缩的含义及测量

对于通货紧缩，主流的观点大多从通货膨胀的对立面来定义，认为通货紧缩就是一般物价水平随时间的推移持续下降的过程，或者相对一般商品而言货币价值不断上升的过程。

在通货紧缩的定义中，除了以一般物价水平作为单一的评判标准外，也有学者主张"两因素"或者"三因素"的定义。主张"两因素"定义的观点认为，判断通货紧缩的标准，除了一般物价水平的持续下降以外，还必须伴有货币供应量在绝对量上的减少；而"三因素"的通货紧缩定义除了保留以上两个标准之外，还加上了经济衰退这一条件。相比较而言，单因素定义下的通货紧缩反映了经济现象最基本、最显著的特征，因此，本书中也采用这一定义，认为通货紧缩是与通货膨胀相反的一种经济现象，表现为商品和劳务价格的普遍、持续下降。

根据这个定义，通货紧缩所反映的一般物价水平必然是普遍的、持续的下跌。个别商品和劳务由于供大于求或技术进步、市场开放、生产效率提高、成本降低等原因而导致的价格下跌，不是通货紧缩；消费者偏好变化、季节性因素等引起的商品和劳务价格的暂时的或偶然的下跌，也不是通货紧缩。

与通货膨胀一样，通货紧缩也可使用CPI、PPI和GDP Deflator等价格指标来衡量。

在实践中，衡量通货紧缩还有两个重要指标，即经济增长率和失业率。需要注意的是，单纯从经济增长率和失业率的变化看并不能确定是否出现通货紧缩，而需要结合其他指标综合评价。

☞ **专栏 10-4**

"大萧条"历史上最严重的通货紧缩

  1929—1933 年，全世界范围内爆发了历史上最严重的通货紧缩，史称"大萧条"。在这场漫长的危机中，物价下跌，生产严重萎缩，失业剧增，人们的生活陷入极度贫困：失业工人们排着长队领取面包，数百万名中学生辍学，大批无家可归的人露宿街头……而农业资本家和农场主们却在烧毁"过剩"的小麦和玉米，牛奶也被撒上农药后倒入密西西比河……历史学家施莱辛格悲叹道："资本主义已经到了尽头！"胡佛总统黯然下台，他对继任者罗斯福说："我们已经山穷水尽，无能为力。"

  那次经济大萧条的原因，经济学家们至今仍在争论。一般认为，这是由于20世纪20年代近10年的经济高涨，生产能力急剧扩张，而劳动人民的收入赶不上供给的膨胀。在经济过热的"泡沫"破裂后，产能过剩、需求不足的矛盾就爆发出来：物价持续下跌，大批企业破产倒闭，工人大量失业，与此同时，大批银行倒闭……

二、通货紧缩的类型

由于经济学界对通货紧缩的研究相对较少，不像通货膨胀那样存在经典的分类。不过，研讨通货紧缩的基本理论以及反通货紧缩对策都需要对通货紧缩进行分类。

（一）根据通货紧缩程度的高低不同分为：轻度通货紧缩、中度通货紧缩、严重的通货紧缩与恶性通货紧缩

若以物价水平的年度变化来衡量，则一般物价水平出现负增长，但处在-3%以内，可视为轻度通货紧缩；一般物价水平的变化率处在-3%~-6%，可视为中度通货紧缩；一般物价水平变化率处在-6%~-10%，可视为严重的通货紧缩；一般物价水平的变化率低于-10%，则视为恶性通货紧缩。

（二）根据通货紧缩的表现形式不同分为：公开的通货紧缩与隐性的通货紧缩

公开的通货紧缩是指完全通过一般物价水平（衡量指标为物价指数）的下降反映出来的通货紧缩；隐性的通货紧缩则指完全不通过或不完全通过一般物价水平的下降反映出来的通货紧缩。

（三）根据通货紧缩持续时间的长短不同分为：短期性通货紧缩、中期性通货紧缩与长期性通货紧缩

短、中、长期的划分可以经济短周期的时间作为具体的划分依据。一个经济短周期所

经历的时间长度平均为4~5年，如果通货紧缩的持续时间在1年或2年以内，可视为短期性通货紧缩；通货紧缩的持续时间在3年以上，5年以内，可视为中期性通货紧缩；若通货紧缩的持续时间在5年以上，即超过一个经济短周期所经历的时间长度，则视为长期性通货紧缩。

（四）根据通货紧缩的形成原因不同分为：需求拉下型通货紧缩、供给过剩型通货紧缩、成本推下型通货紧缩、结构型通货紧缩、输入型通货紧缩、预期型通货紧缩、政策型通货紧缩、体制型通货紧缩和资产替代型通货紧缩。

需求拉下型通货紧缩是指在商品供给保持正常增长的条件下，总需求下降（既可能是总需求的绝对下降，也可能是总需求的相对下降）而导致商品过剩所引起的通货紧缩。

供给过剩型通货紧缩是指总需求正常增长，商品供给出现超常增长而导致商品过剩所引起的通货紧缩。

成本推下型通货紧缩是指商品平均生产成本下降所引起的通货紧缩。商品生产成本的下降可能由工资成本的下降所致，也可能由生产资料成本的下降所致，也可能由生产者降低目标利润水平而降低商品价格水平所致。

结构型通货紧缩是指商品供给结构不能适应需求结构的变化所引起的通货紧缩。随着居民收入水平的变化，或者技术条件水平的提高等，需求结构会发生变化，一些种类的商品会供过于求，其价格水平会下降，如果供给结构缺乏足够的弹性，需求增长的商品供给就难以增长，人们就可能选择持币待购，这样其他种类的商品价格就不会上涨，从而就会出现商品平均价格水平的下降。

输入型通货紧缩是指国外商品或生产要素的价格下降所引起的国内物价水平持续下降的通货紧缩。国外商品或生产要素价格的下降对一国物价水平的影响程度同该国经济对外开放程度密切相关。一国经济对外开放程度越高，国外商品或生产要素价格下降导致该国一般物价水平下降的可能性越大，即一国发生输入型通货紧缩的可能性越大。

预期型通货紧缩是指社会预期因素所导致的通货紧缩。社会预期包括价格预期和非价格预期。如果人们预期商品价格会下降，人们就会推迟购买，需求水平会下降，这种预期行为持续下去，就会导致需求水平的持续下降，引起物价水平的持续下降。因此，价格下降预期会引发通货紧缩。如果人们预期经济增长会出现下降，收入增长停滞或下降，或者预期支出会增加，人们就会推迟购买，增加储蓄，缩减生产，减少投资，总需求水平就会下降，从而引起通货紧缩。简言之，悲观性的经济预期可以引发通货紧缩。

政策型通货紧缩是指政府实行过度的紧缩性经济政策或其他导致需求下降的经济政策引起的通货紧缩。如果政府实行过度的紧缩性货币政策、财政政策以及其他紧缩性的经济政策，就会导致货币供应不足，总需求水平下降，从而引起通货紧缩。

体制型通货紧缩是指经济体制具有内在的需求抑制机制导致总需求不足而引起的通货紧缩。如果一种经济体制具有内在的抑制企业投资、抑制银行贷款、抑制工资收入增长的机制，就会抑制投资需求和消费需求的增长，若需求增长长期赶不上供给增长，最终会导致一般物价水平的下降，出现通货紧缩。

资产替代型通货紧缩是指人们以金融资产代替实物资产而引发的通货紧缩。如果金融资产代替实物资产成了社会的普遍行为，商品购买力就会为金融资产所代替，从而出现总需求不足。

三、通货紧缩的成因

20世纪30年代以前，通货紧缩在世界各国是一种频繁发生的现象，也自然成为经济学研究的重要领域。从世界各国出现的通货紧缩情况来看，各国不同时期发生的通货紧缩是不同的，都有其独特性。这也使得不同的学者对通货紧缩的成因有不同的见解，归纳起来，对通货紧缩出现的原因的解释主要有以下几种观点：

(一)货币供应量收缩

货币主义认为通货紧缩是一种货币现象，与货币流通量的下降有关。根据费雪的现金交易方程式：

$$MV=PY$$

费雪认为，在短期内，Y、V变动很小，并且是货币数量决定物价水平，而不是物价水平决定货币数量。因此，货币数量的减少必然引起价格水平的下降，即通货紧缩。这一论断与当时许多国家发生通货紧缩时经常伴有货币数量减少的现象高度一致，19世纪末与20世纪初是各国通货紧缩的高发时期也是货币数量论的巅峰时期，很多学者甚至将通货紧缩完全归咎于货币数量的减少。

货币数量论认为经济体系本来是稳定的，之所以不稳定，完全是因为货币上的行动错误与处理失当。纯货币的通货紧缩理论认为，银行单方面收缩信用，将迫使批发商减少向生产者的订单，则该生产者必将减少生产活动并向其他生产者减少订单，从而促使其他广大的生产者减少生产活动。生产活动既然减少，投入使用的现金也会随之减少，消费者收入与总需求便不得不减少，总需求减少后，零售商就开始降低价格，以求脱售，并同时减少甚至停止向批发商的订货，批发商又再向生产者减少甚至停止其订货，从而使生产活动再减少，消费者收入再减少，总需求再减少。这三者不断累积的结果，就形成了通货紧缩的恶性循环。

显然，货币数量论的这一分析有失偏颇。纯货币的通货紧缩理论将货币供给看成是外生的，认为中央银行不适当的货币政策是通货紧缩的罪魁祸首，这显然是不全面的。实际上，从短期来看，经济体系并不能自动保持均衡；货币流通速度也不断在发生变化；经济主体如企业、消费者和投资者的行为也不完全理性，并且受各种预期因素的影响。这一系列因素，都可能成为特定时期通货紧缩的根源。

(二)有效需求不足

通货紧缩在实体经济中的根源是总需求对总供给的偏离，当总需求持续小于总供给，或现实经济增长率持续低于潜在经济增长率时，则会出现通货紧缩。社会总需求各构成部分的大幅度减少都有可能形成通货紧缩。

1. 消费需求不足

即期收入的减少或预期未来支出增多，以及对未来预期不确定性的增加，都会导致消费需求不足。如失业增加，将使失业者失去可靠的生活来源而不得不减少即期的消费；在转轨时期，各种社会保障措施不完善，迫使居民减少即期消费而为自己未来可能发生的失业、养老、医疗等一系列问题做一些预防性的准备；由于对通货紧缩的持续有一定的预期，为了在未来更便宜的时候再消费而减少即期的消费，等等。这种对即期消费的抑制，将使供给相对过剩，从而造成产品积压，生产能力受限，企业开工不足，收入减少，物价下跌，通货紧缩由此引发。

2. 投资需求不足

投资需求是总需求的一个重要方面，在发展中国家，投资对于经济增长的拉动起着举足轻重的作用。如果实际利率上升或预期边际资本收益率下降，都可能造成投资需求不足。投资被抑制，新建项目减少，生产资料和生活资料的需求都将减少，新增劳动力无从就业，同样会造成供给相对于需求过剩，导致通货紧缩。

3. 政府支出需求不足

政府支出也是构成总需求的一部分。由于社会经济的变化，政府需求可能从原来较高的水平降下来。如果政府支出减少的这一部分能够被居民消费需求、私人投资需求或出口增长弥补，则不会出现总需求的下降；相反，在其他需求不变的情况下，就有可能出现因政府支出减少而造成总需求下降的现象，严重时便会引起通货紧缩。

4. 国外需求不足

国外需求主要表现为一国的出口。国外需求减少，出口不畅，也会减少对国内生产产品的需求总量，造成出口企业开工不足，产品积压，从而引发通货紧缩。

（三）过度负债

费雪提出了"债务通货紧缩理论"。他把通货紧缩与过度负债联系起来，认为过度负债是引起美国 1929 年至 1933 年大萧条的原因。费雪认为，过度负债往往是一国经济由盛到衰的转折点，是导致通货紧缩的一个重要原因。在繁荣时期，利润水平的上升诱使企业进行更大规模的投资，企业主要是通过债务融资来实现；而银行体系也被企业家对未来的乐观预期所鼓舞，以致不顾风险增加贷款的投放。这种情形必将持续到过度负债的状态，就是相对于国民收入而言，到期债务过多，以致没有足够的流动性资产来清偿到期债务的状态。此时，企业将纷纷脱售商品以求偿还债务，很多企业采取这一措施的后果将使物价下跌。通过债务清算，企业债务的名义数额虽然有所减少，但由于通货紧缩，其真实价值反而上升，破产的可能性反而加大。企业被迫进一步以更低廉的价格更大规模地抛售商品，整个债务通货紧缩的恶性循环便依次展开。在通货紧缩过程中，债务清算的速度永远赶不上债务真实价值增长的步伐，用费雪的话来说就是"债越还越多"，只有当过度负债被大规模的企业破产强制性消除以后，通货紧缩才能停止，新一轮繁荣与萧条的交替才会重新开始。

（四）技术进步

经济学家一般都认为技术进步会引起通货紧缩，因为新技术的采用要么降低了产品的成本，要么增加了产量，这两者都是促成价格水平下降的因素。首先，当新技术的采用使得产品的成本下降后，由于市场的激烈竞争，企业家倾向于降低其产品价格，如果这种新技术是普遍的，那么，它就会对一般物价水平带来向下的压力。其次，新技术的采用还会使企业解雇多余的工人，因此，失业的增加进一步减少了社会对商品的总需求，导致通货紧缩的发生。最后，如果某些企业家因采用了新技术而获厚利，则会引起其他企业家的效仿，他们争相投资，于是，经济由于采用了新技术而出现繁荣。但繁荣到了一定时期，生产出现过剩，于是经济失调，发生通货紧缩。

四、通货紧缩的效应

通货紧缩对国民经济的影响会因通货紧缩的程度、持续时间、形成原因、表现形式等的不同而存在差异，而且会因为所处的经济、社会环境等的不同而不同。从表面上看，一般价格的持续下跌会给消费者带来一定的好处，因此，通货紧缩的危害很容易被人们忽视。事实上，通货紧缩和通货膨胀一样，会对经济发展造成不利影响，通货紧缩一旦形成而又不能及时处理，便可能带来一系列严重问题。

(一) 经济衰退效应

通货紧缩的经济衰退效应是指物价的持续与普遍下降对经济的促退作用。物价的持续与普遍下降主要通过以下途径对经济产生促退作用：①产品价格下降，利润减少。物价的持续与普遍下降使得生产者所生产的产品价格降低，从而使预期利润减少甚至亏损，严重打击了生产者的积极性，这将使生产者减少生产或停产，进而使全社会的经济增长受到抑制。②居民收入下降，失业增加。物价下降使生产者的利润减少，生产积极性降低，这又将影响到居民的收入水平和就业状况。居民收入水平的降低意味着消费需求减少，加重社会总需求不足的状况；非自愿失业增多，标志着社会远未达到充分就业状态，实际经济增长率低于潜在增长率。③价格下降会使人们推迟支出。通货紧缩会导致更进一步的对通货紧缩的预期，从而使得货币作为价值贮藏的手段，与其他资产相比，更有吸引力。对任何经济个体而言，这时，尽可能地推迟支出，持有货币是有益的。然而，这种看似对任何个体都有利的策略，其后果却是灾难性的。由于在现代经济社会中，绝大多数商品交易需要借助货币来完成，经济主体推迟支出的结果，会使买卖行为彼此隔绝，降低商品周转率，从而严重影响商品再生产，会进一步恶化经济。

(二) 财富收缩效应

通货紧缩会导致全社会财富的减少，即财富收缩。社会财富包括居民财富、企业财富和政府财富。在不考虑财富在国际转移的情况下，如果能够证明居民、企业及政府的财富都因通货紧缩而减少，那么通货紧缩使社会财富收缩的结论无疑是成立的。

1. 企业财富也就是企业资产价格因通货紧缩而缩水

通货紧缩使得全社会物价水平普遍下降，其中自然包括企业产品价格的下降。产品价格的下跌使得企业盈利减少，这就意味着企业盈利能力的下降。而市场对企业资产的定价一般是以它的盈利能力为标准制定的，因此盈利能力降低，其资产价格就要相应降低。通货紧缩使企业资产价格下降的另一个原因是，在名义利率下降的程度不及物价下降的程度时，企业的债务负担加重。加重的债务负担一方面直接削减了企业的净资产，另一方面将使企业陷入债务的泥潭。

2. 居民财富因通货紧缩而缩水

工资收入是居民财富的源泉。在通货紧缩的条件下，下岗失业者较多，劳动力市场明显供过于求，在完全市场条件下，工资将会降低。考虑到工资本身的刚性，即使工资没有降低，但由于下岗失业者的收入绝对减少，居民整体的工资收入也将减少。此外，在通货紧缩时期，居民已有资产也将缩水。居民所拥有的资产包括消费类资产与金融资产。在通货紧缩的条件下，消费类资产，包括耐用电器、住宅、汽车的价格，也是大幅降低的。而金融资产的缩水主要是股票价格下降造成的。在我国，股市下跌对很大一部分高收入家庭影响很大。消费类资产和金融类资产货币价格的降低，自然也就意味着居民财富的缩水。

3. 政府财富因通货紧缩而缩水

政府财富可以分为存量和流量两个部分。其存量部分，如属生产性的资产，则可视同前面所分析的企业资产，在通货紧缩的条件下是收缩的；如属消费性资产，则可视同居民的消费品，其价值随着消费品价格的降低而缩水。政府财富的流量部分，是政府的收入与支出。集中反映政府收支状况的指标，自然是"政府财政赤字"这一指标。在通货紧缩时期，财政赤字会显著增长，政府财富的流量部分也会缩水。

(三) 财富分配效应

在通货紧缩的条件下，物价水平持续普遍下降，这会导致社会财富发生再分配。

1. 社会财富在企业与居民之间的分配

在通货紧缩的条件下，物价水平持续普遍下降，而名义利率的下降速度往往赶不上物价水平下降的速度，因此，实际利率呈现上升的趋势，实际利率上升使社会财富发生从债务人向债权人的分配。从总体上说，经济中的债务人一般为企业，而债权人一般为居民，因此社会财富发生从债务人向债权人的分配也就是发生从企业向居民的分配。通货紧缩所导致的这种财富分配效应加重了企业的困难，并且还具有自我强化的特性。企业为了周转需要更多的债务，企业的债务总量增加，债务负担更加严重，企业在财富的再分配过程中更处于劣势。如此循环往复，财富的再分配效应不断加强。

2. 社会财富在政府与公众之间的再分配

在通货膨胀的条件下，社会财富在政府与公众之间的再分配是通过"通货膨胀税"来实现的；在通货紧缩条件下，社会财富在政府与公众之间的再分配是通过"通货紧缩税"来实现的。"通货膨胀税"是政府通过创造基础货币来对预算赤字进行融资，以替代公开税收的一种办法，因此"通货膨胀税"是政府向公众所收的税，财富由居民向政府转移。而通货紧缩是财富由政府向居民的转移。

通货紧缩税收入可由以下公式来表示：

$$通货紧缩税收入 = 通货膨胀率 \times 实际基础货币$$

显然，在通货紧缩的情况下，通货膨胀率为负数，通货紧缩税收入为负，表明这个税收是政府向居民缴税。通货紧缩税收入越大，居民所得的利益也就越多。从上面公式可以看出，物价水平降低得越多，通货紧缩税越大；居民越是减少消费与投资，而持有的现金越多,通货紧缩税越大。这就是通货紧缩条件下,社会财富在政府与公众之间进行再分配的机制。

(四)通货紧缩会造成金融体系的不稳定

经济体系的负债和通货紧缩这两个因素会相互作用、相互增强,从而削弱金融的稳健性,甚至引起金融危机。

1. 通货紧缩削弱银行体系

银行在发放贷款时,通常对借款人规定一个抵押率,银行就是按照抵押品价值的抵押率出借资金的。一旦发生持续的通货紧缩,或商品货币价值在短期内的向下变动超过了银行所能预料的范围时,银行将处于可怕的境地。因为实际抵押率的上升,很可能不能弥补违约风险所带来的损失。这种局面一旦出现,将使银行家变得异常谨慎小心,他们一方面会尽一切努力,保证已贷出资金的安全;另一方面,也会安排其余资产尽可能保持高度流动性。如果通货紧缩极其严重,抵押品的市场价格会与银行贷出的数量相去甚远,这使得银行体系变得异常脆弱,随时面临破产倒闭的危险。此外,银行在确定抵押率的时候,常常要考虑用作抵押品的资产的市场性。在通货紧缩的情况下,资产的市场性会受到严重影响,也会进一步削弱银行体系的稳健性。

2. 通货紧缩恶化金融市场

一般而言,债务人归还贷款的途径主要有以下三个:①企业利润或家庭收入;②借款再融资(refinancing);③出售资产(包括金融资产)。

通货紧缩会引起债务人收入的下降,这使得其还款义务往往不能由收入来满足,此时,债务人被迫出售资产或借款,这种情况对金融体系的不利影响主要表现在以下几个方面:

(1)债务人借款的增加,使金融市场上的资金供求状况日趋紧张,市场利率也会大幅上涨,整个经济的融资成本将会上升,许多正常借款人的利益也将受到损害。

(2)债务人在不利情况下出售资产,一方面自身难免遭受损失,另一方面会引起其他债务人的恐慌和抛售,这将加速金融市场的崩溃。金融资产价格缩水的这种自我增强机制,将很快使资产持有者的收益转化为资本损失。结果,不但是借款人,任何资产持有者都将深受其害。

五、通货紧缩的治理

由于通货紧缩对有效需求、金融活动和社会生产有着极大的破坏性,而且市场对通货紧缩的自我矫正机制也很弱,往往需要花费较长的时间,若不能有效地抑制通货紧缩,它就会对经济发展与社会稳定造成极坏的影响。一般来说,治理通货紧缩的政策主要有以下几种:

(一)扩张性的货币政策

通货紧缩是各种原因使得货币供应量减少并造成支出减少所引起的,由于货币流通速度的减退而变本加厉。为了抑制通货紧缩,就需要采取扩张性的货币政策,以恢复社会总需求。具体来说，用来治理通货紧缩的扩张性货币政策包括：中央银行通过降低法定存款准备金率、再贴现率，在公开市场上买入政府债券等方式增加货币供应量；通过降低基准利率，以减少商业银行的借贷成本，提高商业银行的信贷扩张能力；通过放宽对商业银行再贷款的种种限制，鼓励商业银行对工商企业和消费者个人的贷款活动，以刺激总需求。

(二)扩张性的财政政策

在通货紧缩已经形成后，仅靠货币政策刺激总需求，收效不一定显著。首先，货币供应有一定的内生性，不是中央银行所能完全控制的，特别是当银行"惜贷"现象十分严重时，银行体系超额储备的增加很难通过贷款来形成存款货币。其次，在通货紧缩阶段，利率水平往往很低，经济已经接近或进入流动性陷阱的状态，利率水平很难再降。最后，当通货紧缩发生时，经济主体对未来充满悲观预期，各项支出的利率弹性较低，即使利率还有下降的空间，也并不意味着降息就可以增加社会需求。此时，仅仅依赖货币政策可能很难彻底根治通货紧缩，往往还需要其他政策特别是财政政策的配合。扩张性财政政策的具体措施包括：通过削减税收以增加企业和个人的可支配收入，从而鼓励其对投资和消费的需求；通过加大公共工程支出以增加总需求；通过加强各种社会保障体系，保证养老、医疗、失业等社会保障有充裕的资金，以减少社会公众对未来预期的不确定性。

(三)其他政策

1. 调整产业结构，改善供给质量

从经济发展史看，每当经济由衰退或危机走向复苏时，都会有大量的企业破产倒闭，一些低效率的供给被淘汰出市场。市场供给的质量将会明显改善，高效率的供给也将拥有更好市场空间，这有利于刺激需求，促进需求的增长。因此，调整产业结构，淘汰由于不断重复建设而形成的过剩生产能力，建立起低效率供给退出市场的机制；有效促进经济增长方式转变，加快产业结构升级，优化供给结构，为不同地区、不同消费层次的消费者提供更为有效的供给。这些措施有利于缓解过剩供给对通货紧缩的压力。

2. 货币贬值

在货币政策和财政政策都不能扩大内需时，允许货币的对外贬值，或许不失为治理通货紧缩的有效方案。因为货币贬值会提高本国商品在国际市场上的竞争力，刺激企业扩大生产规模，购买原材料并雇用工人，最终对物价形成向上的压力。不过，让本国货币贬值的政策不能轻易使用，一旦他国采取了报复性的贬值措施，或者出口部门在国民经济中只占很小的比例，货币贬值的政策就不会收到预期的效果。

3. 推行信贷担保制度

在通货紧缩条件下，银行出于对信贷资产安全性的考虑往往不愿意发放新贷款，从而进一步削弱了企业的投资需求。这一情况，在一定程度上可以通过对符合条件的企业和个人提供信贷担保得到改善。政府通过设立专门的机构为某些符合条件的投资项目或企业提供担保，既符合经济长远发展的需要，又有利于通货紧缩的治理。

4. 完善存款保险制度

在通货紧缩的情况下，金融机构稳健性已经受到严峻挑战。要从保持金融体系功能健全出发，尽快完善存款保险制度，从保护存款人利益出发，提高金融机构的抗风险能力，增强金融机构的稳健性，为金融机构实现安全性、流动性和盈利性的统一提供条件。

☞ 专栏 10-5

我国 20 世纪 90 年代出现的通货紧缩

自 1997 年下半年到 2000 年底，我国经济发展也遭遇了有效需求不足的问题，各种物价指数持续负增长。零售物价指数（RPI）从 1997 年 10 月起连续 27 个月下降，居民消费价格指数（CPI）从 1998 年 3 月起连续 22 个月下降，经济增长从 1992 年的 14.2%一路下降到 1999 年的 7.1%。这些情况清楚地表明我国经济出现了通货紧缩现象。究其原因，主要有三个方面：

首先，生产能力相对过剩。改革开放 20 多年来，我国生产力得到较快发展，许多商品出现供过于求的局面，相对于居民的购买欲望而言，现阶段生产能力过剩的矛盾较为突出。

其次，体制因素导致需求不足。在过去计划经济体制下，个人住房、养老、医疗、保险、教育全部由国家负责。体制改革以后，居民需自行安排现在和将来的个人支出，这既有利于社会资源的优化配置，又有利于提高国家对宏观经济的调控能力。然而，正是由于制度变迁和转型，居民的消费行为发生了深刻的变化，即期支出大量地转化为远期支出，少花钱，多储蓄日渐成为人们的一种行为取向。再加上就业压力、收入预期减少以及物价看跌等因素，消费需求就出现了严重不足。

最后，外部需求萎缩。东南亚金融危机之后，这些国家的货币比危机前贬值 10%～70%，至 1999 年 5 月底，东南亚国家货币平均贬值 34.8%，18 个有代表性的亚、非、东欧、拉美等国家和地区货币平均贬值 25.5%，这使我国出口竞争压力增大。此外，日本经济衰退，欧洲经济增长缓慢，又致使我国外部需求减少并出现萎缩。

我国政府针对市场需求不足，从 1998 年开始实施积极的财政政策和货币政策，比较平稳地渡过了这一轮的通货紧缩。从 1998 年截至 2003 年底，增发国债 8000 亿元，拉动国民生产总值每年平均增长 1.5 至 2 个百分点。在税收方面，也采取了一系列调整政策，如调整了固定资产方向调节税，对企业设备投资实行投资抵免税，提高出口退税等。在货币政策方面，中央银行从 1996 年起连续 8 次降低利率（一年期存款利率从 10.98%下降到 1.98%）并辅以降低存款准备金率和鼓励贷款等政策。从 2003 年底开始，我国经济形势出现了由通货紧缩向通货膨胀反转的迹象，这一情况表明，我国治理通货紧缩的政策是有效的。

【本章小结】

1. 通货膨胀是指在纸币流通的条件下货币供给过多而引发货币贬值、物价全面、持续上涨的货币现象。

2. 通货膨胀的各种衡量方法都是围绕价格变动这一核心来设计的，主要有：消费价格指数、生产者物价指数、国民生产总值平减指数。

3. 关于通货膨胀的成因，经济学家提出了需求拉上说、成本推进说、供求混合说和结构性通货膨胀论等不同的理论。

4. 通货膨胀的效应可以从四个方面来看：一是通货膨胀的产出效应；二是通货膨胀的强制储蓄效应；三是通货膨胀的收入再分配效应；四是通货膨胀的消费效应。

5. 针对不同的通货膨胀，形成了不同的治理通货膨胀的对策，主要包括宏观紧缩政策、供给政策、收入政策和指数化政策。

6. 对于通货紧缩，主流的观点大多从通货膨胀的对立面来定义下，认为通货紧缩就是一般物价水平随时间的推移持续下降的过程，或者相对一般商品而言货币价值不断上升的过程。

7. 通货紧缩的形成原因主要有：货币供应量收缩、有效需求不足、过度负债、技术进步等。

8. 通货紧缩对现代经济有着极大的危害，治理通货紧缩应该从扩张性的货币政策和财政政策入手，并配合其他政策措施。

【重要名词术语】

通货膨胀　需求拉上型通货膨胀　成本推进型通货膨胀　结构失调型通货膨胀
消费价格指数　生产者物价指数　国民生产总值平减指数　通货紧缩

【复习思考题】

1. 什么是通货膨胀与通货紧缩？
2. 如何度量通货膨胀？
3. 通货膨胀对经济有何影响？
4. 从引起通货膨胀的原因分析出发，谈谈如何治理通货膨胀。
5. 通货紧缩对经济有何影响？
6. 通货紧缩的形成原因有哪些？
7. 治理通货紧缩的对策主要有哪些？

【案例分析】

外汇储备与通货膨胀：中国 1994 年的经验

外汇市场上的供求状况有时会严重地影响到基础货币的投放，并进而影响到物价水平。我国 1994 年高达 21.7% 的通货膨胀率就与当年外汇储备的急剧上升有很大的关系。

1994 年初，我国外汇体制改革取得重要进展，实现了官方汇率和市场调剂汇率的并轨，并开始实行银行结售汇制外汇管理办法。由于人民币的大幅度贬值（人民币官方汇率由 1993 年标的 1 美元 = 5.8 元人民币下降到 1994 年 1 月 1 日的 1 美元 = 8.7 元人民币），我国 1994 年的出口增长高达 31.9%，贸易收支由 1993 年的逆差 122.2

亿美元一举转变为顺差53.9亿美元；外商直接投资由1993年的257.2亿美元上升至337.7亿美元，增幅达22.7%；实际利用外资额458亿美元，居世界第二位。此外，由于我国1993年连续两次提高利率，1994年继续实行货币紧缩政策，不少企业受信贷规模控制转而借外汇后兑换成人民币使用，一些外商通过各种形式进入国内进行套利活动，例如，某些外商通过其在华企业用外汇兑换成人民币后高息拆借给资金短缺的国内企业。

上述因素使得中国人民银行的外汇储备由年初的212亿美元猛增到516.2亿美元，增加304.2亿美元。按照1994年1美元=8.6元人民币的平均汇率计算，仅此一项就意味着中国人民银行要增加2600多亿元的基础货币投放。尽管中国人民银行对此采取了一些抵消性的措施，例如，加大力度收回对金融机构的贷款，压缩其增长速度（中央银行对存款货币银行债权的同比增长率确实从1994年第一季度的39.4%急剧降低到了第四季度的8.8%），但是1994年的基础货币增长率仍达到30%左右。基础货币的高速增长带来了货币供给的相应增长。广义货币M_2和狭义货币M_1的增长率分别达到34.5%和26.2%，均远远高于计划水平。外汇占款的增加构成了当年基础货币投放的主要途径，因此被不少经济学家认为是1994年高通货膨胀的主要原因。

资料来源：中国人民银行统计季报.

案例思考：

1. 外汇储备的增加是怎样加剧国内的通货膨胀的？
2. 货币当局可采取哪些抵消性措施来抑制因外汇占款增加造成的通货膨胀？

【延伸阅读】

1. 黄达. 金融学. 3版. 北京：中国人民大学出版社，2012.
2. 戴国强. 货币金融学. 2版. 上海：上海财经大学出版社，2010.
3. 王春满. 金融学概论. 北京：中国市场出版社，2005.
4. 北京大学中国经济研究中心宏观组. 预防通货紧缩和保持经济较快增长研究. 北京：北京大学出版社，2005.
5. 张成思. 通货膨胀动态机制与货币政策现实选择. 北京：中国人民大学出版社，2009.

第十一章 货币政策

货币稳定能够自发地促进经济效率和经济增长。中央银行应当避免采用过激的行动来管理实际经济，因为这样可能会加剧名义和实际的波动性。

——米尔顿·弗里德曼

货币政策是一国货币当局干预和调控金融体系与宏观经济运行最主要的政策之一，也是对市场经济影响力最大、影响面最广的经济政策。中央银行代表国家履行制定和执行货币政策的职能。中央银行的整个运行过程都与货币政策的制定、执行以及货币政策工具的日常操作紧密相关。完整的货币政策包括货币政策目标、货币政策工具、货币政策中间目标及各要素之间的因果关系。

通过本章的学习，你将能够了解和掌握以下知识：
- 货币政策的含义、特征、基本框架和作用机理；
- 货币政策的目标及其相互关系；
- 货币政策操作指标与中介指标的选择标准与内容；
- 货币政策工具的类型与作用原理；
- 货币政策的传导机制；
- 货币政策与财政政策的协调配合。

第一节 货币政策的作用机理与目标

一、货币政策的框架与作用机理

(一) 货币政策的含义及特征

货币政策是中央银行为实现其既定目标运用各种工具调节货币供求以实现货币均衡，进而影响宏观经济运行的各种方针措施。货币政策是一国需求管理的基本政策之一，货币政策的核心是调节货币供应量，通过货币供应量的扩张与收缩直接影响社会总需求。一般来说，货币政策具有以下特征：

1. 货币政策是一项宏观经济政策

以需求管理为核心的货币政策将影响经济增长、物价指数、国际收支等经济变量，以及与之相联系的货币供应量、信用量、利率等金融变量。货币政策是一种总量调节与结构调节相结合，并以总量调节为主的经济政策。

2. 货币政策是调节社会总需求的政策

社会总需求是指有货币支付能力的需求，货币政策是通过货币供应量的变化来调节社会总需求的。货币政策通过对社会总需求的调节，进而影响社会总供给，最终促使社会总需求与社会总供给的平衡。

3. 货币政策是一种间接的控制政策

货币政策对经济的调节，主要通过经济手段，利用市场机制的作用，通过调节货币供应量及其他金融变量影响经济活动主体的行为，以达到间接调节经济变量，从而影响经济活动的目的。当然，货币政策也不排除在特定的经济及金融环境下采用某些直接控制措施。

4. 货币政策目标具有长期性

无论是稳定物价、充分就业、经济增长还是平衡国际收支，都具有长期性，但作为特定条件下的各种具体措施，却具有短期性。它们是一种通过短期调节实现长期目标的政策，其短期操作必须服务于长期目标。

(二) 货币政策的基本框架

狭义的货币政策主要包括四个方面内容，即政策目标、中介指标、操作指标和政策工具。它们之间的关系主要表现为：中央银行运用货币政策工具，直接作用于操作指标，操作指标的变动引起中介指标的变化，通过中介指标的变化实现中央银行的最终政策目标。在这个过程中，中央银行需要及时进行监测和预警，以便观察政策工具的操作是否使操作指标和中介指标进入目标区，并根据情况变化随时调整政策工具的操作。另外，在理论分析和效果检验中，货币政策还包括传导机制、政策时滞和政策效果等内容。中央银行货币政策的基本框架大致如图11-1所示。

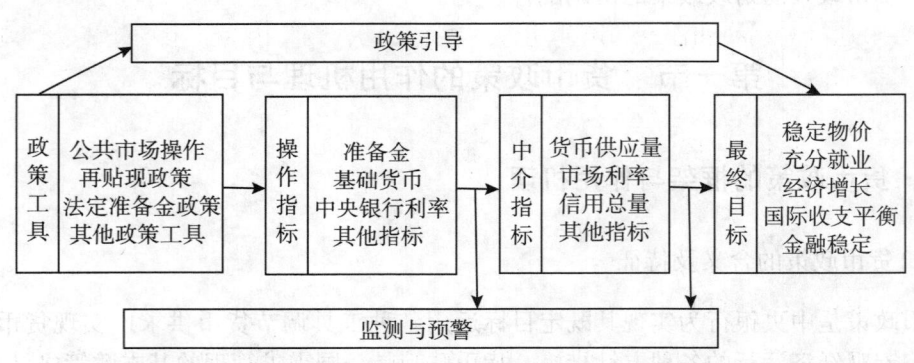

图 11-1　中央银行货币政策的基本框架

(三) 货币政策调控的作用机理

以调控货币供求和信用规模为中心内容的货币政策之所以成为最重要的经济政策，是因为在现代经济社会中，经济运行始终与货币流通和资金运动紧密结合在一起，货币关系和信用关系覆盖整个社会,货币流通状况、货币供应与信用总量增长速度以及结构比例对各项经济活动和整体经济运行具有决定性影响。货币政策调控的作用机理是多角度和全方位的,主要表现在以下几方面:

1. 通过调控货币供求追求货币均衡,保持币值稳定

现代信用货币制度下的货币价值取决于货币供求在数量和结构上的均衡,货币供求的任何失衡都会导致币值的变化。由于信用货币的价值体现在其购买力上,而货币购买力是通过价格反映出来的,故价格是货币购买力的倒数,价格指数与货币购买力成反比。币值的变化对内将引起普遍的价格涨跌,出现通货膨胀或紧缩;对外则引起本币汇率的波动,导致国际收支的失衡。因此,保持币值稳定是保证市场经济中价格机制发挥作用的前提。中央银行可以通过货币政策工具的操作直接调控货币供给和需求,使之接近于均衡点的水平,保持币值的稳定。

2. 通过调控货币供给追求社会总供给的内外均衡,促进充分就业和经济增长

在现代市场经济中,不管由何种复杂的原因引起,社会总需求的大小都是直接与货币供给相联系的。没有货币供给量的增加,社会总需求的增长是不可能实现的。由于货币政策对货币供给的数量有绝对性影响,其可以调节社会总需求。当社会总需求膨胀导致市场供求失衡而给经济运行带来困难时,中央银行可以通过控制货币供给总量的办法使经济恢复均衡。反之,当社会总需求过小、社会有效产品供给不能实现销售时,中央银行可通过增加货币供给总量的办法使经济继续发展。货币政策对社会总供给也有调节作用。货币供给的增长和贷款利率的降低可减少投资成本,刺激投资增长和生产扩大;反之,货币供给的减少和贷款利率的提高则使投资成本上升,结果会抑制投资和缩减生产。在实际经济运行过程中,货币政策正是通过对社会总需求和社会总供给两方面的调节使经济保持内外均衡,并促进充分就业和经济增长。

3. 通过利率和汇率调节消费、储蓄与投资,影响就业、经济增长和国际收支

货币政策通过对利率和汇率的调节能够产生重要的作用。因为在市场经济中,利率和汇率是最重要的金融杠杆,能够影响各个经济主体的决策和行为。低利率刺激投资,鼓励消费;高利率则抑制投资,有利于储蓄。汇率的变化直接影响进出口贸易和国际资本流动。中央银行可以根据国内外的经济形势和市场供求状况,通过调节利率和汇率,影响经济主体的决策和行为,改变消费、储蓄与投资的数量结构,进而影响就业、经济增长和国际收支。

二、货币政策的目标

货币政策目标是一国中央银行通过货币政策的制定和实施所期望达到的最终目标,与国家宏观经济目标具有一致性,是中央银行的最高行为准则。科学有效地确立和执行货币政策目标,是各国中央银行的首要任务。自货币政策概念产生以来,影响各国经济发展的基本问题主要集中在四个方面,即通货膨胀、失业、经济衰退和国际收支不平衡。因此,多数西方国家以"稳定物价、经济增长、充分就业、国际收支平衡"作为四大货币政策目标。

(一)货币政策目标的形成

从历史上看,货币政策的目标随着经济与社会的发展变化逐渐增加,在不同阶段的重要性或主次也有变化。在20世纪30年代以前的国际金本位制时期,各国中央银行货币政策的目标主要是稳定币值,包括稳定货币的对内价值(货币购买力)和对外价值(汇率)。20世纪30年代世界经济大危机之后,西方各国经济一片萧条,工厂倒闭,失业问题十分突出。随着凯恩斯学派的国家干预主义盛行,英、美等国相继以法律形式宣称,谋求充分就业是其货币政策的目标之一,并试图用增加货币供给、扩大就业的方法来繁荣经济。这样,货币政策目标就由原来的稳定币值一项转化为稳定币值和实现充分就业两项。40年代末和50年代初,西方国家又普遍出现了通货膨胀,物价大幅度上涨,于是各国重新强调稳定币值这一目标,但对稳定币值的解释各国有所不同。有的解释为稳定币值是将物价上涨控制在可以接受的水平之内;有的解释为稳定币值指保卫本国货币,以使本国货币购买力不降低。50年代后期,西方经济发展理论广泛流行,同时鉴于苏联经济的快速发展和日本经济的复兴,欧美国家又提出了发展经济的迫切性,以保持自身的经济实力和国际地位,中央银行便把经济增长确定为货币政策的目标之一。60年代以后,美国等几个主要资本主义国家国际收支持续逆差,使维持固定汇率发生困难,也影响了国内经济的发展。随着70年代初发生的两次美元危机和布雷顿森林货币体系的解体,不少国家又先后将国际收支平衡列为货币政策的目标之一。

(二)货币政策目标的主要内容

1. 稳定物价

稳定物价就是使一般物价水平在短期内不发生显著或剧烈的波动。从世界总体情况来看,由于各国经济条件不同,物价上升的幅度有所不同,但从总的变动趋势来看,物价水平是趋于上升的。因此,稳定物价是要把物价上涨幅度控制在不危害经济增长、社会公众又能承受的范围之内。人们习惯性地理解稳定物价就是抑制通货膨胀,实际上,稳定物价包括两个方面的含义,既要抑制通货膨胀,又要避免通货紧缩。

2. 充分就业

充分就业通常是指凡有能力且愿意参加工作者都能在较合理的条件下随时找到适当的工作。充分就业并不意味着消除失业,在多数国家,即使社会提供的工作机会与劳动力完全均衡,也可能存在摩擦性或结构性失业。另外,在市场经济发达国家,失业队伍是产业的后备军,是劳动力市场供给要素流动的必要条件。根据西方主要国家近20年的经验,失业率若控制在4%左右,即可视为充分就业。

3. 经济增长

经济增长通常是指社会经济生活中商品和劳务总产量的增加。保持经济的增长是各国政府追求的最终目标,因此,作为宏观经济政策组成部分的货币政策,自然要将它作为一项重要的追求目标。在一般情况下,货币政策可以通过增加货币供应量和降低利率保持较高的投资率,为经济运行营造良好的货币金融环境,以达到促进经济增长的目的。

4. 国际收支平衡

国际收支平衡是指一国对其他国家的全部货币收入和货币支出相抵,略有顺差或略有逆差。国际收支平衡有利于一个国家国民经济的健康发展,保证其对外经济活动的正常进行,特别是对开放经济部门占总体经济比重较大的国家尤其重要。中央银行通过货币政策措施的具体实施,如稳定币值、调节利率、汇率等,可以改善贸易收支和资本流动,解决国际收支失衡问题。

☞ **专栏 11-1**

美联储为实现货币政策目标实施四轮量化宽松政策

量化宽松主要是指中央银行在实行零利率或近似零利率政策后,通过购买国债等中长期债券,增加基础货币供给,向市场注入大量流动性的干预方式。与利率杠杆等传统工具不同,量化宽松被视为一种非常规的工具。2008年起至今,美联储共实施了四轮量化宽松政策。

(1) 第一轮量化宽松。2008年11月25日,美联储首次公布将购买机构债和MBS,标志着首轮量化宽松政策的开始。2008年12月,美联储将其基准利率下调至0~0.2%的目标区间。2010年4月28日,美联储首轮量化宽松政策正式结束。美联储在首轮量化宽松政策的执行期间共购买了1.725万亿美元资产,包括1.25万亿美元的抵押贷款支持债券、1750亿美元的机构债券以及3000亿美元的美国国债。

(2) 第二轮量化宽松。2010年11月4日,美联储宣布启动第二轮定量宽松计划,总计将采购6000亿美元的资产,这项计划在2011年6月结束。与此同时,美联储宣布维持0~0.25%的基准利率区间不变。

(3) 第三轮量化宽松——扭曲操作。2011年9月,美联储宣布将推出价值4000亿美元的扭曲操作,出售期限为三年或更短的国债,主要买入期限为7~10年的较长期国债。2012年6月21日,美联储宣布扭曲操作将延长,额度增加2670亿美元,0~0.25%的超低利率将维持到2014年年末不变。

(4) 第四轮量化宽松。2012年12月12日,美联储宣布了第四轮量化宽松货币政策,每月采购450亿美元,替代扭曲操作,加上第三轮量化宽松每月400亿美元的宽松额度,美联储每月资产采购额达到850亿美元。此外,美联储决定用量化数据指标来明确超低利率期限,在失业率高于6.5%、未来1~2年通胀水平预计高出2%的长期目标不超过0.5个百分点的情况下,美联储将继续使联邦基金利率保持在0~0.25%的超低区间。同时,美联储将继续对到期的机构债券和机构抵押贷款支持证券的本金进行再投资。

(三) 货币政策目标之间的矛盾与协调

货币政策执行的理想结果是各项政策目标同时实现,从长远来看,这些目标之间是统一的、相辅相成的,但从短期看,各目标之间的矛盾与冲突则是主要的。为实现某一目标所采取的政策措施可能会与实现另一目标的措施发生矛盾,干扰其他目标的运行,有时就不得不放弃其他目标。

1. 稳定物价与充分就业之间的矛盾与协调

稳定物价与充分就业之间通常存在此高彼低的交替关系。若要降低失业率，很可能导致需求拉上型通货膨胀。因为，要将失业率控制在一定水平，增加就业人数，就必然要增加货币供应量以刺激社会总需求的增加，以创造更多的就业机会，然而，总需求的扩大会引起物价上涨。同时，就业人数增加后，工资总额就会增加，若工资增长率超过了劳动生产率增长幅度，也会引起物价上涨；如果要降低物价上涨率，就要减少货币供应量以抑制社会总需求的增加，总需求的减少必然使失业率提高。澳大利亚籍的英国经济学家菲利普斯，在研究了1861—1975年英国的失业率和工资物价变动的关系后，得出结论：在失业率和物价上涨之间存在着此消彼长的关系，他把这种现象概括为一条曲线，人们称之为"菲利普斯曲线"。

2. 稳定物价与经济增长的矛盾与协调

按理说，稳定物价与经济增长目标是统一的，一方面，经济增长可以扩大社会总供给，只有持续、稳定、协调的经济增长，才可能有社会总供求的均衡，进而保持物价稳定；另一方面，持续、稳定和协调的经济增长以合理的经济结构为条件，而要有合理的经济结构，必须有合理的价格结构和准确的价格信号引导。只有稳定的物价水平，才能使价格结构合理，才能向经济提供准确的价格信号。也就是说，只有稳定物价，才能为经济增长创造良好的社会经济环境。但短期内这两个目标往往存在着矛盾。如在经济衰退时期，政府为解决有效需求不足、经济滑坡、失业增加等问题，往往采取增加货币供应量、降低利率等措施，刺激有效需求增加，而有效需求的增加会导致物价水平上升。相反，在经济快速增长时期，为抑制通货膨胀，保持物价稳定，政府往往实行紧缩银根的措施，减少货币供应量，抑制有效需求，这往往又会阻碍经济增长并使就业机会减少。因此，中央银行货币政策只能选择两个目标的最优组合点。

3. 物价稳定与国际收支平衡的矛盾与协调

在世界经济一体化的大趋势下，一国保持物价稳定，但若其他国家发生通货膨胀，这将使以外币表示的本国商品价格上升，从而使本国的出口下降，进口增加，导致国际收支出现逆差，因此，一国的物价稳定可能会导致国际收支失衡。从平衡国际收支对物价稳定的影响看，如果国际收支出现了不平衡，若出现大量顺差，也就是商品和劳务的输出大于输入，在国内总供给相对减少的同时，中央银行由于外汇储备增加而增加了基础货币的供应，货币供应量增加，引起物价水平上升；若出现了国际收支逆差，国家为解决逆差问题所采取的一些措施，如本币对外贬值、组织商品出口等，又会造成国内物价不稳定。

4. 经济增长与国际收支平衡的矛盾与协调

经济增长通常会增加对进口商品的需求，同时，由于国民收入增加带来支付能力的提升，又可能增加对一部分本来用于出口的商品的需求。两方面作用的结果使出口的增长慢于进口的增长，可能导致贸易逆差。就资本项目来说，要促进经济增长，就要增加投资，在国内资金来源不足的情况下，必须借助外资的流入。外资流入使国际收支的资本项目出现顺差，一定程度上可以暂时弥补贸易逆差造成的国际收支失衡，但并不一定能使经济增长与国际收支平衡共存。

第二节 货币政策操作指标与中介指标

一、操作指标与中介指标的作用与基本要求

由于货币政策最终目标是中央银行难以直接实现的结果，中央银行在货币政策的操作中必须选择某些与最终目标关系密切、可以直接影响并在短期内可度量的金融指标作为实现最终目标的中间性指标，通过对这些指标的控制和调节最终实现政策目标。因此，中间性指标就成了货币政策作用过程中一个十分重要的环节，对它们的选择是否正确以及选择后能否达到预期调节效果，关系到货币政策最终目标能否实现。中间性指标主要由操作指标和中介指标两个层次构成。

（一）货币政策操作指标

货币政策操作指标(manipulate targeting)是中央银行通过货币政策工具操作能够有效准确实现的政策变量，如存款准备金、基础货币等指标。操作指标有两个特点：一是直接性，即可以通过政策工具的运用直接引起这些指标的变化；二是灵敏性，即对政策工具的运用反应极为灵敏，或者说，政策工具可以准确地作用于操作指标，使其达到目标区。一般来说，操作指标是在中央银行体系之内的可控性指标。

（二）货币政策中介指标

货币政策中介指标(intermediate targeting)处于最终目标和操作指标之间，是中央银行通过货币政策操作和传导后能够以一定的精确度达到的政策变量。中介指标常用的是市场利率和货币供给量，信贷量和汇率也可充当中介指标。由于中介指标不在中央银行体系之内，而是受整个金融体系影响，因此，中央银行对中介指标的可控性较弱，但中介指标与最终目标之间的关系十分密切。中央银行主要通过政策工具直接作用于操作指标，进而控制中介指标，最终达到期望的政策目标。

（三）操作指标和中介指标的基本要求

通常认为货币政策操作指标和中介指标的选取要兼备以下几个基本要求：第一，可测性，指中央银行能够迅速获得这些指标准确的资料数据，并进行相应的分析判断。第二，可控性，指这些指标能在足够短的时间内接受货币政策的影响，并按政策设定的方向和力度发生变化。第三，相关性，指该指标与货币政策最终目标有极为密切的关系，控制住这些指标就能基本实现政策目标。

二、可作为操作指标的金融变量

中央银行货币政策可选择的操作指标主要有存款准备金和基础货币，有的国家还将中央银行自行决定的利率作为操作指标。

(一)存款准备金

银行体系的存款准备金是中央银行负债的一部分。它由商业银行的库存现金及其在中央银行的准备金存款两部分组成。存款准备金作为中央银行货币政策的操作目标,具有很高的可测性要求,中央银行很容易了解商业银行在中央银行的存款准备金情况。就相关性而言,存款准备金的规模决定了商业银行的信贷规模,进而决定了货币供应量的大小。

就可控性而言,中央银行是资产规模决定负债规模,中央银行可以通过资产规模的调整,控制存款准备金的大小。尽管存款准备金的可控性程度很高,但对于存款准备金中的超额准备金部分,中央银行是难以准确控制的,因为每家银行愿意保有多少超额准备金,不是中央银行能决定的,而是由商业银行根据自身的业务状况、财务状况以及对经济形势的判断而决定的。因此,法定存款准备金的可控程度有不确定性。

(二)基础货币

基础货币,又称为高能货币或弹力货币,是流通中的现金和商业银行存款准备金之和,它构成了货币供应量数倍伸缩的基础。中央银行通过向商业银行及其他金融机构放款、向政府提供信贷、购买有价证券、购买储备资产等方式向社会注入基础货币。在货币乘数不变的情况下,中央银行如果不增加基础货币的投放,社会货币供应量不会有什么变化;相反,在基础货币有微小的变化的情况下,即会通过商业银行存款的扩张或收缩引起货币供应量的多倍变化。因此,中央银行以基础货币作为中介指标,具有重要意义。

就可测性而言,基础货币表现为中央银行的负债,主要由两部分构成:一是流通中的现金,二是商业银行的存款准备金。中央银行每年向流通中注入了多少现金,商业银行在中央银行有多少准备金存款,这些信息资料中央银行可以随时掌握。因此,基础货币能够满足可测性的要求。就可控性而言,基础货币是由中央银行的资产业务投放的,中央银行向商业银行提供多少信用、购买多少有价证券,完全取决于中央银行的意愿。基础货币作为中介指标,能够满足可控性的要求。就相关性而言,基础货币是商业银行创造存款货币的基础,因此,中央银行通过对基础货币的操纵,就能调节商业银行创造存款货币的量,也就是说,中央银行通过对基础货币的调控,就能调节货币供应量,从而影响市场利率、商品价格以及整个社会经济活动,进而影响到货币政策最终目标的实现。也就是说,基础货币作为中介指标能满足相关性的要求。

(三)其他指标

在可选择的操作指标中,除了存款准备金和基础货币外,还有中央银行自行决定的利率,如再贴现率、再贷款利率、央行票据利率等。中央银行自行决定的利率的可控性、可测性都很强,但与货币政策最终目标的相关性较弱。有的国家的央行以同业拆借利率、回购协议市场利率、票据市场贴现率等货币市场的利率作为操作指标,由于中央银行的货币政策操作主要在货币市场进行,这些指标从理论上讲基本是可控的。而货币市场的交易相对集中,主要参与者为金融机构,信息比较透明,可测性也较好。这些指标与最终目标的相关性也较好。但是央行选取这些指标作为操作指标,需要有发达的货币市场。

三、可作为中介指标的金融变量

货币政策的中介指标受中央银行货币政策工具的间接作用，直接反映最终目标能否实现的传导性金融观测变量，主要有货币供应量和利率。

(一) 货币供应量

以货币供应量作为中介指标，就是通过政策工具来调控货币供给量增长水平，以便货币供给增长与经济增长要求相适应。具体操作是中央银行根据经济金融环境和商品市场供需状况提出货币供应量的期望值，并通过政策工具的调控实现其期望的水平。如果市场货币供应量大于期望值，商品市场上可能会出现社会总需求大于社会总供给的情况，则会出现物价上涨和通货膨胀。这时，中央银行就要采取缩减货币供应量的措施达到期望值，以实现市场均衡。反之，中央银行则采取扩张货币供应量的措施。

选取供应量作为中介指标，其优点在于该指标与经济发展状况联系紧密，社会总供给与社会总需求失衡不管由什么原因引起，最终会通过货币供给量的过多或过少反映出来，并且这一指标与货币政策最终目标比较接近，相关性较好。就可测性而言，不同层次的货币供应量都分别反映在中央银行和商业银行及其他金融机构的资产负债表上，可以进行测算和分析，满足可测性的要求。就货币供应量的可控性而言，现金是直接由中央银行创造并注入流通的，其可控性最强。货币供应量作为中介指标的不足在于，货币供应量包括的范围和口径复杂，难以清晰界定。同时，当前金融创新的活跃，使货币供应量的计量更为复杂，中央银行对货币供应量的控制更为困难。

(二) 利率

以利率作为中介指标，就是要通过政策工具来调节、监控市场利率水平，使其达到中央银行的期望值。中央银行根据经济金融环境和金融市场状况提出预期理想的市场基准利率水平，若偏离这一水平，中央银行就要进行调节。如果现实利率水平低于预期理想水平，就意味着货币供给大于货币需求，中央银行可通过缩减货币供给的方法使利率升至理想水平；反之，中央银行可通过增加货币供给的方法使利率降到预期理想水平。

选取利率作为中介指标，主要基于以下几点原因：第一，可测性强。中央银行在任何时候都能观察到市场利率的水平和结构。第二，可控性强。中央银行能直接控制对金融机构融资的利率，而通过公开市场政策或再贴现政策，也能调节市场利率的走向。第三，相关性强。中央银行能够通过对利率的调控来影响投资和消费，进而调控社会总供求。但利率作为中介指标也有不理想之处。作为经济的内生变量，在经济繁荣时期，利率因信贷需求增加而上升，经济停滞时，随信贷需求减少而下降。然而，作为政策变量，当经济过热时，应提高利率，当经济疲软时，应降低利率。这就是说，利率作为内生变量和政策变量往往难以区分，因此，央行较难判断货币政策操作是否已经达到了预期的目标。例如，确定一个利率提高的目标，为的是抑制需求，但经济过程本身已把利率推向了这个高度，即作为内生量，它却是难以直接抑制需求的。同时，中央银行能够迅速、准确计量的利率是名义利率，它说明不了借贷的实际成本。

☞ **专栏 11-2**

社会融资规模

较长时期以来，我国货币政策监测和分析的指标是 M_2 和新增人民币贷款。近年来，随着我国金融市场快速发展，金融市场和产品不断创新，金融结构多元发展，证券、保险类机构对实体经济资金支持加大，对实体经济运行产生重大影响的金融变量不仅包括传统意义上的货币与信贷，也包括信托、债券、股票等其他金融资产。宏观监测迫切需要一个更为合适的、能够全面反映金融与经济关系的中间指标，即社会融资规模。

社会融资规模是指一定时期内(每月、每季或每年)实体经济(企业和个人)从金融体系获得的全部资金总额。这里的金融体系是整体金融的概念。具体到统计指标上，目前社会融资规模包括人民币贷款、外币贷款、委托贷款、信托贷款、银行承兑汇票、企业债券、非金融企业境内股票融资和其他金融工具融资八项指标。随着我国金融市场发展和金融创新深化，实体经济还会增加新的融资渠道，如私募股权基金、对冲基金等。未来条件成熟，可将其计入社会融资规模。

最新数据显示，2017 年社会融资规模为 19.44 万亿元，融资结构多元，人民币贷款占融资总量的 71.2%，信托贷款和未贴现银行承兑汇票同比明显多增，委托贷款同比少增较多，企业债券融资和股票融资少于上年，同比下降。未来在宏观调控中需要更加注重货币总量的预期引导作用，更加注重从社会融资总量的角度来衡量金融对经济的支持力度，要保持合理的社会融资规模，强化市场配置资源功能，进一步提高经济发展的内生动力。

第三节 货币政策工具

货币政策工具又称货币政策手段，是指中央银行为调控中介指标进而实现货币政策目标所采取的政策手段。货币政策中介指标和最终目标都必须运用一定的货币政策工具来实现。在长期的发展实践中，西方各国央行掌握了一套系统的货币政策工具，主要包括：一般性货币政策工具、选择性货币政策工具和其他货币政策工具。

一、一般性货币政策工具

一般性货币政策工具是中央银行运用最多的传统工具，它主要调节货币供应总量、信用量和一般利率水平，因此，又被称为数量工具。它包括存款准备金政策、再贴现政策和公开市场业务三大政策工具。

(一)存款准备金政策

存款准备金政策，是指中央银行在法律所赋予的权利范围内，通过规定或调整存款类金融机构缴存中央银行的存款准备金比率，控制其信用创造能力，进而控制货币供应量的一种政策措施。

1. 存款准备金政策的作用过程

存款准备金政策发挥作用的过程是：当中央银行提高法定存款准备率时，商业银行应上缴中央银行的法定存款准备金就增加，商业银行的超额准备金就减少，对企业的放款或对有价证券的投资就减少，货币供应量相应缩减。若商业银行的超额准备金全部用出，提高存款准备率的影响更大，因为这将迫使商业银行等金融机构迅速收回贷款，或出售有价证券，使其上缴的存款准备金符合中央银行的规定。存款准备率的提高，降低了商业银行创造信用的能力，使货币供应量缩减。由于银根收紧，利率水平提高。当中央银行降低存款准备率时，商业银行应上缴中央银行的法定存款准备金减少，超额准备金增加，放款与投资增加，货币供应量增加。同时，由于资金供给充裕，市场利率下降。

2. 存款准备金政策的优点

(1) 作用速度快而有力。法定存款准备金比率具有法律强制力，中央银行一经做出调整，商业银行等金融机构便会面临法定准备金改变的状况，导致其经营行为的迅速改变。

(2) 对货币供应量影响大。中央银行法定存款准备率稍作调整，便会改变货币乘数，使货币供应量多倍地变化。即使商业银行持有相当数量的超额准备金，法定准备率的提高，意味着商业银行持有的超额准备金的一部分会转化为法定存款准备金，从而迫使商业银行减少其他支出。

(3) 宣示性强。存款准备金率的调整，充分体现了中央银行货币政策的方向，能起到很好的告示效果。

3. 存款准备金政策的局限

(1) 存款准备金率调整对金融机构震动较大。存款准备金率的调整，对商业银行的超额准备金、货币乘数及货币供应量均有强烈影响，在商业银行一般只保留少量超额准备金的情况下，容易导致商业银行资金周转严重不灵，经营陷入困境。

(2) 存款准备金政策缺乏弹性。由于存款准备率的小幅变动，都会引起货币供应量的巨大变动，且调整前必须及时向社会公开，存款准备率不宜经常反方向调整。

(3) 存款准备金政策对各类银行或各地区银行的影响不一致。由于银行规模大小有差别，地区经济发展程度不同，各家银行在某一时点的超额存款准备金有差异。当中央银行提高法定存款准备率而使商业银行的超额准备金变得不足时，大商业银行解决这一问题要比小商业银行容易，小商业银行更易陷入资金周转不灵的境地。

(二) 再贴现政策

再贴现政策，是指中央银行通过制定或调整再贴现利率来影响市场利率，促使商业银行信用扩张或收缩，从而调控货币供应量的一种政策措施。再贴现政策是中央银行最早使用的货币政策工具，在整个19世纪和20世纪的前30年，再贴现被认为是中央银行的主要工具。

1. 再贴现政策的作用过程

再贴现政策的作用机制是一种利率价格机制，中央银行在调节商业银行信用时，其基本的操作规则是变动商业银行向中央银行的融资成本，以影响其借款意愿，达到扩张或收缩信用的目的。一般而言，中央银行实行紧缩性的货币政策时，会提高再贴现率，那么商业银行向中央银行的融资成本则会上升，就会减少向中央银行的再贴现，使商业银行准备金数额的增加受到限制，同时，商业银行必定会相应提高对企业的贷款利率，从而带动整个市场利率的上涨。这样，借款人就会减少，从而降低商业银行向中央银行借款的积极性，起到紧缩信用、减少货币供应量的作用；相反中央银行实行扩张性的货币政策时，则会降低再贴现率，刺激商业银行向中央银行借款的积极性，以达到扩张信用、增加货币供应的目的。

2. 再贴现政策的优点

（1）作为调节货币供应量的手段，起"变速箱"的作用。再贴现政策是通过影响金融机构的借贷成本和其超额存款准备金头寸的增减，间接调节货币供给量，其作用是渐近的，不像法定存款准备金政策那样猛烈。

（2）对市场利率产生"告示效应"，它预示中央银行货币政策的趋势，从而影响金融机构和社会公众对利率提高或降低的心理预期。

（3）通过规定何种票据具有再贴现资格，影响商业银行的资金投向，扶持或限制一些产业的发展，达到调整国家产业结构的目的。

3. 再贴现政策的局限性

（1）中央银行处于被动地位。商业银行是否愿意到中央银行申请再贴现，或持有多少数额的票据到中央银行申请再贴现，取决于商业银行，如果商业银行可以通过其他途径筹措资金而不依赖再贴现，中央银行就难以利用这一工具控制货币供应量。此外，再贴现率高低有一定限度，而在经济繁荣或经济萧条时期，再贴现率无论高低，都无法限制或鼓励商业银行向中央银行再贴现或借款，这也使中央银行难以有效地控制货币供应量。

（2）从对利率的影响看，调整再贴现率，通常只能影响利率水平，不能改变利率结构。

（3）再贴现政策缺乏弹性。再贴现率若经常调整，通常会引起市场利率经常波动，使商业银行和企业无所适从；若再贴现率不经常调整，又不利于中央银行灵活地调节货币供应量和利率。

（三）公开市场业务

公开市场业务，是指中央银行通过在金融市场上公开买进或卖出有价证券，吞吐基础货币，影响市场利率，改变商业银行的准备金数量，从而调节货币供应量的一项政策措施。

1. 公开市场业务的作用过程

当金融市场上资金短缺时，中央银行通过公开市场业务买进有价证券，这实质上是中央银行向社会投入一笔基础货币，引起信用的扩张以及货币供应量的成倍增长。相反，当金融市场上货币资金过多时，中央银行就通过公开市场业务卖出有价证券，以达到回笼基础货币，收缩信贷规模，减少货币供应量的目的。

中央银行在金融市场上买进、卖出有价证券还会对市场利率产生直接影响。中央银行购进政府债券时，引起市场上对有价证券需求的增加，证券价格上涨，购买证券的收益率下降，这种收益率的下降将导致货币市场短期利率下降。中央银行卖出有价证券时，引起市场上对有价证券需求的下降，证券价格下跌，购买证券的收益率上升。这种收益率的上升将影响货币市场短期利率的上升。

2. 公开市场业务的优点

（1）中央银行利用公开市场业务对货币供应量与利率的调节，可以主动出击，而不像在再贴现政策中，中央银行处于被动地位。

（2）中央银行通过公开市场业务，可以对货币供应量进行微调，而不像存款准备金政策那样，对经济产生巨大的震荡。

（3）中央银行利用公开市场业务，可以经常地、连续地进行操作，一旦金融市场情况发生变化，中央银行可以迅速改变操作方向，灵活地调节货币供应量。

3. 公开市场业务的局限性

（1）公开市场业务操作的力量较小，其效果会受到一些因素的抵消。例如：资本外流、国际收支逆差、社会公众大量提款等因素会抵消或部分抵消中央银行买入有价证券的效果；资本内流、国际收支顺差、社会资金大量回笼等又会抵消中央银行卖出有价证券的效果。

（2）中央银行在公开市场上买卖债券时，商业银行的行动并不一定符合中央银行的意愿。尽管中央银行可以通过公开市场业务改变商业银行准备金，但商业银行可以通过其他方式弥补准备金的不足，或在准备金增加时并不马上扩张信用，使公开市场业务不能很好地发挥作用。

（3）容易受经济周期影响。当经济萧条时，尽管中央银行可以买进债券，扩张信用，促使利率下降，但因投资无利可图，生产者不愿借款，信用需求不会随利率下降而增长；在经济过度繁荣时期，尽管中央银行卖出债券，收缩信用，以提高利率，但由于投资者有利可图，信用需求不会因利率的上升而缩减。

☞ 专栏 11-3

张弛有度开展公开市场操作

2017 年，外汇因素对银行体系流动性的影响逐步消退，存款增长放缓等因素使得金融机构缴存法定存款准备金的需求相对减弱，银行体系中长期流动性压力有所减轻，但财政因素对流动性的影响增强，主要表现为下半年国库库款余额同比持续走高、财政收入与支出之间的时滞进一步拉长，放大了流动性供求的季节性波动。此外，随着一系列金融监管新规陆续出台，金融体系降低内部资金杠杆，提高了资金面内在稳定性，但市场预期变化以及金融机构资产负债行为调整在一定程度上加大了短期资金供求波动。

按照稳健中性货币政策要求，中国人民银行密切关注银行体系流动性供求形势和市场预期变化，在通过中期借贷便利（MLF）、抵押补充贷款（PSL）等工具弥补银行体系中长期流动性缺口的同时，以 7 天期为主合理搭配逆回购期限品种，张弛有度开展公开市场操作,不断提高操作的前瞻性、灵活性和精准性,并根据"削峰填谷"的需要推出2个月期逆回购、临时准备金动用安排(contingent reserve allowance,CRA)等工具品种,丰富央行流动性工具箱,维护银行体系流动性中性适度、合理稳定和货币市场利率平稳运行。同时,加强预调微调和市场沟通,以多种方式向市场说明流动性影响因素和央行操作意图,增强央行公信力和市场互信,收到了较好效果。

公开市场操作利率适当上行。2017年2月3日和3月16日,公开市场操作利率先后两次上行,幅度均为10个基点,主要反映了市场资金供求状况和利率走势的变化,也有利于引导市场预期。12月14日美联储加息当日,公开市场操作利率再次随行就市上行5个基点,符合市场预期方向,但利率上行幅度小于预期。公开市场操作利率小幅上行可适度收窄其与货币市场利率的利差,有助于修复市场扭曲,理顺货币政策传导机制,客观上也有利于市场主体形成合理的利率预期,避免金融机构过度加杠杆和扩张广义信贷。

2017年,中国人民银行累计开展逆回购操作21.2万亿元,其中7天期操作10.8万亿元,14天期操作6.1万亿元,28天期操作3.7万亿元,63天期操作6300亿元。年末,公开市场逆回购操作余额为12500亿元。

资料来源:中国货币政策执行报告:2017年第四季度.中国人民银行网站.

二、选择性货币政策工具

存款准备金政策、再贴现政策和公开市场业务主要是对信用总量进行调节,以控制全社会的货币供应量,属于一般性的总量调节。中央银行除利用总量调控工具调节货币供应总量外,还应采用一些手段调节货币供给结构,引导资金流向。货币政策结构调控工具主要包括消费者信用控制、证券市场信用控制、不动产信用控制。

(一)消费者信用控制

消费者信用控制是指中央银行对不动产以外的各种耐用消费品的销售融资予以控制。其主要内容包括:规定用消费信贷购买各种耐用消费品时首期付款额,分期付款的最长期限以及适合于消费信贷的耐用消费品的种类等。

货币当局要想影响耐用消费品的有效需求,必须对商业银行的分期付款等消费信用进行控制。中央银行提高分期付款信用的最低付现额,缩短分期付款信用的最长期限,会减少耐用消费品的有效需求;反之,降低分期付款信用的最低付现额,延长分期付款信用的最长期限,会增加耐用消费品的有效需求。消费者信用控制,对经济的稳定、平息经济周期性波动都有较大作用。因为耐用消费品的需求很容易随经济情况变动而做周期性波动,消费者信用的运用,往往容易加剧经济的不稳定。当经济繁荣时期,消费信用会大量增加,从而使消费需求上升,刺激生产规模的进一步扩大;而在经济萧条时期,由于商业银行压缩或催收消费性贷款,消费者购买能力下降,耐用消费品销售额削减,使经济更加萧条。中央银行利用消费者信用控制手段,可以在经济繁荣时期,从严控制消费者信用的条件,以抑制消费需求;而在经济萧条时期,放宽消费者信用的条件,以鼓励消费需求,从而减缓经济周期性波动。

(二)证券市场信用控制

证券市场信用控制是指中央银行通过规定和调节信用交易中的最低保证金率,以刺激或抑制证券交易活动。证券市场信用控制主要包括以下内容:规定以信用方式进行证券交易时,投资者自有资金的比率,包括购买证券的投资者付现的比率,卖出证券者自己拥有证券的比率,也就是通常所说的保证金比率;通过保证金比率的规定或调整,控制流入证券市场的资金数量。

通过对证券市场信用进行控制,中央银行能间接控制流入证券市场的资金数量,调整其他资金市场的资金供给,这实际上相当于调整了货币信贷供给的结构,促使信贷资金运用合理化。当证券价格大幅上扬时,为防止证券市场过度投机,中央银行可以提高保证金比率,以控制向证券市场的放款。为控制投机性的证券价格尤其是股票价格的暴涨,中央银行可以将保证金比率提高到100%,也就是购买证券必须全额付现。当证券价格大幅下跌时,中央银行可以降低保证金比率,扩大投资者的购买能力,从而防止证券价格的大起大落。

(三)不动产信用控制

不动产信用控制是中央银行就商业银行对客户新购房地产贷款的限制措施。中央银行可以就商业银行对不动产的贷款额度和分期付款的期限做一些限制性规定。在西方国家,房地产及其他不动产的交易带有投机性,并不是实际需求的反映,所以中央银行要对不动产信用加以控制。不动产信用控制包括以下内容:规定购买者第一次付款的最低金额,规定商业银行不动产贷款的最长期限,规定一笔不动产贷款的最高限额,规定分期还款的最低金额等。

不动产信用控制的作用在于:当经济过热,不动产信用膨胀时,中央银行可通过规定和加强各种限制措施减少不动产信贷,进而抑制不动产的盲目生产或投机,减轻通货膨胀压力,防止经济泡沫的形成。当经济衰退时,中央银行也可通过放松管制,扩大不动产信贷,刺激社会对不动产的需求,进而以不动产的扩大生产和交易活跃带动其他经济部门的生产发展,从而促使经济复苏。

三、其他货币政策工具

除了一般性货币政策工具和选择性货币政策工具外,中央银行还可以运用直接信用控制和间接信用控制手段来实现货币政策目标。

(一)直接信用控制

直接信用控制是指中央银行依据有关法令,对商业银行及其他金融机构的业务活动进行各种直接干预的总称。其中,比较重要的手段有信用分配、直接干预、流动性比率、利率最高限额、特种存款等。

信用分配是指中央银行根据金融市场状况和宏观经济需要对金融机构进行贷款分配，规定在各部门或地区资金分配的数量或比例。这种信用分配方式在资金需求旺盛而供给短缺，单纯依靠市场机制作用不可能达到理想的效果时使用较合适。很多发展中国家的中央银行根据国家经济建设的轻重缓急程度，采用信用分配的方式，直接将资金分配给重要的经济部门。

直接干预是指中央银行直接对商业银行的信贷业务实施行政干预。直接干预的方式有直接限制放款额度，直接干涉商业银行对活期存款的吸收，规定商业银行的业务范围等。

流动性比率是指中央银行为了限制商业银行的信用扩张，规定其流动性资产对流动性负债的比率。一般来说，商业银行资产的流动性越强，安全性越高。中央银行为了保证银行资金的安全，同时，也为了限制商业银行的信用扩张能力，规定商业银行的流动性比率。

利率最高限额是中央银行规定商业银行对定期及储蓄存款所能支付的最高利率，其目的是防止商业银行为争夺存款而抬高利率，从而保证金融机构的正常经营。利率最高限额的典型代表是美国中央银行从1934年到1980年实施的"Q条例"，该条例规定了银行各类存款的最高利率。

特种存款是中央银行在商业银行体系出现过多的超额准备金的情况下，要求商业银行按一定比例将超额准备金缴存中央银行冻结起来，以紧缩信用，减少货币供应量。

(二)间接信用控制

间接信用控制是指中央银行利用行政手段间接影响商业银行信用创造能力的措施。其主要方式有道义劝告、窗口指导、金融检查等。

道义劝告是指中央银行利用自己在金融体系中的特殊地位和威望，通过对商业银行及其他金融机构的劝告，以影响其信贷投量及投向，从而达到控制和调节信用的目的。道义劝告不具有强制性，而是将中央银行货币政策的意向对商业银行及其他金融机构说明，要求它们注意放款的数量及结构。

窗口指导是指中央银行通过劝告和建议来影响商业银行信贷行为的一种温和的、非强制性的货币政策工具，是一种劝谕式监管手段。监管机构通过窗口指导向金融机构解释说明相关政策意图，提出指导性意见，或者根据监管信息向金融机构提示风险。窗口指导是监管机构利用其在金融体系中特殊的地位和影响，引导金融机构主动采取措施防范风险，进而实现监管目标的监管行为，可以是指导性政策，也可以是指令性政策。窗口指导也暗示贷款的使用方向，以保证经济优先发展部门的资金需要。如果金融机构不接受指导，尽管它们不承担法律责任，但要承受中央银行的各种经济制裁。

金融检查是指中央银行利用自己"银行的银行"的身份不定期地对商业银行和其他金融机构的业务经营情况进行检查，看其是否符合法律规定，并将检查结果予以公开，以监督商业银行的金融活动。

☞ 专栏 11-4

我国货币政策工具的实践

我国货币政策工具的实践大致经历了以下三个阶段。

第一阶段是 1948 年至 1978 年，这一阶段主要的货币政策工具为信贷现金计划，辅助货币政策工具为信贷政策、利率政策和行政手段。

第二阶段是 1979 年至 1998 年，这一阶段主要的货币政策工具为信贷现金计划和中央银行贷款，辅助货币政策工具为信贷政策、利率政策、再贴现政策、公开市场政策和特种存款。

第三阶段是 1998 年至今，这一阶段主要的货币政策工具为中央银行贷款、利率政策、公开市场政策和存款准备金政策，辅助货币政策工具为指导性信贷计划、再贴现政策、信贷政策和窗口指导。尤其是近年来，存款准备金比率的调整比较频繁，2007—2008 年进行了 10 多次调整，这在西方国家是比较少见的。

第四节　货币政策传导机制

货币政策传导机制是连接货币因素与实际经济活动的中介。一定的货币政策工具，如何引起社会经济生活的某些变化，并最终实现预期的货币政策目标，就是货币政策的传导机制。

一、货币政策传导机制的基本原理

货币政策传导机制是指中央银行运用货币政策工具作用于操作指标，进而影响中介指标，最终实现既定政策目标的传导途径与作用机理。

货币政策传导机制大体可以分为三个步骤：第一步，货币政策工具的运用将直接作用于货币政策的近期中介指标（也称作操作目标）；第二步，货币政策近期中介指标的变动将影响货币政策的远期中介指标；第三步，货币政策远期中介指标的变动将影响实际经济活动，从而达到货币政策的最终目标。一般来说，中央银行通过各种政策工具的运用，将对商业银行的准备金和短期利率等经济变量产生较直接的影响，从而影响货币供应量和长期利率，最终对实际经济生活产生影响。如果货币政策工具操作得当，就会达到预定的货币政策目标。在货币政策传导机制这一问题上，西方学者对传导过程进行了理论分析，形成了不同的传导机制理论，最有影响的是凯恩斯学派的传导机制理论和货币学派的传导机制理论。

二、凯恩斯学派的货币政策传导机制理论

现代经济学家对货币政策传导机制的研究是从凯恩斯开始的，凯恩斯认为，货币政策主要通过两个途径发挥作用：一是货币与利率之间的关系；二是利率与投资之间的关系。

当货币供给相对于货币需求而突然增加后,首先产生的影响是利率下降,然后促成投资增加。

凯恩斯的货币政策传导机制表述如下:

$$M_S \to r \to I \to Y \to P$$

在上述表达式中,M_S 表示货币供应量,r 表示利率,I 表示投资,Y 表示国民收入,P 表示物价。

在这个传导机制发展过程中,主要环节是利率,货币供应量的调整首先影响利率的升降,然后才使投资乃至总支出发生变化。

第一环节:货币供应量变动后引起利率的变动。若货币需求不变,或变动幅度小于货币供应量的变动,利率随货币供应量的变动做反方向波动;若货币需求同时发生同幅度变动,则利率不变;若货币供应量的变动不如货币需求变动的幅度大,利率随货币需求变动做同方向波动。

第二环节:利率变动后引起投资规模的变化。人们决定是否投资主要考虑利率与资本边际效率的对比关系,利率低于资本边际效率是人们扩大投资的前提。凯恩斯认为,资本边际效率短期内不会有明显变化,因此,利率降低一定量时,投资会有一定量的增加。

第三环节:投资规模变动后会引起就业、产量和收入的变化。投资效果变化的大小取决于消费倾向。因为消费倾向决定投资乘数。边际消费倾向越大,乘数值越大,投资规模变动后产生的投资效果也越大。随着投资的扩大,所增加的投资支出和消费支出通过乘数效应,引起数倍的就业、产量和收入的增加。

第四环节:就业、产量和收入变动后,引起生产成本变动。一方面,就业机会的增加使工人有了要求提高工资水平的机会,引起货币工资上升;另一方面,随着产量的增加,供给无弹性的生产资料价格就会上涨。工资和生产资料价格共同造成了生产成本的上升。

第五环节:生产成本变动引起物价变动。

三、货币学派的货币政策传导机制理论

货币学派的代表人物弗里德曼等人对货币量变动后的传导过程进行了详细的分析,他们认为,如果货币供应量变动,首先变动的不是收入,而是现有资产的价格,包括金融资产和实物资产。货币供应量增加以后,最直接的效果就是改变非银行部门的资产负债结构,增加个人和企业的手持现金量。当人们在某一特定时刻持有的名义货币数量多于他们所希望持有的数量时,他们就会尽力花掉这些额外的货币余额,这种购买力的冲击力会扩展到各种资产,使资产价格普遍上升,利率下降。

货币学派的货币政策传导机制表述如下:

$$M_S \to E \to I \to Y$$

在上述表达式中,M_S 为货币供应量,E 为总支出,I 为投资,Y 为总收入。

在货币学派的货币政策传导机制中,利率在货币传导机制中不起重要作用,它更强调货币供应量在整个传导机制上的直接效果。

$M_S \to E$,是指货币供应量的变化直接影响支出。这是因为:

第一,货币需求有其内在的稳定性。

第二,货币需求函数中不包括任何货币供给因素,因而货币供给的变动不会直接引起货币需求的变化;关于货币供给,货币主义者认为它是一个外生变量。

第三,当作为外生变量的货币供给改变,比如增大时,由于货币需求并不改变,公众手持货币量会超过他们所愿意持有的货币量,从而必然增加支出。

$E \rightarrow I$ 是指变化了的支出用于投资的过程,货币主义者认为这将是资产结构的调整过程。

第一,超过意愿持有的货币或用于购买金融资产,或用于购买非金融资产,直至人力资本的投资。

第二,不同取向的投资会相应引起不同资产相对收益率的变动,如投资于金融资产偏多,金融资产市值上涨,收益相对下降,从而刺激非金融资产,如产业投资;产业投资增加,既可以促使产出增加,也会促使生产品价格上涨等。

第三,这就会引起资产结构的调整,而在这一调整过程中,不同资产收益率的变动又会趋于相对稳定状态。

最后是名义收入 Y,Y 是价格和实际产出的乘积。由于 M 作用于支出,导致资产结构调整,并最终引起 Y 的变动,这一变动究竟在多大程度上反映实际产量的变化,又有多大比例反映在价格水平上?货币主义者认为,货币供给的变化短期内对两方面均可产生影响;就长期来说,则只会影响物价水平。

四、货币政策效应

货币政策效应是指货币政策作用于经济活动产生的实际结果与货币政策预期目标的偏离程度。如果偏离程度小,实际结果接近于预期目标,则货币政策是有效的;否则,政策工具操作的结果大大偏离预期目标,则货币政策是无效的。影响货币政策效应的因素主要有以下几个方面。

(一)货币政策时滞

任何政策从制定到取得主要或全部的效果,必须经过一段时间,这段时间被称为时滞。货币政策时滞就是从货币政策制定到最终影响各经济变量、实现政策目标所经过的时间,也就是货币政策传导过程所需要的时间。

货币政策时滞是影响货币政策效应的重要因素,货币政策时滞可分为内部时滞和外部时滞。内部时滞从理论上分为两个阶段:第一阶段是认识时滞,也就是从客观需要中央银行采取行动到中央银行认识到这种必要性所需要的时间;第二阶段是行动时滞,是指中央银行认识到这种必要性到采取行动所需要的时间。内部时滞的长短取决货币当局对经济形势发展变化的预见能力、反应灵敏度、制定政策的效率和行动的决心与速度等。外部时滞是指从货币政策付诸实施到主要经济变量(如产出、物价等)达到预期目标的时间过程,也就是货币对经济起作用的时间。外部时滞的长短主要由客观的经济和金融条件决定,受经济结构以及各经济主体行为因素的影响较大,受中央银行控制的程度小。内部时滞可以通过中央银行提高效率而缩短,而对于外部时滞,中央银行往往难以控制,所以研究货币政策的外部时滞更为重要。

(二)货币流通速度

货币流通速度是影响货币需求的一个重要因素,它表明货币指标同经济变量之间的关系。货币流通速度也是影响货币政策效应的一个重要因素,由于货币流通速度与货币数量成反比例,而且在经济的周期性波动中,货币流通速度与实际收入同方向变动,如果货币当局在制定货币政策时,忽视了流通速度的微小变动,或未能预测到其变动幅度,则可能使货币政策效果大打折扣,甚至可能使正确的政策走向反面。

影响货币流通速度的因素很多,其中包括制度因素、金融创新、利率、预期通货膨胀、收入水平。一项重要的研究发现,几乎所有国家的货币流通速度变化趋势均呈"V"形,其实起关键作用的是制度因素。他们考察了很多国家近100多年来货币流通速度变化的情况,结论是,几乎所有国家的货币流通速度先是随着货币化程度的提高而下降,然后又随着金融创新和经济稳定化程度的提高而上升。然而在现实生活中,很难准确计算货币流通速度的变动,从而也就限制了货币政策的有效性。

(三)微观主体预期

对货币政策有效性或效应高低构成挑战的另一因素是微观主体的预期。当一项货币政策提出时,各微观经济主体会迅速根据所获得的各种信息预测政策的后果,从而很快形成对策,极少有时滞。货币当局推出的政策面对各经济主体广泛采取的抵消对策,可能归于无效。比如,政府拟采取长期的扩张政策,人们通过各种信息预期社会总需求会增加,物价会上涨,在这种情况下,工人会通过工会与雇主谈判提高工资,企业因预期工资成本的增大而不愿扩大生产,最终的结果是只有物价的上涨而没有产出的增加。鉴于微观主体的预期,似乎只有在货币政策的取向和力度没有完全为公众知晓的情况下才能达到预期的效果。货币政策取向和操作力度透明度的提高,使经济主体准确预测政策效果成为可能。如果各经济主体无法准确预测货币政策的走势和操作力度,货币政策或许能生效,但这样的可能性不大。因为公众对经济生活的接触是直接的、多层次的,掌握信息的渠道很多,况且货币政策的实施本身就需要社会各界的理解和支持,不可能长期不让各界知道,否则的话,会使经济陷入混乱之中。这就是说,货币政策仍可奏效,但公众的预期行为会使其大打折扣。

第五节 货币政策与财政政策的协调配合

一、货币政策与财政政策的一般作用

货币政策主要包括信贷政策和利率政策。收缩信贷和提高利率是"紧"的货币政策。收缩信贷可直接减少信贷资金量,提高利率可增加贷款使用的成本。因此,"紧"的货币政策能够减少货币供应量,对控制物价有利,能够抑制社会总需求,但是会制约投资和短期经济发展。放松信贷和降低利率则是"松"的货币政策。放松信贷可直接扩大信贷资金量,降低利率可以减少贷款使用的成本。因此,松的货币政策能够增加货币供应量,扩大

社会总需求，刺激投资和促进短期经济发展，但容易引起通货膨胀率的上升。

财政政策包括国家税收政策和财政支出政策两个方面。增税和减支是"紧"的财政政策。增税使企业和公众可支配的利润及收入减少，减支可直接减少政府需求。所以"紧"的财政政策可以减少社会需求总量，但对政府投资不利。减税和增支是"松"的财政政策。减税使企业和公众持有的货币增加，增支可直接扩大政府需求。所以，"松"的财政政策有利于投资，但社会需求总量的扩大容易导致通货膨胀。

二、货币政策与财政政策协调运用的必要性

货币政策与财政政策是当代各国政府调节宏观经济最主要的两种政策。虽然这两项政策在宏观经济运行中都有较强的调节能力，但由于它们本身固有的特点，二者都有一定的局限性。无论是货币政策调节还是财政政策调节，仅靠某一项政策很难全面实现宏观经济的调控目标，没有双方的配合，单个政策的实施效果将会大大减弱，这就要求二者相互协调、密切配合，充分发挥它们的综合优势。

三、西方国家货币政策与财政政策的搭配

在西方国家，货币政策和财政政策有时单独使用，有时配合使用。各国政府同时利用两大政策干预经济时，就会形成"松紧搭配"，即松或紧的两大政策匹配运用。松紧搭配一般可以做四种组合：第一，"紧"货币、"松"财政；第二，"紧"财政、"松"货币；第三，财政、货币"双紧"；第四，财政、货币"双松"。在这几种组合中，政府究竟采用哪一种组合取决于客观的经济环境，实际上主要取决于政府对客观经济情况的判断。概括地说，"一松一紧"主要是解决结构问题，单独使用"双松"或"双紧"主要是解决总量问题。

在总量平衡的情况下，调整经济结构和政府与公众间的投资比例，一般采取货币政策和财政政策"一松一紧"的办法。"紧"财政，使政府的支出和投资直接减少。"松"货币，使公众能够以较低的成本获得较多的资金，并使因增税而导致的收入减少得到补偿。其结果是调整了政府与私人企业的投资结构。相反，"松"财政，直接扩大了政府的支出和投资；"紧"货币，使企业和公众的借贷数额减少和借贷成本增加。其结果是企业投资和居民的一般性投资减少。

在总量失衡较为严重的情况下，政府要达到扩张或紧缩的目的，一般同时使用财政政策和货币政策两种手段，即"双松"或"双紧"。在经济萧条后期，设备大量闲置，工厂开工不足，而失业率又很高，为刺激生产和投资、启动闲置的生产能力，政府一般实行"双松"政策。在社会总需求过度膨胀、物价持续上涨、经济生活极不安定的情况下，政府一般采取"双紧"政策。在总量失衡与结构失调并存的情况下，政府一般采用先调总量后调结构的办法，即在放松或紧缩总量的前提下调整结构，使经济在稳定中恢复均衡。

四、我国货币政策与财政政策的协调配合

由于商品经济的共性，上述货币政策与财政政策的一般作用和松紧搭配的政策效果也基本适用于我国。在社会主义市场经济中，货币政策和财政政策是国家履行宏观经济管理职能的两个最重要的调节手段。在我国，由于根本利益的一致和共同的总体经济目标，货

币政策和财政政策的实施具有坚实的基础，同时这两大政策具有内在的统一性，这为它们之间的协调配合奠定了牢固的基础。但由于这两大政策在我国各有其特殊作用，调节的侧重面也不同，这两大政策又具有相对独立性。二者既不能简单地等同或混合，也不能各行其是，而应该相互协调、密切配合，以实现宏观经济管理的目标。在我国，货币政策与财政政策调节的协调配合，需注意以下几个问题：

（一）两大政策的协调配合要以实现社会总供求的基本平衡为共同目标

国家宏观经济调节的首要目标是实现社会总供求的基本平衡。这种平衡不仅要求在总量上实现供求平衡，而且要求在结构上也达到供求平衡，而结构的均衡与否取决于国民经济的结构是否协调。货币政策和财政政策对总量和结构的平衡都有较强的调节能力，但二者又有各自的侧重点。一般来说，货币政策调节的侧重点在总量平衡方面，财政政策调节的侧重点在结构协调上，二者需要互相补充、密切配合，才能实现社会总供求基本平衡的目标。

（二）两大政策的协调配合应有利于经济的发展

发展经济不单纯是指经济发展的速度有多快或产值增长有多大，更重要的是指社会生产能力的扩大、经济效益的提高和经济结构的改善。因此，两大政策协调配合的成功与否也应以此为标准，不能片面地以速度或产值的高低来衡量两大政策的实施效果。

（三）两大政策既要相互支持，又要保持相对独立性

在我国，由于货币政策和财政政策的调节领域、调节对象、调节目标、调节过程既有所不同，又相互联系，二者既需要互相支持，又需要保持相对的独立性，以加强调节效果。从调节对象和目标看，货币政策的调节主要发生在流通领域，而财政政策的调节重点在分配领域。货币政策的调节对象主要是国有商业银行和其他各类金融机构，调节的目标主要是货币供应量和信用总量；而财政政策调节的对象主要是纳税人和财政支出的对象，调节的目标是财政收支的总量与结构。从传导特点看，货币政策由于要经过国有商业银行或其他各类金融机构才能影响到市场和经济单位的行为，从政策实施到效果显现有一个较长的反应过程；而财政政策无论是征税还是拨款，都直接影响经济单位的购买力，进而直接影响经济单位的投资或消费行为，故调节过程较短。这些差异的存在，说明两大政策不能简单地画等号或相互取代，而应充分发挥它们各自的优势。且货币政策和财政政策之间又是互相关联的，存在广泛的密切联系，一个政策的调节必然会不同程度地对另一个政策的调节产生影响。这种影响可能是同方向的，即一种政策的调节有助于另一种政策的调节，二者在效果上是相互加强的；但也可能是反方向的，即一种政策的调节抵消或削弱了另一种政策的调节。因此，一国政府在运用这两大政策时要注意到它们相互间的影响，加强彼此间的支持和配合。

（四）从实际出发进行两大政策的搭配运用

科学地搭配货币政策和财政政策，是进行有效的宏观经济调节的客观要求，也是一项

高超的调节艺术。究竟应该采取什么样的货币政策和财政政策组合，必须从实际情况出发。采用哪一种组合方式，取决于对国民经济运行状况的透彻分析和对宏观经济形势的正确判断，实事求是、切合实际是十分重要的。货币政策和财政政策的协调配合，是实现国家宏观经济管理目标的客观要求和必要条件。但两大政策协调配合的效果，不仅取决于正确确定两大政策的搭配方式及其具体操作，在很大程度上还取决于外部环境的协调配合，如需要产业政策、收入分配政策、外贸政策、社会福利政策等其他政策的协同，良好的国际环境和稳定的国内社会政治环境，合理的价格体系和企业（包括金融企业）运行机制，政府各部门和地方政府的支持配合，等等。

【本章小结】

1. 货币政策是中央银行为实现特定的经济目标而采用的各种调节货币供应量和利率，进而影响宏观经济的方针和措施的总和。其构成要素有货币政策最终目标、中介目标、政策工具、传导机制、作用效果。

2. 货币政策是宏观调控政策、总量调控政策、需求管理政策、间接调控政策。

3. 货币政策目标是中央银行通过货币政策的操作而达到的最终经济目标，包括稳定物价、充分就业、经济增长、国际收支平衡。从长远看，货币政策目标之间是协调的，但从短期来看，各目标之间往往充满了矛盾，不可能同时兼顾。

4. 货币政策工具包括一般性货币政策工具、选择性货币政策工具、直接信用工具、间接信用工具等。一般性货币政策工具通常被称为"三大法宝"，三大工具各有其特点，但也各有其局限性，必须配合使用。

5. 货币政策传导机制是货币管理当局确定货币政策之后，从选用一定的货币政策工具进行操作到实现最终目标之间所经过的环节及它们相互间因果关系的总和。

6. 影响货币政策有效性的因素有货币政策时滞、货币流通速度、微观主体预期、其他经济政治因素等。

7. 货币政策主要包括信贷政策和利率政策，财政政策包括国家税收政策和支出政策两个方面。仅靠货币政策或财政政策很难全面实现宏观经济的管理目标，没有两者之间的配合，单个政策的效果将会大大减弱。

【重要名词术语】

货币政策　货币政策目标　货币政策操作指标　货币政策中介指标　一般性货币政策工具　公开市场业务　存款准备金政策　再贴现政策　选择性货币政策工具　货币政策时滞　货币政策传导机制

【复习思考题】

1. 试述货币政策有哪些传导途径。
2. 如何理解货币政策诸目标之间的矛盾与统一关系。
3. 传统的货币政策三大工具及其作用原理分别是什么？
4. 近年来，公开市场业务在我国货币政策调控中越来越被重用，如何评价？

5. 什么是货币政策的操作指标和中介指标？选定这些指标有何标准？
6. 影响货币政策有效性的因素有哪些？
7. 查阅相关资料，对近5年来我国货币政策的实施效果作出评价。
8. 货币政策与财政政策应如何进行协调配合？

【案例分析】

周小川：多年量化宽松货币政策已接近尾声

2017年以来中国央行的言行引发市场对货币政策走向的各种猜测，周小川明确向外界传递了货币政策应逐步收紧的信号。

"在实施多年量化宽松货币政策后，本轮全球性的政策周期已接近尾声"，中国央行行长周小川上周末在博鳌亚洲论坛上表示，"是时候考虑如何以及何时退出量化宽松的问题了"。

继2016年底确定今年货币政策基调从"稳健"转为"稳健中性"后，中国央行年内又两度上调货币市场操作利率，但也同时推出新的政策工具向市场注资，并继续进行定向降准例行考核，使得之前认为货币政策正从相对宽松转至趋紧的预期有所松动，甚至再度降准的猜测又起。

事实上，种种迹象显示中国货币政策确实正处于纠结之中。在美联储进入加息周期、人民币贬值压力加大、中国去杠杆去产能防风险防泡沫，以及通胀抬头的大背景下，中国货币政策确有收紧必要。

不过，经济欲振乏力、政府对经济增速的过度重视等因素则制约了货币政策收缩空间。

周小川同时表示，现阶段应重点强调结构性改革和长期战略调整，不能过度依赖货币政策，应将政策重点从货币政策转向财政政策和结构性改革。

中国多年来宽松的货币政策引发诸多非议，对此，周小川解释称，宽松政策可能造成高通胀，在金融市场、房地产等领域催生资产泡沫，但这是政策权衡的结果，因为目前的政策重点是使经济从全球金融危机中复苏，所以即使货币政策会造成这些后果，也不得不这么做。

中国2016年实现了国内生产总值(GDP)6.7%的增速，但仍为26年来的最低。

资料来源：http://www.sina.com.cn.

案例思考：

1. 在什么背景下，我国开始实行量化宽松货币政策？其主要目的是什么？
2. 仅通过货币政策的调整能达到经济目标吗？

【延伸阅读】

1. 贺强，等. 中国金融改革中的货币政策与金融监管. 北京：中国金融出版社，2008.
2. 中国人民银行. 货币政策报告. http://www.pbc.gov.cn.

3. 北京大学中国经济研究中心宏观组. 预防通货紧缩和保持经济较快增长研究. 北京：北京大学出版社，2005.

4. 张成思. 通货膨胀动态机制与货币政策现实选择. 北京：中国人民大学出版社，2009.

5. 戴国强. 货币金融学. 上海：上海财经大学出版社，2014.

6. 李健. 金融学. 北京：高等教育出版社，2014.

7. 易纲. 中国的货币化进程. 北京：商务印书馆，2003.

第十二章 国际金融

为了在固定汇率和国内稳定之间取得平衡,决策者必然会实行资本管制或对贸易实行限制,但这样会损害经济效率。

——保罗·克鲁格曼

第二次世界大战结束之后,由于国际贸易和投资的飞速发展,各国经济空前紧密地联系在一起。与此相联系的国际货币支付的经常发生,再加上脱离实际经济活动的金融交易的迅猛增加,外汇、国际收支、国际储备、国际信用、国际金融机构这些涉外经济现象对一国经济稳健发展的重要性日益显著,也成为各国政府和经济学家甚至普通老百姓关注的焦点问题。

通过本章的学习,你将能够了解和掌握以下知识:
- 国际收支平衡表的构成、国际收支的调节理论与政策搭配;
- 国际储备的构成与管理;
- 国际金融机构的种类及运作机制。

第一节 国际收支

一、国际收支的含义

早在17世纪初叶的重商主义时代就有了国际收支概念。当时的葡萄牙、法国、英国等一些国家的经济学家在提倡"贸易差额论"即通过扩大出口限制进口的方式积累金银货币的同时,就提出了国际收支的概念。由于当时的国际经济仍处于发展阶段,国际收支被解释为一个国家的对外贸易的差额。在金本位制度崩溃后,国际收支的含义逐渐被扩展为反映一国外汇收支。凡是涉及一国外汇收支的各种国际交易都属于国际收支的范畴,外汇收支成为国际收支的全部内容,这就是人们所称的狭义国际收支的概念。

第二次世界大战以后,随着国际经济交易的范畴不断扩大,那些没有涉及货币支付的交易例如补偿贸易和无偿援助等也被纳入了国际收支的范畴。根据国际货币基金组织编制的《国际收支手册》,国际收支(balance of payments)是指一定时期内一个经济体(通常指一个国家或者地区)与世界其他经济体之间发生的各项经济活动的货币价值之和。这个概念是建立在经济交易基础上的,既包括已实现外汇收支的交易,也包括尚未实现外汇收支的交易,因而称为广义的国际收支概念。

目前国际货币基金以及我国的国际收支统计中,都使用广义的国际收支概念。

在国际收支中,当对外交往产生的外汇收入大于支出时,便是国际收支顺差,反之,则是国际收支逆差。一般在逆差之前加"-"号,或以红字书写,因而国际收支逆差也被称为国际收支赤字,国际收支顺差则被称为国际收支黑字或盈余。

二、国际收支平衡表

国际收支平衡表是一个国家在一定时期内(一年、半年、一季或一个月)所有对外外汇收支的系统记录,并应用会计原则按照会计核算的借贷平衡方式编制,经过调整最终达到账面上收付平衡的统计报表。它是一个国家或地区在一定时期内与其他国家或地区所发生的全部国际经济交易以货币表现的系统记录。它反映了一个国家或地区对外货物和货币交易的详细情况,同时也显示了该国或该地区经济实力的强弱。

国际收支平衡表所包含的内容非常广泛,各国根据本国的具体情况自行编制国际收支平衡表,其项目构成各具特点。按照1993年国际货币基金组织出版的《国际收支手册》(第五版)的规定,国际收支平衡表的项目可分为三大类:经常项目、资本和金融项目、错误和遗漏项目。2014—2016年中国国际收支平衡表如表12-1所示。

表12-1　　　　2014—2016年中国国际收支平衡表(年度表)　　　　单位:亿元人民币

项目＼年份	2014	2015	2016
1. 经常账户	14516	18950	12961
贷方	168534	163213	163214
借方	-154018	-144262	-150253
1.A 货物和服务	13611	22346	16585
贷方	151302	147099	146177
借方	-137691	-124753	-129592
1.A.a 货物	26739	35941	32832
贷方	137840	133551	132324
借方	-111101	-97610	-99492
1.A.b 服务	-13128	-13594	-16247
贷方	13462	13548	13853
借方	-26590	-27142	-30100
1.A.b.1 加工服务	1309	1263	1221
贷方	1316	1274	1232
借方	-7	-10	-11
1.A.b.2 维护和维修服务	0	142	215
贷方	0	225	346

续表

年份 项目	2014	2015	2016
借方	0	-82	-131
1.A.b.3 运输	-3557	-2914	-3110
贷方	2349	2402	2250
借方	-5907	-5317	-5360
1.A.b.4 旅行	-11259	-12755	-14420
贷方	2706	2804	2953
借方	-13965	-15559	-17373
1.A.b.5 建设	644	403	278
贷方	943	1038	843
借方	-299	-635	-565
1.A.b.6 保险和养老金服务	-1098	-238	-587
贷方	281	311	270
借方	-1379	-549	-857
1.A.b.7 金融服务	-25	-19	76
贷方	278	146	211
借方	-303	-164	-135
1.A.b.8 知识产权使用费	-1347	-1305	-1515
贷方	42	67	78
借方	-1389	-1372	-1593
1.A.b.9 电信、计算机和信息服务	579	820	841
贷方	1239	1531	1689
借方	-660	-711	-848
1.A.b.10 其他商业服务	1731	1174	978
贷方	4233	3638	3851
借方	-2503	-2465	-2874
1.A.b.11 个人、文化和娱乐服务	-43	-73	-93
贷方	11	46	49
借方	-54	-118	-142
1.A.b.12 别处未提及的政府服务	-60	-93	-131
贷方	65	66	81

续表

项目 \ 年份	2014	2015	2016
借方	-125	-160	-211
1.B 初次收入	**817**	**-2602**	**-2987**
贷方	14706	13877	14987
借方	-13889	-16479	-17974
1.B.1 雇员报酬	1582	1703	1372
贷方	1838	2059	1785
借方	-255	-356	-413
1.B.2 投资收益	-765	-4346	-4382
贷方	12869	11767	13165
借方	-13634	-16113	-17547
1.B.3 其他初次收入	0	41	23
贷方	0	51	37
借方	0	-10	-14
1.C 二次收入	**88**	**-794**	**-637**
贷方	2525	2236	2050
借方	-2437	-3030	-2687
2. 资本和金融账户	**-10394**	**-5653**	**1865**
2.1 资本账户	**-2**	**19**	**-23**
贷方	119	32	21
借方	-121	-12	-44
2.2 金融账户	**-10392**	**-5672**	**1888**
资产	-35657	773	-14467
负债	25265	-6445	16355
2.2.1 非储备性质的金融账户	-3182	-27209	-27733
资产	-28448	-20764	-44089
负债	25265	-6445	16355
2.2.1.1 直接投资	8899	4174	-2984
2.2.1.1.1 资产	-7566	-10932	-14374
2.2.1.1.1.1 股权	-8750	-6493	-9828
2.2.1.1.1.2 关联企业债务	1184	-4439	-4546

续表

年份 项目	2014	2015	2016
2.2.1.1.2 负债	16465	15106	11390
2.2.1.1.2.1 股权	12948	13201	10952
2.2.1.1.2.2 关联企业债务	3517	1904	438
2.2.1.2 证券投资	5062	-4162	-4132
2.2.1.2.1 资产	-665	-4528	-6900
2.2.1.2.1.1 股权	-86	-2453	-2553
2.2.1.2.1.2 债券	-579	-2075	-4347
2.2.1.2.2 负债	5727	367	2768
2.2.1.2.2.1 股权	3189	908	1257
2.2.1.2.2.2 债券	2537	-541	1510
2.2.1.3 金融衍生工具	0	-130	-310
2.2.1.3.1 资产	0	-211	-456
2.2.1.3.2 负债	0	81	146
2.2.1.4 其他投资	-17143	-27091	-20307
2.2.1.4.1 资产	-20217	-5092	-22359
2.2.1.4.1.1 其他股权	0	-1	0
2.2.1.4.1.2 货币和存款	-11399	-3442	-2932
2.2.1.4.1.3 贷款	-4536	-2849	-7646
2.2.1.4.1.4 保险和养老金	0	-192	-26
2.2.1.4.1.5 贸易信贷	-4235	-2917	-6858
2.2.1.4.1.6 其他	-47	4308	-4896
2.2.1.4.2 负债	3074	-21999	2052
2.2.1.4.2.1 其他股权	0	0	0
2.2.1.4.2.2 货币和存款	5001	-7724	621
2.2.1.4.2.3 贷款	-2124	-10407	-1249
2.2.1.4.2.4 保险和养老金	0	149	-39
2.2.1.4.2.5 贸易信贷	-121	-3869	1157
2.2.1.4.2.6 其他	318	-147	1561
2.2.1.4.2.7 特别提款权	0	0	0
2.2.2 储备资产	-7209	21537	29621

续表

年份 项目	2014	2015	2016
2.2.2.1 货币黄金	0	0	0
2.2.2.2 特别提款权	4	−17	22
2.2.2.3 在国际货币基金组织的储备头寸	60	56	−348
2.2.2.4 外汇储备	−7273	21498	29947
2.2.2.5 其他储备资产	0	0	0
3. 净误差与遗漏	−4122	−13298	−14826

数据来源：国家外汇管理局。

三、国际收支平衡表的构成

(一)经常项目

经常项目反映的是实际资源在国际的流动，主要包括货物与服务、收入和经常转移。

1. 货物

货物包括一般商品、用于加工的货物、货物修理、各种运输工具在港口买卖的货物及非货币黄金。货物进口记入借方项目，货物出口记入贷方项目；货物进口按到岸价格计算，货物出口按离岸价格计算。

2. 服务

服务通常包括运输、旅游、通信、建筑、保险、金融、计算机信息服务、专利权征用和特许、咨询、广告宣传、电影音响以及其他商业服务。服务的进口记入借方项目，服务的出口记入贷方项目。

3. 收入

收入主要包括职工的报酬和投资收益两大类。职工报酬是指本国支付给非居民工人的报酬以及本国居民从外国获得的短期性报酬。投资收益是指对外金融资产和负债产生的收入和支出，具体表现为直接投资、证券投资和其他投资的收入和支出以及储备资产的收入。

4. 经常转移项目

经常转移项目包括所有非资本转移的转移项目。它不同于资本转移，后者列在资本和金融项目下。经常转移项目既包括官方的援助、捐赠和战争赔款等，也包括私人的侨汇、赠与以及国际组织的认缴款等。

(二)资本和金融项目

资本和金融项目反映的是资产所有权在国际的流动，包括资本项目和金融项目两大类。

1. 资本项目

资本项目主要包括资本转移和非生产、非金融资产的交易。

(1)资本转移包括涉及固定资产所有权转移、同固定资产交易联系在一起或以其为条件的资金转移以及债权人不索取任何回报而取消的债务。

(2)非生产、非金融资产的交易主要包括各种无形资产,如专利、版权、商标、经销权等以及租赁合同或其他可转让合同和商誉。

2. 金融项目

金融项目主要包括直接投资、证券投资、其他投资和储备资产。本国在外国的投资增加记入借方项目;外国在本国的投资增加记入贷方项目。

(1)直接投资反映了一国居民单位(直接投资者)对另一国居民单位(直接投资企业)的永久权益。它包括直接投资者和直接投资企业之间的所有交易。永久权益意味着直接投资者和直接投资企业之间存在着长期的关系,并且投资者对企业经营管理施加着有效的影响。直接投资可以采取在国外建立分支企业的形式,也可以通过购买国外企业一定比例以上股票来实现,国际货币基金组织规定这一比例最低为10%。

(2)证券投资是指为取得一笔预期的固定货币收入而进行的投资,主要对象是股票、债券及其衍生金融工具等,但对企业的经营管理没有发言权。投资的利息收入或支出按净额记录在经常项目下,本金还款记录在金融项目下。

(3)其他投资

其他投资是指所有直接投资、证券投资和储备资产未包括的金融交易,包括长期的贸易信贷、贷款(包括利用基金组织的信贷、基金组织的贷款和用金融租赁联系在一起的贷款)、货币和存款(可转让的和其他类型,如储蓄存款和定期存款,入股形式的存款和贷款以及在贷款合作社的股份等)以及应收款项和应付款项。

(4)储备资产

储备资产是指一国的货币当局认为可以用来满足国际收支和在某些情况下满足其他交易目的的各类资产,包括货币性黄金、基金组织所分配的特别提款权、基金组织的储备头寸、外汇资产以及其他债权。如果一国一定时期内经常账户与资本和金融账户表现为顺差,则该国国际储备增加;相反,则导致该国国际储备减少。

(三)净误差与遗漏项目

由于国际收支平衡表是运用复式记账法编制的,所有账户的借方总额与贷方总额应相等,即所有账户的借方总额与贷方总额应平衡。但实际上,当经常账户和除储备资产以外的其他资本和金融账户所有的账目加总以后,得出的余额不是表现为净借方余额,就是表现为净贷方余额。这一差额是编制报表时出现误差和遗漏的结果。在国际收支平衡表中的标准做法是将误差与遗漏用一个单独的项目表现出来。因此,单独设立了一个平衡各类账目的项目,数目与上面的余额相等,而符号相反。

四、国际收支失衡的调节

(一)国际收支不平衡的测度标准

判断国际收支是否平衡时,一般是把一国的多种国际交易活动按其性质划分为自主性交易和调节性交易。

自主性交易是指各经济主体或居民个人如进口商、金融机构等出于自身特别的目的,如追求利润、减少风险、资产保值、逃避管制或投机等而进行的交易活动。这种交易不以政府的意志为转移,因而具有自发性和分散性的特点。通常,经常项目、长期资本项目以及部分短期资本项目所代表的交易活动都属于自主性交易。从最终结果来看,这类交易必然会产生缺口或差额,因而,借贷双方出现不平衡是必然的,平衡则是偶然的。

调节性交易是指中央银行或货币当局出于调节国际收支差额、维护国际收支平衡、维持货币汇率稳定的目的而进行的各种交易。其目的是使原本不平衡的自主性交易,经过调节性交易处理后,能够恢复平衡或接近平衡。因此,它又被称为弥补性交易,具有集中性和被动性等特点。其作用强度受两个方面的约束:一是自主性交易的缺口大小;二是调节手段数量的多少。

在一国的经济活动中,只有涉及外汇收支的活动或交易才会影响该国的国际收支平衡。反映到一国的国际收支平衡表上,只有自主性交易和调节性交易才会涉及实际的外汇收支,误差和遗漏项目并不涉及真正的外汇收支。因此,只有自主性交易项目和调节性交易项目才会影响一国的国际收支平衡。而就这两类交易而言,调节性交易是一种事后的调节。只有自主性交易活动才会主动地出现缺口或差额,从而影响一国国际收支的最终平衡与否。因此,衡量一国国际收支平衡与否的标准取决于自主性交易是否达到平衡。

(二)国际收支失衡的类型

国际收支不平衡的现象是经常的、绝对的,而平衡是相对的、偶然的。国际收支失衡的类型是多种多样的,归纳起来有如下几点:

1. 结构性的失衡

在正常的情况下,一国经常项目中的商品、劳务的进出口总值应趋于平衡。当商品、劳务的国际需求及国际供给的关系发生变化时,这种平衡关系就会受到干扰。如果一国的经济结构不能很好地适应这种变化而做出应有的调整,其国际收支就有可能发生不平衡。

2. 偶然性和发展阶段性失衡

偶然性的失衡是指一次性的突发事件而造成的一国国际收支失衡。如政局动荡、战争、债务危机、金融危机等。

发展阶段性失衡是指一国经济处于发展阶段时,需要进口大量的技术设备等资源,而在这一阶段其出口能力却有限,所以,国际收支处于过渡性的失衡状态。如该国能制定合理的经济发展战略,广泛地吸收先进的技术并依据本国的资源等情况发挥其相对优势则可缩短国际收支失衡的时间。

3. 周期性失衡

在经济周期的每一个阶段都会产生国际收支失衡，如在繁荣时期可能产生顺差，在萧条时期又会出现逆差。随着循环的演变，这种失衡会交替出现。

4. 收入性失衡

一般来讲，当一国国民收入增加时，进口增加，从而造成国际收支的逆差；反之，国民收入减少时，进口减少，会逐步减少逆差，使国际收支平衡。

5. 货币性失衡

如一国在一定的汇率水平下，由于通货膨胀的原因，物价普遍高涨，使其商品成本和物价水平相对地高于他国，则该国的商品输出必定受到限制，而输入则受到鼓励，致使国际收支出现逆差。相反，由于通货收缩的原因，商品成本和物价水平相对低于他国，则有利于出口，抑制进口，因而国际收支会出现顺差。

(三) 国际收支不平衡的调节措施

当一国国际收支经常出现失衡，或是支大于收(逆差)，或是收大于支(顺差)时，常用的调节国际收支失衡的手段和政策措施主要有：

1. 外汇缓冲政策

所谓外汇缓冲政策，是指一国政府为了对付其国际收支不平衡的状况，把黄金外汇储备作为缓冲体，通过中央银行在外汇市场上买卖外汇，来消除国际收支不平衡所造成的外汇供求缺口，从而使收支不平衡所产生的影响仅限于外汇储备的增减，而不至于进一步影响国内经济。外汇缓冲的优点是简单易行。其局限性是不适于对付长期的、巨额的国际收支不平衡，因为一国的外汇储备是有限的。

2. 财政政策和货币政策

(1) 财政政策

财政政策是指一国政府通过调整税收和政府支出，从而控制总需求和物价水平的政策措施。财政政策主要取决于国内经济的需要，在国际收支出现逆差的情况下，一国政府应实行紧缩性财政政策，抑制公共支出和私人支出，抑制总需求和物价上涨，从而有利于改善贸易收支和国际收支的赤字；反之，在国际收支出现顺差的情况下，政府应采用积极的财政政策，以扩大社会总需求，消除贸易收支和国际收支的盈余。

(2) 货币政策

货币政策也被称为金融政策，是西方国家普遍、频繁采用的调节国际收支的政策措施。调节国际收支的货币政策主要有贴现政策和改变准备金比率的政策。

贴现政策是当一国出现国际收支逆差时，该国中央银行提高再贴现率，从而使市场利率提高，吸引外国短期资本流入，这样，在资本项目下，流入增加、流出减少，可减少国际收支逆差。此外，提高利率，即对市场资金供应采取紧缩的货币政策，会使投资与生产规模缩小、失业增加、国民收入减少、消费缩减，在一定程度上可促进出口增加、进口减少，从而降低经常项目的逆差。反之，在顺差情况下，则由货币当局调低再贴现率和采用扩张的货币政策，从而产生与上述效果相反的结果。

改变准备金比率的政策。准备金比率的大小决定着商业银行等金融机构可用于贷款资金规模的大小，因而决定着信用的规模与货币量，从而影响总需求和国际收支。上述分析表明,一定的财政政策和货币政策有助于扭转国际收支失衡的局面,但它们也有一定的局限性,即它们往往同国内经济目标相背离。为消除国际收支赤字而实行紧缩性金融政策,会导致经济增长的放缓以及失业率的明显上升;为消除国际收支的过度盈余而实行扩张性的财政金融政策,又会加剧通货膨胀和物价上涨。因此,通过财政货币政策而实现国际收支的平衡是以牺牲国内经济目标为代价的。

3. 汇率政策

当一国发生国际收支逆差时,降低本国货币的汇率,使本币对外币贬值,在国内价格不变的情况下,以外币表示的出口商品价格较低,可以增强出口商品的竞争力。调低本币汇率后,进口商品的价格将会变得相对昂贵,从而降低了进口的数量,有助于减少逆差,逐渐达到国际收支平衡,甚至形成顺差。当一国发生国际收支顺差时,提高本国货币的汇率,作用机理同上。

4. 直接管制

直接管制是指政府通过发布行政命令,对国际经济交易进行行政干预,以求国际收支平衡的政策措施。可采用以下主要手段:对出口给予内部补贴,发放出口信贷,由政府对出口信贷给予担保等;对进口实行配额制、许可证和严格审批进口用汇。直接管制通常能起到迅速改善国际收支的效果。但是,它不能真正解决国际收支失衡的问题,一旦取消管制,国际收支赤字仍会出现。此外,实行管制政策,既为国际经济组织所反对,又会引起其他国家的反抗和报复。

☞ **专栏 12-1**

纽约联邦储备银行外汇交易室的一天

虽然美国财政部主要负责外汇政策,但干预外汇市场的决策却是美国财政部和由联邦公开市场委员会代表的联邦储备体系共同作出的。纽约联邦储备银行外汇交易室负责实施外汇干预,该交易室就位于公开市场交易室的隔壁。

纽约联邦储备银行外汇操作的经理负责监督跟踪外汇市场变化的交易员和分析师。每天早晨 7:30,清晨就到达纽约联邦储备银行的交易员同美国财政部的相关人员通话,提供海外金融和外汇市场隔夜交易的最新情况。上午晚些时候,9:30,经理和其职员召开有华盛顿联邦储备委员会高级职员参与的电话会议。下午 2:30,他们再次召开电话会议,这次,联邦储备委员会和财政部的官员均会参加。虽然根据法律,财政部在制定外汇政策方面负有领导责任,但它试图达到财政部、联邦储备委员会和纽约联邦储备银行三方意见的统一。如果他们认为当天有必要进行外汇干预(如果美国一年都没有进行外汇干预,这将是极不寻常的事件),经理就会向其职员发布通过的买卖外币的指令。由于干预汇率的基金分别由财政部(在外汇稳定基金中)和联邦储备体系持有,经理及其职员的交易不动用纽约联邦储备银行的资金,他们只是财政部和联邦公开市场委员会实施这些外汇交易的代理人而已。

他们的另外一项职责是,在每次联邦公开市场委员会会议之前,帮助准备提交给公开市场委员会成员、其他联邦储备银行行长和财政部官员的文件。这些文件十分冗长，其中有大量数据。文件描述了国内和国外市场在上五周或六周中的动态。这项职责使得他们在每次联邦公开市场委员会会议之前都异常忙碌。

第二节 国际储备

一、国际储备及其作用

(一)国际储备概念

国际储备是一国货币当局持有的，用于国际支付、平衡国际收支和维持其货币汇率的各种形式的国际储备资产的总称。国际储备是一种特殊的资产，不是单纯意义上的储备，也不是出于盈利目的的生产性储备。国际储备本质上是一种随时用于对外支付的准备金。因此，国际储备资产必须同时具备以下特点：流动性、安全性、盈利性(能不断增值)。

(二)国际储备的作用

国际储备是体现一国经济实力的重要标志之一。各国国际储备的目的多种多样，但其主要作用体现在以下方面：

(1)维持国际支付能力，调节临时性的国际收支不平衡。

(2)干预外汇市场，维持本国货币的汇率。各国货币当局可以利用外汇储备通过在外汇市场上抛售他国货币或收购本币影响外汇的供求，以达到调节市场、稳定汇率的目的。

(3)维持并增强国际上对本国货币的信心。对于实行货币可自由兑换的国家，尤其是对于那些其货币在国际储备体系中占一席之地的发达国家而言，掌握雄厚的国际储备能在心理上和客观上稳定本币在国际上的信誉。

(4)国际储备是一国对外举债和偿债能力的保证。储备资产雄厚是吸引外资流入的一个重要条件，一国拥有的国际储备资产状况是国际金融机构和国际银团提供贷款时评估其国家风险的指标之一。1995—2016年中国国际储备见图12-1。

二、国际储备的构成

按照国际货币基金组织的统计口径，一国的国际储备由以下四个部分组成：

(一)黄金储备

黄金储备是指一国货币当局作为金融资产持有的黄金，即货币性黄金。在黄金非货币化后，各国在动用黄金储备时，并不能直接以黄金实物对外支付，而是在黄金市场上换成可兑换货币来平衡国际收支的差额。

(二)外汇储备

外汇储备是指货币当局持有的可兑换货币和用它们表示的支付手段。

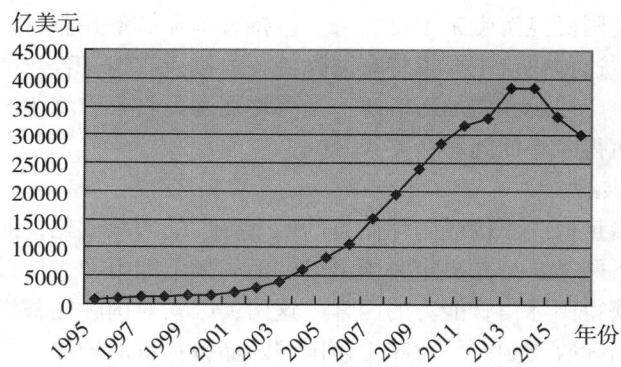

图 12-1　1995—2016 年中国国际储备
数据来源：国家外汇管理局。

（三）普通提款权

普通提款权即在 IMF 的储备头寸，是指国际货币基金组织会员国可以自由提取使用的资产，具体包括："储备档"贷款，成员国向基金认缴份额中的 25% 要用黄金和可兑换货币，这部分资产在使用时不需 IMF 的批准，可随时提取，因此成为一国的国际储备。成员国认购份额中的 75% 要用本币认购。当成员国发生国际收支困难时，在一定条件下可以动用。

（四）特别提款权

特别提款权是国际货币基金组织创造的对其成员国据其份额分配的，用于归还 IMF 贷款和成员国政府之间偿付国际收支赤字的账面资产或账面货币。它由美元、德国马克、日元、法国法郎和英镑五种货币加权平均定值。特别提款权并不具有内在价值。这种人为创造的储备资产只可用于会员国和基金组织间，以及会员国之间的支付，不能直接用于贸易或非贸易的支付。

广义的国际储备被称作国际清偿能力，指一国无需采取任何影响本国经济正常运行的特别调节措施就能平衡国际收支逆差和维持其汇率的总体能力。它与上述狭义的概念之间的关系为：从内容上看，国际清偿能力除了上述储备资产外，还包括国际金融机构向该国提供的国际信贷以及该国商业银行和个人所持有的外汇和借款能力；储备资产的使用往往是直接的和无条件的，而对于储备资产以外的、并非由货币当局直接持有的国际清偿能力的使用，通常都是有条件的。

判断一国的国际清偿能力时，除了要考察该国的国际储备额外，还必须考虑到该国政府获得国际流动资金的能力及筹集和使用该资金时的限制条件。

三、国际储备的管理

（一）国际储备的规模管理

一国持有国际储备的利益在于用国际储备弥补国际收支赤字，避免被迫进行不合意的或过快的经济调整给国民经济带来不良后果。但持有国际储备并非越多越好。因为持有国际储备要付出代价，这种代价主要指持有国际储备的机会成本。若一国货币当局不持有储备，而是将其用于生产建设和增加新资源，则可增加国民收入和就业。因此，确定最适度的国际储备是一个值得考虑的问题。

1. 国际储备的供给

国际储备的供给量取决于构成国际储备的四个要素的增减变化，而影响一国国际储备供应量的因素有以下两类：一是决定一国出口创汇、换汇能力和对外投资收益的因素；二是决定和影响一国获得国际信贷能力的因素。这两类因素对国际储备供应量的影响具体表现在以下方面：①国际收支顺差，意味着该国国际储备存量的增加。②国际信贷，通过国际收支发生额引起国际储备的变动，反映在借款国的国际收支平衡表上，是国际储备的增加，反映在贷款国的国际收支平衡表上，是国际储备的减少。③干预外汇市场所得外汇（主要针对西方工业国），因其货币可以自由兑换且构成国际储备货币体系的组成部分，因此，当一国的货币汇率升势过大而给国内经济及外贸带来不利影响时，该国货币当局就会进入外汇市场抛售本币收购其他国际储备，由此所得外币一般列入国际储备。④黄金存量。⑤特别提款权的分配（每五年分配一次）及在国际货币基金组织的储备头寸。

2. 国际储备的需求

对国际储备的需求主要来自如下方面：①弥补国际收支逆差。②干预外汇市场，支持本币汇率。当一国货币汇率下跌幅度太大以至于影响其货币的国际信誉或对国内经济产生不利后果时，该国有可能动用其外汇储备购进本币，支持本币的汇率。③突发事件引起的紧急国际支付。④国际信贷的保证。

综上所述，影响国际储备总量的因素主要有：

(1) 一国经济的开放程度。程度越高，越需要较多的国际储备以保证有能力弥补国际收支逆差。国际上普遍认为一国持有的国际储备应能满足3个月的进口需要，即国际储备占进口用汇的25%。

(2) 对外筹集应急资金的能力。

(3) 汇率制度与外汇政策的选择。实行固定汇率制的国家，对国际储备的需要量较大。

(4) 持有国际储备的机会成本。这一成本可用进口资源所带来的投资收益率与储备资产的收益率之间的差额来衡量，差额越大，机会成本越高，国际储备的需要量越低。

(5) 直接管制程度。若一国实行严格的外汇管制，能有效地控制进口和资本外流，则国际储备水平可适当低一些。

保持国际储备资产适度规模可以结合如下指标进行：一国国际储备额与其国民生产总值之间的比率、一国国际储备额与其外债总额的比率、一国国际储备额与一定时期平均进口额的比率、一国国际储备额与国际收支差额的比率、影响一国国际收支状况的各种突发事件的发生频率等等。

(二) 国际储备的结构管理

国际储备结构管理是指在保持一定量的国际储备时对既有储备的种类、期限及资产的分散与流动性进行安排。

从世界范围看,国际储备四个组成部分各自所占的比重是很不平衡的。到目前为止,与基金组织有关的两项储备资产所占的比重始终未突破8.3%。如果按市场价格计算,黄金储备的比重则一直在30%以上。黄金与外汇储备合计所占比重至少在90%以上。而且,只有这两项储备是一国货币当局能够完全彻底地自由掌握和支配的。可见,黄金和外汇储备之间的比例大小从根本上决定了整个国际储备的"三性"。国际储备结构的管理即集中在黄金和外汇两项储备资产上。由于黄金具有较好的安全性(具有内在价值),在国际储备中保持适量的黄金储备是必要的。但自20世纪70年代起,黄金日渐成为一种缺乏流动性的储备资产,且盈利能力差。因此,黄金储备的数量一般不宜做过多的调整,以保持稳定为宜。

具体来看,国际储备结构管理应考虑如下几方面的原则:一是储备货币种类多元化;二是密切注意国际外汇市场汇率的波动,适时调整储备货币比例;三是储备货币的期限多样化。

第三节 国际金融机构

国际金融机构泛指从事国际金融业务,协调国际金融关系,维系国际货币、信用体系正常运作的超国家机构。

1930年5月在瑞士巴塞尔成立的国际清算银行是最早的国际金融机构。

第二次世界大战后,随着生产国际化和资本国际化的发展,国际金融机构也迅速增加。1944年7月召开的布雷顿森林会议,确定建立国际货币基金组织、国际复兴开发银行、国际开发协会和国际金融公司,作为实施布雷顿森林体系的组织机构。20世纪50年代以来,随着国际金融关系的发展,大量区域性或半区域性国际金融机构先后建立起来,如泛美开发银行、亚洲开发银行、非洲开发银行和阿拉伯货币基金组织等。

一、国际货币基金组织(IMF)

IMF于1945年12月正式成立,1947年3月开始开展业务活动,同年11月成为联合国的一个专门机构,总部设在美国的华盛顿,在巴黎和日内瓦设有代表处。基金组织创建之初,只有39个成员国,目前已增至180多个国家和地区。基金组织的基本职能就在于向会员国提供短期信用,调整国际收支的不平衡,维持汇率稳定,减缓各国由于国际收支危机所引起的货币贬值竞争与外汇管制的加强,以促进国际贸易的发展,提高就业水平与国民收入。

基金组织的主要领导机构是理事会和执行董事会,理事会是最高权力机构,由每一成员国各指派理事和副理事各一人组成。执行董事会是负责处理基金组织日常业务的机构,由22人组成。基金组织的重大问题由理事会或执行董事会通过投票表决的方式作出决定。每一成员国均拥有250票基本投票权,另外,各国向基金组织缴纳的份额每10万特别提款权增加一票。一国投票权的大小取决于其所缴纳的份额。

基金组织的资金来源主要是由成员国缴纳的基金份额、向成员国借款、出售黄金的收入以及创设的特别提款权四部分组成。基金组织的主要业务活动包括：向会员国提供各种贷款；为会员国提供咨询与培训服务；对会员国的汇率政策实行监管及对会员国的经济、金融政策与形势进行磋商与协商。基金组织对会员国提供多种贷款，其贷款对象仅限于会员国政府；贷款用途限于解决会员国国际收支暂时的不平衡；贷款期限一般是短期的；贷款方式采取由借款会员国以本国货币向基金组织申购外汇，即"购买"或"提款"方式，还款时则以外汇"购回"本国货币。

二、世界银行集团

世界银行有两个附属机构，即国际开发协会和国际金融公司，三者统称为世界银行集团。

(一)世界银行

世界银行即国际复兴与开发银行(IBRD)，是根据布雷顿森林会议通过的《国际复兴开发银行协定》于1945年12月成立的国际金融组织，其宗旨是：一是对用于生产目的的投资提供便利，以协助会员国的复兴与开发以及鼓励较不发达国家的生产与资源开发；二是以保证或参加私人贷款和私人投资的方法，促进私人对外投资；三是用鼓励国际投资以开发会员国生产资源的方法，促进国际贸易的长期平衡发展，并维持国际收支平衡；四是在提供贷款保证时，"应与其他方面的国际贷款配合"。

世界银行的会员国必须是IMF的会员国，其组织机构与IMF相差不多，也是由理事会下设执行董事会作为决策机构。世界银行的资金来源主要是四个方面：会员国缴纳的股金、在国际金融市场借款、出让银行债权和经营利润收入。世界银行的资金运用主要是向会员国提供长期贷款以促进其战后的复兴建设；协助不发达国家发展生产，开发资源。1988年，为了鼓励私人投资者到发展中国家投资，世界银行设立了"多边投资担保机构"，为私人投资提供担保或与私人资本一起联合对会员国政府进行贷款和投资。世界银行贷款条件较严，只有在借款国不能按合理条件从其他渠道获得资金时，才能申请贷款，贷款对象限于具有偿还能力的会员国政府，贷款用途限于特定的工程项目。

我国是世界银行的创始会员国之一，但由于历史原因，直到1980年5月我国才恢复在世界银行的合法席位。

(二)国际开发协会(IDA)

国际开发协会是由世界银行发起成立的国际金融组织，成立于1960年9月。其名义上是独立的，但从人事及管理系统(一套人马，两块牌子)来看，实际上是世界银行的一个附属机构，又叫第二世界银行。国际开发协会的宗旨是，"对落后国给予条件较宽，期限较长，负担较轻，并可用部分当地货币偿还的贷款"，以促进其经济发展，生产和生活水平的提高。它作为世界银行贷款的补充促进世界银行目标的实现。

国际开发协会贷款一般只向较贫穷的发展中会员国发放。1986年新标准规定，按人口平均国民生产总值在425美元以下的会员国，才能取得协会贷款，贷款的对象为会员国政府，或公私企业，但实际上均向会员国政府发放。货款应用于电力、交通运输、水利、港口建设之类的公共工程部门以及农业、文化教育建设方面。贷款期限为 50 年，宽限期为 10 年，第二个 10 年每年还 1%，其余 30 年每年还本 3%，偿还贷款时可以全部或部分使用本国货币。在名义上贷款免收利息，但要收取 0.75% 的手续费，实际上是低息贷款。

国际开发协会贷款资金来源有四个：一是会员国认缴的股本。其会员国分为两组：第一组是高收入工业发达国家，其股本须以黄金或外汇缴纳；第二组是亚、非、拉的发展中国家，其股本 10% 须以可兑换货币缴纳，20% 可用本国货币缴纳。二是会员国提供的补充资金。由于会员国缴纳的股本为数甚少，不能满足会员国需要，同时，国际开发协会又规定，该协会不得依靠在国际金融市场发行债券来动员资本，协会不得不要求会员国政府不时地提供补充资金。三是世界银行从净收入中拨给国际开发协会一部分款项。四是协会本身经营业务的净收入。

(三) 国际金融公司 (IFC)

国际金融公司是联合国授权世界银行于 1956 年 7 月成立的国际金融组织。实际上，它是世界银行的一个附属机构，但在财务上和法律上独立。其宗旨是：促进不发达国家的私人企业部门的发展；与私人资本一起为会员国的企业提供没有政府担保的风险资本，帮助发展地区资本市场，促进私人资本的国际流动。

国际金融公司的资金来源主要是会员国认缴的股本、世界银行以及某些国家政府的贷款。其主要贷款对象是亚、非、拉不发达会员国中的生产性中小型私营企业，贷款数额不大（每笔贷款一般不超过 200 万 ~500 万美元），贷款往往采取与资本投资相结合的方式，或者与私人投资者进行联合投资。贷款期限一般为 7~15 年，并且贷款须以原借款货币偿还。利息根据资金投放的风险和预期的收益等因素决定，一般为年利 6%~7%，有的还要参加企业分红。贷款的主要部门有：制造业、加工业、开采业。

☞ **专栏 12-2**

世界银行和国际货币基金组织的联系与区别

建立世界银行和国际货币基金组织的构想是在 1944 年 7 月的布雷顿森林会议上同时被提出来的。当人们提到布雷顿森林体系崩溃时，实际上仅仅是指以黄金—美元为基础的金汇兑本位制（双挂钩制度）的崩溃，而作为布雷顿森林体系重要组成部分的世界银行和国际货币基金组织却依然存在，并且是当代国际货币金融领域中最为重要的两个国际机构。

世界银行和国际货币基金组织在各自领域发挥重要作用，也有区别。首先，世界银行的主要任务是为发展中国家提供援助，而国际货币基金组织的主要任务是解决成员国国际收支问题；其次，在贷款问题上，世界银行提供的贷款期限较长，往往针对特定部门、特定项目提供，并要求受贷国采取相应的措施以确保贷款资金的使用效率，而国际货币基金组织提供的贷款期限较短，往往同时要求受贷国进行国际收支调节；最后，根据惯例，世界银行行长来自美国，而国际货币基金组织的总裁来自欧洲。

三、国际清算银行

国际清算银行是由英国、法国、意大利、德国、比利时、日本的中央银行和代表美国银行界的摩根保证信托投资公司、纽约花旗银行和芝加哥花旗银行共同组成，是西方国家中央银行合办的国际金融机构。

国际清算银行的宗旨最初是处理第一次世界大战后德国对协约国赔款的支付和解决德国国际清算问题。第二次世界大战后，它先后成为欧洲经济合作组织、欧洲支付同盟、欧洲煤钢联营、黄金总库的收付代理人，办理欧洲货币体系的账户清算工作，充当万国邮联、国际红十字会等国际机构的金融代理机构。现在，它的宗旨则是促进各国中央银行间的合作，为国际金融业务提供便利，作为有关各方协议国际清算的代理人或受托人办理国际清算业务。

国际清算银行主要同各国中央银行往来：接受各中央银行的存款，并向各中央银行发放贷款；代各中央银行买卖黄金、外汇和发行债券；为各国政府间贷款充当执行人或受托人；同有关国家中央银行签订特别协议，代办国际清算业务。此外，它还是欧洲货币合作基金董事会及其分委员会和专家组等机构的永久秘书。

四、区域性国际金融组织

(一) 亚洲开发银行 (ADB)

亚洲开发银行是仅次于世界银行的第二大开发性国际金融机构，是面向亚洲和太平洋地区的政府间多边开发银行机构。1966 年 11 月在东京成立，总部设在菲律宾首都马尼拉。

亚洲开发银行的宗旨是通过发放贷款和进行投资、技术援助，促进本地区的经济发展与合作。亚洲开发银行的资金来源分为普通资金和特别基金。前者主要由会员国认缴的股本金和来自国际金融市场及国家政府的借款构成，是亚洲开发银行的最主要资金来源。后者包括亚洲开发基金、技术援助特别基金、日本特别基金及联合国金融资金。其主要业务是向亚太地区加盟银行的成员国和地区的政府及其所属机构、境内公私企业及与发展本地区有关的国际性或地区性组织提供贷款。贷款也分为普通贷款和特别基金贷款两种。普通贷款资金来源于普通资金，期限为 12~15 年，利率随着金融市场调整；特别基金贷款来源于特别基金，期限为 25~30 年，利率为 1%~3%，属于长期优惠贷款，仅限于向人均国民生产总值低于 650 美元(以 1983 年价格计算)的国家提供。我国于 1986 年 3 月正式加入亚洲开发银行。

(二) 非洲开发银行 (ADB)

非洲开发银行于 1964 年 9 月成立，1966 年 7 月正式营业，是非洲国家创办的区域性国际金融机构，行址设在科特迪瓦首都阿比让。

非洲开发银行的资金结构与亚洲开发银行类似，也分为普通资金和特别基金。其贷款业务由普通贷款和特种贷款组成，前者使用普通资金，后者使用一些特别基金，贷款主要用于项目建设或结构调整和政策调整方面。

我国于1985年5月加入该行,成为正式会员。这不仅在政治上产生了很好的影响,而且为我国同非洲国家经济合作开辟了一条新渠道,促进了我国与非洲国家的经济技术合作的发展。

【本章小结】

1. 国际收支是指一定时期内一个经济体(通常指一个国家或者地区)与世界其他经济体之间发生的各项经济活动的货币价值之和。国际收支平衡表是一个国家或者地区在一定时期内(一年、半年、一季或一个月)所有对外外汇收支的系统记录,并应用会计原则按照会计核算的借贷平衡方式编制,经过调整最终达到账面上收付平衡的统计报表。

2. 国际收支平衡表的项目包括经常项目、资本和金融项目以及错误与遗漏项目三个方面。经常项目反映的是实际资源在国际的流动,主要包括货物与服务、收入和经常转移。资本和金融项目反映的是资产所有权在国际的流动,包括资本项目和金融项目两大类。资本项目主要包括资本转移和非生产、非金融资产的交易。金融项目主要包括直接投资、证券投资、其他投资和储备资产。

3. 国际收支若出现失衡,可通过对外汇储备的调节、汇率的调节、财政政策与货币政策的运用以及直接管制等手段来实现平衡。

4. 国际储备是一个国家或者地区货币当局持有的,用于国际支付、平衡国际收支和维持其货币汇率的各种形式的国际储备资产的总称。通常包括黄金储备、外汇储备、普通提款权和特别提款权等。国际储备资产必须同时具备流动性、安全性、盈利性等特点。

5. 国际金融机构泛指从事国际金融业务,协调国际金融关系,维系国际货币、信用体系正常运作的超国家机构。到目前为止,主要有国际货币基金组织、国际复兴开发银行、国际开发协会和国际金融公司等国际性金融组织以及泛美开发银行、亚洲开发银行、非洲开发银行和阿拉伯货币基金组织等地区性金融组织。

【重要名词术语】

国际收支　国际收支平衡表　自主性交易　调节性交易　黄金储备　普通提款权　特别提款权　国际货币基金组织　世界银行

【复习思考题】

1. 国际收支平衡表由哪些项目构成?
2. 如何对国际收支的失衡进行调节?
3. 国际储备由哪几部分构成?
4. 国际储备有哪些作用?如何对它实施管理?
5. 试比较国际货币基金组织与世界银行的基本职能与业务活动。

【案例分析】

我国金融监管格局的变迁

中国证监会成立于1992年10月,保监会成立于1998年11月,2003年4月银监会成立,连同中国人民银行,形成"一行三会"的金融监管格局,实行"分业监管"。

2004年6月,中国三大金融监管机构达成分工合作备忘录,以期进一步加强相互间的协调配合,避免监管真空和重复监管,提高监管效率。备忘录称,根据有关法律法规和国务院的行政规章,中国银行业监督管理委员会与中国证券监督管理委员会、中国保险监督管理委员会进一步明确了各自的职责分工。中国银监会、中国证监会、中国保监会任何一方需要对他方的监管对象收集必要的信息时,可委托他方进行。

备忘录提出,对金融控股公司的监管应坚持分业经营、分业监管的原则,对金融控股公司的集团公司依据其主要业务性质,归属相应的监管机构,对金融控股公司内相关机构、业务的监管,按照业务性质实施分业监管;被监管对象在境外的,由其监管机构负责对外联系,并与当地监管机构建立工作关系;对产业资本投资形成的金融控股集团,在监管政策、标准和方式等方面要认真研究、协调配合、加强管理。

中国金融监管机构分工格局如下:

中国银监会负责统一监督管理全国银行、金融资产管理公司、信托公司及其他存款类金融机构;

中国证监会依法对全国证券、期货市场实行集中统一监督管理,并履行相应职责;

中国保监会统一监督管理全国保险市场,维护保险业的合法、稳健运行。

2018年3月十三届全国人大一次会议审议通过:将中国银行业监督管理委员会和中国保险监督管理委员会的职责整合,组建中国银行保险监督管理委员会,作为国务院直属事业单位。其主要职责是,依照法律法规统一监督管理银行业和保险业,维护银行业和保险业合法、稳健运行,防范和化解金融风险,保护金融消费者合法权益,维护金融稳定。将中国银行业监督管理委员会和中国保险监督管理委员会拟订银行业、保险业重要法律法规草案和审慎监管基本制度的职责划入中国人民银行。

案例思考:

1. 为什么要合并银监会和保监会而保留证监会?
2. 如何处理中国人民银行与各金融监管机构之间的关系?

【延伸阅读】

1. 保罗·R.克鲁格曼,茅瑞斯·奥伯斯法尔德,马克·J.梅里兹.国际经济学:理论与政策.丁凯,等,译.10版.北京:中国人民大学出版社,2016.
2. 查尔斯·希尔.国际商务.王蕾,等,译.9版.北京:中国人民大学出版社,2009.
3. 陈雨露.国际金融.北京:中国人民大学出版社,2008.

4. 姜波克. 国际金融新编. 上海：复旦大学出版社, 2008.
5. 姜建清, 奚君羊. 金融风潮沉思录. 上海：上海人民出版社, 1999.
6. 奚君羊. 国际金融学. 上海：上海财经大学出版社, 2008.
7. 杨胜刚, 等. 国际金融. 北京：高等教育出版社, 2006.

第十三章　　金融风险与金融监管

  大萧条对 1930 年至 1980 年整整半个世纪的美国思想和政策产生了重大影响，对这种影响的重要性无论怎样强调都是不会过分的。

——赫伯特·斯坦

  一个合理的金融体系不仅可以将经济社会有限的资金配置到效率最高的部门和企业，而且还能够将风险合理地配置到有承担能力且愿意承担风险的部门和企业，增强金融体系乃至整个经济体系运行的稳定性，降低系统性风险，所以金融体系具有在金融主体之间配置金融风险的基本经济功能。但是，金融体系也蕴含金融风险，金融风险是金融体系的基本属性之一，因为，金融体系存在内在的脆弱性，金融危机的屡屡爆发就说明了这一点，金融监管也就显得尤其重要。

  通过本章的学习，你将能够了解和掌握以下知识：
- 金融风险的含义、特征及种类；
- 金融监管的含义、理论基础、目标与原则；
- 金融监管实施的内容及方法。

第一节　金　融　风　险

一、金融风险的含义

  风险是不确定性因素造成损失的可能性。风险产生的根源是不确定性，即事物的未来发展或变化具有随机性，人们无法事先准确预知何种状态将会发生。它包含着某种潜在的、可能发生的损失。具体来说，金融风险是特指在资金的融通、经营过程中和其他金融业务活动中，由于各种事先无法预料的不确定因素的影响，金融机构或资金经营者的实际收益或所达水平与预期收益或预期水平发生一定的偏差，从而有蒙受损失或获得额外收益的机会或可能性。例如，当人们用自己的货币以一定的价格购买金融资产时，这种金融资产提供的收入流量并不是现时的收入流量，而是在未来一定时期内陆续实现的货币收入流量。

  对金融风险的含义可以从以下几方面加以理解：①金融活动中蕴含着金融风险，风险是金融活动的内在属性。②金融风险可能导致的损失不仅指本金损失，还要考虑资本收益的相对损失。如果投资收益低于市场平均收益率，投资者实际上遭受了机会成本损失。③金融风险的暴露是指经济主体在金融交易中面临风险的部位及其受风险因素影响的敏感程度。金融活动主体承担的风险水平不仅取决于风险因素本身的不确定性程度,还取决于主体对特定风险因素的暴露程度。

二、金融风险的特征

一般而言,金融风险有以下特征:

(一)特殊性

金融风险作为风险的一种特例拥有相对较窄的外延,只存在和发生于特定的金融领域,即仅限于资金的融通与经营领域。

(二)广泛性

金融是经济的核心,每个经济主体都离不开金融活动,金融联系经济的各个层面,金融风险也随之形成,并具有丰富的内涵。从个人来看,个人是金融领域主要的资金供应者。若作为存款者,就面临着能否连本带利收回存款的风险,因为银行也有倒闭的可能;若作为投资者,如买卖证券、外汇、期货等,则面临着能否收回已经投入的本金和期望的投资报酬的金融风险。从企业来看,企业可以是资金的供给者,也可以是资金的需求者,但从整体来看,企业是需要经常补充资金的赤字单位。企业不论是向金融机构间接融资,还是在金融市场上直接融资,都不能避免诸如市场利率等变动造成的筹资成本与收益变动所形成的风险。从政府来看,作为经济主体,主要面临两类金融风险:一是政府在经营其管理的社会福利基金与社会保障基金时应承担的微观金融风险;二是政府作为国家的代表进行国际资金融通活动时应承担的宏观金融风险。银行、证券公司和保险公司等金融机构作为融资活动的主要中介,在经营过程中都无一例外地会遭遇各种金融风险,如信用风险、利率风险、市场风险、流动性风险等。

(三)双重性

金融风险对资金筹集者和资金经营者的影响是双重的,既有蒙受经济损失的可能,又有获得超额利润(或收益)的可能。虽然对金融风险的研究一般侧重于防范金融风险的消极作用,但同时也应注意它所包含的积极因素,充分利用其获利的可能性。

三、金融风险的分类

对不同的金融风险进行归纳分类,有利于有效预测与监控金融风险。根据不同的标准,可以对金融风险进行不同的划分。

(一)按照金融风险的对象,可分为银行信贷风险、外汇风险、证券投资风险、期货投资风险

银行信贷风险。它指因银行不能及时满足顾客提款需要,或者债务人不能偿还本息或延期偿还本息带来的银行收益损失的可能性。

外汇风险。它指因汇率变动而蒙受损失以及丧失所期待利益的可能性。

证券投资风险。它指现期投资于股票或证券等有价证券的将来收益大小的不确定性或未知性。

期货投资风险。它指政治、经济、自然等多种因素引起期货合约的成交价格背离现实价格而导致期货交易者的投资收益变得不确定的可能性。

(二)按照金融风险涉及的范围,可分为微观金融风险和宏观金融风险

微观金融险是指某一个经济实体在其筹集资金和经营资金的过程中存在与发生的风险。宏观金融风险是指一国范围内所有微观金融风险的总和。

(三)按照金融风险的承担者不同,可以分为国家金融风险和经济实体金融风险

前者指以国家代表的身份来承担的金融风险;后者则是指包括居民个人、企业、银行、非银行金融机构以及以经济实体身份出现的政府等在内的所有经济实体承担的金融风险。

(四)按照金融风险产生的根源,可以划分为客观金融风险与主观金融风险

客观风险独立于个人的主观判断之外,损失发生的可能性取决于未来事件的客观属性,而主管风险的水平高低取决于个人对风险的主观判别。灾害、经济政策、政治动荡、科技发展等一系列客观因素带来的金融风险属于客观风险。例如,严重的旱灾使农业减产,农业经营者亏损严重,无法归还银行贷款使银行蒙受金融风险。资金借贷者与经营者管理不善或预期失误等因素引起的风险属于主观金融风险。例如,股票投资者看涨某只股票,重仓持有,结果却事与愿违,该只股票不涨反跌,使投资者蒙受损失,此为主观金融风险。

第二节 金融监管

一、金融监管的含义及理论依据

(一)金融监管的含义

金融监管(financial regulation 或 financial supervision)是指管理当局对各金融机构的市场准入、市场经营流程和市场退出按照法律和货币政策实施严格管理,通过行政手段严格控制各金融机构设置及其资金营运的方式、方向和结构,甚至严格规定金融从业人员的资格。狭义的金融监管是金融监管当局依据国家法律法规对金融业实施监管,属于经济管制范畴。广义的金融监管还包括金融行业自律性管理。随着金融业的发展,监管的对象已经由单一对银行业的监管,发展到对包括证券、保险等整个金融行业的监管。

随着经济制度的不断演变、金融混业格局的逐步诞生、金融全球化的大背景以及金融业务全面对外开放,金融监管的内涵和外延都发生了诸多变化。这主要体现在以下方面:

1. 金融监管由封闭式监管向开放式监管转变

金融全球化导致资金可以在全球市场间迅速地流动,导致了监管难度的上升及监管真空的产生。全球化新形势对金融监管提出了由封闭式向开放式转变的要求。

2. 金融监管由机构型监管和预防性监管向功能型监管和政策性监管转变

现有的金融监管模式主要是预防性的监管模式,理论界常将金融监管视为金融抑制和金融制约,并与金融自由化和金融创新相对立。从国际监管制度的演化来看,金融监管正从机构型监管向功能型监管转变,由原来的对金融机构的监管转向对金融的功能主体进行监管。

3. 金融监管从静态监管向动态监管转变

在市场型金融制度中,金融制度功能的一部分是通过微观金融组织的经营行为实现的,而微观金融组织总是倾向于创造更多的金融商品以增加更多的负债和资产,从而增加利润。金融监管当局须根据金融市场与组织创新后的实际情况作出反应,以创新的监管方式来实施监管,按照这一博弈过程所进行的监管模式必然是动态的。

4. 金融监管向现代化的、高技术的监管方式转变

信息技术使金融行业的发展突破了传统的业务渠道和服务方式,但网络风险也不容忽视。网络银行业务的风险既有传统银行业务所具有的风险,也有由于网络技术而形成的新风险,与其相对应的监管必须是现代化的、高技术的。

☞ **专栏 13-1**

信息披露制度的起源

上市公司信息披露制度是证券市场发展到一定阶段,相互联系、相互作用的证券市场特性与上市公司特性在证券法律制度上的反映。世界各国证券立法莫不将上市公司的各种信息披露作为法律法规的重要内容。信息披露制度源于英国和美国,英国的"南海泡沫事件"(South Sea Bubble)导致了《1720年防止欺诈法案》(*Bubble Act of* 1720)的出台,而后《1844年合股公司法》(*The Joint Stock Companies Act of* 1844)中关于招股说明书的规定,首次确立了强制性信息披露原则(the principle of compulsory disclosure)。但是,当今世界信息披露制度最完善、最成熟的立法在美国。它关于信息披露的要求最初源于1911年堪萨斯州的《蓝天法》(*Blue Sky Law*)。1929年华尔街证券市场的大阵痛,以及阵痛前的非法投机、欺诈与操纵行为,促使了美国联邦政府1933年的《证券法》和1934年的《证券交易法》的颁布。在1933年的《证券法》中,美国首次规定实行财务公开制度,这被认为是世界上最早的信息披露制度。

(二)理论依据

支持政府管制的理论主要是:"社会利益论"和"社会选择论"。社会利益论认为,由于市场中存在个体利益与社会利益的矛盾,为了维护社会整体利益,就要求政府对经济个体的行为进行管理和监督,以纠正或消除市场缺陷,改善资源配置和公平收入分配。社会

选择论认为，由于市场存在缺陷，需要外部管制以保证资源有效配置、经济体系高效运行，各种利益主体是管制的需求者，而管制作为公共品只能由政府来供给。政府作为公共利益的代表，应保持独立性，其目标是增进社会福利。

"市场失灵"也是金融监管的直接原因。金融市场运行中的市场失灵具体表现为：

1. 金融体系中的外部负效应

金融领域的外部负效应问题尤为严重：首先，金融机构的债权人分布面很广，覆盖社会各阶层。一旦某家金融机构倒闭，受损失的不仅是其所有者，众多债权人也将蒙受损失，其中有相当部分是社会民众。其次，金融机构在经营中出现的问题具有传染性，一家金融机构由于经营管理不善等原因倒闭，可能会波及其他金融机构。因此，金融机构的外部负效应在一定条件下会自我放大，若发展到极端，就会造成系统性的金融危机，导致市场崩溃，使宏观经济动荡。即使并未发生金融机构的系统性危机，作为支付中心的某家大银行倒闭，也可能会引起清算、支付体系运转不畅甚至中断，降低社会经济运行效率。

2. 金融市场中的垄断性

金融业具有一定程度的自然垄断倾向，例如，通过一家清算、支付机构处理所有的交易将极大提高交易效率；金融机构业务范围越大，越有可能为客户提供全面、便捷、低成本的服务；随着银行持有的信贷组合的多样化，信用风险可以相应降低。而且在市场竞争中处于优势的金融机构为占据更大的市场份额，也会设法将对手挤出市场，使金融业务趋于集中。金融业的垄断将导致资金价格上升、服务质量下降、客户受到不公平歧视性待遇。

3. 金融市场中的信息不对称

金融交易中普遍存在信息不对称现象，在借贷市场上，资金供需双方拥有的信息量有着显著差异。由于信息不对称，金融契约又对信贷资金安全构成威胁。金融中介机构本身是有助于解决信息不对称问题的一种机制，然而这种机制也存在着缺陷：金融机构并不能通过其客户鉴别体系和监督系统彻底消除信息不对称问题；同时，金融机构本身也存在着道德风险。由于金融机构的杠杆比率比一般企业高出很多，其所有者所受损失与债权人的损失对比而言并不高，因而，所有者对金融机构经营者的行为有可能缺乏足够的约束，金融机构有从事高风险投资的倾向。在股票、债券等公开市场上，也存在信息不对称问题，如内幕交易、操纵行情、违反公开信息义务、欺诈客户等，致使市场价格不能真实地、全面地、及时地反映相关信息。将政府管制的一般理论延伸到金融领域中，可以得出同样的结论：基于公共利益，政府有必要对金融活动进行监督和管理，从而对金融市场的局限进行矫正或弥补。

4. 金融体系的公共产品特性

一个稳定、公开而有效的金融体系带来的利益为社会公众所共同享有，无法排斥某一部分人享有此利益，而且增加一个人享有这种利益并不影响生产成本。因此，金融体系对整个社会经济而言具有明显的公共产品特征。在西方市场经济条件下，私人部门构成金融体系的主体，政府主要通过外部监管来保持金融体系的健康稳定。

二、金融监管的目标和原则

(一)金融监管的目标

在不同的国家,由于面临的经济环境不同,金融监管的目标存在一定的差异,此外随着各国金融业的发展,金融监管的目标也在不断地调整和完善。一般说来,金融监管的目标主要包括为以下四个方面:

(1)保护金融机构的正常经营活动,保护存款人和投资者的利益。金融监管的主要目的在于保护公众权利人的利益,这种保障有时是应理性公众权利人的要求而实施的,有时则是政府自上而下主动实施的。其常规方式有最低资本要求、投资组合限制、多样经营要求、公司及其雇员的一般行为准则(如禁止不安全、不稳健的业务运作)以及以现场检查为补充的定期报表要求等。

(2)降低金融风险,管理和控制金融危机,避免系统性风险的产生和扩散。金融监管的一个明显目的在于防范通过经济系统传导的金融风险。这种金融风险可通过激起金融恐慌的连锁反应、破坏支付系统或干扰授信流程而实现传导,严重的将导致金融系统崩溃,拖累一国经济增长,破坏社会稳定与政治安全。例如,有些政府出台某些行政措施,对中央银行清算机构和支付系统进行管制,以隔离因金融机构倒闭而引发的负外部效应。

(3)创造公平的市场环境,促进金融市场的有效竞争,提高资源的配置效率。这一目标充分解释了为什么长期以来金融机构被禁止向其他行业实体进行直接投资,并且在向其附属企业提供信用支持或进行交易方面受到严格管制。

(4)规范金融市场参与者的市场行为,打击各种非法交易、非法投机、金融欺诈和其他金融犯罪活动,维护良好的金融秩序。

归根结底,金融监管旨在保护本国金融体系的安全与稳定,同时促进效率的提高。

(二)金融监管的原则

要使监管的动机与效果取得一致,实现有效监管,必须依据一定的原则。金融监管的原则各国大致相同,特别是巴塞尔委员会于 1997 年 9 月公布了《有效银行监管的核心原则》之后,各国金融监管当局基本上都将其作为金融监管的准则。概括来讲,主要有以下几点:

1. 独立原则

独立原则是指参与金融监管的各个机构要有明确的责任和目标,并应享有操作上的自主权和先决条件,这些条件主要有稳健且可持续的宏观经济政策、完善的公共金融基础设施、有效的市场约束、高效率解决银行问题的程序、适当的系统性保护的机制。

2. 适度原则

金融监管机构的职能空间必须得到合理界定,应以保证金融市场调节机制正常发挥作用为前提。金融监管当局的监管重心应放在保护、维持、创造一个公平、高效、适度、有序的竞争环境上。这就要求做到:既要避免造成金融垄断,排斥竞争,从而丧失效率与活力,又要防止出现过度竞争、破坏性竞争,从而波及金融业的安全和稳定。

3. 法制原则

这一原则有两方面的含义：一是所有金融机构都必须接受金融当局的监督管理，不能有例外；二是金融监管必须由金融监管机构依法进行，有关权利与义务的划分必须有明确的法律依据，以确保金融监管的权威性、严肃性、一贯性，从而确保金融监管的有效性。金融监管要依法监管，要防止金融监管者的行为扭曲，建立对监管者的权力制衡机制。

4. 公正、公平、公开原则

监管机构要公正地履行其监督职能，以客观事实为依据，避免主观臆断。金融监管应保证金融交易各方的平等地位，不得对某方给予偏袒。监管的实施过程和实施结果应向有关当事人公开，要保证监管透明度，保证各方当事人都拥有知情权。

5. 效率原则

金融监管必须建立成本-效益观念，尽可能降低监管成本，减少社会支出。这就要求精简监管体系，提高监管人员的整体素质，在监管工作中讲求实效，对监管方案进行优选，并采用现代化的先进技术手段。

6. 动态原则

金融监管应与金融发展保持同步，以免成为限制金融业发展的羁绊。监管机构应尽快对不适应金融发展新形势的规则进行修订，避免窒息金融创新的积极性，还要具备一定的前瞻性，把握金融市场走向和金融结构的演变趋势，提前作出相应的准备，缩短监管时滞，提高监管的事前性和先验性。

第三节 金融监管的实施

一、金融监管的手段与方法

采用恰当的监管手段与方式是实现监管目标、提高监管效率的重要途径。各国金融监管主要运用法律手段、经济手段和行政处罚手段，并建立了成套的系统性规章制度，创立了多种方式方法。从总体上看，各国的金融监管主要依据法律、法规来进行，在具体监管过程中，主要运用金融稽核手段，采用"四结合"并用的全方位监管方法。

（一）依法实施金融监管

各国金融监管体制和风格虽然各有不同，但在依法管理这一点上是共同的，这是由金融业的特殊地位和对经济的重大影响所决定的。金融机构必须接受国家金融管理当局的监管，金融监管必须依法进行，这是金融监管的基本点。只有保证监管的权威性、严肃性、强制性和一贯性，才能保证它的有效性。而要做到这一点，金融法规的完善和依法监管是绝对不可少的。市场经济就是要充分发挥各个生产要素和环节的主动性和积极性，鼓励和支持竞争，而竞争要做到规范有序，必须而且只能由法律做保障。

（二）运用金融稽核手段实施金融监管

"稽"，就是审查；"核"，就是认真地对照、考察、核算、核实。金融稽核，是中央银行或监管当局根据国家规定的稽核职责,对金融业务活动进行的监督和检查。它是由管辖行的稽核机构派出人员以超脱的、公正的客观地位,对辖属行、处、所或业务领导范围内的专业机构,运用专门的方法,就其真实性、合法性、正确性、完整性,作出评价或建议,向派出机构及有关单位提出报告。因此,金融稽核是做好金融宏观控制的一项重要手段,是经济监督体系中的一个重要组成部分,与纪检、监察、审计工作有着紧密的联系。金融稽核的主要内容包括业务经营的合法性、资本金的充足性、资产质量、负债的清偿能力、盈利情况、经营管理状况等。

(三)"四结合"的监管方法

1. 现场稽核与非现场稽核相结合

现场稽核是指监管人员直接深入金融机构进行业务检查和风险判断分析。监管人员通过亲临现场,检验银行财务报表数据的准确性和可靠性,评估银行管理和内部控制的质量,检查银行遵守法律法规的情况,考察银行整体的经营管理水平。非现场稽核是指监管部门对金融机构报送的数据、报表和有关资料,以及通过其他渠道(如媒体、定期会谈等)取得的信息,进行整理和综合分析,并通过一系列风险监测和评价指标,对金融机构的经营风险作出初步评价和早期预警。

2. 定期检查与随机抽查相结合

定期检查是按事先确定的日期进行稽核检查,被监管机构预先可知;随机抽查则根据情况随时进行,随机抽查不提前通知被监管金融机构。

3. 全面监管与重点监管相结合

全面监管是指对金融机构从申请设立、日常经营到市场推出的所有活动自始至终进行全方位的监管,重点监管是指在全面监管的基础上抓住关键问题或重要环节进行特别监管。

4. 外部监管与内部自律相结合

外部监管除了官方的监管机构外,还包括社会性监管。社会性监管主要指协助监管的各种社会机构,如会计师事务所、审计师事务所、律师事务所、信用评级机构等,以及社会公众和新闻媒体的监督。内部自律一方面包括金融机构内部的自我控制机制,另一方面包括行业公会展开的同业自律,如各国的银行业公会、证券业公会、保险业公会等行业公会都通过共同制定行业活动规则,彼此约束和自我约束,保护共同的利益和良好的秩序,实现行业内部的互律性监管。

☞ 专栏 13-2

我国商业银行的现场检查和非现场检查

《中华人民共和国银行业监督管理法》第三十四条:银行业监督管理机构根据审慎监管的要求,可以采取下列措施进行现场检查:

(1)进入银行业金融机构进行检查;

(2)询问银行业金融机构的工作人员,要求其对有关检查事项作出说明;

(3)查阅、复制银行业金融机构与检查事项有关的文件、资料,对可能被转移、隐匿或者毁损的文件、资料予以封存;

(4)检查银行业金融机构运用电子计算机管理业务数据的系统。

进行现场检查、应当经银行业监督管理机构负责人批准。现场检查时,检查人员不得少于二人,并应当出示合法证件和检查通知书;检查人员少于二人或者未出示合法证件和检查通知书的,银行业金融机构有权拒绝检查。

《中华人民共和国银行业监督管理法》第三十三条:银行业监督管理机构根据履行职责的需要,有权要求银行业金融机构按照规定报送资产负债表、利润表和其他财务会计、统计报表、经营管理资料以及注册会计师出具的审计报告。

二、银行业监管

(一)市场准入监管

由于经济、社会文化及法制传统的差异,各国形成了不同的银行监管风格,主要分为两类:一是以英国为代表的非正式监管,即银行监管不以严格的法律、规章为依据,而往往采用"道义劝说"、"君子协定"来达到监管目的,加拿大、澳大利亚、新西兰也属于此类。二是以美国为代表的规范化监管,运用严密的法律体系和频繁的检查监督对银行施加管理,日本、欧洲大陆国家多属此类。不过,随着金融国际化发展,各国金融监管机构彼此相互协调、借鉴,监管风格也在潜移默化中逐渐接近。各国银行监管当局的监管措施主要包括以下几方面:一是银行准入的管理和银行日常经营的监管,包括为防止因银行经营管理不善或违规经营造成损失而实施的预防性监管等;二是为保护存款人的利益并维护银行体系的稳定而提供的存款保险制度;三是在银行濒临危机时采取的紧急救助措施。

历史上,对商业银行的市场准入有四种原则:一是自由主义,法律对银行的市场准入不加规定,银行设立不需经过登记注册,而是依据事实而存在;二是特许主义,银行成立的依据是统治者颁发的特许令或国会的特别法令;三是准则主义,商业银行只要符合法律规定的条件即可申请注册,无需经过监管机构批准;四是核准主义,又称审批制,银行的设立除了要符合法律规定的条件外,还需报请监管机构批准后,方可申请登记注册。

监管当局对银行市场准入的控制主要有两个目的:第一,保证新设立的银行具良好的品质。第二,保持银行数量与社会需要相适应,促进银行业的适度有效竞争。银行监管当局判断准入的标准既有量的标准,也有质的标准。量的标准主要规定商业银行必须达到法定最低注册资本额,以保护债权人的利益并维持银行体系稳定运行。中国设立全国性商业银行的注册资本最低限额为10亿元人民币,城市银行和农村商业银行的注册资本最低限额分别为1亿元和5000万元人民币。质的标准主要包括法人资格、组织章程、经营管理的方式与计划、内控制度、高管理人员素质等。对符合条件的申请人,监管当局在审批时还要考虑经济发展和银行业市场竞争状况。

监管当局在批准商业银行设立时,对其业务范围也作了规定。有的国家对银行能够从事的业务实行严格限制,有的国家则对此较少限制。

(二)日常经营监管

监管当局制定各项预防性的谨慎监管规则,并通过现场检查和非现场检查对商业银行的日常经营管理进行考察和约束。"谨慎原则"源于会计处理,即采用尽可能不高估资产和所有者权益的会计处理方法,以使企业的会计核算建立在稳妥可靠的基础之上。谨慎监管的核心内容是督促银行谨慎经营,防范和控制风险,确保银行稳健运行。各国银行监管机构大都围绕"谨慎原则"建立了一个全面监管的规则体系。

1. 资本充足度监管

1988年巴塞尔委员会颁布《巴塞尔协议》,形成了银行资本充足度的国际标准。该协议规定,银行资本与加权风险资产比率不得低于8%,核心资本比率不低于4%。该标准已为世界各国广泛接受。

美国通货监理署早在1914年就提出设立资本标准,此后,美国银行的资本标准从内涵到目标比率经历了多次调整。签署《巴赛尔协议》后,美国银行监管机构对国内银行资本标准作了相应调整。联邦银行监管机构将银行资本充足状况归为五个类型:良好资本、充足资本、不足资本、严重不足资本和极其短缺资本,对不同资本类型的银行采取不同的监管措施。英国监管当局并未设立统一的资本充足率,而是根据每家银行的业务性质和特点,设定不同的比率,而将8%的资本充足率作为"最低清偿比率",此比率也适用于考核在英国的国际银行。英格兰银行规定的资本充足率分为两类:一是触发比率,是根据《1987年银行法》规定的授权标准所能接受的最低资本比率,一般高于8%的比率;二是目标比率,是充分防止意外触犯触发比率的资本比率,通常高于触发比率1%以上。日本大藏省和当时的欧共体国家银行监管当局都要求本国银行采取措施提高资本充足率,以符合《巴塞尔协议》的要求。中国人民银行1994年发布《商业银行资产负债比例管理暂行监控指标》和《关于资本成分和资产风险权数的暂行规定》,要求商业银行资本充足率达到《巴塞尔协议》的规定。

2. 流动性监管

各国监管机构对银行流动性的衡量方法、管理方式差别较大。有的国家以各种流动性比率作为考核流动性的指标,并要求银行流动性比率达到一定标准。有的国家并无强制性的流动性比率要求,而是向银行发布衡量和管理流动性的指导方针。英国监管当局对银行流动性状况是以流动性缺口来衡量的,并设立流动性指标对银行的流动性进行监督。美国银行监管机构并不具体规定银行的流动性比率,但是监管机构对银行进行检查时将流动性作为一个重要项目,并对银行的流动性按1~5级进行平级。1级表示流动性充足,5级表示完全没有流动性。我国《商业银行资产负债比例管理暂行监控指标》和《商业银行法》对银行流动性的比率做了具体规定,包括存贷款比例、中长期存贷款比例、流动性资产负债比例、拆借资金比例等。

3. 贷款集中度监管

各国监管当局对银行贷款集中度加以限制,避免贷款风险过于集中,同时也对关系人贷款予以限制。欧盟规定银行对单个借款人的贷款不超过总资本的25%,对关系人贷款不超过总资本的20%。美国联邦监管机构规定对单个借款人的贷款比率不超过总贷款的

15%，州监管机构的规定是不超过总贷款的12%~25%，并规定对关系人贷款不应提供优惠。日本等国也对单一客户的贷款规定了限额或比率。我国要求商业银行对同一借款人的贷款余额与银行资本余额的比率不能超过10%，对最大的10家客户的贷款总额不超过银行资本净额的50%，商业银行不得向关联交易者和其关系人发放信用贷款等。

4. 资产质量监管

银行的资产质量（主要指贷款质量）是衡量银行经营状况的重要依据。美国银行监管机构根据风险程度将银行资产分为正常、关注、次级、可疑、损失五类，最后确定银行的资产质量等级。中国人民银行也将银行贷款质量作为监管重点。传统的贷款分类方法属于期限法，将贷款分为正常、逾期、呆滞、呆账四类，不良贷款通称"一逾两呆"。中国人民银行对"一逾两呆"的贷款比率做了限制。这种分类方法在评估贷款内在风险上存在一定程度的滞后，且标准宽严不一，与谨慎监管的原则也不尽相符。中国人民银行于1998年开始在商业银行试行五级分类法，并于2001年底正式颁布《贷款风险分类指导原则》，自2002年1月全面推行。

5. 呆账准备金监管

各国监管当局对呆账准备金的计提方法、计提比率和冲销方式一般都有规定。商业银行的呆账准备金一般分为两部分：一是根据当年贷款余额按固定比率提取的普通呆账准备金；二是根据贷款的实际风险程度提取的特别呆账准备金。我国商业银行于20世纪80年代末建立贷款呆账准备金制度，按贷款余额的1%提取普通呆账准备金，未提取特别呆账准备金。在根据《贷款风险分类指导原则》实行贷款五级分类后，我国银行除了计提普通准备金外，还需根据分类结果提取专项准备金。财政部也在2001年新发布的《金融企业会计制度》中要求按资产损失程度提取普通、专项和特种准备金。

6. 内部控制监管

监管当局通常会发布指导性原则，要求银行建立科学、严密、完备的内控制度。商业银行的内控制度主要包括管理控制、业务营运控制、会计控制三方面。

除此之外，银行监管当局对商业银行的信息披露、风险管理等方面也有相应的要求。

（三）市场退出监管

金融机构市场退出的原因可分为主动退出与被动退出两类。主动退出是指金融机构由于分立、合并或者出现公司章程规定的事由需要解散而退出市场。其主要特点是"主动地自行要求解散"。被动退出则是指出于法定的理由，如由法院宣布破产或由于严重违规、资不抵债等原因而遭关闭，金融监管当局将金融机构依法关闭，取消其经营金融业务的资格，金融机构因此而退出市场。各国对金融机构市场退出的监管都通过法律予以明确。

☞ 专栏 13-3

次贷危机与美国的监管改革

2007年的闷热之夏，在飞机撞上世贸中心双子塔六年后，曾经风光无限的花旗集团和美林证券，尚未从单季盈利创下历史新高的荣耀中清醒过来，旋即陷入巨额亏损的噩梦。至此,次贷连环雷触响:摩根士丹利巨亏,信心危机摧毁贝尔斯登,"两房"陷入危机,雷曼兄弟破产倒闭,高盛深陷困境,一场席卷全球的"百年一遇"的金融危机由此拉开了序幕。随后,欧债危机接踵而至。2009年10月20日,希腊当时刚上台的帕潘德里欧政府宣布其前任掩盖了希腊政府财政赤字和政府债务的真相,预计当年政府财政赤字与GDP之比将达到12.7%,公共债务与GDP之比将达113%,远远超过了《马斯特里赫特条约》中规定的标准。随后,全球三大评级公司相继下调希腊主权信用评级。欧洲主权债务危机率先在希腊爆发,并迅速向爱尔兰、葡萄牙、意大利和西班牙等国蔓延,以至成为欧元区"欧洲五国"的主权债务危机,德国等欧元区的龙头国也不可避免地受到危机的影响。

这场始于美国的全球金融危机对全球经济的影响巨大。究其原因,监管当局不作为仍是重要的因素。首先,对放贷机构非审慎性房贷抵押贷款的发放监管不力;其次,对投资银行的监管乏力,对信用评级等中介机构的监管缺失又导致次级债信用风险加大等。针对这些监管缺陷,美国监管当局对监管体系进行了全面改革。2010年7月21日,奥巴马签署金融监管改革法案,这标志着历时一年多的美国金融监管改革立法完成。这一全称为《2010年华尔街改革和消费者保护法》的法案,有望在美国金融史上成为与《格拉斯-斯蒂格尔法案》(正式名称为《1933年银行法案》)比肩的又一座金融监管里程碑。这项改革有两大支柱:首先,新的监管框架必须有效防范系统性金融风险。防止所谓"大而不倒"的超级金融机构经营失败而引发新的系统性危机,是本轮监管改革的首要目的。同时,过度举债造成的信用风险是次贷危机爆发的根源。保护消费者免受金融欺诈、保证有充分的信息披露,将会有效地防止类似危机的重演。这也是该法案被称为《2010年华尔街改革和消费者保护法》的原因所在。

三、证券业监管

为了使证券市场充分发挥其优化资源配置的功能,保护证券市场参与者的正当权益,防范证券市场风险,促进证券业的有效竞争,各国都建立了证券监管体系。证券监管是指证券主管机关依法对证券的发行、交易等活动和参与证券市场活动的主体实施监督管理的一系列活动的总和,证券监管贯穿证券市场运行的各个环节。

(一)证券经营机构的监管

证券经营机构是证券发行、交易市场的主体,其业务运作的规范程度、风险控制和防范能力的强弱直接关系到投资者利益和市场的稳定,所以,各国都对证券经营机构的设立与运作进行严格管制。

1. 证券经营机构的设立监管

世界各国实行的证券经营机构设立体制可以分为许可制和注册制两类。在实行许可制的国家,证券经营机构的设立条件、程序均比实行注册制的国家严格和复杂,对于保护投资者较为有利,也有利于证券交易的安全和市场秩序的稳定。目前大多数国家采取许可制来设立证券经营机构。中国在证券经营机构设立的监管上,采取许可制,设立证券公司或证券交易营业部需要得到中国证监会批准。

尽管各国具体规定不尽相同，但无论在哪种体制下设立证券经营机构都应具备一定的条件。这些条件集中表现在财力和人员等方面。在中国，设立证券公司既要符合《中华人民共和国公司法》中对股份有限公司和有限责任公司设立条件的规定，同时又要符合《中华人民共和国证券法》的特别要求。首先要具有适当的财产基础，主要是对注册资本的限制。设立综合类证券公司，注册资本最低限额为人民币5亿元，设立经纪类证券公司，注册资本最低限额为人民币5000万元。其次，主要管理人员和业务人员必须具有证券从业资格。再次，必须有固定的经营场所和合格的交易设施。对证券商的营业场地面积、安全设施、电脑设施、行情显示与公告设施、资料陈列设施等均有具体要求。最后，要有健全的管理制度和规范的自营业务与经纪业务分业管理的体系。

2. 证券经营机构的持续监管

对于证券经营机构的持续监管，主要是对它的资产运营结构进行监管，这关系到证券商的安全经营和市场的稳定。主要包括对证券经营机构的资产结构与财务状况的监管、竞业禁止及其他禁止行为的监管、证券经营机构从业人员的资格管理、定期报告制度的监管等内容。

证券市场风险较大，因此，各国证券监管当局都对此严加监管，通过对证券经营机构财务合法性的严格规定，确保证券经营机构资产状况良好，保证其履行职责，并使其有能力承担相应的财产责任。

竞业禁止主要强调对其他金融机构从事证券业务和证券经营机构从事其他金融业的限制。在分业经营的国家，证券经营机构是证券市场上从事证券发行、交易的唯一主体，信托公司、商业银行等金融机构不能从事证券业务。同时，证券商也不得从事商业银行的存、贷业务。在混业经营状况下，竞业的限制则较少。除了证券经营机构竞业限制以外，从业人员竞业禁止也是竞业禁止的内容之一。

证券从业人员的素质高低，关系到一国证券市场能否健康持续发展，因此，各国对证券业从业人员都实行了资格管理。在英国，证券从业人员的注册由自律性机构——证券与期货管理局负责，该局设有考试中心，负责证券从业人员的资格考试。

最后，为保证证券经营机构的营业安全，动态掌握其经营与财务状况，证券公司要定期向主管机关提交有关报告。例如，美国《统一证券法》规定，注册证券商和投资顾问应依法向证券管理机关提交财务报告；注册证券商和投资顾问需保存证券管理机关指定的账目、代理协议、票据、登记簿及其他有关文件，保存期为3年；当已提交的文件所包含的资料发生变化时，应迅速提交修正材料，以供证券管理机关审查。对于违反规定的证券商，证券管理机关可延缓、取消、撤销该证券商的注册，或宣布注册无效。

3. 证券经营机构变更与终止的监管

对于证券商的变更、终止，各国的规定不尽相同。中国的证券公司的设立采用审批制，因此，证券商的变更、终止也同样需要经过证券监管部门的批准。

(二)证券市场监管

对于证券市场监管，主要指对证券发行、证券交易和信息披露等方面的监管。

1. 证券发行监管

证券发行过程中发行人有权自主决定是否发行证券、发行证券的种类与数量以及采取何种方式发行等。但是，由于证券发行尤其是公募发行往往涉及数量众多的社会投资者，与一国甚至世界范围内的市场秩序及经济安全都有着密切联系，各国的监管当局都对证券发行实施严密监管，以防范证券发行中的欺诈行为，减轻其负面效应。

证券发行制度分为注册制和核准制。证券发行注册制即实行公开管理原则，实质上是一种发行公司的财务公布制度，其特点是证券主管机关不对发行人能否发行股票进行价值判断。发行人为了发行证券，必须将与发行证券有关的各种资料提交给证券监管部门，并通过媒体向社会公众披露。证券监管部门的主要职责是，最大限度地保障投资者得到相关的证券信息，并对申报文件的全面性、准确性、真实性和及时性作出审查，而不对发行人及所发行的证券作任何形式的价值评估。发行人及其发行证券的良莠完全交由市场决定。注册制的代表国是美国、英国、日本、加拿大等发达国家。

核准制下，证券发行不但要满足信息公开的条件，而且还必须符合法律规定的实质要件，并经证券监管部门实质审查且核准。因此，证券监管机构除进行注册制所要求的形式审查外，还对发行人的主体资格、持续经营能力、发行数量和发行价格等条件进行实质审查，并据此作出发行人是否符合发行条件的价值判断和是否核准申请的决定。核准制为美国部分州的《蓝天法》(Blue Sky Law)和欧洲国家的公司法和证券交易法所采用。

近年来上述两种发行审核制度出现了逐步融合的趋势。比如，英国公司法虽然只规定招股说明书制度，但是，由于伦敦证券交易所拥有上市证券审查权，由此可对上市证券进行实质性的审查，从而排除不良证券。美国证券法在证券发行审核制度上采取注册制，但有一些州的证券法中却采取发行核准制，注重对证券发行实质要件的审查，体现出实质审查主义的特征。

中国证券发行上市采用核准制。2005年修订的《证券法》规定："公开发行证券必须符合法律、行政法规规定的条件，并依法报经国务院证券监督管理机构或国务院授权的部门核准；未经依法核准，任何单位和个人不得公开发行证券。"2001年3月，根据1998年12月通过的《证券法》的规定并经国务院批准，证券发行上市核准制正式建立并实施。为了保证上市公司质量，中国在证券发行上市环节还有保荐制度，企业证券发行上市不但要有保荐机构进行保荐，还需具有保荐代表人资格的从业人员具体负责保荐工作。

2. 证券交易监管

为维护证券市场秩序，保护投资者利益，各国证券监管部门都对证券交易实行于了严格的监管，并将监管的重点集中在对内幕交易、操纵市场等禁止行为的规定上。

在内幕交易中，内幕人员直接利用内幕信息买卖证券或根据内幕信息建议他人买卖证券，或者向他人泄露内幕信息，使他人利用该信息进行内幕交易。由于内幕交易是对投资者平等知情权的侵害，是对信息优势地位的滥用，而且对证券市场的正常运作构成了直接或间接的危害，禁止内幕交易已成为共识。中国对于内幕交易的限制首见于《深圳市股票发行与交易管理暂行办法》及《上海市证券交易管理办法》，1993年4月国务院发布的《股票发行与交易管理暂行条例》及同年9月经国务院批准、由国务院证券管理委员会发布的《禁止证券欺诈行为暂行管理办法》，以及1998年12月通过的《证券法》，都对内幕交易及处罚作了明确的规定。

操纵市场行为的本质是以人为因素控制证券价格,因而,其对证券市场的危害也是多方面的。它虚构了供求关系,抑制了市场机制运作,是对公众投资者的欺诈,容易导致投资狂热。

☞ 专栏 13-4

中国证监会对操纵市场行为的界定

中国证监会于 1996 年 11 日颁布的《关于严禁操纵证券市场行为的通知》,对操纵市场的行为进行了明确界定。这类行为包括:

(1) 通过合谋或者集中资金操纵证券市场价格;
(2) 以散布谣言,传播虚假信息等手段影响证券发行、交易;
(3) 为制造证券的虚假价格,与他人串通,进行不转移证券所有权的虚买虚卖;
(4) 以自己的不同账户在相同的时间内进行价格和数量相近、方向相反的交易;
(5) 出售或者要约出售其并不持有的证券,扰乱证券市场秩序;
(6) 以抬高或压低证券交易价格为目的,连续交易某种证券;
(7) 利用职务便利,人为地压低或者抬高证券价格;
(8) 证券投资咨询机构及股评人士利用媒介及其他传播手段制造和传播虚假信息,扰乱市场正常运行;
(9) 上市公司买卖或与他人串通买卖本公司的股票。

3. 信息披露制度

信息披露制度,也称公示制度、公开披露制度,是上市公司为保障投资者利益、接受社会公众的监督而依照法律规定必须将其自身的财务变化、经营状况等信息和资料向证券管理部门和证券交易所报告,并向社会公开或报告,以便使投资者充分了解情况的制度。

四、保险业监管

国家对保险业的监督管理,一般是通过专门的保险监管职能机构依据法律或行政授权对保险业进行监督管理,以保证保险法规的贯彻执行。

（一）保险业监管的方式

保险业监管方式主要有公示主义、准则主义和批准主义三种监管方式。公示主义也称公告管理,指国家对于保险行业的经营不进行直接监督,而将其资产负债、财务成果及相关事项公布于众的管理方式。准则主义也称规范管理,是由国家通过颁布一系列涉及保险行业运作的法律法规,要求所有的保险人和保险中介人必须遵守,并在形式上监督实行,此种监管方式适用于保险法规比较严密和健全的国家。批准主义也称实体管理,是国家保险管理机关在制定保险法规的基础上,根据保险法规所赋予的权力,对保险业实行的全面有效的监督管理措施。其监管的内容涉及保险业的设立、经营、财务乃至倒闭清算。其监管的内容具体实际，有明确的衡量尺度，是对保险业监管中最为严格的一种。

(二)保险业监管的主要内容

保险业监管的内容主要包括以下几点：

(1)对保险人的监管

对保险人实行监督管理的主要目的在于确保保险人具有从事保险业务的资格和能力。中国对保险人的监管主要体现在对保险人资格的规定、营业统计报表的报送、保险人的整顿、保险人的接管等方面。

(2)对费率和险种的监管

在绝大多数情况下，保险合同当事人双方的经济地位是不平等的，保险人常处于有利地位。如果保单条款完全由保险人自由拟定，就有可能损害投保人或被保险人的利益。各国立法规定由政府监管部门制定基本保险条款或由其备案，其目的正是限制保险人，保障社会公众的利益。对费率的监管应保证费率适当、公道和没有不公平的歧视。适当指费率必须高到足以保证公司的偿付能力，公道是指适当的费率是要保证保险人的正常经营，但不能为其带来过高的利润，没有不公平的歧视是指费率的不同是建立在风险不同的基础之上的，因此，对相同或相似的风险应当收取相同的费率。对基本险种条款的监管主要体现在监管人员审查保险条款是否有不一致的地方、是否会产生歧义、是否会产生误导等。

(三)对保险公司财务的监管

政府对保险公司财务方面的监管旨在确保保险公司的偿付能力。偿付能力是指保险公司对其所承担的保险责任在发生赔款给付时所具有的经济补偿能力。我国《保险法》规定，保险公司应当具有与其业务规模相适应的最低偿付能力；保险公司的实际资产减去实际负债的差额不得低于金融监管部门规定的数额，低于规定数额的，应当增加资本金，补足差额；保险公司成立后，应当按照其注册资本总额的20%提取保证金，存入金融监管部门指定的银行，除保险公司清算时用于清偿债务以外，不得动用。各国对保险公司偿付能力的监管主要体现在规定和监督各种准备金的提取和投资活动上。对准备金提取的监管主要体现在对提取准备金的各类别及比率的监管上。准备金是对被保险人的负债，如果没有足够的准备金，就不能保证对被保险人的赔偿和给付。对投资活动的监管主要体现在两个方面：资金的投向和规模。例如，规定保险公司的投资限于哪些方面、多大比例。一般来说，对寿险公司的投资监管较产险公司更为严格。这是因为，寿险合同的期限大部分较长，有的甚至可以长达被保险人的一生。因此，寿险公司的投资期限一般也都较长，数量较大，一旦出现问题，将产生很严重的后果。

(四)对保险中介人的监管

对保险中介人的监管通常可以从正反两个方面进行。正面监管即规定保险中介人必须做什么。例如，大部分国家的法律规定，保险中介人必须取得营业执照；在取得执照之前必须通过考试；在从事保险中介工作期间，必须接受继续教育；等等。反面监管即规定保险中介人不能做什么。例如，许多国家的法律规定，中介人不允许有误导陈述、恶意招揽和保费回扣等行为。

五、宏观审慎监管

宏观审慎监管是为了维护金融体系的稳定，防止金融系统对经济体系的外部性而采取的一种自上而下的监管模式。由于意识到金融监管过分关注个体金融机构的安全从而忽视了保障整个金融系统的稳定这一更为重要的目标，早在20世纪70年代末，国际清算银行（BIS）就提出了"宏观审慎"的概念，以此概括一种关注防范系统性金融风险的监管理念。

从微观层面看，某单个金融机构审慎理性的行为，如果成为金融机构的一致行动，在宏观层面反而可能影响整个金融系统的稳定。例如，在2007年金融危机前，大量金融机构依赖短期批发性融资（比如货币市场拆借）。从单个金融机构的角度看，这样做是理性的行为。然而，从整个金融系统的角度看，如果大量金融机构普遍依赖短期批发性融资，增加了金融期限错配的程度，放大了流动性冲击对金融系统的影响，可能形成系统性风险。此外，金融系统与实体经济通过信贷供给和资产价格等渠道的相互作用会产生系统性风险。金融机构的内在关联性特别是违约相关性和更广义的金融传染将进一步放大系统性风险及其传播，并难以被监控。应将系统性风险纳入金融监管框架，建立宏观审慎监管制度。如建立与宏观经济金融环境和经济周期挂钩的监管制度安排，弱化金融体系与实体经济之间的正反馈效应。加强对系统重要性金融机构的监管，建立"自我救助"机制，降低"大而不倒"所导致的道德风险等。

党的十九大报告指出，健全货币政策和宏观审慎政策双支柱调控框架，深化利率和汇率市场化改革，健全金融监管体系，守住不发生系统性金融风险的底线。这为我国金融监管工作进一步开展指明了方向。

【本章小结】

1. 金融风险是特指在资金的融通、经营过程中和其他金融业务活动中，由于各种事先无法预料的不确定因素的影响，金融机构或资金经营者的实际收益或所达水平与预期收益或预期水平发生一定的偏差，从而有蒙受损失或获得额外收益的机会或可能性。

2. 金融风险的特征主要体现在以下三个方面：特殊性、广泛性、双重性。

3. 金融风险的分类。第一，按照金融风险的对象划分为：银行信贷风险、外汇风险、证券投资风险、期货投资风险；第二，按照金融风险的涉及范围划分，可分为微观金融风险和宏观金融风险。第三，按照金融风险的承担者划分，可以分为国家金融风险和经济实体金融风险。第四，按照金融风险产生的根源划分，可以划分为客观金融风险与主观金融风险。

4. 金融监管的含义有广义与狭义之分。狭义的金融监管是金融监管当局依据国家法律法规对金融业实施监管，属于经济管制范畴。广义的金融监管还包括金融行业自律性管理。随着金融业的发展，监管的对象已经由单一对银行业的监管，发展到了对包括证券、保险等整个金融行业的监管。

5. 金融监管机构进行监管的目标主要有：①保护金融机构的正常经营活动，保护存款人和投资者的利益；②降低金融风险，管理和控制金融危机，避免系统性风险的产生和扩散；③创造公平的市场环境，促进金融市场的有效竞争，提高资源的配置效率；④规范金融市场参与者的市场行为，打击各种非法交易、非法投机、金融欺诈和其他金融犯罪活动，维护良好的金融秩序。

6. 金融监管要遵循以下原则：独立原则、适度原则、法制原则、公正、公平、公开原则、效率原则和动态原则。

7. 从总体上看，各国的金融监管主要依据法律、法规来进行。在具体监管过程中，主要运用金融稽核手段，采用"四结合"并用的全方位监管方法，即现场稽核与非现场稽核相结合、定期检查与随机抽查相结合、全面监管与重点监管相结合、外部监管与内部自律相结合。

8. 银行业的监管主要分为三方面，即市场准入监管、日常经营监管和市场退出监管。对证券业的监管主要体现在两方面，一是对证券机构的监管；二是对证券市场的监管。保险业监管方式主要有公示主义、准则主义和批准主义三种监管方式，保险监管主要是对保险人的监管、对费率和险种的监管、对保险公司财务的监管、对保险中介人的监管。

9. 宏观审慎监管是为了维护金融体系的稳定，防止金融系统对经济体系的外部性而采取的一种自上而下的监管模式。

【重要名词术语】

金融风险　金融监管　资本充足率　金融稽核　资本流动性　证券市场监管　证券交易监管　宏观审慎监管

【复习思考题】

1. 什么是金融风险？金融风险的特征是什么？
2. 金融监管的目标是什么？它要求坚持哪些原则？
3. 什么是金融监管？金融监管的手段和方法主要有哪些？
4. 我国对银行业的监管主要体现在哪些方面？
5. 证券业的监管应从哪几个角度展开？谈谈你的理解。
6. 为什么要进行宏观审慎监管？

【案例分析】

超主权储备货币

在2009年G20伦敦金融峰会上，各国纷纷表达诉求。其中，中国人民银行行长周小川《关于改革国际货币体系的思考》一文，在对当前国际货币体系表达谨慎担忧的同时，提到远期内建立超主权储备货币，更是引起国际社会的广泛关注。

"此次金融危机的爆发与蔓延使我们再次面对一个古老而悬而未决的问题，那就是什么样的国际储备货币才能保持全球金融稳定、促进世界经济发展。"周小川撰文指出，应创造一种与主权国家脱钩并能保持币值长期稳定的国际储备货币，从而避免主权信用货币作为储备货币的内在缺陷，这是国际货币体系改革的理想目标。

如评论所言，此项提议捅了美国的"马蜂窝"。不过，它在遭到美国反对的同时，却获得了澳大利亚以及巴西、俄罗斯、印度、阿根廷等新兴市场国家的拥护，且获得了以诺贝尔经济学奖得主约瑟夫·斯蒂格利茨为主席的联合国顾问委员会的支持。

几十年来，美元在为世界提供流动性的同时，也因其不稳定性，不断为全球金融市场积累风险，这一"特里芬难题"在此次国际金融危机中被彻底凸显和放大出来。尽管在G20伦敦金融峰会上讨论超主权储备货币问题的可能性不大，但如分析人士所预测，超主权储备货币的构想，必然会成为峰会间歇中各国政要的重要话题，并为今后国际货币体系的改革酝酿变局。寻找怎样一种新的货币安排，已成为包括美国的最大债权国中国在内的许多国家思考的问题。

资料来源：http://www.sina.com.cn.

案例思考：
1. 如何看待超主权储备货币构想？
2. 试述国际货币体系发展的方向和路径。

【延伸阅读】
1. 郭田勇. 金融监管学. 北京：中国金融出版社，2014.
2. 朱新蓉. 货币金融学. 北京：中国金融出版社，2010.
3. 曹龙骐. 金融学. 北京：高等教育出版社，2010.
4. 丁建臣，李言赋，赵霜茁. 金融监管教程. 北京：对外经济贸易大学出版社，2010.
5. 刘澄，曹辉，李锋. 金融学教程. 北京：中国人民大学出版社，2008.
6. 潘金生. 中央银行金融监管比较研究. 北京：经济科学出版社，1999.

第十四章 金融发展与金融创新

金融理论的职责就在于找出决定一国金融结构、金融工具存量和金融交易量的主要经济因素,并阐明这些因素怎样通过相互作用而促进金融发展。

——雷蒙德·W. 戈德史密斯

金融发展理论阐述的核心是经济与金融之间的相互联系、相互促进的关系。本章主要介绍金融结构、金融抑制、金融深化、金融约束等金融发展理论、发展中国家的金融自由化改革以及发达国家的金融创新等问题。

通过本章学习,你将能够了解和掌握以下知识:
- 金融发展和金融创新的内涵;
- 金融发展程度的衡量指标;
- 金融深化理论和金融约束理论的内容和政策主张;
- 金融创新的动因、内容和影响。

第一节 金融发展与经济发展

一、金融发展的含义

金融发展理论,主要研究的是金融发展与经济增长的关系,即研究金融体系(包括金融中介和金融市场)在经济发展中所发挥的作用,研究如何建立有效的金融体系和金融政策组合,以最大限度地促进经济增长,以及如何合理利用金融资源以实现金融的可持续发展,并最终实现经济的可持续发展。

美国经济学家雷蒙德·W. 戈德史密斯是西方著名的金融理论家,以其《金融结构与金融发展》一书确立了其在学术界的地位,也奠定了金融发展理论的基础,他本人也成为金融发展理论的鼻祖。雷蒙德·W. 戈德史密斯认为:一个社会的金融体系是由众多的金融工具、金融机构组成的。不同类型的金融工具与金融机构的组合,构成不同的金融结构。有的社会金融体系中金融工具种类多、数量大、流动性高;同时金融机构的规模大、数量多、服务范围广,具有较强的竞争力。而有的社会金融工具种类少、数量不多、流动性差;同时金融机构的种类少、规模不大、服务有限、服务效率低。一般而言,金融结构是构成金融总体(或总量)的各个组成部分的规模、运作、组成与配合状态。一个国家或地区的金融结构是金融发展过程中由内在机制决定的、自然的客观结果或金融发展状况的现实体现。金融发展就是金融结构由低到高的变化过程。金融发展程度越高,金融工具和金融机构的数量、种类越多,金融效率也就越高。

☞ **专栏 14-1**

詹姆斯·戈德史密斯——狡诈的金融鳄鱼

戈德史密斯是拥有英法双重国籍的金融资本家,外号"金融鳄鱼"。他是欧洲最成功的商人和投资者之一,他曾买下多家公司后将它们肢解后立即转手倒卖,赚取中间的差额利润。凭借这种并购风格他成为华尔街的风云人物。

戈德史密斯的并购行为受到华尔街的高度赞扬,但是却被工业企业界恨之入骨。通常的兼并收购是一家企业将别的企业联合到自己旗下,以扩大生产规模,降低成本,实现资源的优化配置。而戈德史密斯所做的这种并购只会彻底瓦解被收购企业的原有架构,破坏原有企业的长期经营战略。戈德史密斯的行为虽然攫取了大量利润,但对企业的发展却是灾难性的,破坏企业正常生产秩序,损害了经济的健康发展。

二、金融发展的衡量指标

衡量金融发展的指标可以分成两类,一是反映金融结构状况的数量指标;二是通过金融发展状况与实体经济之间的相互关系来衡量的指标。

(一)金融内部结构指标

金融发展的内部指标中,雷蒙德·W.戈德史密斯进行了比较详细的总结,目前的研究也大部分是以此为基础来进行的。

(1)金融工具总额在各个组成部分中的分布,包括在短期证券、长期债券以及股票之间的分布。

(2)金融机构发行的金融工具和非金融机构发行的金融工具的比率,该指标可以反映金融机构化的程度。

(3)金融机构持有的非金融机构发行的金融工具在其未清偿总额中所占的份额,该比率可以更详细地展示金融发展的机构化情况。

(4)各类金融中介机构的相对规模,尤其是中央银行、商业银行、储蓄机构以及保险组织的相对规模。

(5)各类金融机构资产之和分别占全部金融机构总资产的比率,这个比率也称为"分层比率",用来衡量金融机构间的相关程度。

(6)主要的非金融部门的内源融资(主要来自于公司本身的资本积累)和外源融资(主要是通过金融市场和金融机构融入资金)的比率。

(7)外源融资中,国内主要部门(特别是金融机构)和外国贷款人在各类债券和股票中的相对规模。

(二)金融发展与实体经济之间关系的指标

1. 金融相关比率

金融相关比率是全部金融资产价值与全部实物资产价值的比率。这里的金融资产既包括非金融部门发行的金融工具，如股票、债券、各种信贷凭证等，也包括金融机构发行的金融工具，如中央银行、商业银行、保险公司等发行的各种存款、储蓄、保险单等；而实物资产在现实中难以统计，事实上人们关心的是国民收入水平，所以在统计中一般用国内生产总值来表示。

2. 货币化比率

货币化比率是指一定经济范围内，通过货币进行产品与服务交易的价值占全部产品与服务的比重。在一国经济体中，一定时间内生产出的产品和服务可以分为两个部分，通过货币进行交易和不通过货币进行交易的，前者一般被称为货币经济，而后者则称为自然经济。随着商品经济的发展，使用货币进行商品和服务交易的范围将会扩大，这种现象表明整个社会的货币化程度不断提高，而这也意味经济发展的专业化程度加深，经济发展向高级阶段行进。

三、金融发展与经济发展的相互关系

金融与经济发展紧密联系、相互融合、互相作用。具体来说，经济发展对金融起决定作用，金融则居于从属地位，不能凌驾于经济发展之上；金融在为经济发展服务的同时，对经济发展有巨大的推动作用，但也可能出现一些不良影响和副作用。

(一)经济发展对金融发展的决定性作用

(1)金融在商品经济发展过程中产生并伴随着商品经济的发展而发展。

(2)商品经济的不同发展阶段对金融的需求不同，由此决定了金融发展的结构、阶段和层次。

(二)金融发展对经济发展的积极推动作用

当金融得到健康有效的发展时，它会积极促进经济发展。

1. 货币的运用降低了交易成本，便利交换

斯密认为：劳动分工即专业化是提高生产力的首要因素。专业化程度越高，工人越可能发明更先进的机器或生产方法。而金融的作用在于货币的产生大大降低了物物交换中因需求和时间的双重巧合的困难而存在的用于评估商品品质、掌握商品信息的单位交易成本，便利了交换，从而实现市场范围扩大、专业化程度提高。随着经济货币化程度的提高，单位交易成本和信息成本会下降，从而降低交易成本，提高效率，节约社会资金成本。

2. 金融能促进储蓄和投资的增长，从而为经济发展提供资金支持

经济发展需要大量资金推进，而储蓄是提供资金的重要来源之一。特别是在经济从不发达走向发达的过程中，储蓄率的高低起着决定性的作用。几乎所有国家在发展过程中都

伴随着储蓄率的上升，其中最有代表性的是日本。在促进储蓄率上升的因素中，金融起着最重要的推动作用。金融的特点在于资金融通，而利息率使当前消费转化为未来消费、实物储蓄转化为货币储蓄并转化为投资成为可能，这就决定了它有条件吸收社会中的闲散资金转化为储蓄，从而为生产提供资金来源。此外，金融的特点又使它成为动员储蓄和投资的最佳途径：一方面，把分散的储蓄者用于投资或存储的资金集中起来需要大量信息和投资渠道，发挥规模经济的优势，而流动性金融市场能增强金融工具的多样性和流动性，满足持有多样化证券组合的需要；另一方面，动员储蓄牵涉大量筹资企业与拥有剩余资金的诸多投资者，金融中介能以最低的交易成本和信息成本最大量地动员储蓄，有效避免信息不对称的弊病。

3. 金融发展实现了资金的合理流动，优化资源配置，提高资本效率

首先，金融能降低长期投资的流动性风险。高收益的投资项目需要长期的资金占用，为此储蓄者必须承担因资金长期被占用而产生的资金流动性风险，以致不愿长期投资。而资本市场交易、各种金融工具的创新以及针对外部冲击对流动性投资和非流动性投资进行的动态均衡组合等都具有降低和分散流动性风险的能力，这会使更多资金流向周期较长的项目。

其次，金融的存在能大大节约信息成本。金融中介具有较个体储蓄投资者更强的获取和处理众多企业、管理者和经济环境方面信息的能力和专业评估技术。这使它为其成员提供投资信息服务的成本比个体储蓄投资者通过个人努力获取信息的成本要低得多。

再者，金融体系能降低监督成本，改进对资金使用者的监督。资金所有者在投资时需要核实项目质量和项目回报，这需要支付一定的费用，提高了投资成本。同时资金使用者夸大投资收益、掩盖经营问题的内在倾向又会使这种监督成本加大。为此，金融能借助其专业技能和中介地位来代理资金所有者对资金使用者的监督，提高了监督的有效性。

最后，金融业为社会提供了大量就业机会，加速科技成果向现实生产力的转化，并促进经济全球一体化的发展。这些都不同程度地为经济发展作出了贡献。

（三）金融发展对经济发展的消极作用

金融在经济运行中所处的重要地位不仅体现在其对经济发展的促进作用，金融危机的爆发对整个经济体系正常运转的冲击也显示出它对经济的负面效应。2008年爆发的次贷危机更使人们认识到金融的稳健发展对于全球经济与社会稳定发展的重要性。

1. 金融活动中的不确定性令金融风险客观存在

在经济生活中，只要存在不确定性，风险就存在。金融业是高负债经营的产业，自有资金所占比重小，资金来源主要依靠将其对零散储户的流动性负债转化为对借款人的非流动性债权来实现。但这有两个前提条件：一是储蓄者对金融机构有信心；二是金融机构对借款人的筛选和监督高效准确。由于不能确定这两个条件能否满足，金融风险就客观存在：一方面，由于市场信息不对称性和市场经济主体对客观认识的有限性，即使银行经营稳健，储户能认识到全体不挤兑更利于集体利益，但在面临"囚徒困境"时仍可能为降低预期风险而参与挤兑；另一方面，由于市场经济主体存在机会主义倾向，金融机构管理者趋于采用高风险、高收益的投机策略，以致金融资产质量下降。同时贷款者也可能采用不

正当手段，如欺骗、违背合约以及钻制度的空子来不合理占用资金。以上种种将导致金融机构对借款人的监督有限。

2. 金融对经济运行的广泛渗透性、扩散性使金融风险具有很强的传染性

首先，金融机构作为储蓄和投资的信用中介组织，它的经营失策必将连锁造成众多储蓄者和投资者蒙受损失。其次，银行创造存款货币扩张信用的功能也令金融风险具有数倍扩散的效应。再者，银行同业支付清算系统把所有银行联在一起，任一银行的支付困难都可能酿成全系统的流动性风险。最后，信息不对称会使某一金融机构的困难被误认为全金融业的危机，从而引发恐慌。金融的这些特殊性令其风险相对其他行业具有快速、面广的特点，这将更易导致局部性金融困难快速演变成全局性金融动荡甚至经济危机。

3. 金融风险易变成金融危机并严重危害经济

全球经济金融一体化、国际金融市场的迅猛发展以及科技进步令各地区金融资源融合和互动的规模加大、速度加快，一国或一地区的金融风险能很快传染到别国或别的地区。与此同时，信用存在的有借有还、借新还旧、贷款还息等特点以及银行垄断或政府干预等外在因素又很容易将其掩盖，使其得不到及时解决并日益严重。待到这种金融风险渐进累积到一定程度才爆发时，就已演变成金融危机，并加剧对经济和社会的危害。

第二节　金融抑制论与金融深化论

1973年，罗纳德·麦金农的《经济发展中的货币与资本》和E.S.肖的《经济发展中的金融深化》两本书的出版，标志着以发展中国家或地区为研究对象的金融发展理论的真正产生。罗纳德·麦金农和E.S.肖对金融和经济发展之间的相互关系及发展中国家或地区的金融发展提出了精辟的见解，他们提出的"金融抑制"和"金融深化"理论在经济学界引起了强烈反响，被认为是发展经济学和货币金融理论的重大突破。许多发展中国家货币金融政策的制定及货币金融改革的实践都深受该理论的影响。

一、金融抑制论和金融深化论的研究对象

金融抑制论和金融深化论就是以具备下述特征的发展中国家为研究对象的。与发达国家的金融体制相比，发展中国家的金融体制有如下特征：

(一)货币化程度低下

货币化程度是指一定经济范围内通过货币进行商品与服务交换的价值占国民生产总值的比重，是衡量一个国家经济和金融发展程度的重要指标。货币化程度低下，表示该国尚未摆脱"自然经济"和"物物交换"的原始落后状态，货币的作用范围小，货币供应量、利率、汇率等金融变量的功能难以发挥，金融宏观调控能力差。

(二)金融体系呈二元结构

发展中国家的金融体系被分割成截然不同的"两大"阵营：以现代大银行为代表的现代部门和以钱庄为代表的传统部门。前者主要集中在大城市和经济发达地区，后者普遍存

在于落后的农村。

(三)金融市场比较落后

金融市场比较落后主要表现在两个方面：一方面，金融机构单一。商业银行在金融活动中居于绝对主导地位，非银行金融机构不发达，因而金融资产形式也十分单一，且数量有限。另一方面，直接融资市场落后，发展中国家的证券市场极其不发达，主要作为政府的融资工具存在，企业资金主要靠自我积累和银行贷款。

(四)政府对市场过度干预

政府对市场过度干预主要表现为对金融活动做出种种限制。一是对利率和汇率实行严格管制和统一调整；二是对一般金融机构的经营活动进行强制性干预；三是采取强制性措施对金融机构实行国有化。

二、金融抑制论

(一)金融抑制的含义

麦金农与肖认为，金融变量与金融制度对经济成长和经济发展来说，并不是中性的。它既能起到促进的作用，也能起到阻碍的作用。关键在于政府的政策和制度选择。许多发展中国家存在着错误地选择金融政策和金融制度的现象，其主要表现就是政府当局对金融活动的强制干预，人为地压低利率与汇率，导致金融体系与实体经济皆呆滞不前的现象，即所谓的"金融抑制"。

(二)金融抑制的原因

金融抑制的主要原因表现在利率管制、信贷管制和外汇管制。

1. 利率管制

金融当局硬性规定存款和放款利率的上限，使利率不能正确反映资金的供求状况，歪曲了金融资产的价格。同时，政府当局又不能有效地控制通货膨胀，使名义利率无法补偿通货膨胀率，以致实际利率为负数。负利率对储蓄者极为不利，因而难以吸引其将剩余资金存入金融体系之中，这就会导致社会储蓄的下降。对借款者来说，负利率意味着负债越多越有利，因而刺激过度投资。这就从供求两个方面扩大了资金短缺或来源枯竭现象，金融体系也就无法正常发展。

2. 信贷管制

金融体系在国家控制下以配给的方式供应信贷，能获得信贷的多为享有特权的国有企业以及与官方金融有特殊关系的私营企业。但是，这些借款者的投资并不总是获得较好的效益。因此，信贷配给政策就可能挤掉一些高效益投资项目，从而导致资金使用效率的下降。

3. 外汇管制

政府对外汇市场实行管制，使汇率无法真正反映外汇的实际供求状况。由于发展中国家生产力水平低下，产品在国际市场上缺乏竞争力，而国内企业因技术水平低下，急需进口大量的先进技术和设备，以提高生产力。在这种情况下，实行进口替代的发展中国家通常采用高估本币币值的汇率政策，以降低进口成本。但是，高估本币币值会造成种种不良的后果：一是损害本国出口，从而使本国出口业大受打击；二是刺激进口，导致对外汇的过度需求。此外，由于外汇过于便宜，还会助长外汇的滥用。正因为在发展中国家利率和汇率不能正确地反映资金和外汇的真正成本和机会成本，结果导致资源的不合理配置以及严重的浪费，致使就业不足，经济落后。

(三) 金融抑制的负面效应

金融抑制对经济和金融的发展有四个方面的负效应：

1. 负收入效应

许多奉行金融抑制的发展中国家存在着严重的通货膨胀，作为实际货币余额 M/P 的持有者和使用者，公众和企业为避免承受物价上涨的损失，就会减少货币形式的储蓄。储蓄下降导致投资减少。总需求下降，国民收入的增长放慢，收入增长也随之下降，国民经济和收入的增长速度都进入了负循环之中。

2. 负储蓄效应

许多发展中国家存在着市场分割和经济货币化程度低、金融工具品种单一、数量少的问题，甚至许多地区仍然停留在物物交换的阶段。由于通货膨胀率既不稳定也无法预测，官定利率又不能弥补价格上涨给储蓄者造成的损失，加上上述实际货币余额持有的增加，人们更加倾向以储藏物质财富、增加消费支出和向国外转移资金的方式规避风险，储蓄率的提高受到极大影响。

3. 负投资效应

金融抑制限制了许多发展中国家对传统部门的投资，农业投资的减少致使农业产出下降，增加了这些国家对粮食和原材料进口的需求，这种需求在相当程度上不得不依靠外援来满足；本币的高估和对小生产者贷款的限制，严重阻碍这些国家的出口增长，这使得经济的对外依赖进一步提高；同时，这些国家的领头部门存在着较高的资本-劳动比率，不熟练的生产技术和经常性的过剩生产能力，降低了投资的边际生产力；最后，对城市基础设施建设的滞后，恶化了投资环境和投资条件。所有这些都阻碍这些国家投资的增长。

4. 负就业效应

除了负收入和负投资效应所造成的就业机会减少以外，金融抑制对传统部门的抑制，也是负就业效应的重要原因。因为向城市转移的大量劳动力中，只有小部分能为工资水平相对较高的资本密集型产业所吸收，没有被吸纳的部分，或是滞留于工资水平相对较低的行业、企业中，或是干脆处于失业状态。城市化和工业化过程中对就业产生积极影响的过渡效应、溢出效应或联动效应，在金融抑制的国家都得不到充分明显的表现。

三、金融深化论

(一) 金融深化的含义

麦金农与肖等经济学家一致认为，金融抑制是发展中国家经济发展的一大障碍，要想实现经济迅猛发展，就必须采取一系列金融自由化政策，实现"金融深化"。所谓的金融深化就是指通过推行自由化，让资金和外汇市场的供求关系决定适当的利率和汇率水平，刺激储蓄和投资，从而实现金融增长并带动经济全面发展。

(二)衡量金融深化程度的指标

麦金农与肖指出，衡量一个国家金融深化程度的指标主要有四个方面：

1. 利率、汇率的弹性与水平是金融深化的重要标志

利率、汇率的弹性与水平，主要体现在利率和汇率的市场化程度上。因为只有市场利率和汇率才是富有弹性的，才能真实反映资金的供求情况，表明投资的机会成本，从而增强各种经济变量对利率和汇率的弹性。在通货膨胀得到有效控制后，实际利率应该保持为正数。

2. 金融资产的存量和流量是金融深化的微观表现

一个国家金融资产存量的品种增多、范围扩大，期限多样、利率弹性大，表明金融深化程度高。金融资产作为储蓄或投资对象，具有较强的吸引力，其更多地来源于国内各部门的储蓄。金融深化使经济增长对通货膨胀和外债的依赖性下降；经济发展中货币化程度上升；金融资产与国民收入或有形财富的比值即经济金融化程度逐渐提高。

3. 金融体系的规模和结构是金融深化的宏观标志

现代金融机构已经取代传统金融机构，金融体系机构增加，网点分布均匀，出现各种类型的金融机构并存的局面，特别是非银行金融机构和非国有金融机构的存在与发展，有利于打破国有银行的垄断特权，金融机构在平等的基础上展开竞争，金融业的效率大大提高。

4. 金融市场的健康有序运行和融资功能充分发挥

金融深化的国家，外源性融资十分便利，金融市场参与者众多，金融工具选择性强，市场容量增大，交易活动规范运作，竞争有序，管理有方，市场的投融资功能发挥充分，黑市或利用官价牟利的不合理现象因失去生存基础而销声匿迹。

(三)金融深化论的政策主张

发展中国家从本国实际出发，进行金融改革，解除金融压制，消除资本形成的桎梏，并采取适合本国国情的货币金融政策，它们主要包括：

第一，彻底改革金融体制，使银行体系和金融市场能真正发挥吸收和组织社会储蓄资金，并将之引导至生产性投资上去的功能。

第二，政府应放弃对利率的人为干预，使利率能正确地反映资金的供求状况和稀缺程度。在发展中国家，实际利率必须为正数，因为负利率会阻碍储蓄的增加，助长无效益的投资，是经济发展的重大阻滞因素。正的实际利率可通过提高名义利率或降低通货膨胀率而得到。只有正的实际利率才有助于吸收社会储蓄资金和促进资本形成。由于发展中国家资金缺乏，投资机会极多，投资的边际收益较高，即使提高名义利率，也不会压抑投资。较高的名义利率能够使资金从资本密集型投资转向劳动密集型投资，从而具有扩大劳动就业的效应。

第三,政府不应采取通货膨胀的方式来刺激经济增长,相反,政府应努力通过采取紧缩货币或增强货币需求(提高存款利率)的方法以压抑通货膨胀,提供一个稳定的经济环境以促进经济发展。

第四,政府还应放弃对金融体系和金融市场的管制和限制,以鼓励各种金融事业的发展。在可能的范围内,政府应尽量允许和鼓励民间金融事业的发展,特别是对农村地区的金融事业(如农业银行、农村商业银行、邮政储蓄银行)应大力支持,不断完善金融机制。

第五,政府还应放宽外汇管制,在适度范围内任汇率浮动,使汇率能正确反映外汇的实际供求状况。汇率和外汇市场管制放宽后,一方面能鼓励出口和吸引外资,另一方面也能压缩不必要的进口,从而有利于国际收支的改善。

第六,"金融深化"还包括贸易自由化、税制合理化及财政支出政策的改革,如逐步消除贸易保护,促使国内企业同国外企业进行竞争,实行有利于进出口贸易的增值税,提高税制结构的收入弹性,取消对亏损企业的补贴,以减轻财政负担,从而缓解通货膨胀的压力,为"金融深化"提供良好的经济环境。

总之,这些政策的实质是要减少政府干预,消除"金融抑制"、推进"金融深化",以达到经济增长的目的。

(四)金融深化的实质

金融深化的实质是金融自由化。金融自由化促进了金融发展,金融发展促进了经济增长;但金融自由化加剧了金融脆弱性,金融脆弱性引发的危机促使经济衰退。这是金融自由化的二重性。理论和实证分析表明,金融自由化的收益大于风险,所以应当赞同金融自由化。在实践上,由于经济金融全球化的压力,金融自由化又是一个不得不走的历程。因此,必须推进金融自由化。而最优的金融自由化的政策安排,将减低其脆弱的一面,增大其收益的一面,所以金融自由化又要讲究方式。

(五)金融深化的效应

1. 经济增长

实现经济增长是众多实践金融自由化国家的最终追求。关于金融自由化与经济增长关系的研究成果有很多,归纳来看,可以分为两类:一是对开放资本账户和经济增长的关系进行研究,研究结果表明资本账户开放和经济增长存在正相关关系。二是对利率变化对经济增长的贡献进行研究,研究表明实际利率和金融资产增长率与经济增长之间存在正相关关系。

2. 储蓄效应

通过提高国内私人储蓄占收入的比率,增加政府储蓄和外国储蓄来实现储蓄效应。

3. 投资效应

坎普首先提出了金融自由化可增加投资数量的观点。盖贝斯的研究结果表明,金融自由化通过改善投资质量,即提高投资效率来提高经济绩效。

4. 就业和收入分配效应

利率的上升将使投资者的资金成本上升,诱使投资者增加劳动密集型的投资,从而会扩大就业水平。金融深化还使少数大企业的信贷资金特权分配受限制，阻止腐败的发展，有利于促进收入的公平分配和政治稳定。

5. 提高金融效率

金融自由化影响国内银行的市场集中度，加强了银行间的竞争，引起利率的相应变化，则意味着银行效率提高了。

☞ **专栏 14-2**

中国金融改革

2012年中共十八大报告中开始出现"深化金融体制改革"的表述，概括而言是要"加快发展多层次资本市场，稳步推进利率和汇率市场化改革，逐步实现人民币资本项目可兑换。加快发展民营金融机构。完善金融监管，推进金融创新，提高银行、证券、保险等行业竞争力"。2013年11月通过的《中共中央关于全面深化改革若干重大问题的决定》，不仅深化了对金融体制改革的表述，还更为激进地追求"加快推进利率市场化，加快实现人民币资本项目可兑换"。在"发展普惠金融，鼓励金融创新"的同时，要"简政放权"，"最大限度减少中央政府对微观事务的管理"，"由地方管理更方便有效的经济社会事项，一律下放地方和基层管理"。金融改革由此得以顶层动员，并自上而下地加速推进。

这场改革，到目前为止已经开展了五年，也遇到了一些阻力，反对的声音一开始就顽强存在并还不断膨胀，特别是2015年股票市场泡沫破裂以及2016年人民币汇率贬值通道开启后，社会各界对当局金融改革的反思和批评之声日益强烈。但在关键的经济转型期，迫切需要我们摆脱思想的桎梏，适时适度推进金融改革，走出有利于国家人民的新路来。

四、金融约束论

（一）金融约束论的产生

第二次世界大战后到现在，东亚经济得到了飞速的发展，东南亚的泰国、印尼和马来西亚等国的经济都得到了巨大的发展，而这些国家多多少少都存在着金融抑制现象，按照金融抑制论的观点，这些国家由于存在金融抑制问题，经济不应该有飞速的发展，但是事实却恰恰相反。在这一背景下，以托马斯·赫尔曼、凯文·穆尔多克和约瑟夫·斯蒂格利茨为代表的经济学家于20世纪90年代末针对发展中国家的国情提出了"金融约束论"。他们认为，通过实施限制存贷款利率、控制银行业进入等一整套的约束性金融政策，在银行业创造租金，可以带来相对于自由放任政策和金融压抑政策下更有效率的信贷配置和金融业深化，对发展中国家维护金融机构的安全经营、保证金融体系的稳定、推动金融业发展的进程极为重要。

(二)金融约束论的核心内容

赫尔曼等人认为金融约束是指政府通过一系列金融政策在民间部门创造租金机会,以达到既防止金融压抑的危害又能促使银行主动规避风险的目的。金融政策包括对存贷款利率的控制、市场准入的限制,甚至对直接竞争加以管制,以影响租金在生产部门和金融部门之间的分配,并通过租金机会的创造,调动金融企业、生产企业和居民等各个部门的生产、投资和储蓄的积极性。政府在此可以发挥积极作用,采取一定的政策为银行体系创造条件鼓励其积极开拓新的市场进行储蓄动员,从而促进金融深化。

(三)金融约束与金融压抑的区别

赫尔曼等人指出,因为金融约束创造的是租金机会,而金融压抑下只产生租金转移,租金机会的创造与租金转移是完全不同的。在金融压抑下,政府造成的高通胀使其财富由家庭部门转移至政府手中,政府又成为各种利益集团竞相施加影响进行寻租活动的目标,其本质是政府从民间部门夺取资源。而金融约束政策则是为民间部门创造租金机会,尤其是为金融中介创造租金机会,这会使竞争性的活动增加收益和福利。这些租金机会是因存款利率控制造成的存贷利差而形成的,银行通过扩张其存款基数和对贷款资产组合实施的监控获得了这些租金,由此促进金融深化。

(四)金融约束论的政策主张

金融约束是发展中国家从金融压抑状态走向金融自由化过程中的一个过渡性政策,它针对发展中国家在经济转轨过程中存在的信息不畅、金融监管不力的状态,提出政府应在市场失灵的情况下发挥应有作用。斯蒂格利茨等提出了一系列适合发展中国家的金融约束政策,以助于政府为银行部门创造租金。

1. 控制存贷款利率

控制存贷款利率,即将存贷款利率控制在一个较低水平上。将存贷款利率控制在低于市场利率水平之下,有利于降低银行的经营成本,为其创造租金机会,同时还增加了银行内部机会主义行为的机会成本,减少银行自身道德风险,激励银行控制短期行为。在信息不对称的条件下,较高的贷款利率容易引发企业的信用风险,因此政府对贷款利率适当控制有利于减少银行的经营风险。

2. 限制资产替代

限制资产替代,即限制居民将银行部门的存款转化为其他资产,如证券、国外资产、非银行部门存款和实物资产。发展中国家经济欠发达,经济发展所需资金不足,在此情况下,如果居民将本就较少的储蓄存款转化为其他资产,将使银行体系的可贷资金减少,企业投资资金来源不畅,这势必会影响本国经济的发展。因此,政府必须采取限制资产替代政策,保证资金用于发展社会经济。

3. 限制银行业竞争

控制利率只限制了银行间的价格竞争,但银行业的恶性非价格竞争仍可能使租金机会消失,从而危及金融体系的稳定,并进一步影响整个国民经济体系稳定。政府应通过一定的干预，保证金融体系处于健康稳定的状态。虽然限制银行业竞争可能使得一些效率较低的银行也受到了保护，但这一成本远低于安全的金融体系给整个经济带来的收益。

第三节 金融创新

面对世界经济一体化、金融风险加剧、金融管制环境变化的现实，自 20 世纪 60 年代以来，西方发达国家的金融业经历了一次革新浪潮，这就是"金融创新"。

一、金融创新的定义

金融创新定义源于熊彼特经济创新的概念，对金融创新的理解主要有三个层面。

第一，宏观层面的金融创新将金融创新与金融史上的重大历史变革等同起来，认为整个金融业的发展史就是一部不断创新的历史，金融业的每项重大发展都离不开金融创新。从这个层面上理解金融创新有如下特点：金融创新的时间跨度长，将整个货币信用的发展史视为金融创新史，金融发展史上的每一次重大突破都视为金融创新；金融创新涉及的范围相当广泛，包括金融技术、金融市场、金融服务、金融产品、金融企业组织和管理方式及金融服务业结构上的创新等内容。

第二，中观层面的金融创新是指 20 世纪 50 年代末 60 年代初以后，金融机构特别是银行中介功能的变化，它可以分为技术创新、产品创新以及制度创新。技术创新是指制造新产品时，采用新的生产要素或重新组合要素、生产方法和管理系统的过程。产品创新是指产品的供给方生产比传统产品性能更好、质量更优的新产品的过程。制度创新则是指一个系统的形成和功能发生了变化，而使系统效率有所提高的过程。从这个层面上，可将金融创新定义为，是政府或金融当局和金融机构为适应经济环境的变化和在金融过程中的内部矛盾运动，防止或转移经营风险和降低成本，为更好地实现流动性、安全性和盈利性目标而逐步改变金融中介功能，创造和组合一个新的高效率的资金营运方式或营运体系的过程。

第三，微观层面的金融创新仅指金融工具的创新。大致可分为四种类型：信用创新型，如用短期信用来实现中期信用，以及分散投资者独家承担贷款风险的票据发行便利等；风险转移创新型，它包括能在各经济机构之间相互转移金融工具内在风险的各种新工具，如货币互换、利率互换等；增加流动创新型，它包括能使原有的金融工具提高变现能力和可转换性的新金融工具，如长期贷款的证券化等；股权创造创新型，它包括使债权变为股权的各种新金融工具，如附有股权认购书的债券等。

我国学者将金融创新定义为：金融创新是指金融内部通过各种要素的重新组合和创造性变革所创造或引进的新事物，并认为金融创新大致可归为三类：①金融制度创新；②金融业务创新；③金融组织创新。

二、金融创新的动因

(一)规避管制论

美国经济学家凯恩斯把金融创新视为金融业逃避严厉管制的一种手段。该理论认为，金融创新主要是金融机构为获取利润而规避政府管制引起的。因此，金融创新可解释为政府有形的金融控制与市场无形规避行为相互作用的过程。例如，美国历史上关于利率上限的 Q 条例导致银行 Now、AST 等账户的开设；跨州银行业务和银行证券分业管理的结合，导致金融控股公司兴起。

（二）规避风险论

20 世纪 60 年代，西方发达国家的通货膨胀不断加剧、利率不断上升，布雷顿森林体系崩溃后，汇率波动频繁且幅度较大，为了避免通货膨胀、利率和汇率风险及国际资本流动与国家风险，引发了大量的金融业务与金融工具的创新。例如，为了防范通货膨胀风险，产生了浮动利率存单和浮动利率贷款；为了防范利率和汇率风险，推出了利率（外汇）期货、期权、利率（货币）互换、利率上限、利率下限等工具；为了防范资本市场风险，出现了对冲基金、指数化基金及指数联结产品。

（三）竞争加剧论

20 世纪 70 年代以来，西方国家出现的金融管制放松和金融自由化势头使金融业的竞争加剧。具体表现在：①银行间的竞争加剧。生产资本的不断集中促使银行资本的集中和垄断，为了应付银行间的激烈竞争，各银行都加紧了金融手段和金融技术的创新，并将其作为占领市场份额的有力武器；②银行与非银行金融机构的竞争加剧。随着金融管制的放松和金融自由化，金融市场除了原有的银行金融机构外，各种非银行金融机构大量涌现，它们为了自身的生存和发展展开了激烈竞争，在竞争中各金融机构一方面致力于新金融产品的开拓，另一方面也相互致力于金融产品与服务的模仿，从而使保险产品与商业银行储蓄产品具有一定的替代性，商业银行的某些货币市场产品与共同基金份额非常接近。③与国外金融机构的竞争加剧。随着生产资本的国际化，跨国公司的全球扩张，客观上要求金融业实现经营和服务的国际化和全球化。在金融机构国际化、全球化的过程中，金融服务和金融市场的深度和广度得以拓展，一些新型的金融机构得以建立。

（四）技术进步论

20 世纪 60 年代以来，西方国家在计算机技术、光导技术方面取得了极大的进步，新技术尤其是网络、计算机和通信技术在金融业的运用是促进金融创新的主要原因。首先，新技术在金融业的大规模应用，改善了金融交易和清算系统。目前流行的各种电子货币、网络货币、电子清算系统就是一个典型例子。其次，新技术的应用提高了传统金融业务和金融工具的效率。例如，芝加哥商业交易所（CME）原来有一个流行的 S&P500 指数期货合约，由于采用了新的电子交易系统，该交易所于 2000 年推出了 E-S&P500 指数期货合约，在交易时间、合约规模等方面均比原来的合约科学合理，受到市场参与者的欢迎。

三、金融创新的内容

（一）金融工具的创新

金融工具的创新可以划分为五类：

1. 风险转移型创新

这是为了防范和转移经营或金融交易中的价格、利率等风险而对原有金融工具所进行的创新，主要有期货、期权、互换等。

2. 增加流动性型创新

这种创新是针对一些流动性较差的金融工具，通过对其进行改造，增加其流动性，如金融资产证券化就是将原本缺乏流动性的资产，转换成可以在市场上买卖的证券，从而增强金融资产的流动性。

3. 信用创造型创新

这种创新能够增加信用的供给，如票据发行便利就是银行通过承购或备用信贷的方式来支持借款人发行短期商业票据，如果票据不能全部售出，则银行买下剩余的票据或者提供贷款支持。这其实是一种兼有银行贷款和证券筹资的融资方式。

4. 股权创造型创新

这种创新从原有的金融工具中创造出股权，如可转换债券。另外，有些债券附有认股权证，这赋予债券持有人优先认购债券发行人所发行的股票的权利。

5. 规避金融管制和竞争资金来源的创新

在20世纪30年代经济大危机后，西方各国均通过了一系列管制性金融法令，以寻求稳定的金融制度。利率管制是实施金融管制的核心内容之一。但从20世纪60年代开始，市场利率超过利率管制的最高限，致使商业银行为了谋求自身的生存和发展，开发出一系列的冲破利率限制条例的新金融工具，主要有可转让大面额定期存款单、可转让支付命令账户、自动转账服务账户、货币市场互助基金等。

☞ 专栏 14-3

资产证券化

资产证券化是金融创新的产物。资产证券化产生于美国20世纪70年代，最早出现住房抵押贷款支持证券，发展至后来，只要具有可预测和可回收的未来现金流都可以用来作为资产证券化的资产。资产证券化，是指企业或金融机构将其能产生现金收益的资产加以组合，出售给特殊目的载体(SPV)，然后由特殊目的载体创立一种以该基础资产产生的现金流为支持的证券产品，再将此证券出售给投资者的过程。资产证券化的实质就是原始权益人将能够产生可预期稳定现金流的基础资产转让给投资者进行债务融资。对于融资者而言，资产证券化业务是一种债务融资；对于投资者而言，资产证券化产品是一种固定收益品种。

中国资产证券化的基础资产起点不同。证券化在中国的发端可追溯到2003年，不过当时的产品在海外发行和交易，基础资产是国内银行的不良贷款。2005年底国内首批资产证券化产品正式推出(建行和国开行分别发行首只RMBS和ABS产品)。与美国不同的是，国内资产证券化产品有信贷资产证券化、券商专项资产证券化和资产支持票据(ABN)三种，其基础资产并不是从最安全的住房抵押贷款开始。

(二)金融市场的创新

金融市场的创新主要表现在两个方面:
1. 金融市场的国际化

在金融自由化浪潮的冲击下,各国陆续取消或放松了对国内外市场分隔的限制,各国金融市场逐步趋于国际化;计算机技术被引入金融市场后,各国金融市场互相连接,形成了全球性的连体市场,24小时全球性金融交易已经梦想成真;欧洲及亚洲美元市场、欧洲日元市场等新型的离岸金融市场纷纷出现;计算机屏幕式跨国交易所也已诞生;新型的国际化金融市场不断出现。

2. 衍生金融工具市场异军突起

人们通过预测股价、利率、汇率等变量的行情走势,以支付少量保证金签订远期合同,买卖选择权或互换不同金融商品,由此形成了期货、期权、掉期等金融衍生工具市场。20世纪90年代以来,金融衍生工具市场呈现爆发性增长。

(三)金融机构的创新

1. 非银行金融机构迅速崛起

20世纪50年代以后,非银行金融机构无论是机构种类还是业务品种,其发展都远远超过银行。从非银行金融机构的发展看,保险公司、养老基金、住宅金融机构、金融公司、信用合作社、投资基金等是非银行金融机构的主要形式。具体而言,保险公司的承保险种扩大,如推出了卫星保险、核责任保险等,开设新的部门来识别、控制风险或从事保费收入的投资和运用,与银行业务相互渗透使二者界限模糊了;养老基金在第二次世界大战后迅猛发展,分为私人养老基金和公共养老基金;金融公司业务开始多元化;住宅金融机构扩大了业务经营范围,并开展批发性金融业务,从而控制了住宅融资市场;各国邮政储蓄和邮政汇兑机构逐渐合并成统一的邮政储蓄机构;投资基金在金融管制不断放松的条件下普及并迅速发展壮大,与商业银行在许多业务方面展开了激烈的竞争。

2. 跨国银行急剧发展

第二次世界大战后,由于生产和资本国际化迅速发展,跨国公司大量涌现,对全球金融服务的需求增加。同时,持续不断的金融创新浪潮使得跨国银行得到了急剧发展。跨国银行创新主要体现在两个方面:一是,战后特别是20世纪60年代以来,跨国银行主要在国际金融中心设立机构,并通过松散型与紧密型相结合的联合组织形式,实行全球经营的战略扩张。二是,跨国银行的业务出现了电子化、全能化和专业化的趋势,使得跨国银行的经营效率大大提高,经营活动更加快捷、安全和准确。

3. 金融机构同质化

在金融机构业务和组织创新的基础上,银行与保险、信托、证券等非银行金融机构间的职能分工界限逐渐被打破,传统的分业经营走向现代的混业经营,传统的银行与非银行金融机构的业务分工界限日益模糊,各类金融机构业务趋同化。

4. 从传统的单一结构向集团化结构发展

银行持股公司是银行集团化的一种典型表现,它是指一个公司控制了某家银行相当比例的股份，从而能够部分或全部控制该银行。银行持股公司已经成为现代银行的一般组织形式，从提供单一服务向提供全能服务发展。金融机构通过收购、兼并、合作等方式，形成了提供综合性金融服务的"金融百货公司"。

（四）金融制度创新

金融制度创新是指作为金融法律、法规的变革以及这种变革引起的金融业经营环境和经营内容上的新变化。

(1)金融监管适应时势变化，在一定程度上放松金融管制。例如，20世纪80年代以来随着各国放松商业银行管制、金融机构的地域限制，放松外汇管制和放宽市场准入条件，1999年11月4日美国参众两院通过了《金融服务现代化法案》，该法案的核心是废止1933年通过的《格拉斯-斯蒂格尔法》以及其他相关法律中有关限制商业银行、证券公司和保险公司跨界经营的条款，鼓励银行、证券、保险业之间联合经营，提高金融业效率和国际竞争力。

(2)根据结构的变化，改进金融监管的手段和方法，以期获得金融创新环境下有效监管的效果，包括加强和改进金融机构信息披露质量管理的规定，关于商业银行资本充足率的规定，关于金融服务水平和社会信贷可得性的规定等。

四、金融创新的影响

（一）金融创新的积极作用

(1)金融创新扩大了金融机构的资金来源渠道，扩大了金融服务业领域，从而更好地满足了经济发展的需要。

(2)金融创新加强了利率杠杆的作用，有利于充分发挥利率杠杆在金融资源配置中的作用。

(3)金融创新为投资者提供了许多新的金融风险管理工具，有利于投资者根据需要选用，更好地进行风险管理。

(4)金融创新有力地推进了金融自由化、国际化和全球化进程，有利于全球金融和经济的深化发展。

（二）金融创新的消极作用

(1)金融创新对货币政策效应的影响。金融创新削弱了中央银行控制货币供给的能力，使货币政策的传导机制发生变化，增大了货币政策传导时滞的不确定性。

(2)金融创新使金融业的经营风险加大。尽管金融创新提供的新的风险管理工具可以转移和降低个体的风险，但却不能降低整个金融体系的风险。巨额游资的自由流动将对一国金融体系造成巨大的冲击，金融衍生工具巨大的杠杆作用，更为投机资金的兴风作浪提供了巨大的放大效应。20世纪90年代中后期爆发的亚洲金融危机以及2008年美国次贷引发的金融危机就是金融创新消极作用的明证。

因此，在推动金融创新的时候，我们必须看到金融创新的"双刃剑"作用，应该积极创造条件发挥金融创新的正面效应，抑制或降低其负面效应，同时加强必要的金融监管。

【本章小结】

1. 金融发展就是金融结构由低到高的变化过程。金融发展程度越高，金融工具和金融机构的数量、种类越多，金融效率也就越高。

2. 衡量金融发展的指标可以分成两类，一是反映金融结构状况的数量指标；二是通过金融发展状况与实体经济之间的相互关系来衡量的指标。

3. 麦金农与肖在发展中国家的金融体制特征基础上研究了发展中国家的金融抑制现象。金融抑制主要表现就是政府当局对金融活动的强制干预，人为地压低利率与汇率，导致金融体系与实体经济皆停滞不前的现象。金融抑制对经济和金融的发展有负收入、负储蓄、负投资和负就业等四个方面的负效应。

4. 金融深化就是指通过推行自由化，让资金和外汇市场的供求关系决定适当的利率和汇率水平，刺激储蓄和投资，从而实现金融增长并带动经济全面发展。金融深化的效应主要表现在五个方面：经济增长、储蓄效应、投资效应、就业和收入分配效应、提高金融效率。

5. 金融约束论是发展中国家从金融压抑状态走向金融自由化过程中的一个过渡性政策，是金融深化理论的丰富与发展。金融约束论的政策主张包括：控制存贷款利率、限制资产替代、限制银行业竞争。

6. 面对世界经济一体化、金融风险加剧、金融管制环境变化的现实，自20世纪60年代以来，西方发达国家的金融业经历了一次革新浪潮，这就是所谓的"金融创新"。金融创新的动因有：规避管制论、规避风险论、竞争加剧论与技术进步论等。金融创新涉及金融工具、金融机构、金融市场以及金融制度的创新等内容。金融创新有"双刃剑"作用，20世纪90年代中后期爆发的亚洲金融危机以及2008年美国次贷引发的金融危机就是其消极作用的明证。

【重要名词术语】

金融发展　金融抑制　金融深化　金融约束　金融自由化　金融创新

【复习思考题】

1. 衡量金融发展的主要指标有哪些？
2. 金融发展如何影响经济增长？
3. 发展中国家金融体制有哪些特征？
4. 金融抑制的主要原因及后果是什么？
5. 金融深化理论的政策主张有哪些？
6. 金融创新的动因是什么？对经济发展有何影响？
7. 金融创新的主要内容有哪些？结合金融自由化与金融创新的实践谈谈金融监管的必要性。

【案例分析】

蚂蚁金服引领全球互联网金融创新

脱胎于阿里巴巴系的蚂蚁金服，2014年10月正式成立。在一年多的时间里，蚂蚁金服经历了两轮融资。2015年7月，完成A轮融资之后，市场估值达到了450亿美元；2016年4月，再次完成45亿美元（约292亿元人民币）的B轮融资，这也是全球互联网行业迄今为止最大的单笔私募融资，也意味着互联网金融的中国模式已经领先全球。

这轮融资完成后，蚂蚁金服的估值已经达到600亿美元（约3895亿元人民币），而目前独角兽公司中的领头羊Uber，在经历了14轮股权融资后估值约为620亿美元。

蚂蚁金服旗下有支付宝、余额宝、招财宝、蚂蚁聚宝、网商银行、蚂蚁花呗、芝麻信用、蚂蚁金融云、蚂蚁达客等子业务板块。

其中的支付宝，截至2016年3月底，实名用户数已经超过4.5亿。在覆盖绝大部分线上消费场景的同时，支付宝也正通过多种场景的拓展，激活传统商业，通过互联网方式的营销、大数据服务等，助力传统商业的升级，包括餐饮、超市、便利店、出租车、医院、公共服务等。在海外市场，支付宝也推出了跨境支付、退税、海外扫码付等多项服务。

这股在全球掀起的金融科技大潮是基于移动互联网、云计算和大数据等技术，实现金融服务和产品的发展创新和效率提升。而蚂蚁金服的金融科技实践，给世界金融带来了三大显著的变化：更加普惠，更加绿色，也更加安全。"因为移动互联，云计算、大数据成为新一代的商业技术设施，金融服务的基础设施变了，移动互联网让'普'成为可能，云计算和大数据又做到了'惠'，让服务的效率更高，成本更低，风险更小。"以"一元门槛"的余额宝为例，目前累计服务超过2亿用户，为用户创造了超过500亿元的收入，体现了普惠价值。

普惠金融的魅力，还在于进一步消除地域、国别和贫富的鸿沟。比如：在小额信贷方面，过去5年间，网商银行和蚂蚁小贷利用大数据创新信贷模式，为400多万小微企业提供了融资，单户的贷款金额不到3万元。技术也促进了农村地区的金融服务普及，在农村超过1.5亿人在用支付宝，包括给老家汇款、为老妈网购。同时，中国的这场普惠金融的实践正日益凸显出普适的世界意义。在印度，由蚂蚁金服投资的印度最大电子支付平台Paytm，现已成为世界排名第四的电子钱包。作为印度版"支付宝"的Paytm，已为超过1.2亿印度用户提供了和中国用户类似的服务：充话费、缴水电、转账……

此外，目前支付宝建立了80多个风控模型、数千条风控规则。例如，一套基于大数据的安全智能大脑，不仅使得支付宝交易资损率低于十万分之一，居于全球领先水平；还为数亿用户提供了新型险种——平均1.6元保100万元的安全保障。

资料来源：http://www.sohu.com.cn。

案例思考：

1. 互联网金融与传统金融相比主要优势是什么？

2. 科技发展如何为金融创新提供支持?
3. 普惠金融对我国经济发展的积极影响表现在哪些方面?

【延伸阅读】

1. 何德旭. 新常态下的金融创新与金融发展. 北京:中国社会科学出版社,2016.
2. 孟雷. 互联网金融创新与发展. 北京:中国金融出版社,2016.
3. 章勇敏. 经济平稳发展与金融服务创新. 北京:中国金融出版社,2013.
4. 陈雨露. 现代金融. 北京:中国人民大学出版社,2000.
5. 约翰·赫尔. 期货与期权市场导论. 郭宁,等,译. 7版. 北京:中国人民大学出版社,2014.

参 考 文 献

[1] 戴国强. 货币金融学. 上海：上海财经大学出版社，2014.
[2] 李健. 金融学. 北京：高等教育出版社，2014.
[3] 弗雷德里克·S. 米什金. 货币金融学. 郑艳文，荆国勇，译. 9版. 北京：中国人民大学出版社，2011.
[4] 戴国强. 商业银行经营学. 北京：高等教育出版社，2012.
[5] 弗雷德里克·S. 米什金，等. 金融市场与金融机构. 丁宁，等，译. 原书第7版. 北京：机械工业出版社，2013.
[6] 朱新蓉. 货币金融学. 北京：中国金融出版社，2010.
[7] 黄达. 金融学. 3版. 北京：中国人民大学出版社，2012.
[8] 米尔顿·弗里德曼. 货币的祸害：货币史片段. 安佳，译. 北京：商务印书馆，2006.
[9] 戴建兵. 白银与近代中国经济. 上海：复旦大学出版社，2005.
[10] 黑田明伸. 货币制度的世界史：解读"非对称性". 何平，译. 北京：中国人民大学出版社，2007.
[11] 多米尼克·萨尔瓦多，等. 欧元、美元和国际货币体系. 贺瑛，等，译. 上海：复旦大学出版社，2007.
[12] 劳埃德·B. 托马斯. 货币、银行与金融市场. 马晓萍，等，译. 北京：机械工业出版社，1999.
[13] 盛松成，等. 现代货币经济学. 北京：中国金融出版社，2003.
[14] 凯恩斯. 就业、利息和货币通论. 房树人，黄海明，编译. 北京：北京出版社，2008.
[15] 帅勇. 存量和流量分析史：货币与利息率决定理论. 北京：人民出版社，2005.
[16] 宋逢明. 金融经济学导论. 北京：高等教育出版社，2006.
[17] 宋福铁. 国债利率期限结构预测与风险管理. 上海：上海财经大学出版社，2008.
[18] 赵大平. 人民币汇率传递对中国贸易收支的影响. 上海：上海人民出版社，2007.
[19] 姜波克. 国际金融新编. 4版. 上海：复旦大学出版社，2008.
[20] 沈晓辉. 发展中国家汇率制度选择：基于国际货币体系不对称的视角. 北京：中国金融出版社，2008.
[21] 陈雨露. 国际金融. 北京：中国人民大学出版社，2008.
[22] 刘红忠. 金融市场学. 上海：上海财经大学出版社，2015.
[23] 张亦春，郑振龙. 金融市场学. 北京：高等教育出版社，2013.
[24] S. 斯科特·麦克唐纳，蒂莫西·W. 科克. 银行管理. 钱宥妮，译. 6版. 北京：北

京大学出版社，2009.
[25] 宋鸿兵．货币战争．北京：中信出版社，2007.
[26] 李敏．货币银行学．上海：复旦大学出版社，2004.
[27] 查尔斯·R. 盖斯特．华尔街投资银行史：华尔街金融王朝的秘密．向桢，译．北京：中国财政经济出版社，2005.
[28] 中华人民共和国保险法．北京：法律出版社，2009.
[29] 易纲．中国的货币化进程．北京：商务印书馆，2003.
[30] 王春满．金融学概论．北京：中国市场出版社，2005.
[31] 北京大学中国经济研究中心宏观组．预防通货紧缩和保持经济较快增长研究．北京：北京大学出版社，2005.
[32] 张成思．通货膨胀动态机制与货币政策现实选择．北京：中国人民大学出版社，2009.
[33] 贺强，等．中国金融改革中的货币政策与金融监管．北京：中国金融出版社，2008.
[34] 保罗·R. 克鲁格曼，茅瑞斯·奥伯斯法尔德，马克·J. 梅里兹．国际经济学：理论与政策．丁凯，等，译．10 版．北京：中国人民大学出版社，2016.
[35] 查尔斯·希尔．国际商务．王蔷，等，译．9 版．北京：中国人民大学出版社，2014.
[36] 郭田勇．金融监管学．北京：中国金融出版社，2014.
[37] 刘澄，曹辉，李锋．金融学教程．北京：中国人民大学出版社，2008.
[38] 何德旭．新常态下的金融创新与金融发展．北京：中国社会科学出版社，2016.
[39] 孟雷．互联网金融创新与发展．北京：中国金融出版社，2016.
[40] 章勇敏．经济平稳发展与金融服务创新．北京：中国金融出版社，2013.
[41] 约翰·赫尔．期货与期权市场导论．郭宁，等，译．7 版．北京：中国人民大学出版社，2014.
[42] 中国人民银行．货币政策报告．http：//www.pbc.gov.cn.